다윗도 사무엘도 몰랐다

일러두기

성경본문은 따로 표기하지 않는 한 모두 개역성경에 따릅니다.

개정증보판

다윗도 사무엘도 몰랐다

정현진 지음

바이북스†
ByBooks

39년 전 홀몸이 되고 나서 6 남매를 기도로 양육하신
어머니 전귀순(全貴順 1934~) 권사님께 이 책을 바칩니다.

가지마다 붉은빛 걷히니 푸른빛 비로소 고르다
시험 삼아 청매실에 손 대보니 시절의 새로움 느껴지네

산도 푸르고 들도 푸르다. 옛날 곽예(郭預)가 초여름을 노래하였듯이 각가지 붉은빛 꽃들이 피고 지더니 이제는 온통 푸른빛이다. 여기까지 오는 데 많은 시간이 걸렸다. 겹겹이 쌓여온 계절들의 시간만큼이나 많은 우여곡절이 고요하게 숨 쉬고 있다.

지금은 다윗과 만나며 기억을 거니는 시간이다. 다윗의 기억 속으로 걸어 3,000여 년 전으로 들어간다. 그때와 지금은 얼마나 다를까? 별로. 사람도 시절 돌아가는 꼴도 달라진 듯 달라지지 않은 것이 인생이요 역사던가!

당대의 소용돌이들 가운데 하나도 그를 그냥 스쳐 지나치지 않았다. 그것들을 그는 온몸으로 겪으며 살았다. 그래서인가? 다윗의 모습은 진정 다양한 다면체(多面體)이다. 그가 하나님의 사람이었다는 점만 빼놓고는 그의 삶에 고정된 것이 별로 없었다.

우리도 이에서 벗어나지 않는다. 제각각의 모습으로 다가오는 기억과 시간과 사건을 겪어내고 있다. 여기에 지나간 역사 이야기를 걸어보는 묘미가 있다.

이것이 오늘의 모습으로 출간되기까지 곁에서 도와준 분들이 있다. 교정을 꼼꼼하게 봐준 아내 오주화 님과 김원석 목사님, 출판을 맡아준 바이북스의 윤옥초 님과 여러 직원들에게 큰 감사드린다. 이들은 하나의 작품이 나오는 산고를 함께 겪어주었다.

2016년 유월 인왕산 기슭에서

"역사서를 읽을 때, 먼저 전체적인 성향을 살펴보아야 한다… 예를 들어 한 시대의 전체적인 성향이 관대하다면, 임금 한 둘이 다소 억압적이라 해도 그 관대함이 크게 문제되지 않는다. 한 임금의 전체적인 성향이 폭력적이라면 비록 한두 가지 일에 다소 관대하더라도 그 자신과 그 시대가 별로 달라지지 않는다…

대체로 먼저 한 시대의 전체적인 성향을 안 뒤에 그 속에 들어가서 한 나라의 구체적인 성향을 보아야 한다. 그 두 가지는 서로 관련되어 있다. 전체적인 성향을 안 뒤에 관건이 되는 요소를 보아야 한다. 나라의 흥망과 일의 성패와 사람의 간사하거나 정직함은 기미와 맹아에서 그 원인을 살펴볼 수 있다. 이를 가리켜 관건이 되는 요소라고 한다.

역사를 읽을 때, 성패를 가지고 시비를 판단하면 안 된다. 의견을 경솔하게 세우거나 쉽게 내도 안 된다. 반드시 이치에 입각하여 판단하고 몸으로 체득해야 한다. 뿐만 아니라 마음을 평온히 한 상태에서 자세히 보면서 여러 가지를 참고하여 이해하고 숙련을 거쳐야 한다. 그런 뒤에야 시사(時事)와 일의 실상을 점점 더 잘 구별해낼 수 있다."

이것은 동래(東萊) 여조겸(呂祖謙 1137-1181 남송)이 쓴 《동래박의(東萊博議)》 가운데 한 부분이다. 이것은 《춘추좌씨전》에 기록된 사건들을 자신의 시각으로 분석하고 평론한 역사 칼럼집이다. 농암 김창협(1651-1708)은 위와 같은 역사관에 따라 〈옥당고사(玉堂故事)〉를 써 숙종임금에게 올렸다.

"역사서를 읽을 때, 임금이 이 두 가지를 가지고 그 전체적인 성향의 좋고 나쁨과 일의 관건이 되는 요소의 잘잘못을 되풀이 연구하며 살펴보아야 합니다. 일이 그렇게 된 까닭을 깊이 알아 마음속에 분명하게 할 필요가 있습니다. 그 뒤에 자신의 처지와 자신이 만난 때를 돌아보며 실제로 경험해 보아야 합니다. 정치를 할 때에 그 전체적인 성향이 어떠해야 너무 관대하거나 너무 엄하거나 너무 매끄럽거나 너무 투박하거나 하지 않을 수 있는지를 살펴야 합니다. 한쪽으로 치우치는 폐단을 바로잡고 공정(中正 중정)하게 하여야 합니다.

특히 관건이 되는 요소에 관해서는 더욱 자세히 살피고 삼가야 합니다. 이로써 한 가지 정사와 명령에서부터 한 사람을 임용하거나 사퇴시키는 문제에 이르기까지, 모두 그에 따른 안위와 혼란의 문제를 제대로 관리할 수 있습니다. 혹시라도 일어날 수 있는 조그마한 잘못도 피할 수 있습니다. 이렇게 역사서를 읽으면 얻는 것이 있습니다. 이는 역사서를 많이 읽거나 그냥 외기만 하는 것과는 다른 차원에 이를 수 있습니다."

역사를 공부하며 현실정치에 통할 일반적 원리를 찾고자 했던 마키아벨리(Niccolò Machiavelli 1469~1527)는 《군주론》 3장에서 이렇게 말했다.

"정신적 훈련과 관련해 군주는 반드시 역사서를 읽어야 한다. 역사서 속에서 탁월한 인물들의 행적을 잘 살펴야 한다. 전시에 그들이 어떻게 처신했는지를 살피고 그들이 승리하고 패배한 원인을 검토해, 전자는 모방하고 후자는 피할 수 있도록 해야 한다. 문서보다도 군주는 탁월한 인물들이 과거에 행한 바대로 행동하려고 해야 한다. 이들도 그 이전 시대에 칭송과 찬양을 받던 누군가를 모방했고, 항상 자신의 처신과 행동을 그들에 가깝게 하려고 노력했다. 이미 언급했듯이 알렉산드로스 대왕은 아킬레우스를, 카이사르는 알렉산드로스를, 스키피오는 키루스를 모방했다. 크세노폰이 쓴 키루스의 전기를 읽은 사람은 누구든지 바로 스키피오의 생애에서 그런 모방이 얼마나 큰 영광을 가져다주었는지를 알게 된다. 그리고 고결함, 친근성, 인간미, 관대함 등의 면에서 스키피오가 얼마나 키루스를 똑같이 따라 했는지를 알게 된다."

옛 이야기는 항상 옛 이야기로만 머물지 않는다, 새것도 언제나 새것이 아니듯이. 오래 묵은 옛것 안에 오롯이 녹아들어 있는 사회와 인간의 원초적인 자리를 찾아내는 일이 역사를 살펴보는 우리의 일이다.

순자(荀子)는 '미래를 알고프면 과거를 살펴라'(欲知來者察往)고 했다. '천 세대 이후를 알려면 곧 오늘을 살펴보라'(欲觀千歲 卽審今日)고도 했다.

이래서 헬레나 노르베리 호지(Helena Norberg-Hodge)는 오래된 미래(Ancient Futures)라는 말을 썼다.(1991) 오래된 새로움(The ancient newness)이란 말도 그런 뜻이다. 숨겨져 있는 이런 뜻을 살려 왕효백(王孝伯 송나라)은 "만나는 것마다 옛것이 아니니, 어찌 빨리 늙지 않을 수 있겠는가"(所遇無故物 焉得不速老) 라고 역설적으로 표현했다.《세설신어 世說新語》

이 책《다윗도 사무엘도 몰랐다》는 성경 가운데 역사서, 그 중에서도 다윗 임금에 관련된 이야기를 다룬다. 기독교인치고 다윗의 이야기를 모르는 사람은 없으리라. 그런데도 그에 관해 다시 살펴보는 이유가 있다.

다윗이 살던 시절의 성향은 무엇일까? 인간 사이의 다툼과 경쟁이 한편이요, 역사를 이끄시는 하나님의 경륜이 다른 한편이다. 하나님의 경륜이 인간사회에 어떻게 실현되고 있는가를 살펴볼 때 우리는 그 시대의 진면목을 알게 될 것이다. 다윗의 성향(性向)은 무엇일까? 언제 어떤 경우에나 하나님 안에 머무는 믿음이다. 이것이 개인의 생활과 사회·정치의 영역에 어떻게 적용되고 있는가를 염두에 둘 때 우리는 그가 걸었던 길을 제대로 보게 될 것이다.

다윗 이야기의 관건(關鍵)은 무엇일까? 그에게 있는 것과 그가 겪은 것, 다시 말해 그의 목숨, 그의 소유와 지위, 그의 성취와 상실, 그의 떳떳함과 부끄러움 등의 주인은 다윗이 아니라 하나님이다. 그에게 있는 것과 없는 것이 모두 다 하나님의 선물이라는 사실이 다윗 이야기를 이해하는 관건이다.

이것을 알기에 다윗을 바라보는 우리 눈길은 어떤 인물이 살았던 역사의 한 시대, 그를 둘러 싼 권력의 세계에만 머물지 않는다.

다윗이 겪었던 일들은 이미 정리가 끝난 옛이야기가 아니다. 그런 일들과 그런 사람들을 오늘 우리도 매일 매일 부딪히며 살아가고 있다. 우리 다음 세대로 이런 점에서 우리와 결코 다르지 않으리라. 그가 만나 동행했던 하나님은 3천여 년 전 계셨던 하나님이 아니다. 오늘 우리가 매일 만나고 또 만나야 하는 오늘과 내일의 하나님이다. 다윗의 하나님은 우리 및 우리 다음 세대가 만나야 할 분이다.

다윗은 하나님과 사람들 앞에 선 한 개인이다. 동시에 그는 자기 시대의 과제를 안고 살았던 한 시대의 인물(時代人)이다. 이 책은 그 사람을 만나자는 시도다. 그리고 다윗이 만났던 그 하나님을 오늘 우리도 만나자는 시도다. 그의 공(功)과 과(過)가 다 오늘을 사는 우리의 모습이다. 그의 웃음과 눈물은 오늘만이 아니라 내일도 살아내야 하는 우리의 선례(先例)다.

2020 경자년 새해 인왕산 기슭에서

다윗도 사무엘도 몰랐다

다윗도 사무엘도 몰랐다

여호와여

주는 나의 등불이시니

여호와께서 나의 어둠을 밝히시리이다

내가 주를 의뢰하고 적진으로 달리며

내 하나님을 의지하고 성벽을 뛰어 넘나이다

(삼하 22:29~30)

1

평화를 위하여 오십니까?

(삼상 16:1∼5)

1 여호와께서 사무엘에게 이르시되 내가 이미 사울을 버려 이스라엘 왕이 되지
  못하게 하였거늘 네가 그를 위하여 언제까지 슬퍼하겠느냐 너는 뿔에 기름을
  채워 가지고 가라 내가 너를 베들레헴 사람 이새에게로 보내리니 이는 내가
  그의 아들 중에서 한 왕을 보았느니라 하시는지라

2 사무엘이 이르되 내가 어찌 갈 수 있으리이까 사울이 들으면 나를 죽이리이다
  하니 여호와께서 이르시되 너는 암송아지를 끌고 가서 말하기를 내가 여호
  께 제사를 드리러 왔다 하고

3 이새를 제사에 청하라 내가 네게 행할 일을 가르치리니 내가 네게 알게 하는
  자에게 나를 위하여 기름을 부을지니라

4 사무엘이 여호와의 말씀대로 행하여 베들레헴에 이르매 성읍 장로들이 떨며
  그를 영접하여 이르되 평강을 위하여 오시나이까

5 이르되 평강을 위함이니라 내가 여호와께 제사하러 왔으니 스스로 성결하게
  하고 와서 나와 함께 제사하자 하고 이새와 그의 아들들을 성결하게 하고 제
  사에 청하니라

이것은 사사이자 예언자인 사무엘이 하나님의 명령을 수행하러 나서는
이야기다. 이 이야기는 성경을 아는 사람이라면 누구나 다 알고 있을 정도
로 유명하다.

이것은 하나님과 사무엘의 대화로 문을 열었다. 사무엘상 15장에는 하나님께서 사울을 왕으로 세운 것을 후회한다고 세 번 말씀하셨다.(11, 29, 35절) 그 결과 무슨 일이 일어났는가? 우리는 그 대답을 사무엘상 16장에서 본다. 삼상 16:1-3은 아주 조심스러우면서도 핵심을 꼭 짚었다. 하나님은 사무엘에게 '네가 그(사울 왕)를 위하여 언제까지 슬퍼하겠느냐'라고 말씀하셨다.(삼상 15:11 참조) 1절에서 하나님은 왕인 사울과 다윗의 의미를 분명히 구별하셨다:

…그들의 소리를 듣고 그들을 위해 왕을 하나 세워라 (삼상 8:22 직역)

…진실로 내가 그의 아들들 중에 하나를 나를 위해 왕으로 선택하였노라 (삼상 16:1c 직역)

사울은 백성을 위해 세워진 왕이요, 다윗은 하나님을 위해 임명된 왕이라는 것이다. (V. Hamiltom, Handbook on the Historical Books, 254)

…이는 그들이 너를 버림이 아니요 나를 버려 자기들의 왕이 되지 못하게 함이니라(삼상 8:7)

…내가 이미 사울을 버려 이스라엘 왕이 되지 못하게 하였거늘 …(삼상 16:1)

사무엘상에 여러 번 쓰였던 '버리다'는 말(māʾas)이 여기에 이르러 구체적인 대안으로 현실화되었다. 그것을 하나님은 이미 확정해 놓으셨다. 여기 나오는 '버리다'라는 말에서 그분 의중이 드러났다. 사울 대신에 새로운 사람을 찾아 기름을 부으라는 하나님 말씀을 듣자 사무엘은 덜컥 겁부터 났다. '내가 어찌 갈 수 있으리이까 사울이 들으면 나를 죽이리이다'(2절)

사무엘은 선뜻 나서지 못했다. 일찍이 그는 길갈에서 사울을 향해 '순종이 제사보다 낫다'고 설교했다. 그런 그가 지금은 목숨이 두려워 하나님 명령에 순종하지 못하다니…참으로 역설적이다. 그는 이스라엘 백성과 사울임금 앞에서는 하나님 말씀을 전하면서도 정작 자신은 자기 입으로 말한 그것조차도 그대로 하지 못했다. 이것이 사람의 한계다.

하나님은 그 대안을 말씀하셨다. 여기에 쓰인 '보다'(주목하다)라는 말을 개역성경은 '예선했다'로, 표준새번역은 '골라 놓았다'로, 공동번역개정판은 '보아 두었다'로 각각 옮겼다. 1절에서 하나님은 지금의 왕인 사울과 장차 왕이 될 다윗의 의미를 분명히 구별하셨다:

> …그들의 소리를 듣고 그들을 위해 왕을 하나 세워라(삼상 8:22 직역)
> …진실로 내가 그의 아들들 중에 나를 위해 왕으로 보아놓았노라(삼상 16:1c 직역)

사울은 백성을 위해 세워진 왕이요, 다윗은 하나님을 위해 임명된 왕이라는 것이다. 이 일에 사무엘이 중요한 역할을 했다. 비록 잔뜩 겁을 먹었더라도 사무엘은 결국 하나님 명령에 따르기로 결단했다.

사무엘은 보통사람이 아니었다. 그 움직임이 곧 시선을 끄는 주요 인물이었다. 그런 사람이 베들레헴을 찾았다. 사울 임금조차도 그 앞에서 벌벌떠는 사무엘이 온 것은 결코 평범한 일이 아니었다. 베들레헴의 장로들은 그 방문을 반갑거나 영광으로 받아들일 여유가 없었다. 그들은 '도대체 무슨 일로 여기까지 오셨을까'하는 생각부터 들었다. 그를 맞으러 나간 장로들은 떨면서 '평강을 위하여 오시나이까'라고 물을 정도였다. 실제로 새로운 왕을 세우려는 그 방문은 그곳 사람에게 뿐만 아니라 그 자신에게도 매우 위험한 일이었다.(2, 4절) 자칫 목숨을 내놓아야 할지도 모르는 일이었다.

겁먹은 사무엘과 그가 온다는 소식에 겁부터 집어먹은 베들레헴 장로들이 만났다. 사무엘은 여호와께 제사를 드리기 위한 단순한 방문이라며 그 의미를 애써 축소했다. 그는 그 제사에 이새와 그 아들들도 불렀다. 이것은 자신이 여호와의 명령을 수행하는 중임을 은근히 내비친 것이다.(5절) 눈치 빠른 사람은 이 대목에서 벌써 그가 방문한 목적을 알아챘으리라.

물론 성경의 관심은 사람들 중에 이 방문의 의미를 아는 사람이 있느냐 없느냐가 아니었다. 하나님의 계획이 그대로 실현되느냐가 관건이었다.

시인 정현종은 '사람이 온다는 건 실은 어마어마한 일이다. 한 사람의 일생이 오기 때문이다'(방문객)라고 말했다. 베들레헴을 찾는 사무엘의 모습이 이러하였으리라.

사람들 중에는 자신이 가는 곳에 평화를 심는 사람이 있는가 하면 불화를 심는 사람도 있다. 같은 인물이라도 때에 따라 이쪽에 가깝기도 저쪽에 가깝기도 하다. 우리(나)는 대체로 어느 쪽에 더 가까울까? 예수님은 우리에게 평화를 주시러 오셨다.

평안을 너희에게 끼치노니 곧 나의 평안을 너희에게 주노라 내가 너희에게 주는 것은 세상이 주는 것과 같지 아니하니라 너희는 마음에 근심하지도 말고 두려워하지도 말라(요 14:27)
그리스도의 평강이 너희 마음을 주장하게 하라 너희는 평강을 위하여 한 몸으로 부르심을 받았나니…(골 3:15)

예수님은 평강의 왕이시다. 물론 예수님은 이렇게 말씀하기도 하셨다:

내가 세상에 화평을 주려고 온 줄로 아느냐 내가 너희에게 이르노니 아니라 도리어 분쟁하게 하려 함이로라(눅 12:51)

독일개신교회연합(EKD)은 평화에 관해 다음과 같이 말했다.

사회정의를 희생시킨 채 단순히 전쟁이 없다는 이유만으로 평화가 이루어졌다고 말할 때, 기독교인은 여기에 동의할 수 없다 …평화란 전쟁과 전쟁에 관련된 고통과 희생, 그리고 끔찍한 일을 방지하는 것만이 아니다. 평화란 더 나아가 고통과 불안과 위협이 없는 상태일 뿐만 아니라, 그것들을 불러오는 원인들을 제거해 나가는 과정인 것이다. 그러므로 평화는 정당한 권리를 침해하거나 정의를 해치는 일을 극복해 나가는 과정에서 이루어진다…

이것은 이미 평화에 관한 고전적인 정의가 되었다. 윌리엄 부시는 말했다. '평화란 갈등이 없는 상태를 가리키지 않는다. 다만 현재의 갈등을 평화로운 방법으로 풀어가려는 노력이 평화다.' 그렇다. 현실에서는 평화를 말하는 것과 평화를 살아내는 사이에 크고 작은 틈새가 벌어지곤 한다.

여기서 우리는 평화란 과연 무엇일까를 생각하게 된다. 세상에 평화를 말하지 않는 사람 또는 평화를 원하지 않는 사람도 있을까? 심지어 싸움(전쟁)도 평화를 위해서 한다고 강변하는 이도 있다. 전쟁 없음이 곧 평화는 아니다. 다툼이나 갈등 없음이 곧 평화는 아니다.

하나님의 공의와 정의에 기초하지 않으면 그 어떤 평화도 거짓평화이다. 누가복음에서 분쟁은 거짓평화를 배척한다는 뜻이다. 바르고 참된 진리에 서지 않은 평화, 어느 편이 다른 쪽에게 완전히 눌려서 생겨난 조용함, 겉으로만 평화처럼 보이는 것이 아니었다. 예수님이 주시려는 것은 공의롭고

공평한 평화였다.

묵상 : 찬송가 638장

가사를 음미하며 조용히 천천히 불러보자.

주 너를 지키시고 그 얼굴을 네게 돌리시어
참 평화를 참 평화를 그 얼굴을 네게 돌리시어
주의 은혜 주의 은혜 그 크신 은혜 네게 있으라
아멘 아멘 아멘 아멘 아멘 아멘 아멘

2

혹하다

(삼상 16:6-9)

6 그들이 오매 사무엘이 엘리압을 보고 마음에 이르기를 여호와의 기름 부으실
  자가 과연 주님 앞에 있도다 하였더니

7 여호와께서 사무엘에게 이르시되 그의 용모와 키를 보지 말라 내가 이미 그를
  버렸노라 내가 보는 것은 사람과 같지 아니하니 사람은 외모를 보거니와 나
  여호와는 중심을 보느니라 하시더라

8 이새가 아비나답을 불러 사무엘 앞을 지나가게 하매 사무엘이 이르되 이도 여
  호와께서 택하지 아니하셨느니라 하니

9 이새가 삼마로 지나게 하매 사무엘이 이르되 이도 여호와께서 택하지 아니하
  셨느니라 하니라

이것은 사무엘이 하나님께로부터 받은 사명을 수행하는 이야기다. 하나
님의 계획은 이미 분명히 서 있었다. 다만 구체적인 내용이 숨겨져 있을 뿐
이다. 사무엘이 이새의 집에 오고 나서야 비로소 하나님께서 내심 소개하고
자 한 인물이 드러났다. 물론 아주 은밀하게. 심지어 사무엘조차도 그가 누
군지 모를 정도로 완전히 비밀에 붙여졌다.

이를 네게 알게 한 이는 혈육이 아니요 하늘에 계신 내 아버지시니라(마 16:17)

6절부터 성경은 베들레헴의 장로들을 비롯한 다른 사람을 퇴장시키고, 오직 이새와 그 아들들만 무대에 남겨 놓았다. 이새의 큰아들 엘리압을 본 사무엘은 혹했다. 그가 왕이 될 만한 인물이라고 생각했다. 그 이유는 두 가지다. 하나는 그가 첫째 아들이고 다른 하나는 그 외모가 뛰어나다는 것이다.

…그의 용모나 키가 큰 것을 보지 말라 …진실로 사람은 그 눈들로 보고 여호와는 그 마음으로 보느니라 (직역)

하나님은 겉모습만으로는 알 수 없는 사람의 속마음을 아신다. 그에 따라 선택하시기도 버리기도 하신다. 여기서는 보는 것과 보이는 것이 관건이었다. 그래서 보다는 말(rā'â 라아)이 삼상 16:6-7에 네 번이나 쓰였다. 물론 이 말에는 생각(관념, 판단)도 포함되어 있다. 사무엘이 엘리압을 보고 첫눈에 혹한 것은 단순히 그의 외모만은 아니었을 것이다. 아마 고대-근대 동서양을 막론하고 팽배해 있는 장남 선호사상에도 영향이 있었을 것이다.

하나님은 엘리압에게 아주 강경한 표현, 곧 사울에게 적용하였던 '버렸다'는 낱말을 쓰셨다.(삼상 15:23: 16:1 참조) 8-10절에 선택하지 않았다는 표현이 세 번이나 되풀이 되었다. 1절에서 버리다는 말로 시작한 이 부분이 '선택하지 않았다'로 귀결되었다. 이로써 하나님은 또 다른 사울 곧 이름만 다른 인물을 원하지 않음을 분명히 밝히셨다. 그리고 이새의 둘째 아들 아비나답 셋째 아들 삼마도 거절하셨다. 그 나머지 네 아들의 경우에는 그 이유를 밝히지는 않으셨다.

여기서 우리는 옛날 우리나라에서 사람을 판단하는 기준으로 삼았던 신언서판(身言書判 = 몸의 생김새, 말하기, 글쓰기, 판단력 순으로 사람을 판단한다)이란 말을 떠올린다.

인불가모상(人不可貌相 사람은 생김새로 평가할 수 없고) 해불가두량(海不可斗量 바닷물은 말로 될 수 없다)는 말이 있다. 《성세항언》(醒世恒言)이란 소설집에 있는 말이다. 사람의 겉모습이 흔히 그 사람을 평가하는 잣대로 작용하곤 한다. 첫인상이란 말처럼 이것은 아마 가장 우선적인 기준이 되기도 한다. 사실 외모는 그 사람 내면과 전혀 동떨어지지 않는다. 그러니 중요하다.

어떤 이는 정도를 넘어 외모만 보고 균형감각을 잃기도 한다. 사무엘도 자칫 그럴 뻔했다. 어떤 이는 외모지상주의에 빠져 거기에 끌려 다니기도 한다. 이런 태도는 자칫 바닷물을 말로 되려는 듯이 어리석고 무모하기도 하다. 실제로 사람을 겪어보면 처음의 겉모양과 달리 실체가 거기에 훨씬 못 미치는 이도 있다. 그 반대로 외모보다 사람됨이 매우 뛰어난 경우도 적지 아니 있다. 이럴 때 우리는 '그 사람 보기와는 다르다'며 감탄한다.

그렇다면 정확하며 오래갈 수 있는 평가의 항목에서 겉모양은 그리 결정적으로 중요하지 않다. 겉모양에는 드러나지 않는 그 인간의 향기와 가치가 매우 다양하게 존재하기 때문이다.

사무엘은 하나님이 원하시는 인물은 사울을 빼닮은 외모를 지닌 사람이라 생각한 것일까? 생김새로 보자면 엘리압은 하나님께 거절당한 인물(사울)의 특징을 지닌 사람이었다.(삼상 9:2 참조) 그 때 하나님은 그에게 아주 중요한 말씀을 주셨다:

…그의 용모나 키가 큰 것을 보지 말라 …진실로 사람은 그 눈들로 보고 여호와는 그 마음으로 보느니라(직역)

26

하나님은 엘리압에게 아주 강경한 표현 곧 사울에게 적용하였던 버렸다는 낱말을 선택하셨다.(삼상 15:23; 16:1 참조) 사울을 선택할 때 '그가 백성 중에 서니 다른 사람보다 어깨 위만큼 컸더라'(삼상 10:23)라는 모습이 다윗을 선택하는 과정에서는 아무 소용이 없었다.

7절에 '중심'이라고 번역된 히브리말은 레밥(lēbāb)이다. 이것의 첫째 뜻은 심장(heart)이다. 여기에서 마음이라는 두 번째 의미가 나왔다. 바로 여기에 중심이란 의미가 들어 있다.

하나님께서 '중심을 보신다'는 말은 곧 하나님은 그 사람의 마음 곧 사람 됨됨이를 보신다는 뜻이다. 외모가 잘 생겼든지 조금 떨어지든지 관계없이 그 사람 마음이 올바를 때 하나님은 그 사람을 기뻐 받으신다는 말이다.

이런 예가 성경에 얼마든지 있다. 바빌론 포로기 때였다. 하나님께서 선택한 고난받는 종은 '연한 순 같고 고운 모양도 없고 풍채도 없는, 즉 우리의 보기에 흠모할 만한 아름다운 것이 없는'(사 53:2) 말 그대로 초라한 모습이었다. 그런 외모를 지닌 사람을 하나님은 자신의 종으로 선택하셨다. 그 사람은 다른 사람의 죄짐을 대신 져 주는 위대한 일을 해냈다.

신약성경은 그 볼품없던 고난받은 종이 바로 예수 그리스도라고 했다.(막 9:12). 바울 사도도 그 외모가 준수하지 못해서 멸시를 당했던 적이 있었다.(고후 10:10;12:7) 이렇게 볼 때, 하나님은 사람의 외적인 조건을 기준으로 삼지 않는 분이다. 그보다는 오히려 세상에서 볼 때 문벌도 좋지 않고 지혜도 부족하며 천한 사람들을 선택하셨다.(고전 1:26-31)

하나님만 사람을 외모로 보지 않고 중심을 보는 것은 아니다. 사람들도 처음에는 다른 사람의 외모를 보곤한다. 그러다가 시간이 흐르며 만남이 이어질수록 그 사람의 외모보다는 마음을 보게 된다. 처음엔 외모가 그럴싸해서 그 사람을 좋아하다가도, 시간이 지나면서 그 마음가짐이 곱지 못하고 인간 이하의 행동을 하게 되면 그를 멀리하게 된다. 이와 반대로 처음엔 외모가 볼품없어 좋은 인상을 갖지 못한 경우라도 시간이 지날수록 그 마음가짐이 곱고 생각이 바르면 그 사람을 좋아하게 되고 신뢰하게 된다. 우리는 자주 이런 경험을 하며 살아가고 있다.

묵상: 비견계종(比肩繼踵)

이것은 어깨를 나란히 하고 발꿈치를 이을 정도로 사람이 많이 모여서 복작거린다는 뜻이다.

이는 춘추시대 제나라 대부 안영(晏嬰)에 얽힌 이야기에서 나왔다. 그는 3명의 왕을 잘 받들어 晏子(안자)라고도 불린다. 밥상에 고기반찬을 올리지 않았고 부인에겐 비단 옷을 입히지 않을 정도로 평생 근검절약하여 우러름을 받았다. 달변과 임기응변으로도 유명했다. 다만 그의 키가 작고 외모는 볼품없었다.

어느 해 그는 초나라에 사신으로 파견됐다. 초나라는 강대국이었다. 그 나라 임금(영왕 靈王)은 콧대가 높았다. 약소국인 제나라의 못생긴 사신 따위는 우습게 여겼다. 안자는 초나라 도성 앞에서부터 푸대접을 받았다. 성문조차 열어주지 않은 채 성문 옆 조그만 문을 통해서 들어오라고 했다.

안자가 항의했다. "이 문은 개구멍 아닌가. 내가 '개 나라'에 온 사신이라면 당연히 이 구멍으로 들어갈 것이다. 하지만 나는 초나라에 온 사신이다."

더 골탕먹였다가는 초나라 임금이 '개나라 왕'이란 소리를 듣게 될 판이었다.

그들은 할 수 없이 성문을 활짝 열고 그를 맞아들였다.

초나라 임금은 안자를 한참 밑으로 내려다 보았다. "제나라에는 사람이 없는 것 같구나. 그대와 같이 생긴 사람을 사신으로 보내다니." 안자가 그 말을 받았다. "우리나라 수도인 임치(臨淄)에는 마을이 300개나 된다. 사람들이 소매를 펼치면 해를 가려서 그늘이 되고, 땀을 씻으면 비가 되어 내릴 만큼 인구가 많다. 어깨를 스치고 발꿈치가 서로 맞닿을 정도다."(張袂成陰 揮汗成雨 比肩繼踵而在/ 장메성음 휘한성우 비견계종이재)

초나라 임금은 그래도 말을 바꾸지 않았다. "그렇게 사람이 많은데 어째서 당신처럼 볼품없는 이를 사신으로 보냈는가." 안자가 응수했다. "우리나라는 상대에 따라 다른 사신을 보낸다. 현군이 다스리는 좋은 나라에는 뛰어난 사신을, 그렇지 못한 나라에는 나처럼 못난 사신을 파견한다."

초나라 임금은 말문이 막혔다. 그는 안자가 간단치 않은 사람이라는 것을 깨달았다. - 안자춘추(晏子春秋) 雜篇(잡편)

3

다윗도 사무엘도 몰랐다

(삼상 16:10-14)

> 10 이새가 그의 아들 일곱을 다 사무엘 앞으로 지나가게 하나 사무엘이 이새에게 이르되 여호와께서 이들을 택하지 아니하셨느니라 하고
>
> 11 또 사무엘이 이새에게 이르되 네 아들들이 다 여기 있느냐 이새가 이르되 아직 막내가 남았는데 그는 양을 지키나이다 사무엘이 이새에게 이르되 사람을 보내어 그를 데려오라 그가 여기 오기까지는 우리가 식사 자리에 앉지 아니하겠노라
>
> 12 이에 사람을 보내어 그를 데려오매 그의 빛이 붉고 눈이 빼어나고 얼굴이 아름답더라 여호와께서 이르시되 이가 그니 일어나 기름을 부으라 하시는지라
>
> 13 사무엘이 기름 뿔병을 가져다가 그의 형제 중에서 그에게 부었더니 이 날 이후로 다윗이 여호와의 영에게 크게 감동되니라 사무엘이 떠나서 라마로 가니라

이것은 사무엘이 다윗에게 기름을 붓는 이야기다. 성경 중 여기에 다윗이 처음으로 등장했다. 이것은 다음과 같이 6가지 요소로 구성되었다.(W. Dietrich, BK 211)

1-3 하나님께서 사무엘 베들레헴으로 보내시다
　4-5 사무엘이 베들레헴에 와 사람들을 만나다

6-10 사무엘이 이새의 일곱 아들 중에 기름을 부를 사람을 찾다

11-12 사무엘이 다윗을 불러오게 하다

13a 사무엘이 하나님의 인도에 따라 다윗에게 기름을 붓다

13b 사무엘이 베들레헴을 떠나 라마로 되돌아가다

사무엘은 이새가 불러 모은 그의 아들 일곱 명을 다 살펴보았다. 그 가운데에는 하나님께서 주목하신 인물이 하나도 없었다. 그는 아무에게서도 하나님 응답을 받지 못했다. 이를 이상하게 생각한 사무엘은 '혹시 또 다른 아들이 있는지' 이새에게 물었다. 그 때서야 이새가 실토했다: "아직 막내(= 그 작은 자 = 꼬맹이?)가 남았는데 그는 양을 지키나이다(11절) 이에 사무엘은 그를 당장 불러 오라고 했다.(11절) 그리고 그가 오기 전에는 식사자리에 앉지 않겠다고 말했다.

히브리 성경에는 식사 자리에 앉는다는 말 대신에 '킷 로 나소브'(kî lô nāsob = 진정 우리는 돌아가지 않겠노라)이다. 개역개정을 비롯하여 대부분의 성경은 이를 칠십인역에 (호티 우 메 카타클리토멘) 따라 히브리 본문과 다르게 번역하였다. 만일 사무엘에게 다른 일행이 없었다면 여기 쓰인 '우리'라는 복수형은 말하는 이의 위엄(권위)을 높여주는 것이다. (김구원 348)

아들을 모두 불러 모으라는 사무엘의 말을 듣고도, 그 아버지 이새는 다윗을 무시하여(?) 불러들이지 않았다. 아버지는 당시 최고 지도자인 사무엘의 지엄한 말에 따르기보다는 자기 재산을 지키는 일이 더 중요하다고 여겼을까? 아니면 자기 생각에 다윗은 아주 별 볼 일 없는 아이라 애초에 부를 생각조차 하지 않았을까? 어쨌거나 다윗은 양을 지키며 홀로 들판에 남아 있었다.

사람들은 여덟 번째 아들이 나오기를 기다렸다. 그가 오기까지 얼마나 오

래 걸렸는지 우리는 모른다. 다만 제법 시간이 걸렸을 것은 분명하다. 그 시간의 길이만큼 긴장감도 오래 지속되었을 것이다.

드디어 다윗이 왔다. 그가 나타남으로써 하나님께서 은밀히 준비하신 인물이 누구인지 비로소 드러났다. 얼핏보기에 그 아들은 별볼 일 없는 사람이었다. 그 아버지마저 그를 빼놓았을 만큼. 그냥 아버지의 양을 돌보는 목동이었다. 얼핏 느끼기에 그 아들은 대단하지도 않은 사람이었다. 그 아버지마저 그를 빼놓았을 만큼. 그냥 아버지의 양을 돌보는 목동이었다.

불려나온 다윗에게서 사무엘은 그 '(얼굴)이 붉고 눈이 아름답고 외모가 준수한 모습'을 보았다. 여기서 우리는 어떤 사람을 상상할 수 있을까? 우선 그는 열심히 일하는 노동자의 건강한 모습을 지니고 있었다. 히브리 본문은 얼굴이라는 말 대신에 붉다는 말로만 그의 모습을 나타냈다. 그렇더라도 여기에서 붉다는 말이 얼굴 아닌 신체의 다른 부분을 가리킨다고 보여지지 않는다. 다윗의 얼굴이 붉은 것은 들판에서 열심히 양을 돌보고 양을 짐승들로부터 지키기 위해 일하는 과정에서 햇볕에 검붉게 그을린 건강한 얼굴임이 분명하다.

그 다음 성경은 다윗의 '눈이 아름답다'고 했다. 이런 눈은 어떤 눈일까? 남자에게 아름다운 눈이란 여자의 아름답고 매혹적인 눈과는 다른 의미일 것이다. 그것은 아마 눈에 총기가 넘치고 투철한 의지가 담긴 눈일 것이다. 그래서 개역성경은 '눈이 빼어나고'로 옮겼다. 표준새번역 및 공동번역개정판은 '눈이 반짝이는'이라고 번역했다.

성경은 그의 외모가 준수하였다고 햇다. 준수하다고 옮겨진 말 토브(tôb)는 사울이 준수하다고 할 때 쓰인 것과 같은 낱말이다. 창세기 1장에서 하나님이 피조물을 보시며 '좋다'고 하실 때 사용된 단어이기도 하다. 곧 다윗의 아름다움은 단순히 멋진 외모가 아니다. 그것은 그의 강한 정신과 생활력이 담긴, 마음의 의지가 반영된 아름다움이요, 목적에 알맞은 아름다움이다. 이런 점에서 그것은 엘리압의 외모의 아름다움과 구별된다.

매독환주(賣櫝還珠 함만 팔고 진주를 되돌려받았다.)이는 진주를 산 사람이 진주를 되돌려주고, 진주를 담았던 상자만 자기가 가졌다는 뜻이다. 한비자(韓非子)에 나오는 말이다. 중국 초나라에 진주를 팔려는 사람이 있었다. 그는 진주를 담는 함을 아주 화려하게 만들었다. 그러자 진주를 산 사람이 화려한 그 함에 눈이 멀어서, 함은 자기가 갖고 진주를 판매자에게 되돌려주었다는 것이다.

이모취인(以貌取人)이란 말도 있다. 얼굴만 보고 사람을 쓰다, 용모로 사람의 품성·능력을 평가한다는 뜻이다.

공자의 제자들 가운데 子羽(자우)는 얼굴이 잘 생기지 않았다. 처음 가르침을 받으러 왔을 때 공자가 모자라는 사람으로 생각했을 정도였다. 입문한 뒤 자우는 학문과 덕행을 닦는데 힘쓰고 공사가 분명하게 일을 처리했다. 그를 따르는 제자가 300명이나 되었다. 공자의 제자들 중 宰予(재여)는 언변이 좋았다. 그는 낮잠을 자다가 공자에 혼나기도 하고 삼년상이 길다고 주장했다가 꾸중을 들었다. 천성이 게을러 '썩은 나무는 조각을 할 수 없다(朽木不可雕 후목불가조)'는 말하는 것을 들을 정도였다. '論語(논어)' 衛靈公(위령공)편에 '군자는 말을 보고 사람을 등용하지 않는다(君子 不以言擧人 군자 불이언거인)'는 말이 있다.

나중에 공자는 이렇게 탄식했다. '나는 말로 사람을 골랐다가 재여에게 실수했고, 외모로 사람을 보았다가 자우에게 실수했다.(吾以言取人 失之宰予 以貌取人 失之子羽 오이언취인 실지재여 이모취인 실지자우)' 이는 '史記(사기)'의 仲尼弟子(중니제자) 열전에 실려 있다.

물건을 구할 때 우리는 진정으로 좋고 유익한 물건을 구하는가? 꼭 그런 것 같지는 않다. 과일을 구할 때 영양분이 많고 맛 좋은 것보다는 모양 좋고 빛깔이 좋은 것을 선택한다. 껍질에 영양분이 많은 걸 알면서도 과육만 먹기도 한다. 채소를 살 때 싱싱한 것보다는 깨끗한 것을 찾는다. 그래서 어떤 상인은 유해한 세척제로 채소를 깨끗이 씻어서 판다. 새우를 먹을 때 껍질째 먹으면 콜레스테롤이 없어진다. 그런데도 우리는 불편하다며 껍질을 버리고 살만 먹는다. 우리는 항상 좋은 물건을 선택하는 것이 아니다.

사람을 대할 때에도 혹시 이러는 것은 아닐까? 본디 좋은 사람을 찾으려고 했는데, 인물(생김새)이 좋은 사람, 말 잘하는 사람, 돈 잘 쓰는 사람만 선택하는 일은 없을까?

다윗을 맞은 사무엘은 하나님으로부터 그를 선택했다는 확인을 받았다. 하나님은 다윗이 오자 사무엘에게 '일어나 기름을 부어라, 바로 이 사람이다'(킷 제 후 ki zeh hû')라고 말씀하셨다. 이에 사무엘은 그의 아버지와 형제들이 둘러서서 보는 가운데 기름을 부었다. 어떤 학자는 이 형제들이 다윗을 둘러선 것은 이 기름부음을 다른 이들이 보지 못하게 하기 위함이라고 해석하기도 하였다.(장일선 434) 이는 아마 다윗에게 기름을 붓는 일이 아주 비밀스럽게 진행되었다는 사실을 강조하려는 뜻에서 나온 해석일 것이다. 그렇더라도 조금 지나치다.

일찍이 아론이 제사장으로 될 때 기름 부음을 받았다.(레 8:12) 다윗보다 앞서 사울도 사무엘에게서 기름 부음을 받은 뒤 임금이 되었다.(삼상 10:1, 24) 예언자 엘리사도 기름 부음을 받았다.(왕상 19:16) 이로써 구약시대에는 제사장 왕 예언자는 기름부음을 받고 그 직분을 감당하는 전통이 생겼다.

신구약 중간시대 이스라엘이 기다리며 바라는 메시야는 본디 '기름을 붓다'는 말에서 나왔다. 이것이 신약시대에 그리스도란 말로 쓰였다. 그리스도란 말은 곧 '기름 부음을 받은 자'라는 뜻이다.

자신들이 배제된 채 막내가 기름부음을 받는 장면을 목도한 형들의 심정은 어떠하였을까? 혹시 요셉의 꿈 이야기를 듣는 그의 형들의 그것과 달랐을까? 이에 관해 성경은 침묵하였다. 그렇지만 이 일로 다윗에게 시비를 거는 형제가 하나도 없는 것으로 보아 – 나중에도 – 그들은 아마 이를 가문의 영광으로 받아들였을 가능성이 높다.

그에 관한 첫 마디는 그의 외모에 관한 것이었다. 사무엘에게 사람의 겉모습에 현혹되지 말라고 하신 하나님께서 곧바로 다윗의 외모를 언급하신 것은 매우 놀라운 일이다.(12절) 이런 식으로 찬탄할 만한 외모를 지닌 사람은 구약성경에서 다윗 말고는 오직 구약성경에 또 한 사람(에서)이 있을 뿐이다.(창 25:25)

이것을 어떻게 받아들여야 할까? 아마 사람이 사람을 볼 때 외모에 얼마나 집중하는지를 역설적으로 보여준다. 더 나아가 이것은 하나님이 쓰시는 인물의 독특한 자격을 말하는 것 같다. 똑같은 외모를 지녔더라도, 다시 말해 겉으로 보이는 자격이 똑같더라도 하나님에게 쓰임받는 사람이 있는가 하면, 그렇지 못한 사람이 있다는 것이다.

그 기준이 무엇일가? 그 기준은 오직 한 가지, 곧 그 사람이 하나님의 신(여호와의 영)에게 감동되었느냐가 관건인 것이다.(13절) 다시 말해 다윗은 사람들의 이목을 끌기에 충분한 풍채(외모)를 지녔다. 그렇지만 하나님은 그런 이유로 그를 선택하신 것이 아니다. 오직 하나님께서 마음으로 사람을 보셨기 때문이요, 성령께서 그를 감동하셨기 때문이었다.(ṣālaḥ)

기름부음을 받은 이후에 다윗은 여호와의 영(성령)에 크게 감동되었다. 하나님은 그의 마음(중심)을 보고 다윗을 선택하셨다. 비록 그 마음이 올바른 것은 하나님의 사명을 감당하거나 이스라엘의 왕의 역할을 감당하기 위해 필요한 조건이라도 그것만으로는 충분하지 않다. 인간은 아무리 능력이 탁월하더라도 자기 자신의 힘과 지혜만 가지고는 왕이 되어 바르게 통치할 수는 없기에 그렇다. 하나님의 영에 이끌리는 지혜와 능력이 없이는 건전 · 건강한 지도자가 되는 일은 불가능하다. 이에 하나님은 다윗에게 하나님의 영을 부어주셨다.

사사들이나 사울의 경우와는 달리 이 일은 지속적으로 계속되었다.(mêhajjôm hahû maʿəlâ) 사무엘이 다윗에게 기름을 부은 것은 한편으로 공식적인 것이 아니라 사적인 것이었다고 보는 학자들이 있다.(김지찬 246) 이는 기름부음을 위한 공개적인 혹은 공식적인 행사가 아니었다는 점에서 옳은 판단이다. 그렇더라도 이것이 사적이냐 공식적이냐 하는 것보다는 비공개로 비밀스럽게 진행되었다는 데 무게 중심이 있을 것이다.(2절과 4절 참조) 이 일이 사울의 귀에 들어가면 다윗 집안은 물론 사무엘조차도 안전하지 못할 것이다. 이로써 다윗의 첫 등장은 매우 은밀하게 이루어졌다. 그렇더라도 이는 하나님께서 은밀히 준비해오셨던 (주님의) 마음에 맞는 사람(삼상 13:14) '그대보다 더 나은 그대의 이웃 사람'(lərēʿakā ←rēaʿ 삼상 15:28 직역)이 본격적으로 등장하는 계기가 되었다.

사무엘상 16장에는 보다(rāʾâ 라아)에 관계된 파생어들이 여러 곳에 있다.(직역)

내가 나 자신을 위하여 그의 아들들 중에서 왕 하나를 진정 주목하였느니라(rāʾîtî 1절)

그리고 그들이 오자 사무엘이 엘리압을 보고 말하였다.(6절)

보지(nābaṭ) 말라, 그의 외모(marʾēh)와 키(gebōah qōmātô)를 …나는 사람이 보는 것을 보지 (rāʾâ) 않노라. 진실로 사람은 눈들로(laʿênājîm) 보거니와 나 여호와는 그 마음으로 (lallēbāb) 보느니라(7절)

그리고 그의 용모(rōʾî)가 좋았더라(12절)

사람 하나를 꼭 찾아(reʾu-nâ) 내게로 데려오라, 나를 위하여 좋은 연주자를(17절)

보소서 내가 이새의 아들들 중에서 보니(rāʾîtî 18절)

삼하 16-17장은 다윗이 별로 이목을 끌지 못하는 평범한 또는 평범 이하의 사람이었다가, 아주 특별한 사람으로 격상되는 과정을 보여주었다.(Brueggemann, David's truth 20) 다윗은 처음에 주목을 끌지 못하는 사람이었다. 오직 하나님만이 그를 알아 보셨다. 그를 부각시키는 것 특히 왕으로 세우는 일이 대단히 엄청난 일이기에 하나님은 그를 은밀하게 등장시키셨다. 때가 차기까지 기다리신 것이다.

사무엘은 자신이 이새의 아들들 중 하나에게 기름을 부어야 한다는 것을 알면서도 누구에게 그리해야 할지를 몰랐다. 하나님께서 하시고자 하는 바를 사무엘과 이새는 물론 당사자인 다윗도 까마득하게 몰랐다. 그냥 하나님께서 말씀하시니 그에 따랐을 뿐이었다. 그 과정에서 시행착오를 겪었다.

이런 것은 우리에게 결코 낯설지 않다. 우리 일 가운데 그것의 전말을 모두 다 알고 시행하는 것이 과연 얼마나 될까? 대부분은 방향과 목표만 뚜렷할 뿐이다. 이것은 이렇게 하면 될 것 같다, 저것은 저렇게 하면 될 것 같다며 몇 가지 정보와 경험을 모으고 그 나머지 대부분에 대해서는 잘 모른 채 뛰어들곤 한다. 마치 사무엘이 그랬듯이 우리도 몇 번이나 시행착오를 겪기도 하고, 시작할 때나 진행하는 도중에나 마무리할 때에나 늘 살얼음판을 걷듯 조심조심하는 것이다. 중대한 일일수록 더욱 더 그렇다.

묵상: 시편 151 (사해사본)

1. 나는 나의 형제들보다 작은 자, 나의 아버지의 아들들 중에서 가장 작은 자. 그래서 그는 나를 그의 양떼의 목자로 삼았으며, 그의 염소새끼들을 다스리는 자로 삼았도다

2. 내 손이 기구를 만들었고, 내 손가락은 거문고를. 그래서 나는 여호와께 영광을 돌렸고 나는 심중으로 말했다.

3. 산들은 그를 증거하지 아니하고 들도 선포하지 아니하나, 나무들은 내 말을 소중히 여겼고 양떼들은 나의 행위를 (소중히 여겼다.)

4. 대저 누가 여호와의 행위를 선포하며, 누가 이야기하며 누가 전파하랴? 하나님께서 보신 모든 것, 그가 들으신 모든 것, 그리고 그가 유념하신 모든 것을.

5. 그는 내게 기름을 부으시려고 자기 예언자를 보내셨으니, 나를 위대하게 하시려고 사무엘을, 나의 형제들은 그를 영접하러 나갔으니 용모와 외모가 아름다운 자들

6. 비록 그들의 모습이 키가 크고 그 머리털이 아름다웠다고 하더라도 여호와께서는 그들을 선택하지 아니했다.

7. 그러나 그는 나를 양떼 뒤에서 데려와서 거룩한 기름을 내게 부으셨도다. 그리고 그는 나를 백성의 지도자로, 그의 계약의 자손들을 다스리게 하셨도다.

* 교회는 이것을 정경으로 받아들이지 않았다. 그리스어 역본 몇몇에는 이것보다 적은 분량으로 들어 있다.

4
첫 만남

(삼상 16:15-23)

15 사울의 신하들이 그에게 이르되 보소서 하나님께서 부리시는 악령이 왕을 번뇌하게 하온즉

16 원하건대 우리 주께서는 당신앞에서 모시는 신하들에게 명령하여 수금을 잘 타는 사람을 구하게 하소서 하나님께서 부리시는 악령이 왕에게 이를 때에 그가 손으로 타면 왕이 나으시리이다 하는지라

17 사울이 신하에게 이르되 나를 위하여 잘 타는 사람을 구하여 내게로 데려 오라 하니

18 소년 중 한 사람이 대답하여 이르되 내가 베들레헴 사람 이새의 아들을 본즉 수금을 탈 줄 알고 용기와 무용과 구변이 있는 준수한 자라 여호와께서 그 와 함께 계시더이다 하더라

19 사울이 이에 전령들을 이새에게 보내어 이르되 양 치는 네 아들 다윗을 내 게로 보내라 하매

20 이새가 떡과 한 가죽부대의 포도주와 염소 새끼를 나귀에 실리고 그의 아들 다윗을 시켜 사울에게 보내니

21 다윗이 사울에게 이르러 그 앞에 모셔 서매 사울이 그를 크게 사랑하여 자기 의 무기를 드는 자로 삼고

22 또 사울이 이새에게 사람을 보내어 이르되 원하건대 다윗을 내 앞에 모셔 서 게 하라 그가 내게 은총을 얻었느니라 하니라

여기에는 다윗이 두 번째로 등장하는 장면이 기록되었다. 물론 은밀히 등장하였던 첫 번째보다는 조금 더 공개적이지만, 아직 기름부음을 받은 자(왕)의 자격으로 나오지 않았다. 하나님께서 다윗에게 기름을 부어 다음 왕으로 지명하셨다. 그 일이 사울 임금에게 그리고 다윗 자신에게 어떤 영향을 미치게 될 것인가? 이제부터 전개되는 이야기가 그 대답이다. 이에 학자들은 삼상 16:14～삼하 5:10을 다윗의 왕위 등극사라고 부른다.

다윗이 두 번째로 등장하는 계기는 사울에게 여호와가 부리시는 악한 영이 임한 것이었다.

이 때 다윗이 하프를 연주하여 그가 평정을 되찾는 데 일조하였다. 다윗을 감동시키신 여호와의 신은 사울 임금에게서 떠났다. 예전에 사울에게 임하여 왕이 되게 하셨던(삼상 10:10; 11:6 참조) 그분이 사울에게서 멀어지셨다.

4 주 예수의 이름으로 너희가 내 영과 함께 모여서 우리 주 예수의 능력으로 5 이런 자를 사탄에게 내주었으니 이는 육신은 멸하고 영은 주 예수의 날에 구원을 받게 하려 함이라(고전 5:4-5)

그 대신 하나님이 부리시는 악한 영이 그를 엄습했다.(14절) 이것은 성경에서 루앗흐가 악한(라아 ra') 이란 말과 함께 쓰인 첫 번째 예이다.

루앗흐(영)는 사울과 관련하여 16차례 등장했다.(삼상 10:6, 10; 11:6; 16:13, 14ab, 15, 16, 23ab; 18:10; 19:9, 20, 23) 사무엘서에서 루앗흐는 한 곳(삼상 1:15)을 빼놓고는 대부분 사울 및 다윗의 등극 및 왕위에 쓰였다. 사울에 관련하여 루앗흐는 주로 루앗흐 엘로힘으로, 다윗과 관련하여 그것은 루앗흐 야웨(여호와) 형식으로 쓰였다. 이것은 삼상 16:13과 16:14에서도 뚜렷이 보인다.

사울이 임금으로 될 수 있었던 원동력은 루앗흐 엘로힘의 강림과 작용이었다.(삼상 11:6) 그가 크게 번뇌하게 된 계기는 여호와의 영이 그를 떠난 것이었다.(삼상 16:14a) 하나님의 영은 사울을 이스라엘 왕위에 올리기도 하시고, 그를 왕위에서 끌어내리기도 하셨다.

번뇌란 말(빠아트)은 본디 두렵게 하다, 불안하게 하다는 뜻이다. 외부로부터 밀어닥친 환란(재난)으로 인해 괴로워하는 모습을 나타내는 이 말은 욥기에 자주 쓰였다.(욥 7:14; 9:34 등) 불안은 두려움과 쌍둥이다. 그에 대한 반응은 매우 다양하다. 그 가운데 부정적으로 표출된 경우를 우리는 사울, 다윗, 맥베드(셰익스피어의 희곡), 베드로 등에서 본다.

하나님은 악한 영을 보내어 자신의 뜻을 이루실 때도 있다.

> 22 아비멜렉이 이스라엘을 다스린 지 삼 년에 23 하나님이 아비멜렉과 세겜 사람들 사이에 악한 영을 보내시매 세겜 사람들이 아비멜렉을 배반하였으니(삿 9:22-23)
>
> 4 주 예수의 이름으로 너희가 내 영과 함께 모여서 우리 주 예수의 능력으로 5 이런 자를 사탄에게 내주었으니 이는 육신은 멸하고 영은 주 예수의 날에 구원을 받게 하려 함이라(고전 5:4-5)

사울이 괴로워한 내용이 무엇인지 우리는 정확하게 알지 못한다. 그는 아마 그때마다 제정신이 아니었음이 분명하다. 왕다운 품위 유지는 물론 직무수행에도 커다란 지장이 생겼을 것이다.

치료받아야 할 필요성을 느끼는 사울에게 신하들은 수금을 잘 타는 사람을 구하자고 제안했다.(15절) 그도 동의했다. 16절에 쓰인 '보다'라는 말(개역개정과 공동번역 개정 및 표준새번역은 구하다로 옮김)은 삼상 16:1에 하나님께서

주목했다는 표현에도 그대로 쓰였다. 그 심복들 중에 하나가 사울에게 다윗을 추천했다.(18절) 그는 다윗이 수금을 잘 탈 뿐만 아니라 용기와 무용과 구변이 있는 준수한 자요 여호와께서 함께 하시는 자라고 소개했다.

사울 앞에서 하프를 연주하는 다윗(렘브란트)

그 신복들 중에 하나가 사울에게 다윗을 추천하였다.(18절) 그에 따르면 다윗은 수금을 잘 탈 뿐만 아니라 '용기와 무용과 구변이 있는 준수한 자라 여호와께서 그와 함께 계시더이다'라고 소개하였다.

용기라는 말(기보르 카일)은 이스라엘에서 이상적인 남성 또는 용사를 가리키는 말이었다. 그리스나 라틴 문화권에서 이는 덕(덕성)으로 불리기도 하였다. 무용이란 말(이쉬 밀카마)은 전쟁터에서 용감하고 능력있게 싸우는 전사를 가리켰다.

구변이란 말(느본 따바르)은 구변이 좋다, 능수능란하게 말한다는 의미였다. 준수한 사람이란 말(이쉬 토아르)은 그의 용모가 뛰어났다는 뜻이다. 아마 사울도 이런 점에서는 다윗 못지않았을 것이다. 문제는 그 다음이다: '게다가 여호와께서 그와 함께.'(뷔야웨 임모)

여기 소개된 다윗의 면모는 단순한 수금 연주가(음악치료사)가 아니다. 사울왕의 측근이 두메산골의 이름없는 목동 다윗에 대해 이렇게 자세히 알고 있다는 점이 이상하다. 이에 대한 해석은 두 가지이다. (김구원 355)

1) 다윗의 왕위등극을 기록한 사무엘서 저자가 그 일이 하나님의 섭리인 것을 알려주려는 목적으로 이야기를 재구성하였다는 것이다.

2) 소년들 중 하나라고 소개된 이 사람이 아마 사무엘이 사울에게 기름 부을 때 동행하였던 사울의 종이었을지도 모른다는 것이다. 삼상 9:3과 16:18에는 모두 에하드 메느아림이란 용어가 쓰였다. 그는 아마 사무엘과 그의 활동에 관계된 인물들(다윗도 그중에 하나)에 관한 정보를 가지고 있었을 것이다.

삼상 9:3에 나오는 종은 사울을 사무엘에게 이끄는데 중요한 역할을 하였다. 삼상 16:18의 종은 다윗을 사울에게로 데려오는데 결정적인 역할을 하였다. 그(혹은 그들)는 하나님의 섭리를 이루는 통로로 훌륭하게 쓰임을 받았다.

어쨌거나 이새보다는 사울 왕의 신하들이 다윗에 대해 긍정적인 이미지(호감)를 가지고 있었다.(18절) 매우 흥미로운 대목이다. 사실 부모는 자기 자식에 관해 가장 잘 알면서도 가장 모르는 경우가 적지 않다. 참 역설적인 일이지만 그런 현실이 허다하다.

삼상 16:14-23은 한 폭의 그림을 연상시킨다. 다윗이 하프를 연주하자 그가 심리적 평정을 되찾았다. 그 마음을 뒤덮었던 어두운 그림자가 서서히 물러갔다. 침울하고 괴롭던 곳에 맑고 환한 기운이 깃들었다. 참 기분 좋은 그림이다. 여러 화가가 이 이야기를 즐겨 화폭에 담았다.

다윗의 하프 연주는 금방 효과를 나타내었다.

하나님께서 부리시는 악령이 사울에게 이를 때에 다윗이 수금을 들고 와서 손으로 탄즉 사울이 상쾌하여 낫고 악령이 그에게서 떠나더라(삼상 16:23)

상쾌하여 낫다는 말은 꽉 막혀 답답하던 숨통이 트이고 기분이 좋아진 것을 가리켰다. 이는 사울 왕의 영혼을 어지럽히던 악령이 떠나가고 난 뒤의 모습을 표현하는 말이다. 삼상 16:14,23은 떠나다는 말을 앞뒤로 씀으로써 하나님의 영이 떠난 사울 왕과 하나님이 함께 하심으로 악령을 떠나보낸 다윗에게 일어날 운명의 변화를 긴장감어린 눈으로 바라보게 했다.

12 그러므로 형제들아 우리가 빚진 자로되 육신에게 져서 육신대로 살 것이 아니니라 13 너희가 육신대로 살면 반드시 죽을 것이로되 영으로써 몸의 행실을 죽이면 살리니 14 무릇 하나님의 영으로 인도함을 받는 사람은 곧 하나님의 아들이라(롬 8:12-14)

하나님이 버리신 현재의 왕 앞에서 하나님이 지명하신 미래의 왕이 수금을 연주했다. 물론 그 둘 다 자신의 미래와 운명에 대해 전혀 모르고 있었다. 사울 임금에게 다윗은 일단 마음에 쏙 들었다. 그는 다윗을 궁정으로 와 살게 했다.

21 다윗이 사울에게 이르러 그 앞에 모셔 서매 사울이 그를 크게 사랑하여 자기의 무기를 드는 자로 삼고 22 또 사울이 이새에게 사람을 보내어 이르되 원하건대 다윗을 내 앞에 모셔 서게 하라 그가 내게 은총을 얻었느니라 하니라(삼상 16:21-22)

율곡 이이 선생의 아들 이경림(李景臨)에게 간이(簡易) 최립(崔岦 1539–1612) 지어 준 금잠(琴箴)이다.

산 병풍 둘러친 그윽한 곳
우리 선생 마음 깃들인 곳
여울물 소리 청랑한 곳
우리 선생 소리 기탁한 곳
산 병풍 아래 여울물 위는
우리 선생 아드님이 거문고 타는 곳
나는 말하노라 득음 비록 얕다 해도
마음속 간직함 깊다 하노니⋯
금은 본디 금(禁)의 뜻 내포한 것
예로부터 거문고로 삿됨 막았나니
마음속에 삿됨 모두 끊어지면
그 소리 어찌 음란하리요
지금의 것만 따르고 예스럽지 못하다면
그저 사람의 귀만 즐겁게 해 줄 따름
고아(高雅)함 벗어나 세속에 빠져들면
재주 부리는 배우와 다를 게 뭐 있으랴
다른 사람이라면 그럴 수도 있겠지만
선생의 아들인 그대 어찌 그럴 수야
희미의 경지 아득하다 염증내고서
자꾸 바뀌는 새 유행만 좇지 말지라
사람들이 그대의 거문고 소리 듣고 나면
정신 안정되고 기운 맑아져야 할 터⋯
산 병풍 아래 여울물 그 위에서
달빛 잠기고 바람 멈출 적에

> 나를 위해 한번쯤 타 주지 않으려나
> 옛날 선생을 옆에서 모셨던 그때처럼

한 나라의 왕인 사울은 국민을 이끌고 위로해야 할 사람이었다. 그런 그가 백성을 더 이상 위로하지 못했다. 도리어 위로를 받아야만 할 처지에 놓였다. 위로해야 할 사람이 위로 받아야 할 상황에 처하면 그 가정이나 국가는 불행하다. 요즈음 지도자 중에도 사람을 위로하기는커녕 오히려 동정을 구걸하는 이들도 있다. 국민에게 동정심을 구걸하는 그들의 모습이 참 안쓰럽게 보인다.

흔히 사람이 앓는 정신질환의 원인으로 내인(가족내력 등 유전, 나이 성별 소속된 민족 등) 외인(신체 외부에서 가해지는 뇌, 심장 등의 충격이나 손상) 심인(감내할 정도를 넘어서는 정신적 심리적 스트레스 등)을 든다. 성경은 이 밖에도 악령의 작용을 손꼽는다. 사울 왕이 그 대표적이다. 복음서에 보면 악령에 사로잡힌(귀신들린) 사람이 예수님의 치유 대상이었다.

16 …예수께서 말씀으로 귀신들을 쫓아내시고 병든 자들을 다 고치시니 17 이는 선지자 이사야를 통하여 하신 말씀에 우리의 연약한 것을 친히 담당하시고 병을 짊어지셨도다 함을 이루려 하심이더라(마 8:16-17)

요즘에는 잘 쓰지 않지만(무엇인가 또는 귀신에게) 씌였다(홀렸다)는 말이 있다. 엉뚱하거나 바람직하지 않은 것에 지나치게 집착하는 것을 나타내는 말이기도 하다. 정말 사람이 이럴 때가 있다. 자기가 봐도 자기가 자기 같지 않다. 이럴 때에는 나중에 제정신이 돌아왔을 때 크게 후회할 짓, 너무나 부끄러워 숨어버리고 싶을 짓을 하기 마련이다. 우리와 우리 시대는 이런 데서 자유로운 것일까?

묵상 : 치유와 회복의 근원

음악(노래, 연주 등) 자체는 중립적인 것이다. 그것을 사용하는 사람이 긍정적으로 활용하느냐 부정적으로 악용하느냐의 차이가 있을 뿐이다.

우리는 모든 치유의 근원이 삼위일체 하나님이라 믿는다. 심리학적 상담이나 치유법, 음악 미술 독서 등을 통한 치유는 하나님의 이런 역사를 돕는 보조수단일 뿐이다. 더구나 이런 것들은 죄의 문제를 해결할 수 없다는 사실을 결코 잊어서는 아니 될 것이다. 사람은 성령님과 성경말씀을 통해서 근본적인 치유와 회복에 이를 수 있다.

내 이름으로 일컫는 내 백성이 그들의 악한 길에서 떠나 스스로 낮추고 기도하여 내 얼굴을 찾으면 내가 하늘에서 듣고 그들의 죄를 사하고 그들의 땅을 고칠지라 (대하 7:14)

5
우연한 기회

(삼상 17:20-27)

20 다윗이 아침에 일찍이 일어나서 양을 양 지키는 자에게 맡기고 이새가 명령한 대로 가지고 가서 진영에 이른즉 마침 군대가 전장에 나와서 싸우려고 고함치며,

21 이스라엘과 블레셋 사람들이 전열을 벌이고 양군이 서로 대치하였더라

22 다윗이 자기의 짐을 짐 지키는 자의 손에 맡기고 군대로 달려가서 형들에게 문안하고

23 그들과 함께 말할 때에 마침 블레셋 사람의 싸움 돋우는 가드 사람 골리앗이라 하는 자가 그 전열에서 나와서 전과 같은 말을 하매 다윗이 들으니라

24 이스라엘 모든 사람이 그 사람을 보고 심히 두려워하여 그 앞에서 도망하며

25 이스라엘 사람들이 이르되 너희가 이 올라 온 사람을 보았느냐 참으로 이스라엘을 모욕하러 왔도다 그를 죽이는 사람은 왕이 많은 재물로 부하게 하고 그의 딸을 그에게 주고 그 아버지의 집을 이스라엘 중에서 세금을 면제하게 하시리라

26 다윗이 곁에 서 있는 사람들에게 말하여 이르되 이 블레셋 사람을 죽여 이스라엘의 치욕을 제거하는 사람에게는 어떠한 대우를 하겠느냐 이 할례 받지 않은 블레셋 사람이 누구이기에 살아 계시는 하나님의 군대를 모욕하겠느냐

27 백성이 전과 같이 말하여 이르되 그를 죽이는 사람에게는 이러이러하게 하시리라 하니라

이것은 다윗에게 없었던 기회가 저절로 생긴 것에 관한 말씀이다. 세상 일들 중에는 아주 작은 것 또는 우연처럼 보였던 일이 나중에 크고 중요한 것으로 바뀌는 경우가 적지 않다. 이 일도 사소한 심부름으로 시작되었다.

이스라엘이 블레셋과 벌인 전쟁을 계기로 다윗은 세 번째로 나타났다. 처음엔 숨겨진 인물로 그 다음에는 조용히 이번에는 아주 화려하게.

이새는 전쟁터에 나간 세 아들의 안부를 알고 싶어 막내인 다윗의 손에 먹거리를 들려 보냈다.(17-18절) 이에 그는 양들을 다른 이에게 맡겼다.(20절) 맡겼다고 옮겨진 낱말은 본디 포기하다 버리다는 뜻이다. 이는 다윗이 목동 생활로 다시 되돌아오지 않으리라는 것을 암시하는 말일런가?

전쟁터에 가 보니 형들이 막사에 없었다. 그는 먹거리를 짐 지키는 사람에게 맡기고 전장으로 달려갔다.(22절) 형들과 안부 인사를 나누는 사이 블레셋의 골리앗이 이스라엘과 이스라엘이 믿는 하나님을 모독했다. 성경은 골리앗을 가리켜 싸움을 돋우는 자(= 중간에 있는 자)라고 불렀다.(23a) 이는 이스라엘 군대와 블레셋 군대 사이에 있는 사람이란 뜻이리라. 그가 하는 막말을 다윗이 들었다.(23b)

다윗의 귀에 들린 말은 이것뿐이 아니었다. 사울 임금의 약속도 소문으로 들려왔다. 골리앗과 싸워 이기는 사람에게는 i) 많은 재물을 하사할 것이며, ii) 공주와 결혼을 시킬 것이고 iii) 그 집안(아비의 집)의 세금을 면제해 준다는 것이었다.(25절) 귀가 솔깃해지는 약속이었다. 다윗이 주변 사람들에게 물었다:

이 블레셋 사람을 죽여 이스라엘의 치욕을 제거하는 사람에게는 어떠한 대우를 하겠느냐 이 할례 받지 않은 블레셋 사람이 누구이기에 살아 계시는 하나님의 군대를 모욕하겠느냐(삼상 17:26)

다윗은 이방인이 살아계시는 하나님의 군대인 이스라엘을 모욕하는 데에 분노했다. 여기서 그는 치욕과 모욕이란 낱말로 자신의 상한 기분을 거듭 표현했다. 그러면서도 골리앗을 이기는 사람에게 주어질 보상에 대한 관심도 끊지 않았다. 영적 관심과 세속적 관심이 교묘하게 뒤섞여 있는 것이다.

다윗이 한 말이 왕의 귀에까지 들어갔다. 사울 임금은 다윗을 불러 들였다. 거기서 나눈 대화는 직접화법으로 소개되었다.(32-37절)

다윗: 그로 말미암아 사람이 낙담하지 말 것이라 주의 종이 가서 저 블레셋 사람과 싸우리이다

사울: 네가 가서 저 블레셋 사람과 싸울 수 없으리니 너는 소년이요 그는 어려서 부터 용사임이니라

다윗: 주의 종이 아버지의 양을 지킬 때에 사자나 곰이 와서 양 떼에서 새끼를 물어가면 내가 따라가서 그것을 치고 그 입에서 새끼를 건져내었고 그것이 일어나 나를 해하고자 하면 내가 그 수염을 잡고 그것을 쳐죽였나이다 … 여호와께서 나를 사자의 발톱과 곰의 발톱에서 건져내셨은즉 나를 이 블레셋 사람의 손에서도 건져내시리이다

사울: 가라 여호와께서 너와 함께 계시기를 원하노라

주전 3300-2900년 메소포타미아 지역에서 발굴된 인장. 키가 작고 벌거벗은 어떤 사내가 자신의 가축을 잡아가려는 사자를 공격한다.

다윗이 한 말(사람이 낙담하지 말 것이라)을 직역하면 '사람의 마음이 떨어지지 않게 하라'는 것이다. 우리말에는 낙심(落心) 또는 낙담(落膽)이라고 하는데, 히브리 사람들은 낙심이라고

했다.(공개: 상심, 표준: 용기를 잃다) 사울 임금이 보기에 다윗은 용기와 무용(삼상 16:18 참조)을 지녔지만 싸워 본 경험이 없는 소년이었다. 이에 비해 골리앗은 어려서부터 전쟁터에서 잔뼈가 굵은 사람이었다. 히브리 성경은 다윗에게는 나아르(= 소년) 골리앗에게는 느우림(= 어려서부터)이라는 같은 뿌리에서 나온 낱말을 써서 실감나는 대조법으로 묘사했다.

그 다음에 이어지는 다윗의 말은 참으로 감동적이다. 그는 아무도 알아주지 않는 목동생활에도 최선을 다한 사람이었다. 자신이 지키는 양을 위해 죽음을 각오하고 사자 및 곰과 싸웠다. 그는 자기 역할을 감당할 때 하나님을 의식하며 행동했다. 그리고 아버지의 말씀에 순종하여 전쟁터에 나가 있는 형들의 안부를 알아 오려 했다. 전투에 참가한 형들에 비하면 아주 작은 일처럼 보이지만 이것도 나름대로 중요할 뿐만 아니라 위험을 감수해야 하는 것이었다.

> 지극히 작은 것에 충성된 자는 큰 것에도 충성되고 지극히 작은 것에 불의한 자는 큰 것에도 불의하니라(눅 16:10)
>
> 주인이 이르되 잘했다 착한 종이여 네가 지극히 작은 것에 충성하였으니 열 고을 권세를 차지하라 하고(눅 19:17)

우리가 크다고 여기는 일들 가운데 하나님 보시기에는 아주 작은 것도 있다. 우리가 작다고 여기는 일들 가운데에는 하나님 안에서 결코 작지 않은 것들이 있다. 가사일도 그렇다. 조선시대 사람들은 여성을 그런 일에 묶어 놓고 아주 무시했다, 마치 자기 자신이 그 일로 만들어지는 밥을 먹어야만 사는 사람이라는 사실을 잊은 듯이. 우리 주변에서 작은 일이나 덜 중요하다고 여기는 것들 가운데 결코 작지 않은 것은 무엇일까?

묵상 : 하나님은 감추어진 모습으로도 드러난 모습으로도 역사를 만들어 가신다.

골리앗과의 싸움은 하나님께서 다윗을 기름 부음 받은 이스라엘의 왕으로 세우시는 과정이었다. 만일 이 싸움이 없었다면… 이스라엘의 왕이 된다고 할 때 사람들은 다윗을 보며 속으로 코웃음 쳤으리라. 다른 사람은 차치하고 라도 그 아버지를 비롯하여 그를 아는 사람이 다 그랬을 것이다: '다윗, 내가 그를 아는데… 말도 안 돼.'

골리앗과의 싸움이 끝난 다음에도 그렇게 말하는 사람이 있었을까? 아마 없었으리라. 이것이 하나님께서 일하시는 방법이었다. 이것이 문제를 다루시는 하나님 방법이요, 이것이 문제를 통해 새 역사를 창조하시는 하나님의 은혜였다.

우리가 의도하지 않았는데도 좋은 결과가 나올 수도 있다. 물론 나쁜 결과가 생길 수도 있다. 이에 우리는 우연처럼 보이는 일들에서도 하나님을 만날 준비를 하며 살아야겠다. 어떤 경우에나 선하게 인도하시는 하나님께 기도드리며 살아야겠다.

6

다윗의 손엔 칼이 없었다

(삼상 17:45–50)

> 45 다윗이 블레셋 사람에게 이르되 너는 칼과 창과 단창으로 내게 나아 오거니
> 와 나는 만군의 여호와의 이름 곧 네가 모욕하는 이스라엘 군대의 하나님의
> 이름으로 네게 나아가노라
>
> 46 오늘 여호와께서 너를 내 손에 넘기시리니 내가 너를 쳐서 네 목을 베고 블
> 레셋 군대의 시체를 오늘 공중의 새와 땅의 들짐승에게 주어 온 땅으로 이스
> 라엘에 하나님이 계신 줄 알게 하겠고
>
> 47 또 여호와의 구원하심이 칼과 창에 있지 아니함을 이 무리에게 알게 하리라
> 전쟁은 여호와께 속한 것인즉 그가 너희를 우리 손에 넘기시리라
>
> 48 블레셋 사람이 일어나 다윗에게로 마주 가까이 올 때에 다윗이 블레셋 사람
> 을 향하여 빨리 달리며
>
> 49 손을 주머니에 넣어 돌을 가지고 물매로 던져 블레셋 사람의 이마를 치매 돌
> 이 그의 이마에 박히니 땅에 엎드러지니라
>
> 50 다윗이 이같이 물매와 돌로 블레셋 사람을 이기고 그를 쳐죽였으나 자기 손
> 에는 칼이 없었더라

이것은 다윗과 골리앗이 맞대결하는 이야기이다. 오늘날 다윗과 골리앗
이란 말은 관용어로 쓰인다. 양측이 힘으로는 도저히 상대가 되지 않는 상

황에서 맞붙은 불공평한 싸움 또는 도저히 이길 수 없는 상대를 이겼을 때 쓰인다.

완전무장한 골리앗은 이스라엘 군대 앞까지 나와 조롱하는 말을 퍼부었다.(8-10절) '너희가 무슨 목적으로 전열을 갖추어 나왔느냐? 내가 바로 그 블레셋 사람이고 너희는 사울의 종들이 아니더냐?'(8ab 직역) NEB를 비롯한 몇몇 성경은 앞부분을 '내가 블레셋의 최고의 그 투사가 아니냐'(Am I the philistine champion)로 옮겼다. 이것은 '나는 블레셋에서 최고인데 너희는 한낱 종이 아니냐?'라는 뜻이다.

이런 조롱에 이스라엘 군대는 침묵으로 일관했다. 그 침묵은 굴욕이요 부끄러움이었다. 기가 죽어 잔뜩 움츠린 이스라엘 군대에게 그가 제안했다, 이스라엘 군대에서 한 사람이 나와서 자신과 싸우자고. 누가 이기든 이긴 편이 그날의 승리자가 되어 패배자를 종으로 삼자는 것이다.(8c) 10절에서도 그는 재차 이스라엘 군대에서 한 사람을 뽑아내라고 재촉했다.

옛날에는 이런 식으로 전투가 치러지곤 했다. 이 방법은 본디 많은 피가 흐르는 것을 막아보자는 선의에서 나온 것이다. 골리앗의 제안은 자신과 맞서려는 사람이 아무도 없을 줄 알고 이스라엘 군대를 주눅 들게 하려는 수법이었다. 상상 이상의 어마어마한 거인이었던 골리앗 장수에게 맞서 일대일로 싸울 병사는 이스라엘 군대에 없었다. 이스라엘 사람들은 골리앗의 덩치를 보는 것만으로도 이미 기가 질렸기에 한 마디도 대꾸하는 이가 없었다. 이것으로 우리는 그가 얼마나 자신만만한지 이스라엘 군대가 그에게 얼마나 벌벌 떠는지를 충분히 짐작할 수 있다.(11절)

성경에는 골리앗의 모습이 자세히 나와 있다. 그의 키는 2m 93cm, 몸을 두른 갑옷의 무게는 57kg, 놋 단창의 창날만 약 7kg이 되었다.(삼상17:4-7) 이스라엘 최고의 용사 사울 왕(키가 약 2m, 삼상10:23)도 골리앗에게는 비할 바가 아니었다.

그런 자에게 맞서러 나가는 다윗의 손에는 칼이 없었다.(삼상 17:50) 그의 심령 중심에는 칼과 비교할 수 없이 강한 것이 있었다. '여호와 이름'이 그것이다.(삼상 17:45) 삼상 17:38-40은 한 폭의 그림과 같다. 다윗이 지닌 막대기 하나와 매끄러운 돌 다섯이 사울 왕의 군복 투구 갑옷 칼에 대조되었다.

일찍이 사무엘은 다윗의 '그의 빛이 붉고 눈이 빼어나고 얼굴이 아름답더라'(삼상 16:12)는 모습에 시선이 끌렸다. 골리앗은 다윗의 '그가 젊고 붉고 용모가 아름다움이라'(삼상 17:42)는 모습을 비웃었다.

이제 두 사람의 맞대결이 펼쳐졌다. 겉보기에는 우스꽝스러울 정도로 상대가 되지 않았다. 드디어 둘 사이의 거리는 대화할 수 있을 정도로 가까워졌다.

골리앗: 네가 나를 개로 여기고 막대기를 가지고 내게 나아왔느냐 …내게로 오라 내가 네 살을 공중의 새들과 들짐승들에게 주리라 하는지라(43-44절)

다 윗: 너는 칼과 창과 단창으로 내게 나아오거니와 나는 만군의 여호와의 이름 곧 네가 모욕하는 이스라엘 군대의 하나님의 이름으로 네게 나아가노라 오늘 여호와께서 너를 내 손에 넘기시리니 내가 너를 쳐서 네 목을 베고 블레셋 군대의 시체를 오늘 공중의 새와 땅의 들짐승에게 주어 온 땅으로 이스라엘에 하나님이 계신 줄 알게 하겠고 또 여호와의 구원하심이 칼과 창에 있지 아니함을 이 무리에게 알게 하리라 전쟁은 여호와께 속한 것인 즉 그가 너희를 우리 손에 넘기시리라(45-47절)

다윗의 도발에 흥분한 골리앗이 달려 나왔다. 다윗도 그를 향해 달려 나갔다.(48절)

다윗을 비웃는 골리앗 일행

그는 미리 준비하였던 대로 물매를 사용하여 그에게 돌을 던졌다. 그 돌이 정확하게 골리앗의 이마를 때렸다. 그곳은 앞머리 그 가운데서도 눈썹 사이의 급소였다. '그리고 그는 자신의 얼굴이 땅바닥으로 향하게 엎어졌다.'(49d 직역)

내가 주를 의뢰하고 적진으로 달리며 내 하나님을 의지하고 성벽을 뛰어넘나이다(삼하 22:30)

다윗이 승리한 것을 놓고 50a는 '그리고 다윗이 블레셋인보다 더 강했다'고 했다.(직역) 그리고 그의 손에는 칼이 없었다고 덧붙였다.

27 그러나 하나님께서 …세상의 약한 것들을 택하사 강한 것들을 부끄럽게 하려 하시며 28 하나님께서 세상의 천한 것들과 멸시 받는 것들과 없는 것들을 택하사 있는 것들을 폐하려 하시나니(고후 1:27-28)

이제 다윗은 땅에 엎어진 골리앗의 목을 그가 지녔던 바로 그 칼로 베었다. 목이 잘린 채 땅바닥에 널브러진 골리앗은 여호와의 궤 앞에 머리와 목이 잘리고 팔과 다리가 부서진 채 엎어져 있던 블레셋의 다곤 신상을 생각나게 한다.(삼상 5:4) 이런 상상은 골리앗이 다윗과 이스라엘 군대를 다곤신의 이름(43절: 자신들의 신들의 이름으로)으로 저주했다는 사실과 잘 연결이 된다.

골리앗은 다윗을 하나님께서 쓰시고자 하는 곳에 쓰임 받는 사람으로 만드는 통로였다. 우리 인생에도 골리앗이 자주 찾아온다. 한번만이 아니다.

제2 제3 제4 …의 골리앗이 계속해서. 하나님은 우리 인생에 찾아오는 골리앗을 통해 우리 인생을 하나님 섭리와 목적에 알맞은 사람으로 만들어 가신다. 인생의 골리앗을 통해 오히려 하나님의 축복과 은혜를 경험하는 자리로 불러주신다는 말이다.

외아들까지 아낌없이 내어주신 하나님께서 골리앗에게 시달리는 우리 인생을 그냥 떠나가시거나 버려두지 않으신다. 우리를 위해 십자가 길을 가신 예수님은 우리 인생을 가볍게 여기지 않으신다. 꾸준하고 끈기 있게 말씀을 따라 살다가 그 문제를 넘어서 최후 승리를 거두도록 도우신다.

4 무릇 하나님께로부터 난 자마다 세상을 이기느니라 세상을 이기는 승리는 이것이니 우리의 믿음이니라 5 예수께서 하나님의 아들이심을 믿는 자가 아니면 세상을 이기는 자가 누구냐(요일 5:4-5)

묵상 : 신과 함께 하면 모든 것이 쉽다.

그리스 속담에 '신과 함께 하면 모든 것이 쉽다'(순 토 테오 판 에르곤 에스티 라디온) 는 말이 있다. 여기 모든 것이란 말의 내용은 무엇인가? 작고 쉬운 것은 물론 크고 어려운 것을 다 포함할 것이다. 하나님 없이 세상과 세상 사람을 보면 신앙인마저도 두렵고 불안하고 떨릴 수밖에 없다. 물론 어느 때에는 자신이 세상보다 더 크다고 자부할 때도 있을 것이다. 그리고 그 순간이 지나고 나면 그는 또 다시 자신에게 찾아오는 두려움과 불안을 억누를 수 없으리라.

하나님과 함께라면 작은 것도 결코 작지 않다. 하나님과 함께라면 거대해 보이는 것도 결코 크지 않다. 하나님과 함께라면 거인도 전혀 두렵지 않다. 골리앗은 다윗의 작고 왜소해서 상대하기 아주 쉽다고 여겼으리라. 다윗은 그의 등치가 아주 커서 돌로 맞추기가 아주 쉽다고 생각했을 것이다.

7

만남의 신비

(삼상 18:1-5)

> 1 다윗이 사울에게 말하기를 마치매 요나단의 마음이 다윗의 마음과 하나가 되어 요나단이 그를 자기 생명 같이 사랑하니라
>
> 2 그 날에 사울은 다윗을 머무르게 하고 그의 아버지의 집으로 다시 돌아가기를 허락하지 아니하였고
>
> 3 요나단은 다윗을 자기 생명 같이 사랑하여 더불어 언약을 맺었으며
>
> 4 요나단이 자기가 입었던 겉옷을 벗어 다윗에게 주었고 자기의 군복과 칼과 활과 띠도 그리하였더라
>
> 5 다윗은 사울이 보내는 곳마다 가서 지혜롭게 행하매 사울이 그를 군대의 장으로 삼았더니 온 백성이 합당히 여겼고 사울의 신하들도 합당히 여겼더라

이것은 요나단과 다윗이 우정을 나누는 이야기이다. 다윗이란 이름은 사랑받는 사람이란 뜻이다. 그래서일까? 그를 만나는 사람들은 그에게 반했다. 사울 왕은 그를 보자마자 호감을 느꼈다. 그를 음악치료사로 여길 뿐만 아니라 자신의 경호관으로 삼았다.(삼상 16:21) 사울의 아들 요나단과 딸 미갈도 그를 사랑했다.(삼상 18:20) 그는 이스라엘 백성에게도 사랑을 받았다.(삼상 18:16 온 이스라엘과 유다는 다윗을 사랑하였으니…)

성경에서 진실한 우정의 본보기를 들라면 누구나 요나단과 다윗을 손꼽

을 것이다. 사울 임금은 골리앗을 죽이고 전쟁을 승리로 이끈 다윗을 영웅으로 대접하지 않았다. 오히려 그를 '소년'이라 불렀다.(폄하?)

그의 아들 요나단은 이와 달랐다. 그의 마음(네페쉬 = 목숨, 생명)은 다윗의 그것과 하나가 되었다. 그를 자기 생명(네페쉬)처럼 사랑했다. 여기서 마음으로 두 차례 번역된 낱말이 심장(레브)이 아니라 영혼(네페쉬)으로 쓰인 것에 주목할 필요가 있다. 네페쉬란 몸과 구별되는 영혼을 가리키기보다는 그 사람 자신(全人)을 가리키는 말이다. 이는 마음이 하나 되었다는 것보다 훨씬 강력한 뜻이다.

사람 사이의 우정에 이렇게 강력한 표현(언약을 맺다)이 쓰인 것은 구약성경에서 오직 여기뿐이다. 그는 자신의 옷을 벗어 다윗에게 입혀주었다. 이 말에는 자발성과 신속성이 크게 강조되었다.(히트파엘형) 군복 칼 활 과 띠(= 칼집에 붙은 띠?)도 주었다. 히브리 본문은 여기서 브아드(=그리고 …까지도) 란 접속사와 전치사를 세 차례 되풀이 사용했다. 각 낱말에 소유격 어미(그의) 도 꼬박꼬박 붙였다. 이는 그 행동이 결코 평범하지 않다는 점을 부각시키는 것이다. 그 두 사람은 같이 있을 때에나 떨어져 있을 때에나 한결 같았다. 심지어는 그 중 한 사람이 죽은 후에도 계속 이어졌다. 말 그대로 시간과 공간을 초월하는 감동적인 우정이었다.

너희가 만일 성경에 기록된 대로 네 이웃 사랑하기를 네 몸과 같이 하라(레 19:18)

하신 최고의 법을 지키면 잘하는 것이거니와(약 2:8)

또 마음을 다하고 지혜를 다하고 힘을 다하여 하나님을 사랑하는 것과 또 이웃을 자기 자신과 같이 사랑하는 것이 전체로 드리는 모든 번제물과 기타 제물보다 나으니이다(막 12:33)

이런 사실을 놓고 사람들은 요나단이 왕위계승을 포기했다고 보았다.(삼상 20:14, 31-32; 23:17 참조) 고대사회에서 자기 신분에 걸맞는 의복이나 기구를 누군가에게 넘겨주는 것은 그 자리와 권위를 넘겨주는 것이었다.(민 20:26-28 등) 오늘날에도 이·취임식에서 이런 의식이 거행되기도 한다.

사람이 사는 데 필수품은 '물과 밥과 옷 그리고 알몸을 가려줄 집'(집회서 29:1)이다. 그 가운데 옷에 관한 기록은 창세기 3장의 가죽옷에서 요한계시록의 흰옷까지 성경에 많이 있다. 옷이 날개다(입성이 날개), 입은 거지는 얻어먹어도 벗은 거지는 쫓겨난다 등 옷에 관한 속담도 많다. 옛사람들은 옷을 갈아입음이 그 사람의 내적 본질을 변화시킬 수 있다고 생각하기도 했다. 이를 테면 사자 가죽을 몸에 두름으로써 그 동물의 힘을 얻는다고 하는 것이다. 새 옷을 받거나 갈아입는 것이 소속·신분의 변화뿐만 아니라 그 사람의 내적인 나를 대체하는(제2의 나 alter ego) 것이었다.(창 35:2; 레 8:7, 13; 삼상 15:27-28; 안봉환, 성경 안에서 옷의 상징적인 의미, 신학전망 185[2014] 138)

성경에서 옷은 어떤 의미로 쓰였던가? 옷은 i) 부끄러움을 가리는 수단(창 3:7; 9:23; 막 5:15)이고 ii) 몸을 보호하는 도구(창 3:21; 출 22:26-27)이자 iii) 입은 사람을 아름답게 장식한다.(요 20:12; 계 15:6)

그런가 하면 옷은 인간관계 및 사회생활의 한 단면을 반영한다. 이를테면 iv) 아버지 야곱이 요셉에게 입힌 옷은 부모의 특별한 사랑(편애)를 표시한다.(창 37:3) v) 의복은 종종 그것을 입은 사람의 신분·존엄성·권위를 표시하기도 했다.(예: 출 26-28장에 묘사된 제사장의 옷) 모세는 아론의 옷을 그의 아들 엘리아살에게 입혀주었다.(민 20:28) 이는 그의 직무와 소명을 상징한다. vi) 마태복음 22장에는 혼인잔치에 예복을 입지 않고 온 사람이 쫓겨나는 이야기가 있다. 이는 옷이 특정한 장소나 사람의 자격을 나타낸다는 뜻이다. 옷은 vii) 입은 사람이 지닌 거룩한 능력을 상징하기도 한다.(왕하 2:12-14; 눅

8:46; 행 9:12 참조) viii) 입은 옷을 찢는 것은 대체로 통탄할 일에 대한 참담한 심정을 표현하거나 회개를 상징한다.(창 37:31~34; 욘 3:1~2; 느 9:1; 마 26:35) 더 나아가 의복은 ix) 그 사람의 마음가짐을 나타내기도 한다.(계 3:4; 16:15) 그 것은 x) 구속·구원받은 자를 상징하기도 한다.(계 19:7~8, 14) xi) 성도의 영 적인 무장도 옷에 비유되었다.(엡 6:13) 심지어 그것은 xii) 메시야를 상징한 다.(막 9:2~3; 계 1:13; 19:13)

권력 앞에서는 부모형제도 없다는 살벌한 정치세계에서 요나단이 자발 적으로 이리했다는 것은 실로 놀라운 일이다. 그가 무슨 이유로 다윗을 이 렇게 사랑하였을까? i) 다윗의 용맹과 처신에 감동 ii) 요나단의 폭넓은 마 음씀씀이 iii) 하나님의 영에 이끌리는 사람? 아마 이 세 가지가 동시에 작 용하였으리라.

맹자는 말한다. "자신의 나이가 많음을 내세우지 않고, 자신의 지위가 높 음을 내세우지 않고, 자기 형제 중에 부귀한 사람이 있음을 내세우지 않아 야 한다. 벗을 사귄다는 것은 그 사람의 덕을 벗 삼는 것이므로 내세우는 것 이 있어서는 안 된다."(만장 하_10.3) 友也者(우야자) 不挾長(불협장) 不挾貴(불협 귀) 不挾兄弟(불협형제) 友也者(우야자) 友其德也(우기덕야) 不可以有挾也(불가이 유협야) _《孟子》〈萬章 下篇 第3章〉

동서고금에는 아름다운 우정으로 세상을 찬란하게 빛낸 사람들 이야기가 많이 있다. 몇 가지만 예로 들어보자.

i) 문경지우(刎頸之友 죽음과 사는 것을 같이 하여서 목이 떨어지는 상황에서도 두려워 하지 않을 만큼이나 친하게 사귀는 친구)

ii) 군자지교담약수(君子之交淡若水 군자의 사귐이란 담백하기가 꼭 물과 같다. 곧 군 자의 사람 사귐은 마치 물을 마시는 것과 같이 담백하기 때문에 영원히 변질되지 않는

다는 뜻)

iii) 단금지교(斷金之交 쇠도 자를 수 있는 굳건하고 강건한 교제라는 내용으로, 매우 두 터운 사귐을 가리킴)

iv) 수어지교(水魚之交 물과 물고기의 사귐'이란 내용으로 뗄래야 뗄 수 없는 친구관계)

v) 관포지교(管鮑之交 관중과 포숙 같은 친교라는 뜻으로 친구의 다정한 교제)

vi) 간담상조(肝膽相照 간과 쓸개를 서로 보인다 함이니 서로 진심을 터놓고 사귐)

vii) 거립지교(車笠之交 한 사람은 수레를 타고 다니고 한 사람은 패랭이를 쓰고 다닐 정 도로 차이가 큰데도 이런 것들을 무시하고 절친하게 지내는 친구)

viii) 저구지교(杵臼之交 절굿공이와 절구의 관계라는 뜻으로 서로 없어서는 안 될 절친 한 친 구 사이를 가리킬 때나 보잘것없더라도 꺼리지 않고 친구를 사귄다.

ix) 혜분난비(惠焚蘭悲 혜초가 불에 타면 난초가 슬퍼한다는 뜻으로 벗의 불행을 슬퍼 한다)

x) 백아절현(伯牙絶鉉 백아가 거문고 줄을 끊어 버렸다는 뜻으로, 자기를 알아주는 절친 한 벗, 곧 지기지우(知己之友)의 죽음을 슬퍼한다.

사람이 가진 욕구들 중에 자기 자리(위치)를 굳게 지키려는 것이 있다. 정도 차이가 있을 뿐 이 욕구가 없는 사람은 아무도 없다. 문제는 그것을 실현하는 과정에서 긍정적으로 성숙해지는가 아니면 안면몰수나 자기 분수조차 모르는 등 부정적으로 행동하느냐 이다. 이런 뜻에서 요나단의 신앙과 행위는 암시하는 바가 매우 크다. 그는 자신을 희생시켜 다윗의 앞길을 열어준 사람이었다. 비록 그의 일생은 짧았더라도 그가 남긴 자취는 영원히 빛나고 있다.

묵상 : 우정과 사랑이 행동으로 나타나다.

성경은 예수님이 하신 엄청난 양보를 이렇게 말씀한다:

6 그는 근본 하나님의 본체시나 하나님과 동등됨을 취할 것으로 여기지 아
니하시고 7 오히려 자기를 비워 종의 형체를 가지사 사람들과 같이 되셨고
(빌 2:6-7)

이 문단의 주제는 요나단의 양보이다. 그는 자신에게 자동적으로 넘어올 왕
권을 양보한 것이다. 그가 아무리 다윗을 사랑한다 한들 이렇게까지 하지 않
고도 얼마든지 그 사랑을 표현할 수 있었다.

요나단과 다윗의 만남은 삼상 18:2에서부터 시작하여 삼상 20:42에서 사실
상 끝났다. 그 사이에 사울이 다윗을 해치려는 여러 가지 일들이 일어났다.
자신의 아버지와 자신의 친구 사이에 일어나는 이 갈등 속에서 요나단의 번
뇌가 얼마나 컸을까? 비록 성경은 그것을 생략하고 그의 처신만 기록하였지
만 우리는 그 심정을 능히 짐작할 수 있다.

그는 약속을 지키는 사람이었다. 그의 환경은 이미 한 약속을 깨뜨리라고 압
박하는 가혹한 것이었다. 그런데도 그는 우정과 약속을 지켰다. 이것이 얼마
나 힘든 일인가! 그는 성경의 위대한 한 페이지를 장식했다. 마지막에 승리하
는 것은 사람의 환경이나 조건이 아니라 정(情)이요 약속 준수라는 사실을.
우리(나)는 우리(나)의 권리, 마땅히 우리(내)가 누릴 권리라고 여기는 것을 어
디까지 양보할 수 있을까?

8
출세의 뒤안길

(삼상 18:6-16)

6 무리가 돌아올 때 곧 다윗이 블레셋 사람을 죽이고 돌아올 때에 여인들이 이스라엘 모든 성읍에서 나와서 노래하며 춤추며 소고와 경쇠를 가지고 왕 사울을 환영하는데

7 여인들이 뛰놀며 노래하여 이르되 사울이 죽인 자는 천천이요 다윗은 만만이로다 한지라

8 사울이 그 말에 불쾌하여 심히 노하여 이르되 다윗에게는 만만을 돌리고 내게는 천천만 돌리니 그가 더 얻을 것이 나라 말고 무엇이냐 하고

9 그 날 후로 사울이 다윗을 주목하였더라

10 그 이튿날 하나님께서 부리시는 악령이 사울에게 힘 있게 내리매 그가 집 안에서 정신 없이 떠들어대므로 다윗이 평일과 같이 손으로 수금을 타는데 그 때에 사울의 손에 창이 있는지라

11 그가 스스로 이르기를 내가 다윗을 벽에 박으리라 하고 사울이 그 창을 던졌으나 다윗이 그의 앞에서 두 번 피하였더라

12 여호와께서 사울을 떠나 다윗과 함께 계시므로 사울이 그를 두려워한지라

13 그러므로 사울이 그를 자기 곁에서 떠나게 하고 그를 천부장으로 삼으매 그가 백성 앞에 출입하며

14 다윗이 그의 모든 일을 지혜롭게 행하니라 여호와께서 그와 함께 계시니라

15 사울은 다윗이 크게 지혜롭게 행함을 보고 그를 두려워하였으나

16 온 이스라엘과 유다는 다윗을 사랑하였으니 그가 자기들 앞에 출입하기 때문이었더라

이것은 사울 임금이 다윗에게 질투하는 이야기이다. 사무엘상 18장은 다윗에 대한 사울의 애증관계(愛憎關係)를 주요한 소재로 다루었다.(18:8, 9, 12, 15, 29) 질투라는 감정만큼 묘한 것도 드물다. 이것을 그대로 나타내자니 자존심이 상할 만큼 저속하고 아무렇지 않은 듯 감추고 있자니 속에서 열불이 난다. 한 나라의 왕인 사울이 자기 아들 뻘 밖에 되지 않는 다윗에게 질투하다니 이 얼마나 자존심이 상하는 일이었을까?

다윗은 사울 임금의 궁에 거주했다. 그는 궁에 있는 사람들의 마음을 얻었다.(18:1, 3, 16, 20, 22, 28) 사울 임금의 아들 요나단은 그에게 충성(헤세드)을 맹세하였고 장군과 귀족들도 승승장구하는 그를 존경했다. 주변 사람들이 다윗을 인정하고 사랑하면 할수록 사울 임금의 증오와 불안감도 커졌다.

블레셋을 물리치고 개선하는 사울 왕과 다윗을 환영하러 이스라엘 여인들이 길거리에 나와 노래하고 춤을 추었다. 모세 시대 미리암과 여인들의 전승가, 사사 입다의 딸이 소고를 들고 춤추며 개선장군인 아버지에게 온 일 등을 이미 보았기에 이런 장면이 우리에게 전혀 낯설지 않다.

사상체질론을 주창한 이제마(李濟馬 1837~1900)는 투현질능(妬賢嫉能)과 호현락선(好賢樂善)을 말했다: "하늘 아래 어진 것을 시기하고 능력 있는 것을 질투하는 것만큼 악한 것은 없다. 하늘 아래 어진 것을 좋아하고 선한 것을 즐기는 것만큼 선한 것은 없다.

어진 것을 시기하거나 능력 있는 것을 질투하지 않는다면 비록 악한 일을 하더라도 그 악함이 그리 크지 않을 것이다. 만일 어진 것을 좋아하거나 선한 것을 즐기지 않는다면 비록 선한 일을 하더라도 그 선함이 크지 않을 것이다.

> 지난 역사를 살펴볼 때 세상이 병듦은 모두 어진 것을 시기하고 능력 있는 것을 질투
>
> 하는 것에서 생겨났다. 세상에서 병을 구원하는 것은 어진 것을 좋아하고 선한 것을 즐기는 데서 나왔다. 어진 것을 시기하고 능력있는 것을 질투하는 것(妬賢嫉能)은 세상에서 가장 큰 병(大病)에 걸린 것이요,
> 어진 것을 좋아하고 선한 것을 즐기는 것(好賢樂善)이 천하에 가장 좋은 약(大藥)이라." 〈《동의수세보원》 광제설〉

그들은 소고(탬버린)와 경쇠(현악기 중 하나)와 기쁨으로 두 사람을 맞이했다. 그 때 여인들이 부른 노랫말은 이러했다.(7절)

사울이 죽인 자는 천천이요 다윗은 만만이로다

만인지적(萬人之敵)이란 말이 있다. 만인(萬人) 곧 모든 사람을 대적할 정도로 지략과 용맹이 뛰어난 사람을 가리킨다. 비슷한 뜻의 고사성어로 만부부당(萬夫不當, 만 명이서 덤벼도 당해내지 못함)이 있다. 萬人敵(만인적) 이라고도 한다. 《삼국지》를 지은 진수는 '관우와 장비 두 사람은 가히 홀로 만명의 적과 대적할 수 있는 자들로 당대의 호랑이와 같은 명장들이었다'고 했다.(관우장비 關羽張飛 개칭만인지적 皆稱萬人之敵 위세호신 爲世虎臣)

블레셋을 물리치고 돌아오는 다윗을 향해 부르는 이 노래를 듣는 사울 왕은 가슴이 뜨끔했다. 안색이 변할 정도로 기분이 나빴다.(8절) 이를 계기로 그는 다윗을 주목하기 시작했다.(9절) 이는 질시의 눈초리(NIV) 의심의 눈초리(NASB)였다.

양자를 비교하는 이런 표현은 사무엘상에 세 번 쓰였다.(18:8; 21:11; 29:5) 이는 이쪽이 다른 편보다 10배 더 많다는 뜻이 아니다. 개선장군을 칭송하는 찬사일 뿐이었다. 시편 91:7에도 이런 식으로 표현된 곳이 있다.

천 명이 네 왼쪽에서 만 명이 네 오른쪽에서 엎드러지나 이 재앙이 네게 가까이 하지 못하리로다

사울의 마음속에 있는 그 분노와 질시는 그 이튿날 병증으로 나타났다.(10-11절) 시기심이 정신적인 혼란을 가중시키는 일은 사울에게는 물론 동서고금에 널리 알려진 사실이다.

하나님의 영이 사울에게 힘 있게 작용했다. 그는 정신없이 떠들어 댔다. 이것은 제정신이 아닌 상태에서 아무 말이나 마구 해대는 것을 가리켰다. 다윗에게도 하나님의 영이 임하였고(삼상 16:13) 사울 왕에게도 임했다.(삼상 10:6, 10 등) 다윗에게 하나님의 영은 항상 긍정적으로 작용하셨다. 사울의 경우에는 때로는 긍정적으로 때로는 부정적으로 역사하셨다.

14 그러나 너희 마음 속에 독한 시기와 다툼이 있으면 자랑하지 말라 진리를 거슬러 거짓말하지 말라 15 이러한 지혜는 위로부터 내려온 것이 아니요 땅 위의 것이요 정욕의 것이요 귀신의 것이니 16 시기와 다툼이 있는 곳에는 혼란과 모든 악한 일이 있음이라(약 3:14-16)

사울 왕이 크게 번뇌하자 다윗은 다시 수금을 손에 잡았다. 그 두 사람이 같은 방 안에 있었다. 다윗의 손에는 수금이 사울 왕의 손에는 단창이 들려 있었다.(삼상 19:9 등) 음악은 치유의 도구였고 창은 죽이는 도구였다. 사울과 다윗이 있는 같은 곳 같은 시각에 음악도 있고 창(무기)도 있는 이것이 인생

환경이 아닐까? 우리(기, 의욕, 계획)를 살리는 것과 꺾는 일은 거의 동시다발적으로 일어나는 것이다.

이번 다윗의 하프 연주는 평소처럼 사울 왕의 마음을 진정시키지 못했다. 이는 그의 연주가 다른 때보다 못하였기 때문이 아니었다. 상할 대로 상한 그의 마음이 다스려지는 데에 하프의 가락 정도로는 어림도 없었다. 연주를 듣는 동안 사울 왕은 속으로 '내가 다윗을 벽에 박으리라' 했다. 여기서 (벽에) 박는다는 말은 여인들의 노래에 나오는 죽이다는 말과 같은 것이다.(7절 참조) 그는 돌연 다윗에게 창을 던졌다. 혹시 하프 연주를 듣는 동안에도 그의 귓가에는 여인들의 노랫소리가 맴돌았던 것일까?

이때 다윗은 천우신조로 그것을 피했다. 그것도 두 번이나. 이것이 다윗의 재능이었을까? 분명 아니다. 하나님 또는 하나님께서 보내신 천사가 그를 지켜주신 것이다. 이 일로 사울 왕도 여호와께서 더 이상 자기편이 아닌 것을 깨달았던 것 같다. 그는 하나님께서 자신을 떠나 다윗과 함께하시는 것을 인정했다.(12절)

이제 사울 왕이 두려워할 정도로 하나님은 다윗과 함께 계셨다. 하나님께서 자신을 떠나셨는데 그는 이제 다윗마저 떠나 보냈다.(13절) 그가 취한 태도는 자신을 더욱 외롭게 만드는 자충수였다. 이 두 가지 종류의 떠남은 결국 자신을 해롭게 했다. 자신에게 하나님의 영이 없을 때 지혜로운 사람은 하나님의 영이 충만한 사람 곁에 더욱 붙어 있는 법이다.

사울왕은 다윗을 떠나게 하여 천부장으로 임명했다. 이것도 그의 자충수였다. 이제 다윗은 자유자재로 백성 앞에 출입하게 되었다. 본디 왕을 요구할 때 백성은 자기 앞에 출입하는 사람을 원했다.(삼상 12:2) 그를 떠나보냄으로써 사울 왕은 백성의 이 요구를 충족시킬 기회를 다윗에게 열어주었다. 다윗은 주어진 이 기회를 지혜롭게 활용했다. 그 결과 사울 왕이 다윗을 두려워하였으나 그는 백성의 사랑을 받게 되었다.(15-16절) 여기서 우리는 사울 임금이 다윗을 경계 또는 멀리하려는 행위들이 오히려 그가 왕으로 등극하는 길을 닦아주는 꼴이 되었다는 점을 주목하게 된다.

묵상 : 정상은 위험한 자리

사람은 누구나 정상의 자리를 차지하고 싶어 한다. 이것이 인지상정이다. 다만 거기 오르기를 원하는 사람은 그곳은 매우 위험한 자리라는 것을 염두에 두어야만 한다.

사람은 보통 탁월한 사람에게 이중적인 태도를 보인다. 그 덕을 보고자 하면서도 그를 무조건 깎아내리거나 배척하는. 아마 이것이 인간에게 있는 원초적인 나약함일지도 모른다. 가만 생각해 보면 자신도 어처구니없다는 것을 알면서도 배가 아파 그리 하는 것이다.

이런 뜻에서 출세 또는 지위상승은 두 가지 위험성을 우리에게 가져 온다. 하나는 자신의 약점이 노출될 기회가 주어지는 것이요, 다른 하나는 사람의 표적이 되는 것이다. 두 번째로 언급한 그것을 다윗도 피해갈 수 없었다.

9

두 얼굴의 사나이

(삼상 18:20-29)

20 사울의 딸 미갈이 다윗을 사랑하매 어떤 사람이 사울에게 알린지라 사울이
   그 일을 좋게 여겨

21 <u>스스로</u> 이르되 내가 딸을 그에게 주어서 그에게 올무가 되게 하고 블레셋 사
   람들의 손으로 그를 치게 하리라 하고 이에 사울이 다윗에게 이르되 네가 오
   늘 다시 내 사위가 되리라 하니라

22 사울이 그의 신하들에게 명령하되 너희는 다윗에게 비밀히 말하여 이르기를
   보라 왕이 너를 기뻐하시고 모든 신하도 너를 사랑하나니 그런즉 네가 왕의
   사위가 되는 것이 가하니라 하라

23 사울의 신하들이 이 말을 다윗의 귀에 전하매 다윗이 이르되 왕의 사위 되는
   것을 너희는 작은 일로 보느냐 나는 가난하고 천한 사람이라 한지라

24 사울의 신하들이 사울에게 말하여 이르되 다윗이 이러이러하게 말하더이
   다 하니

25 사울이 이르되 너희는 다윗에게 이같이 말하기를 왕이 아무 것도 원하지 아
   니하고 다만 왕의 원수의 보복으로 블레셋 사람들의 포피 백 개를 원하신
   다 하라 하였으니 이는 사울의 생각에 다윗을 블레셋 사람들의 손에 죽게
   하리라 함이라

26 사울의 신하들이 이 말을 다윗에게 아뢰매 다윗이 왕의 사위 되는 것을 좋게
   여기므로 결혼할 날이 차기 전에

> 27 다윗이 일어나서 그의 부하들과 함께 가서 블레셋 사람 이백 명을 죽이고
> 그들의 포피를 가져다가 수대로 왕께 드려 왕의 사위가 되고자 하니 사울이
> 그의 딸 미갈을 다윗에게 아내로 주었더라
>
> 28 여호와께서 다윗과 함께 계심을 사울이 보고 알았고 사울의 딸 미갈도 그
> 를 사랑하므로
>
> 29 사울이 다윗을 더욱더욱 두려워하여 평생에 다윗의 대적이 되니라

이것은 사울 임금이 다윗을 없애려고 잔꾀를 부리는 이야기이다. 생각다
못한 그는 다윗을 교묘하게 죽일 음모를 꾸몄다. 천부장인 그를 전쟁터로
보냈다. 그것이 이 단락의 내용이다. 음모꾼의 손에는 항상 달콤한 사탕이
들려있다. 여기서는 그의 딸들(메랍과 미갈)이 그것이었다. 그는 삼상 17:25
의 약속을 지키는 척 하면서 다윗을 제거하려 들었다. 다윗에게 블레셋군대
와 여호와의 싸움을 싸우라고 했다.(17절) 사울 왕은 그를 제거하려는 속셈
으로 자기 딸의 운명에까지 손을 대었다.

한편으로는 용사(勇士)요 한 나라의 임금인 사울이었다. 다른 한편 받아
들일 수도 공감할 수 없는 비열한 사울이엇다. 이언진(李彦瑱 1740~66)이 썼
듯이 '욕정이 불타오를 땐 기생한데 가고(광시거등기석 狂時去登妓席) 제정신 돌
아올 땐 불전에 참배하네(성시래참불석 聖時來參佛座)' 이 사람이 지닌 모습들 가
운데 하나일까?

우선 사울이 내건 미끼는 그의 큰딸(메랍)이었다. 무엇이 사울 왕으로 하
여금 딸의 인생까지 내걸고 이런 장난질을 치게 만들었을까? 동서고금을
막론하고 공주들의 인생은 그리 순탄하지도 행복하지도 않았다. 난세나 부
패한 시대에 더욱 그러했다. 그들의 삶은 대부분 왕이나 주변 나라의 욕심

에 따라 좌우되었다. 사울의 딸들도 그 예외가 아니었다.

조선왕조의 마지막 공주인 덕혜옹주(1912~1989)도 그런 사람 가운데 하나였다. 고종의 고명딸이었던 그녀는 신식여성교육이란 그럴싸한 명목아래 일본으로 끌려갔으며(1925년) 대마도 도주의 아들과 강제로 정략결혼을 했다. 나중에 버려지듯 억지로 정신병원에 보내졌다가 1962년 귀국했다. 그때에는 이미 폐인이 되다시피 한 상태였다.

딸이 미끼로 쓰이는 불행은 비단 왕궁에서만이 아니었다. 롯은 소돔 성에 찾아온 손님(하나님의 천사?)을 보호하려는 명분으로 자기 딸들을 그 마을 무뢰배들에게 노리갯감으로 내어 주려 했다.(창 19:8)

사사 입다도 여기에 해당된다. 그는 전쟁에 앞서 하지 않아도 될 맹세를 했다. 자신이 승리하면 돌아갈 때 가장 먼저 자신을 환영하러 나오는 사람을 번제로 드리겠다는.(삿 11:31) 이 무모한 맹세로 인하여 그 딸이 희생을 당했다. 참으로 못난 아버지가 만들어낸 서글픈 이야기이다.

사울의 속셈을 모르는 다윗은 자신을 사위로 삼으려는 왕의 제안에 매우 겸손하게 대답했다. '내가 누구며 이스라엘 중에 내 친속이나 내 아버지의 집이 무엇이기에 내가 왕의 사위가 되리이까?'(18절) 이것이 겸양인지 거절인지가 분명하지 않았다. 이것을 거부로 받아들인 사울 왕은 옳다구나 하고 큰딸을 다른 사람에게 시집보냈다.

사울 왕에게는 딸이 또 하나 있었다. 미갈이었다. 그녀는 다윗을 사모했다.(20, 28절) 구약성경에서 어떤 여인이 어떤 남성을 연모한다는 기록을 여기 말고는 찾아보기 어렵다. 실제로 히브리 동사 아하브(ʼāhab)가 어떤 여성이 어떤 남성을 사모한다는 뜻으로 쓰인 것도 구약성경 전체에서 아가서를 빼놓고는 여기가 유일하다. 그녀에 관한 본문은 구약성경에 7번 있다.(삼상 14:49; 19:20-29; 19:11-17; 25:44; 삼하 3:12-17; 6:16-23; 대상 15:29)

73

미갈이 다윗을 연모하는 사실을 안 사울은 어떤 반응을 보였을까? 아마 다윗을 두려워하는 마음이 더 커졌으리라. 그렇지 않아도 하나님께서 다윗과 함께 계시는 것을 의식할 때마다 마음이 심란했는데, 이번에는 자기 딸마저 다윗을 사랑한다 하니 다윗이라는 존재가 너무 크게 다가왔을 것이다. 비록 20절에 사울이 그것을 좋게 여겼다고 하였더라도 여기에 쓰인 말(토브 ṭôb)이 마음에 든다는 것인지, 쓸모가 있다고 생각하는 것인지는 분명하지 않다. 삼상 18:29를 보면 앞엣것보다는 오히려 뒤엣것에 더 가깝다는 생각이 든다.

그는 자기가 생각해두었던 미끼를 다시 다윗에게 던졌다. 다윗을 향해 창을 던질 때에 이어(삼상 18:11) 이번에도 그는 마음속으로 생각했다.

스스로 이르되 내가 딸을 그에게 주어서 그에게 올무가 되게 하고 블레셋 사람들의 손으로 그를 치게 하리라(삼상 18:21)

그는 이 일을 위해 측근들을 다시 동원했다. 그들이 다윗을 만나 할 말을 이렇게 알려주었다.

너희는 다윗에게 비밀히 말하여 이르기를 보라 왕이 너를 기뻐하시고 모든 신하도 너를 사랑하나니 그런즉 네가 왕의 사위가 되는 것이 가하니라 하라(삼상 18:22)

그가 또 다시 18절처럼 대답했다.(23절) 물론 아비 집의 미천함을 들어 사양하였던 전과 달리 그는 자신이 비천하다는 이유를 들었다. 이에 사울은 단 하나의 조건만 충족시키라고 제안했다.

너희는 다윗에게 이같이 말하기를 왕이 아무 것도 원하지 아니하고 다만 왕의

원수의 보복으로 블레셋 사람들의 포피 백 개를 원하신다 하라 (삼상 18:25)

이에 왕의 사위가 되고 싶은 다윗은 선뜻 나섰다. 사울 왕이 유도한 대로 그는 그 당시 이스라엘을 가장 괴롭히던 숙적인 블레셋을 상대했다. 그 결과는 사울 왕의 기대에 완전히 동떨어졌다. 그는 약속한 날이 차기도 전에 블레셋 사람 이백 명을 죽이고 그 가운데 포피 백 개를 베어 가지고 돌아왔다.(27절) 이로써 사울의 잔꾀는 그 자신에게 오히려 자충수가 되고 말았다. 그가 내심 노리던 수 – 다윗을 죽게 만드는 것 – 는 이루어지지 않은 대신 자신이 두려워하는 결과가 나타났다. 이번에도 사울 왕의 음모는 오히려 다윗의 위상을 더 높여주는 결과를 가져왔다.

이에 따라 그를 향한 사울의 두려움은 점점 더 커졌다. 그는 급기야 다윗을 평생 대적으로 보았다.(29절) 그를 향한 백성의 신망은 더욱 두터워졌다. 그는 전사(戰士)로 인정을 받으며 백성의 마음을 얻었다.(30절)

묵상 : 누구를 무엇을 두려워하며 살아야 할까?

두려움은 사람을 비롯한 모든 동물이 지닌 원초적인 감정이다. 평소 느려터진 동물도 두려움에 사로잡힐 정도로 상황이 긴급해지면 쏜살같이 빠르게 움직이는 것을 어렵지 않게 볼 수 있다.

일찍이 사울 왕은 하나님 말씀보다는 백성을 두려워하다가 하나님의 버림을 받았다.

> 사울이 사무엘에게 이르되 내가 범죄하였나이다 내가 여호와의 명령과 당신의 말씀을 어긴 것은 내가 백성을 두려워하여 그들의 말을 청종하였음이니이다 (삼상 15:24)

이 쓰라린 경험을 한 뒤에도 그는 달라지지 않은 것일까? 하나님보다 백성을 더 두려워하던 그는 이제 하나님보다 다윗을 더 두려워했다. 만일 그가 다윗을 두려워한 것의 절반 만큼만이라도 하나님을 두려워했다면 그 뒤에 이어지는 어리석은 선택을 하지 않았으리라. 신앙인인 우리는 사람의 마음보다 하나님의 목적과 말씀을 우선시하는가?

10

창날 끝에 선 사람

(삼상 19:4-12)

4 요나단이 그의 아버지 사울에게 다윗을 칭찬하여 이르되 원하건대 왕은 신하 다윗에게 범죄하지 마옵소서 그는 왕께 득죄하지 아니하였고 그가 왕께 행한 일은 심히 선함이니이다

5 그가 자기 생명을 아끼지 아니하고 블레셋 사람을 죽였고 여호와께서는 온 이스라엘을 위하여 큰 구원을 이루셨으므로 왕이 이를 보고 기뻐하셨거늘 어찌 까닭 없이 다윗을 죽여 무죄한 피를 흘려 범죄하려 하시나이까

6 사울이 요나단의 말을 듣고 맹세하되 여호와께서 살아 계심을 두고 맹세하거니와 그가 죽임을 당하지 아니하리라

7 요나단이 다윗을 불러 그 모든 일을 그에게 알리고 요나단이 그를 사울에게로 인도하니 그가 사울 앞에 전과 같이 있었더라

8 전쟁이 다시 있으므로 다윗이 나가서 블레셋 사람들과 싸워 그들을 크게 쳐죽이매 그들이 그 앞에서 도망하니라

9 사울이 손에 단창을 가지고 그의 집에 앉았을 때에 여호와께서 부리시는 악령이 사울에게 접하였으므로 다윗이 손으로 수금을 탈 때에

10 사울이 단창으로 다윗을 벽에 박으려 하였으나 그는 사울의 앞을 피하고 사울의 창은 벽에 박힌지라 다윗이 그 밤에 도피하매

11 사울이 전령들을 다윗의 집에 보내어 그를 지키다가 아침에 그를 죽이게 하
   려 한지라 다윗의 아내 미갈이 다윗에게 말하여 이르되 당신이 이 밤에 당신
   의 생명을 구하지 아니하면 내일에는 죽임을 당하리라 하고

12 미갈이 다윗을 창에서 달아 내리매 그가 피하여 도망하니라

이것은 다윗이 목숨을 빼앗길 위기를 또다시 넘기는 장면이다. 사무엘을
통해 기름 부음을 받은 이래 다윗의 인생길은 평범하지 않았다. 그는 높아
지고 낮아지며, 성취하고 좌절하며, 천박해지고 존귀해지는 과정을 수없이
거듭했다.

사람의 마음은 갈대와 같다더니 다윗을 대하는 사울 왕이 바로 그러했다.
그 아들 요나단이 조리 있게 다윗을 변호했다. 이에 사울 임금도 수긍했다.

사울이 요나단의 말을 듣고 맹세하되 여호와께서 살아 계심을 두고 맹세하거니
와 그가 죽임을 당하지 아니하리라(삼상 19:6)

그러던 사울 왕은 다윗이 다시 블레셋 군대를 무찌르고 오자 정신을 잃을
정도로 두려움에 사로잡혔다.(8-9절)

여호와의 영이 부정적인 모습으로(= 악하게) 사울 임금에게 접신하였을
때 다윗은 다시 하프를 손에 들었다. 이때에도 사울 왕의 손에는 단창이 들
려 있었다. 그는 아주 가까운 거리에서 그것을 다윗에게 던졌다. 이번에도
그는 무사히 피했다.(삼상 18:11 참조) 그리고 도망을 쳤다.(10절) 이제부터 삼
상 19장에 다섯 번(19:10, 11, 12, 17, 18) 나오는 도망하다(피하다)는 말이 사무
엘상의 주요 소재이다. 이 일은 역설적이게도 6절에서 사울이 맹세한 그대

로 이루어졌다.

여기에 다시 나온 박다는 말과 도피하다는 말은 8절에 쓰인 것과 똑같은 낱말이다. 거기서 (크게) 쳐죽이다와 도망하다는 말은 다윗이 블레셋을 상대할 때 일어난 일을 가리켰다. 이와 똑같은 일이 사울 왕과 다윗 사이에서도 일어나려 했다. 참으로 안타까운 일이다. 다윗은 블레셋과 싸우는데 사울 왕은 다윗과 전투를 한 셈이다. 적군의 손에 죽을 것을 전혀 두려워하지 않는 그가 동족 그것도 자신이 충성을 받치는 나라의 왕이자 자신의 장인에게 몇 차례나 죽을 고비를 겪었던 것이다.

사울 임금은 집으로 돌아간 다윗을 다음 날 아침까지 죽이라고 명령했다. 여기에 뜻밖의 방해자가 나타났다. 바로 그의 딸 미갈이 그 주인공이었다. 그녀가 그를 살리려고 침상을 위장하고 그를 매달아 성 밖으로 도망시켰다. 그 긴박한 상황은 히브리 성경은 '그리고 (창가로) 갔다 …그리고 달아났다 …그리고 도망쳤다'는 단순·명확한 말로 묘사했다.(12절)

구스타프 도레(1832~1883)

이를 안 사울 왕은 딸 미갈을 불러다가 호통을 쳤다. "너는 어찌하여 이처럼 나를 속여 내 대적을 놓아 피하게 하였느냐"(17a) 제정신을 잃은 사울 임금에게 다윗은 왕의 사위(히트카텐 쁘하멜렉 삼상 18:22, 23)가 왕의 원수로 취급되었다.

이런 상황에서 미갈은 아버지 대신에 다윗을 선택했다. 그녀는 자기 아버지에게 '그가 내게 이르기를 나를 놓아 가게 하라 어찌하여 나로 너를 죽이게 하겠느냐 하더이다'(17b)라고 둘러대며 위기를 넘겼다.

이 이야기는 긴장감이 철철 넘쳐흐르는 한 편의 드라마였다.

사울 왕은 통치 기간 내내 이스라엘의 숙적이자 가장 위협적인 블레셋의 위협 아래 있었다. 사정이 이럴 때 다윗은 사울 임금에게 꼭 필요한 사람이었다. 그의 도움을 받아 사울 왕은 블레셋의 막강한 공격 앞에서도 나라를 지켜낼 수가 있었다.

나중에 그는 다윗을 자신의 적으로 돌렸다. 이로써 블레셋을 막아내어 안정되고 강한 국가로 만드는 등 업적 쌓을 기회를 그 자신이 발로 차버렸다. 무엇이 사울 임금에게 이런 선택하게 하였을까? 아마 다윗이 사울 임금에게만이 아니라 한 국가인 이스라엘과 그 백성에게도 꼭 필요한 존재였다는 데 그 이유가 있을 것이다. 그는 다윗이 오직 자신에게만 필요하고 다른 데에는 쓸모없는 사람이기를 원하였나 보다.

이런 일은 오늘날 우리 현실에서도 드물지 않게 볼 수 있다. 가까이 있는 주변 사람에게 어떤 사람은 자신에게 꼭 필요한 것을 인정하면서도 위협을 느낀다. 잠재적으로 자신에게 위협이 된다고 여기는 것이다. 이럴 때 어떻게 반응하느냐가 참 어려운 숙제거리다. 이것을 덕스럽고 슬기롭게 풀어나가는 것이 하나님의 사람이요 지혜로운 사람이다.

강대하던 고구려의 멸망을 살펴보자. 그것은 외적 때문만이 아니었다. 당시 연개소문의 아들 남생 남간 그리고 그 둘을 이용해 권력을 잡으려는 세력이 분열되었다. 그들 중에는 분열에 그치지 않고 서로를 적으로 삼으며 외적인 당나라를 등에 업고 권력을 잡으려는 세력이 있었다. 나라를 지키기보다는 자기 이익을 지키려는 귀족들은 앞뒤를 분간하지 못했다. 질투 혹은 욕심은 진정한 적이 누구인지를 구분하지 못하게 만드는 마귀이다.

교회 안에서의 다툼은 어떤가? 다툼 중에 있는 어떤 성도들은 상대방을 비신앙인이나 보통 사람을 대할 때보다 더 모질게 대하는 경우가 적지 않다. 그 다툼은 안타깝게도 비신앙인에 못지않게 치졸하거나 길게 끄는 일이 허다하다.

우리는 인생을 사는 동안 상처를 받을 때가 참 많다. 가장 소중하게 여기는 것을 빼앗길 때 자존심을 건드리는 말을 들을 때 반드시 이루고 싶었던 소망이 꺾일 때 또는 자기 분수에 크게 넘치는 욕심에 이끌리어 큰 손실을 볼 때의 상한 마음은 비수보다 더 날카롭게 우리 가슴과 감정에 파고 들어온다.

다윗을 칭송하는 노래(삼상 18:7 참조)가 사울 임금을 심하게 자극했다. 그 감정을 몹시 상하게 만들었다. 그는 심지어 다윗이 자기 왕위를 노리고 있다는 생각까지 하게 되었다. 사울 임금은 마음이 상한 왕이었다. 그 틈새를 사탄이 파고들었다. 급기야 그는 자기에게 필요한 사람에게 창을 던졌다. 그것은 상처 입은 영혼이 던지는 창이었다. 여인들이 그를 칭송하는 노래를 들으며 사울 왕이 입은 상처는 다음 세 가지였다: i) 불쾌한 감정; ii) 노한 감정; iii) 의심하는 마음.(삼상 18:8-9 참조)

첫째 불쾌한 감정은 무엇이 진정으로 유익하고 유해한 지조차 분간하지 못한 채 무조건 싫고 저절로 기분이 나빠지는 감정이다. 둘째 분노란 기분 나쁜 감정을 조절하지 못한 채 그에 대한 반응을 적절하지 못한 방법으로 터뜨리는 것이다. 셋째 의심하는 마음은 자신이 정당하지 못한 방법으로 폭발시킨 감정을 인정하거나 회개하는 대신에 합리화시키며 생겨나는 것이다. 이 세 가지는 자기 자신을 피해자로 여기게 만든다. 그런 피해자의식에

휩쓸리면 사람은 남이 보기에는 황당하기까지 한 자기 행동을 한다. 더 나아가 그것을 너무나 당연하고 바른 것으로 여기기조차 한다.

사울 임금의 마음속에 자라는 독침은 자기를 위해 수금을 타는 다윗에게 창을 던지게 만들었다. 다행히 빗나갔지만 그것은 다윗의 마음에 깊이 박혔을 것이다. 그 후에도 사울 임금은 그를 죽이려는 일에 정열과 권력을 소모했다. 상처는 이렇게 악한 영이 접근할 기회를 만들어 주어 그 당사자를 망가지게 한다. 그것을 막아내지 못하는 사람은 결국 악한 영이 자신을 조종하고 이끌어가게 만드는 것이다.

사람은 누구나 상처받기 쉬운 존재이다. 아무 흉허물 없이 지내는 아주 가까운 사람이 평소와 다름없이 던진 말 한마디에도 느닷없이 우리 마음에 풍랑이 일기도 한다. 이렇게 저렇게 받는 상처는 우리 가슴 속에 그냥 잠들어 버리지 않는다. 그것은 우리 내면에 잠자코 자리 잡고 있다가 어떤 계기만 주어지면 언제라도 그 이빨을 드러낸다. 우리 자신이 기억조차 못하던 그것은 무의식 깊은 곳에 웅크리고 있다가 기회만 주어지면 깨어 일어나 원치 않는 방향으로 우리를 끌어가는 것이다.

다윗도 상처받을 일을 많이 겪은 사람이다. 우선 사무엘이 그의 아버지 이새에게 아들들을 빠짐없이 불러 모으라고 하였는데, 이새는 다른 아들들을 다 불러들이면서도 다윗만 쏙 빼놓았다. 무방비 상태인 자기에게 사울이 창을 두 번이나 던진 일은 소름이 오싹 끼치는 일이었다. 이 때 다윗은 그 마음에 큰 상처를 입었을 것이다. 더 나아가 시기와 질투에 사로잡힌 사울이 자기 아내 미갈을 빼앗아다가 다른 사람에게 시집보낸 일은 다윗에게 잊을 수 없는 상처가 되었을 것이다. 그런데도 다윗의 창은 사울이나 요나단에게는 물론 다른 동족에게로 향하지 않았다.

오늘날 우리는 상처받기 쉬운 세상에 살고 있다. 어떤 사람은 사울 임금과 같은 모습으로 자기가 받은 이런 저런 상처를 기억 속에 움켜쥐고 가슴을 뜯으며 살아간다. 그런가 하면 어떤 사람은 상처와 근심 속에서도 하나님 목적에 초점을 두고 그 상처와 시련을 디딤돌 뜀틀로 활용하며 다윗처럼 살아간다. 우리는 우리가 받는 상처를 어떻게 받아들이며 또 우리 생활과 신앙에 어떻게 사용(활용)하고 있는가?

상처가 될 만한 어떤 일이 누군가에게는 씻을 수 없는 상처가 되어 그 인생을 망가뜨리는 역할을 했다. 또 다른 누군가에게는 더욱 빛나는 신앙과 인격으로 승화되었다. 이것을 어떻게 설명할 수 있을까? 상처받았다는 의식이 어떻게 선한 영향력을 끼치려는 마음으로 승화될 수 있을까?

묵상 : 우리 얼굴은 몇 개일까?

인생길에서 우리는 두 얼굴 세 얼굴 네 얼굴⋯ 을 지닌 사람을 만난다. '정말이야, 정말로 그 사람이 그랬어?!' 하며 화들짝 놀랄 때가 있다.

다윗도 예외가 아니었다. 사울 임금에게 다윗은 누구였는가? 우선 그는 악령에 시달리는 자신의 마음을 상쾌하게 해 준 하프 연주가였다. 자신의 사위였다. 더 나아가 나라를 위협하는 적군을 물리치는데 혁혁한 공을 세운 용사였다. 이것은 생각하기에 따라 사울 왕의 업적이자 자신의 통치기반을 든든히 세우는 것이 될 수 있었다. 좋은 인재를 끌어들여 적재적소에 배치하는 것이 곧 유능한 통치자이기에 다윗의 승리는 곧 사울 왕의 공로였다.

권력의 향방에 마음이 빼앗긴 사람에게는 다윗의 부각은 결코 이롭지 않게 보였을 것이다. 사울 왕도 이 함정에 빠지고 말았다. 그는 한 나라의 통치자의 선을 넘어 버렸다. 정적을 제거하려고 딸을 이용하였으며 야비한 음모를 꾸몄다.

우리(나)는 어떤가? 우리(내) 얼굴은 몇 개일까?

11

속내를 알아보자

(삼상 20:24-34)

24 다윗이 들에 숨으니라 초하루가 되매 왕이 앉아 음식을 먹을 때에

25 왕은 평시와 같이 벽 곁 자기 자리에 앉아 있고 요나단은 서 있고 아브넬은 사울 곁에 앉아 있고 다윗의 자리는 비었더라

26 그러나 그 날에는 사울이 아무 말도 하지 아니하였으니 이는 생각하기를 그에게 무슨 사고가 있어서 부정한가보다 정녕히 부정한가보다 하였음이더니

27 이튿날 곧 그 달의 둘째 날에도 다윗의 자리가 여전히 비었으므로 사울이 그의 아들 요나단에게 묻되 이새의 아들이 어찌하여 어제와 오늘 식사에 나오지 아니하느냐 하니

28 요나단이 사울에게 대답하되 다윗이 내게 베들레헴으로 가기를 간청하여

29 이르되 원하건대 나에게 가게 하라 우리 가족이 그 성읍에서 제사할 일이 있으므로 나의 형이 내게 오기를 명령하였으니 내가 네게 사랑을 받거든 내가 가서 내 형들을 보게 하라 하였으므로 그가 왕의 식사 자리에 오지 아니하였나이다 하니

30 사울이 요나단에게 화를 내며 그에게 이르되 패역무도한 계집의 소생아 네가 이새의 아들을 택한 것이 네 수치와 네 어미의 벌거벗은 수치 됨을 내가 어찌 알지 못하랴

31 이새의 아들이 땅에 사는 동안은 너와 네 나라가 든든히 서지 못하리라 그런즉 이제 사람을 보내어 그를 내게로 끌어 오라 그는 죽어야 할 자이니라 한지라

32 요나단이 그의 아버지 사울에게 대답하여 이르되 그가 죽을 일이 무엇이니이까 무엇을 행하였나이까

33 사울이 요나단에게 단창을 던져 죽이려 한지라 요나단이 그의 아버지가 다윗을 죽이기로 결심한 줄 알고

34 심히 노하여 식탁에서 떠나고 그 달의 둘째 날에는 먹지 아니하였으니 이는 그의 아버지가 다윗을 욕되게 하였으므로 다윗을 위하여 슬퍼함이었더라

다윗과 요나단은 사울 임금의 속내를 떠보기로 했다. 정말로 사울 임금이 다윗을 죽이려 한다면 어떻게 알려줄 것인가 암호도 정했다.

마침 초하루 축제(5, 18, 27절)가 열릴 무렵이었다. 음력에 따르면 이 날부터 새로운 달이 시작되었다. 이스라엘 민족은 이 날을 매우 중요하게 여겼다. 이에 관해 구약성경에는 다섯 번 나왔다.(왕하 4:23; 사 1:13-14; 호 2:11; 암 8:5) 이것은 예배와 잔치였다. 이는 문중(가족) 단위로 정결한 상태에서 열렸다. 사울 임금은 초하루 축제를 매달 열었다. 다윗은 왕의 사위이자 군사를 책임진 장수들 중에 하나요 사울 앞에서 하프를 켜는 역할을 하였으므로 당연히 거기에 참석할 사람이었다.

다윗은 이 월삭제에 빠질 것이라 말하면서 요나단에게 친구의 의리를 지켜달라고 부탁했다.(8절) "당신의 종에게 헤세드(ḥesed)를 실천해 주십시오." 이에 요나단은 다윗에게 주께서 인자하심(헤세드)을 베푸실 것이라 말

했다.(14절) 다윗에게 자신의 집에서 헤세드를 끊어버리지 말아 달라고 부탁했다. 나중에 다윗은 요나단의 아들 므비보셋에게 '무서워하지 말라 내가 반드시 네 아버지 요나단으로 말미암아 네게 은총을 베풀리라'(삼하 9:7)고 말하며 요나단의 말대로 했다. 두 사람은 월삭제에 불참한 다윗에 대한 반응을 사

요나단과 다윗의 작별(렘브란트)

울 왕의 마음을 가늠하는 시금석으로 삼았다.

사울 왕은 평소처럼 초하루 잔치를 베풀었다. 첫날에는 다윗의 자리가 비어 있었어도 사울 왕은 그에 관해 말하지 않았다. 아마 다윗에게 어떤 부정을 탈 만한 일이 있어서 나오지 못하나 보다 라고 생각하였던 것 같다.(레 7:20 참조) 이스라엘 백성은 안식일 초하루(월삭제) 농사 절기 등에 참석하려면 성결한 상태를 유지해야만 했다. 성결을 유지하려 애쓰더라도 뜻밖의 일로 부정한 상태가 될 수도 있다. 이런 경우 하루가 지나면 다시 성결해지므로 그 다음날에는 월삭제에 참석할 수 있었다. 첫날 다윗이 보이지 않아도 사울 임금이 별다른 반응을 보이지 않은 것은 아마 이 때문이리라. "그에게 무슨 사고가 있어서 부정한가보다 정말 부정한가보다."(직역 26절)

그 다음날에 일이 터졌다. 사울 임금은 아들 요나단에게 '이새의 아들이

어찌하여 어제와 오늘 식사에 나오지 아니하느냐'고 물었다. 요나단이 '다윗이 내게 베들레헴으로 가기를 간청하여 이르되 원하건대 나에게 가게 하라' 하기에 자신이 허락하였노라고 대답했다. '나에게 가게 하라'로 옮겨진 말(임말타나)은 피하게 해 달라 구원받게 해 달라는 뜻이다.(삼하 19:10, 11, 12, 17, 18)

28-29절에서 요나단은 다윗이 제안한 것보다 훨씬 자세하게 설명했다. 14개 낱말 두 행이었던 것이 21개 낱말 다섯 행으로. 이는 그가 다윗을 변호하려고 애를 쓴다는 뜻이다. 이 둘을 살펴보면 다음과 같은 변화가 눈에 띈다.

i) 다윗이 급히 가다는 말(6절) 대신에 요나단은 평범하게 '가다'라고 말했다.(28절)

ii) 다윗이 매년제라고(6절) 한 것을 요나단은 제사로 바꾸었다.(29절)

iii) 다윗이 온 가족이라 한 것을(6절) 요나단은 우리 가족이라 바꾸어 표현하면서 '나의 형이 내게 오기를 명령하였으니'란 말을 직접 인용 형식으로 추가했다.

iv) 요나단은(다윗이) 도피했다고 말했다.

요나단의 말에 대해 사울 왕은 매우 격렬하게 반응했다. 그는 아들에게 몹쓸 말을 퍼부었다.(30-34절) 그것은 차마 아버지가 아들에게 하는 말이라고는 짐작하지도 못할 만큼 저급했다. 이것은 요나단의 대답 그 자체로 사울 임금이 분노한 이유라기보다는 아마 아들이 자신의 의중을 모른 채 다윗을 극진히 아끼는 것에 대해 분노가 폭발한 것이리라.

31절에 따르면 사울 왕은 다윗이 자신의 아들이 물려받을 집안(왕권)을 무너뜨린다고 생각했다. 왕권계승과 관련된 자신의 기대에 정반대 되게 행동하는 요나단에게 아마 그는 배신감을 크게 느꼈을 것이다.

언제부터인가 사울 왕의 심기를 건드리는 데에는 다윗이란 이름 하나만으로도 충분하게 되었다. 요나단에게 막말을 퍼부은 사울 왕은 자신의 속내를 거침없이 드러냈다: '그(다윗)는 죽어야 할 자.' (직역: 그는 사망의 아들) 심지어 그는 아들 요나단을 향해 창을 던지기까지 했다. 이로써 아버지와 다윗 사이가 갈라지지 않기를 기대하였던 요나단의 바람은 물거품이 되고 말았다.

아버지 사울 왕의 의중을 정확히 알게 된 요나단은 다윗과 약속한 시간에 (초하루 축제 셋째 날) 종 하나를 데리고 들로 나갔다.(35절) 두 사람은 눈물겨운 작별인사를 나누었다. 이제 다윗은 사울이라는 신분상승의 동아줄을 내려놓아야만 했다. 그는 언제까지 지속될지 모르는 긴 도피생활로 접어들었다. 요나단은 다윗에게 복을 빌어주었다. '가라 평안히, 우리 두 사람이 여호와의 이름으로 맹세하였노라'(42b 직역) 여기에는 '우리'라는 말이 유난스럽게 강조되었다. 요나단은 헤어지는 마당에 다윗에게 뜨거운 동류의식을 표현했다. 그 둘 사이의 영원한 우정의 약속(맹서)은 여호와의 이름으로 된 것이었다.

묵상 : 건장한 사내들의 눈물

남성의 눈물 그 가운데서도 젊고 씩씩한 용사의 눈물에는 특별한 의미가 있다. 사무엘상에서 사람들이 우는 모습은 결코 낯설지 않다. i) 한나는 자신이 아이를 낳지 못하는 석녀임을 한탄하며 울었다. (삼상 1:7, 8, 10) ii) 암몬 사람 나하스가 길르앗 야베스 사람들을 불러 모욕하며 협박하자 그 백성들이 울었다. (11:1-4) iii) 요나단과 다윗은 작별하며 서로 부둥켜안고 울었다. (20:41) iv) 사울 임금은 자신을 해칠 수 있는데도 살려주고 하소연하는 다윗의 말을 듣고 눈물을 흘렸다. (24:16) v) 다윗은 아말렉 사람들 손에 시글락이 폐허가 된 광경을 보고 백성과 함께 소리 높여 울었다. (30:1-4)

성경에는 남성들이 같이 우는 이야기가 나온다. 밀레도에서 에베소교회 장로들을 초청하여 권면한 뒤 그곳을 떠나 예루살렘으로 향하는 사도 바울과 작별할 때 바닷가에서 일어났던 일이다.

> 36 이 말을 한 후 무릎을 꿇고 그 모든 사람들과 함께 기도하니 37 다 크게 울며 바울의 목을 안고 입을 맞추고 38 다시 그 얼굴을 보지 못하리라 한 말로 말미암아 더욱 근심하고 배에까지 그를 전송하니라 (행 20:36-38)

오늘날 많은 사람이 눈물마저 메마른 채 살아가고 있다. 어쩌면 우리 자신도 이 시대에 살면서 알게 모르게 그리 되었을지도 모른다. 우리는 이런 눈물흘림과 눈물 없음을 어떻게 보아야 할까?

12

죄인 아닌 죄인

(삼상 21:1-7; 22:16-19)

21:1 다윗이 놉에 가서 제사장 아히멜렉에게 이르니 아히멜렉이 떨며 다윗을 영접하여 그에게 이르되 어찌하여 네가 홀로 있고 함께 하는 자가 아무도 없느냐 하니

2 다윗이 제사장 아히멜렉에게 이르되 왕이 내게 일을 명령하고 이르시기를 내가 너를 보내는 것과 네게 명령한 일은 아무것도 사람에게 알리지 말라 하시기로 내가 나의 소년들을 이러이러한 곳으로 오라고 말하였나이다

3 이제 당신의 수중에 무엇이 있나이까 떡 다섯 덩이나 무엇이나 있는 대로 내 손에 주소서 하니

4 제사장이 다윗에게 대답하여 이르되 보통 떡은 내 수중에 없으나 거룩한 떡은 있나니 그 소년들이 여자를 가까이만 하지 아니하였으면 주리라 하는지라

5 다윗이 제사장에게 대답하여 이르되 우리가 참으로 삼 일 동안이나 여자를 가까이 하지 아니하였나이다 내가 떠난 길이 보통 여행이라도 소년들의 그릇이 성결하겠거든 하물며 오늘 그들의 그릇이 성결하지 아니하겠나이까 하매

6 제사장이 그 거룩한 떡을 주었으니 거기는 진설병 곧 여호와 앞에서 물려 낸 떡밖에 없었음이라 이 떡은 더운 떡을 드리는 날에 물려 낸 것이더라

7 그 날에 사울의 신하 한 사람이 여호와 앞에 머물러 있었는데 그는 도엑이라 이름하는 에돔 사람이요 사울의 목자장이었더라 ..

22:16 왕이 이르되 아히멜렉아 네가 반드시 죽을 것이요 너와 네 아비의 온 집
　　도 그러하리라 하고

17 왕이 좌우의 호위병에게 이르되 돌아가서 여호와의 제사장들을 죽이라 그
　　들도 다윗과 합력하였고 또 그들이 다윗이 도망한 것을 알고도 내게 알리
　　지 아니하였음이니라 하나 왕의 신하들이 손을 들어 여호와의 제사장들 죽
　　이기를 싫어한지라

18 왕이 도엑에게 이르되 너는 돌아가서 제사장들을 죽이라 하매 에돔 사람 도
　　엑이 돌아가서 제사장들을 쳐서 그 날에 세마포 에봇 입은 자 팔십오 명을
　　죽였고

19 제사장들의 성읍 놉의 남녀와 아이들과 젖 먹는 자들과 소와 나귀와 양을
　　칼로 쳤더라

이것은 다윗의 도피를 도와주었다가 사울 임금에게 학살당하는 놉의 제
사장들에 관한 이야기다. 사실 그들은 다윗이 그를 피해 도망 중인 것을 몰
랐었다. 삼상 21:1-22:23 사이에는 다윗이 도피생활을 하는 내용이 나와
있다. 그것은 네 개의 이야기 곧 놉의 제사장 아히멜렉을 만난 일과 그 결과
(삼상 21:1-9; 22:1-9-23) 가드 왕 아기스에게 간 일(삼상 21:10-15) 아둘람 동굴
로 피한 일(삼상 23:1-2) 모압으로 간 일(22:3-5) 등이 그것이다.(사무엘상하에는
열다섯 개의 이야기가 도피와 광야생활을 배경으로 한 것이다)

다윗의 광야생활에서 첫 번째 행선지는 놉이었다.(1절) 그곳의 제사장 아
히멜렉이 다윗을 보았다. 그는 친절하게 대하면서도 갑작스러운 방문에 당
황했다: "어찌하여 네가 홀로 있고 함께 하는 자가 아무도 없느냐."(1절) 이
에 다윗은 거짓말로 대답했다.(2절)

당시 다윗과 그 부하들은 몹시 배가 고팠다. 그는 제사장 아히멜렉에게 먹을 것을 부탁했다. 무슨 이유로 그가 떡을 다섯 덩이 요청하였는지 우리는 알 수 없다. 다만 히브리말에서 숫자 5는 종종 '약간, 조금'을 가리키는 말로 쓰이곤 했다.

그에게 있는 먹을 만한 양식은 거룩한 떡 밖에 없었다. 그 떡은 본디 제사장만 먹을 수 있는 것이었는데(레 24:5-9) 제사장 아히멜렉은 다윗과 그 부하들도 먹을 수 있는 가능성을 열어주었다. "그 소년들이 여자를 가까이만 하지 아니하였으면 주리라."(4절) 이 조건이 그에게는 매우 중요했다. 그는 제사에 관한 율법을 반드시 지켜야 하는 제사장이었던 까닭이다. 본디 제사장도 성결할 때에만 이 떡을 먹을 수 있었다.

다윗이 그런 문제가 전혀 없다고 대답하자 그는 거룩한 떡을 다윗에게 주었다.(6절) 예수님 말씀이다.(마 12:3-5; 막 2:25-26; 눅 6:3-4 참조)

3 예수께서 이르시되 다윗이 자기와 그 함께 한 자들이 시장할 때에 한 일을 읽지 못하였느냐 4 그가 하나님의 전에 들어가서 제사장 외에는 자기나 그 함께 한 자들이 먹어서는 안 되는 진설병을 먹지 아니하였느냐 5 또 안식일에 제사장들이 성전 안에서 안식을 범하여도 죄가 없음을 너희가 율법에서 읽지 못하였느냐

일단 먹을 것이 해결되자 다윗은 제사장 아히멜렉에게 창이나 칼이 없는지를 물었다. (8절) 그가 골리앗이 쓰던 칼이 에봇 뒤에 보자기로 싸여 있다고 하자 다윗은 흔쾌히 그 칼을 가지고 길을 떠났다.(9절)

그 자리에 사울의 부하 도엑이 있었다.(7절) 이것이 화근이었다. 다윗이 도망 친 것을 나중에 안 사울 왕이 펄펄뛰자 그는 자신이 놉에서 본 일을 왕에게 말했다. 마치 불에 기름을 붓듯이 화가 잔뜩 나 있는 사울 왕에게 세 가지 사항을 보고했다. i) 제사장 아히멜렉이 다윗에게 음식물을 주었다. ii)

골리앗의 칼도 주었다. iii) 제사장이 다윗을 위하여 여호와께 기도했다.(10절) 이 세 번째 것이 아마 사울 왕을 미치게 만들었을 것이다. 앞의 두 가지 보고는 사실 그대로였다. 마지막 것은 근거가 없다. 그런데도 화가 머리끝까지 난 사울 임금은 그것을 차분하게 조사하지 않았다. 도엑이 보고한 내용이 바로 그가 듣고 싶은 것이었기에 추호도 의심하거나 망설이지 않았던 것이다.

그는 아히멜렉 제사장을 즉각 소환했다.(11절) 그가 아히멜렉에게 한 말에는 세 가지 특징이 있었다. i) 다윗이란 이름을 부르는 대신에 이새의 아들이라 했다. ii) 사울이 방금 베냐민 지파에게 사용하였던 낱말(공모하다, 반역하다)을 그대로 사용했다.(삼하 22:7-8) iii) 도엑이 하였던 말을 그대로 되풀이 했다.(13절)

이에 아히멜렉 제사장은 즉시 자신을 변호했다. 그 내용이 역설적이게도 다윗을 옹호하는 말이 되고 말았다. 다윗은 i) 신실한 신하이다. ii) 사울 임금의 사위이다. iii) 군대에서 중책을 맡고 있다. iv) 궁중 안에서 명성이 자자하다.(14절) 그의 이런 말은 불난 집에 부채질하는 격이 되었다. 다윗에 대한 좋은 말(칭찬)만 들어도 머리가 도는 왕은 제사장 입에서 이런 말이 나오자 피가 거꾸로 흘렀을 것이다.

화가 머리끝까지 난 왕은 아히멜렉 제사장에게 '너는 반드시 죽어야 한다'며 사형을 선고했다.(16절) 그의 이 선고가 측근들에게 먹혀들지 않았다.(17절) 그들은 왕의 명령도 두렵지만 그보다는 제사장을 죽이는 것을 더 두려워했다. 이에 그는 도엑에게 학살을 명하여 제사장 85명이 죽었다.(18절) 그리하여 아말렉에 대한 무차별적 학살을 거부하던 당사자인(삼상 15:10-30) 사울 임금은 자기 백성인 놉의 제사장들을 무차별하게 학살하고 말았다. 그것이 중대한 범죄라는 사실이야 두말할 필요도 없다. 그 일은 그 누구에게보다도 사울 자신에게 독이 되었다.

《아무도 미워하지 않는 자의 죽음》(잉에 숄[Inge Aicher-Scholl] 지음)이란 책이 있다. 원제는 Die Weiße Rose(흰장미)다. 그 내용은 한스 숄과 죠피 숄 남매, 그리고 뮌헨대 학생들이 반나치 운동을 하다가 죽임당한 이야기다. 이 책은 2차 세계 대전이 끝나고 잉에 숄이 '국가반역죄'로 세상을 뜬 자신의 두 동생에 관한 이야기를 쓴 소설이다.

그들은 히틀러의 통치에 맞서 저항운동을 하다가 젊은 나이에 처형당했다. 그 저항은 자신들이 택한 삶인 동시에 시대가 자신들에게 부여한 삶이었다. 이들이 내세운 '수세적 저항운동'이라는 말은 이를 잘 보여준다. 다음은 그 책의 내용 가운데 일부분이다.

43년 02월 22일 월요일
사형장으로 가는 길에 한스가 아버지에게 하는 말. 저는 아무도 미워하지 않습니다. 모든 것, 이 모든 것은 저 스스로 선택한 것이니까요.(131쪽)
아버지의 대답: 너희는 역사의 일부분이 될 거야. 정의는 아직 살아 있단다.(132쪽)

죠피와 어머니와의 대화:
"이제는 다시는 네 모습을 보지 못하겠구나"
"한 두 해만 지나면 괜찮아질 거예요. 어머니 모든 것을 모든 것을 우리는 스스로 받아들인 거예요 우리의 행동은 곳곳에 물결처럼 번져 갈 거예요"
"죠피야, 하느님을 믿고 의지해야 한다"
"네 그렇게 할게요. 어머니도 꼭 하느님을 믿고 의지하셔야 해요"
단두대에 머리를 올려 놓기 전 한스: 자유여 영원하라(135쪽)

'그들은 결코 초인적이라고 부를 만한 일을 하지는 않았다. 그들은 가장 단순한 것—즉 개인의 자유와 정의. 그리고 자유로운 삶을 위한 권리와 행동을 지키려고 하였으며, 그 일을 위해 자신을 헌신했을 뿐이다.' 위대한 사람이란 바로 이런 이들이 아닐까?

세상에는 자기편을 늘려나가는 지도자가 있는가 하면 자기편을 줄여 나가는 지도자가 있다. (+의 사람과 -의 사람) 사무엘상하에서 우리는 그런 사람들을 만난다. 사울 왕은 자기편을 줄여 나가는 사람이었다. 특히 놉에서 제사장들을 학살한 일은 제사장 그룹을 자기 적으로 돌려놓았을 뿐만 아니라 자신의 최측근들조차도 거리끼는 일이었다.

다윗은 자기편을 늘려가는 사람이었다. 일부러 그렇게 하지 않았는데도 자연스럽게 그리 되었다.

묵상 : 죄 없는 자의 죽음

제사장 아히멜렉과 놉의 제사장들은 사울 왕에게 죄인 아닌 죄인이 되었다. 인간사회에서 개인적으로는 물론 국가적으로 그렇게 된 경우가 적지 않다. 이를테면 6.25 당시 이승만 정부는 국민에게 서울을 사수한다고 방송해놓고는 한강 다리를 끊으며 대전으로 도망쳤다. 그 말만 믿고 서울에 남아 있다가 북한군에게 부역한 사람들이 있었다. 이런 저런 사정으로 미처 피난하지 못한 사람들도 있었다. 그들은 남한과 북한 양쪽에게 죽임을 당하거나 국민이 아닌 대우를 받았다.

우리 구주 예수님도 죄인 아닌 죄수였다. 그분의 제자 사도 베드로도 사도 바울도… 죄인 아닌 사람을 죄인으로 만드는 통치자나 사회는 건강하지 못하다. 그 결과는 언제나 참담했다. 우리(나)도 누군가를 죄인 아닌 죄인으로 만든 적이 있는가?

13

서글픈 연기자

(삼상 21:10-15)

10 그 날에 다윗이 사울을 두려워하여 일어나 도망하여 가드 왕 아기스에게로 가니

11 아기스의 신하들이 아기스에게 말하되 이는 그 땅의 왕 다윗이 아니니이까 무리가 춤추며 이 사람의 일을 노래하여 이르되 사울이 죽인 자는 천천이요 다윗은 만만이로다 하지 아니하였나이까 한지라

12 다윗이 이 말을 그의 마음에 두고 가드 왕 아기스를 심히 두려워하여

13 그들 앞에서 그의 행동을 변하여 미친 체하고 대문짝에 그적거리며 침을 수염에 흘리매

14 아기스가 그의 신하에게 이르되 너희도 보거니와 이 사람이 미치광이로다 어찌하여 그를 내게로 데려왔느냐

15 내게 미치광이가 부족하여서 너희가 이 자를 데려다가 내 앞에서 미친 짓을 하게 하느냐 이 자가 어찌 내 집에 들어오겠느냐 하니라

이것은 다윗이 가드 왕 아기스에게 들렀을 때 일어났던 일이다. 사울의 잔인하고 집요한 추격이 계속되었다. 누구든지 다윗을 만났다거나, 다윗을 도와주었다고 하는 보고가 들어가기만 하면 사울은 그 사람(들)을 죽였다. 이에 다윗은 매우 당황했다. 골리앗이나 블레셋 군대라면 얼마든지 맞서 싸

98

윘을 것이다. 지금 상대는 그들이 아니었다. 하나님이 기름 부어 세운 왕이요. 그 부하들은 자기 동족이며 하나님의 선택받은 백성이니 마음 놓고 싸우거나 대적할 수가 없었으리라. 그는 급히 발걸음을 옮겨 블레셋으로 갔다. 그곳에는 사울 임금의 손이 미치지 못했다. 그곳에 가자마자 다윗을 알아보는 사람이 나타났다. 삼상 21:11이다:

11 아기스의 신하들이 아기스에게 말하되 이는 그 땅의 왕 다윗이 아니니이까 무리가 춤추며 이 사람의 일을 노래하여 이르되 사울이 죽인 자는 천천이요 다윗은 만만이로다 하지 아니하였나이까 한지라

그들이 아는 다윗은 이스라엘 왕이었다. 더구나 이스라엘 백성이 다윗을 향해 부르던 노래도 알고 있었다.(삼상 18:7 참조) 이에 질겁한 그는 한 나라의 영웅이 아니라 두려움에 사로잡혀 덜덜 떠는 나약한 인간이 되고 말았다. 아마 그는 하나님께 기도를 드렸으리라: '하나님, 이 순간 저를 도와주옵소서. 저는 이 자리에서 어떻게 해야 살아날 지 전혀 모르겠습니다.'

아기스 왕의 신하들이 갖고 있는 이런 정보는 그의 생명까지도 위협할 만한 것이었다. 이에 그는 놉의 제사장 아히멜렉을 속인 것처럼 아기스 왕과 그 신하들을 속이는 행동을 취했다. 가치부전(假痴不癲)이란 말이 있다. 겉으로 무지한 척 가장하되 속으로는 치밀한 계산을 하라는 뜻이다. "미친 체하고 대문짝에 그적거리며 침을 수염에 흘렸다.(13절) 그는 영락없이 미친 사람처럼 보였다. 그 수가 통했다. 그들은 더 이상 다윗을 경계하지 않았으며 환대하지도 않았다.

가치부전(假痴不癲 −병법 36법 제 27계)

어리석은 척하되 실제로 실성하지는 않는다. 겉으로 무지한 척 가장하되 속으로는 치밀한 계산을 한다는 말이다. 이는 어리석은 척 행동하여 상대방을 방심하게 만드는 계책이다.

239년 위(魏)나라 명제(明帝)는 병이 위급해지자 사마의(司馬懿)와 조상(曹爽)에게 여덟 살밖에 안 된 아들 조방(曹芳)을 부탁했다. 처음에 나이가 어리고 경험이 부족한 조상은 사마의를 어른으로 대접했다. 나중에 그의 주변에 명사들이 모여들고 자신의 동생들이 조정에서 핵심적인 위치에 서자 태도가 달라지기 시작했다. 그는 차츰 차츰 사마의를 배척했다.

사마의는 병을 핑계로 조정에 나아가지 않았으며 자신의 두 아들 사마사(司馬師)와 사마소(司馬昭)도 관직에서 물러나게 했다. 그들은 집에서 쉬면서 정변을 구상했다. 그는 아들 사마사를 시켜 은밀히 낙양성(洛陽城) 근처에 3천명을 모아 놓고 준비시켰다.

248년 겨울 조상은 이승을 형주자사로 파견하며 사마의에게 가 작별 인사를 하는 것처럼 하고 동정을 살펴보라고 했다. 이승이 왔다는 말을 듣자 그는 머리를 풀어 헤치고 이불을 덮은 채 누워 버렸다. 목이 마르다는 시늉을 하면서 일부러 옷깃에 죽을 흘렸다. 헛소리도 했다. "자네가 병주로 발령이 났다며? 병주는 오랑캐 땅과 가까우니 잘 수비하게. 나는 목숨이 다한 것 같아 아마 다시 보기 어려울 걸세." "병주가 아니라 형주입니다." "글쎄. 병주에 가거든…" "형주라니까요." "늙으니 머리가 잘 돌아가지 않아서 자네가 뭐라고 하는지 잘 못 알아듣겠네." 이승은 돌아가 사마의가 얼마 남지 않은 것 같다고 조상에게 보고했다. 조상은 더 이상 사마의를 경계하지 않았다.

249년 정월 조상은 호위병들을 거느리고 조방을 수행하여 낙양성 남쪽 명제의 무덤을 참배했다. 사마의는 이때를 이용하여 정변을 일으켰다. 그리고 조정의 대권을 장악하여 승상이 되었다.

이 모습을 보는 아기스 왕은 '저 사람이 일부러 꾸며내 연극을 하는구나'라고 생각할 수도 있었다. 이 때 하나님이 개입하셨다. 하나님은 미친 짓을 하는 다윗을 보는 왕의 마음에 '저 사람이 불쌍하다, 저런 불쌍한 사람을 죽여서 뭐하냐' 하는 생각이 들게 만드셨다. '저런 사람은 죽일 가치도 없다'는 마음이 들게 만드셨다. 다윗을 살려주고픈 마음이 들게 하셨다.(삼상 21:14-15)

이 일화는 한편으로 매우 서글프게 살아가는 인생의 모습을 그대로 노출했다. 다른 한편 이는 다윗에게 큰 용기를 심어주는 것이었다. 하나님은 블레셋 사람의 입을 통하여 다윗이 이스라엘의 왕이라는 말이 세상에 퍼지며 받아들여지게 하셨다. 바로 이것이 다윗에게 큰 용기와 희망이 되었으리라. 또는 가드 왕 아기스가 신하들에게 '미친 사람을 데려왔느냐'고 질책한 것에 주목할 필요가 있다. 이는 미친 사람이 아니었다면 받아들일 수도 있다는 것을 암시하기 때문이다. 물론 그것이 다윗에 대한 호의에서 나온 생각이기보다는 그를 정치적으로 이용하려는 목적이 더 컸겠지만 …이리하여 다윗은 가드 왕 아기스의 궁에서 간신히 빠져 나왔다.

소굴대신(小屈大伸)이란 말이 있다. 조금 굽혀 크게 편다, 조금 굽힘으로써 크게 펼친다는 뜻이다. 억울함과 고난을 잠깐 동안 참으면 나중에 크게 될 수 있다는 말이다. 이에 관해 춘추전국시대 한신의 이야기가 유명하다. 사람이 조금 굽히고 잠깐 욕됨을 참을 줄 알아야 비로소 큰일을 할 수 있는 경륜과 역량이 깃든다. 잠욕구영(暫辱久榮)이란 말도 있다. 잠깐 욕되고 수치스러운 것을 견뎌내면 오래 오래 영예롭게 된다는 뜻이다.

조선 세조 임금 때 강희맹(姜希孟·1424~1483)이란 사람이 있었다. 그가 아끼던 승지 이경동(李瓊同)이 궁궐을 떠나 당시 골치 아픈 일이 많던 황해도 관찰사로 나가게 되었다. 사람들은 그가 좌천당했다고 했다. 강희맹은 '사

람들은 임금의 숨은 속뜻에 소굴대신(小屈大伸)의 이치가 담긴 줄을 모른다'
고 하면서 먼저 어려운 일을 맡겨 그 처리하는 것을 보고, 장차 큰일을 맡기
려는 깊은 뜻이니 낙심치 말고 더 분발하라고 격려했다.

　삼상 21:10-15와 시편 34편은 다윗에게는 부끄러운 신앙 간증이다. 자
신이 하나님을 믿지 않는 이방 왕 앞에서 미친 척해서 겨우 살아남았다는
것이 무슨 자랑거리겠는가? 이런 사실이 부끄러운 일이지만 그보다 더 부
끄러운 것이 있다. 비록 사울 임금에게 박해를 당하고 있었더라도 다윗이
블레셋으로 피한 일은 좋은 선택이 아니었다. 골리앗 앞에서는 '나는 만군
의 여호와 하나님의 이름을 의지하여 네 앞에 섰노라'고 당당하게 외치던
다윗이 자기 목숨이 위태롭다고 이스라엘의 숙적인 블레셋과 손을 잡을 수
는 없지 않는가? 이런 것을 분별할 신앙이 부족했다는 부끄러운 고백이 시
편 34편에 들어 있다.

이 곤고한 자가 부르짖으매 여호와께서 들으시고 그의 모든 환난에서 구원하셨
도다.(시 34:6)

　비굴하고 천박하게 행동하는 다윗에게 하나님은 '내가 너를 버리지도 떠
나지도 아니하리라' 하신 말씀대로 역사하셨다. 삼상 21:10-15와 시 34편
은 부족하고 나약한 자신을 하나님이 도와주셨다. 믿음이 겨자씨처럼 작
디작은 자신에게 하나님께서 응답해주셨다는 놀라운 간증이 그 핵심이다.

　믿음의 용사인 다윗도 이런 때가 있었다는 사실은 오늘 우리에게 큰 위
안이 된다. 세상에서 살아남으려 하다 보니 자신도 어쩔 수없이 미친 사람
같았던 때가 있지는 않았는가? 겉으로는 다 아무렇지 않게 사는 것처럼 보
인다. 속으로는 미친 세상에서 먹고 살려니까 같이 미치거나 적어도 미친

척하는 수준에서 적당히 사람들의 비위를 맞추며 살아간다. 그러다가 감히 영광스러운 만군의 왕이신 여호와 하나님 앞에 나왔다며 죄송스러운 마음으로 갈등을 느끼곤 하지 않는가? 그렇다면 삼상 21장과 시편 34편에서 부끄러운 일로도 하나님의 은혜를 체험하고 간증하는 다윗의 심정이 이해될 것이다. 다윗은 살아남아야 한다는 목표를 이루기 위해 미친 짓을 했다. 비록 그 뜻을 이루었지만 속으로는 비참한 심경으로 가슴을 쥐어뜯었으리라.

그가 비참하고 비굴한 자신을 한탄하고 탄식하는 것으로 그 상황을 끝내지 않았다는 사실이 참 중요하다. 그는 부끄럽고 상한 자신을 만져주시는 하나님 사랑을 체험했다:

18 여호와는 마음이 상한 자를 가까이 하시고 충심으로 통회하는 자를 구원하시는도다 19 의인은 고난이 많으나 여호와께서 그의 모든 고난에서 건지시는도다(시 34:18-19).

이것은 율법규칙이 아니다. 다윗이 가장 부끄러운 모습으로 있을 때에도 하나님은 그의 하나님이시기를 부끄럽게 여기지 않으셨다는 고백이다. 고개를 들 수 없을 때에도 자신의 하나님이 되어주신 분에게 다윗은 감격하고 감사했다. 아무도 자신을 돕거나 돌보아 줄 수 없을 때에도 하나님이 살아계시며, 아무도 자기편이 아닐 때에도 하나님은 자기편이 되셨다는 것을 절실하게 체험한 다윗은 시 34:12-14에서 우리에게 권면했다:

12 생명을 사모하고 연수를 사랑하여 복 받기를 원하는 사람이 누구뇨 13 네 혀를 악에서 금하며 네 입술을 거짓말에서 금할지어다 14 악을 버리고 선을 행하며 화평을 찾아 따를지어다.

묵상 : 내 생활환경은 나의 선택이 아니었다.

'죽는 날까지 하늘을 우러러 한 점 부끄럼이 없기를' 원했던 시인이 있었다. 윤동주가 그 사람이다. 그는 '잎새에 이는 바람에도' 괴로워했다. 잎새에 이는 그 바람은 그가 만든 것도 선택한 것도 아니었다. 그는 식민지 그리고 제주주의 시대라는 자신이 선택할 수 없는 세상에 살았다. 그런 자신을 의식하는 한 그는 자기 탓이 아닌 것에도 하늘을 우러러 부끄럼 없이 처신하며 살고자 했던 것이다.

다윗은 사울과 결별했다. 이는 지금까지의 생활환경과 방식 전체가 바뀌는 것을 의미했다. 그 생활은 왕으로 기름부음 받은 자의 것도 왕의 사위의 것도 아니었다. 그는 그렇게 앞날을 기약할 수 없는 생활을 했다. 그것도 아주 오랫동안.

물론 이런 것은 다윗이 선택한 것이 아니었다. 그는 밀려오는 세상의 풍파와 격랑에 따라 그 속으로 밀려들어갔을 뿐이다. 가장 외롭고 어려웠을 이때, 전에 자신에게 도움을 주었던 사무엘 미갈 요나단도 곁에 없었다.

그런데도 다윗의 생애는 광야에서 시작하지도 광야에서 끝나지도 않았다. 비록 자신이 선택한 환경과 조건은 아니었더라도 그는 그 속에서 하나님을 깊이 만났다. 그래서 그는 광야생활을 살아냈다. 그리고 기름 부음 받은 자에게 주어지는 합당한 결실을 거두었다.

14

사울이 다윗을 매일 찾았어도

(삼상 23:7-14)

7 다윗이 그일라에 온 것을 어떤 사람이 사울에게 알리매 사울이 이르되 하나
님이 그를 내 손에 넘기셨도다 그가 문과 문빗장이 있는 성읍에 들어갔으니
갇혔도다

8 사울이 모든 백성을 군사로 불러 모으고 그일라로 내려가서 다윗과 그의 사
람들을 에워싸려 하더니

9 다윗은 사울이 자기를 해하려 하는 음모를 알고 제사장 아비아달에게 이르되
에봇을 이리로 가져오라 하고

10 다윗이 이르되 이스라엘 하나님 여호와여 사울이 나 때문에 이 성읍을 멸하
려고 그일라로 내려오기를 꾀한다 함을 주의 종이 분명히 들었나이다

11 그일라 사람들이 나를 그의 손에 넘기겠나이까 주의 종이 들은 대로 사울이
내려 오겠나이까 이스라엘의 하나님 여호와여 원하건대 주의 종에게 일러
주옵소서 하니 여호와께서 이르시되 그가 내려오리라 하신지라

12 다윗이 이르되 그일라 사람들이 나와 내 사람들을 사울의 손에 넘기겠나이
까 하니 여호와께서 이르시되 그들이 너를 넘기리라 하신지라

13 다윗과 그의 사람 육백 명 가량이 일어나 그일라를 떠나서 갈 수 있는 곳으
로 갔더니 다윗이 그일라에서 피한 것을 어떤 사람이 사울에게 말하매 사울
이 가기를 그치니라

14 다윗이 광야의 요새에도 있었고 또 십 광야 산골에도 머물렀으므로 사울이 매일 찾되 하나님이 그를 그의 손에 넘기지 아니하시니라

이 문단은 다윗이 그일라에서 겪은 일들을 기록했다. 블레셋에 망명하려던 다윗은 자기 스스로를 웃음거리로 만든 후에야 간신히 빠져 나왔다. 망명 시도가 실패하자 다윗은 이스라엘 영토인 아둘람 동굴에 은신했다. 그곳에 사람들이 모여들었다. i) 그의 형제들과 아버지의 온 집(가문) ii) 환난을 당한 자 iii) 빚진 자 iv) 마음이 원통한 자. 그 숫자가 400여 명이나 되었다.

그는 부모님을 모압 왕에게 모시고 갔다. 이는 아마 자신의 고조할머니가 모압 출신(룻)이라는 점이 작용하였을 것이다. 그곳에 머무는 동안 선지자 갓이 찾아 와 이방 나라에 머물지 말고 다시 유대 땅으로 들어가라 했다. 이에 그는 헤렛 수풀로 갔다.

그 때 블레셋 사람들이 유대 마을 그일라를 약탈했다는 소식이 들려왔다.(1절) 이에 다윗은 블레셋을 쳐도 좋은지를 여호와께 물었다. 그리고 치라는 응답을 받았다.(2절) 주변 사람들은 이 일을 크게 두려워했다. 이 일을 놓고 아마 다윗 진영에서 여러 가지 의견이 오고갔을 것이다.(3절) 자기 동포를 구해야 한다는 쪽과 도망하며 숨어야 할 다윗의 신분과 부대 규모가 노출된다는 의견, 구해야 마땅하지만 현실을 감안하여 실용적인 선택을 하자는 쪽 등. 다윗은 또 다시 여호와께 블레셋을 치고 동포를 구해야 할지를 물었다.(4절) 첫 번째 기도에서 블레셋을 치라고 말씀하신 하나님은 두 번째 물을 때에 '일어나 그일라로 내려가라 내가 블레셋 사람들을 네 손에 넘기리라'고 응답하셨다.

하나님 응답에 따라 다윗은 이제 블레셋의 손아귀에서 그일라 백성을 구

출하러 가 그들을 구해내었다.(5절) 노획물도 얻어내었다. 이런 모습은 우리에게 열세임에도 불구하고 조카 롯을 구하러 나가 승리하였던 아브라함을 생각나게 한다.(창 14장)

이렇게 무엇인가를 결정(결행)하기 전에 먼저 기도드리는 다윗의 습관은 어떻게 해서 생겨났을까? 물론 그 일이 중대하기 때문이라 볼 수 있다. 다른 측면에서 보자면 아마 놉~모압에서 겪었던 일 및 선지자 갓과의 만남에 대한 반성이 그를 기도로 이끌었을 것이다.

그가 놉에 들린 것은 망명을 결심하고 나서였다. 이 일을 놓고 하나님께 묻는 기도를 드리지 않았다. 그리고 가드 및 아둘람을 거쳐 모압으로 가는 것도 그러했다. 비록 그 사정은 충분히 이해가 된다하더라도 외국으로 도피할 때마다 하나같이 좋지 않은 일이 생겼다. 이는 하나님의 뜻이 다른 데 있기 때문이라 보아야 하리라.

삼상 22:5와 23:1-6의 다윗에게는 사울 임금과 구별되는 중요한 것이 있었다. 그것은 세 가지이다. i) 제사장이 곁에 있었다 ii) 선지자(갓)와 소통했다 iii) 결정을 내리기 전에 먼저 기도를 드렸다. 세속적 이해관계나 정치적 권력의 향방에 민감한 사람의 눈에는 이것이 별 것 아닌 것처럼 보일 수도 있다. 그러나 우리는 이것이 얼마나 중요한 지를 안다. 이제 다윗에게는 이스라엘과 그 백성만 있으면 되었다. 다시 말해 왕권만 아직 그의 수중에 없었다.

삼상 23:7-14은 모든 점에서 열세인 다윗이 어떻게 사울 임금을 따돌릴 수 있었는지를 보여주는 대표적인 사례 중에 하나이다. 극한 위기상황에서 다윗은 행동이 앞서는 사람이 아니었다. 그보다는 기도가 앞서는 사람이었다. 삼상 23:1-5에서도 23:7-14에서도 이런 사실이 분명하게 밝혀졌다.

사울 임금은 기도와 그 응답 대신에 정보원의 보고에 따라 행동했다. 그는 다윗이 그일라에 있다는 보고를 받았다.(7절) 이에 그는 옳다구나 하며 무릎을 쳤을 것이다: '하나님이 그를 내 손에 넘기셨도다.' 다윗은 기도드리는 가운데 하나님께서 블레셋을 자기 손에 넘기셨음을 깨달았는데 비해 그는 정보원이 물어온 정보로 그런 판단을 했다. 그는 제사장과 함께 예배를 드리지도 않으면서, 그리고 하나님께 묻지도 않으면서 하나님이 자기편이라고 착각하며 살았다.

그가 보기에 다윗은 독안에 든 쥐와 같았다. 그는 즉시 군사를 동원하고 그일라로 가려 했다. 이 계획을 안(또는 짐작한) 다윗은 하나님께 기도드렸다.(10-11절) 기도드리는 그에게 하나님은 그일라 사람들이 다윗을 배신하리라고 알려 주셨다. 그는 그일라를 떠나 광야의 요새(십)에 숨어들었다.

어떤 사람은 그일라 사람들을 배은망덕하다고 할 지 모른다. 여기서 우리는 신중하게 판단할 필요가 있다. 그일라 사람들은 놉에서 사울이 행한 일을 소문으로 들어서 이미 알고 있었을 것이다. 제사장보다 훨씬 낮은 신분에 있는 그들이 다윗을 숨겨주거나 빼돌렸을 때 어떤 일이 일어날지 이미불 보듯 훤한 일이었다. 이에 그들은 아마 무척 참담한 심정으로 다윗을 사울에게 넘겨주려 하였을 것이다. 물론 이것도 다윗이 받은 통치수업들 가운데 하나였다. 그일라 사람들의 번뇌와 행동이 곧 자신이 통치할 백성의 모습인 것을 그는 있는 그대로 받아들이는 한편 그들을 어떻게 다스려야 하는지 깨달아가는 과정이었다는 말이다.

사울은 다윗을 매일 찾았다.(14절) 다윗이 살아가는 하루하루가 다 위기였다. 보통 사람 같으면 어느 하룻밤도 다리 쭉 뻗고 누워 잠잘 수 없었으리라. 그러나 하나님을 신뢰하는 사람, 하나님의 은총의 나래 안에 있는 사람은 다르다.

나는 평안히 잠에 빠져듭니다, 잠자리에 눕자마자.(시 4:8a 직역)

이것은 마음의 불안을 떨쳐버린 사람, 마음의 짐을 내려놓은 사람만이 누리는 행복이다. 사람이 하루를 어떻게 보냈느냐를 알려면 잠자리에 든 모습을 보아 짐작할 수 있다. 다윗처럼 잠자리에 들자마자 잠이 드는 것은 오늘날 결코 당연한 일이 아니다. 여러 가지 연구조사가 밝혀주듯이, 수많은 사람이 잠들기 위해 약품을 먹는 시대에 우리가 살고 있다. 시편 4편에서 다윗은 불안하고 두려운 자기 처지와 상황을 하나님께 호소했다. 만일 그런 상황이라면 우리는 밤잠을 설쳤으리라.

평안을 너희에게 끼치노니 곧 나의 평안을 너희에게 주노라 내가 너희에게 주는 것은 세상이 주는 것과 같지 아니하니라 너희는 마음에 근심하지도 말고 두려워하지도 말라(요 14:27).

사울이 아무리 다윗을 찾았어도 그는 잡히지 않았다. 성경은 이를 가리켜 하나님이 그를 그의 손에 넘기지 않으셨다고 했다.(14절) 이 때문에 '하나님께서 그를 내 손에 넘기셨다'라고 사울 임금이 말한 것은 실현되지 않았다.

묵상 : 끝이 없어 보이는 고생길

다윗이 사울 임금을 피해 도망 다닌 기간은 한 두 해가 아니었다.
그것은 10~15년 계속되었다. 그 긴 세월을 어떻게 견뎌낼 수 있었을까?

사람이 시련과 고난 중에 있을 때에는 그 시간이 한없이 길게만 느껴진다. 그
정도가 심하면 심할수록 더욱 더.

> 엄동설한의 앙상한 풍경이 없다면
> 따스한 봄날의 찬란함은 결코 없으리
> 지금 겪는 이 재앙이 날 단련시켜서
> 내 정신을 더욱 굳세게 하리라 (호지명, 1890-1969)

오늘날 우리 주변에는 이 고난의 시기를 버텨내지 못하는 사람이 적지 않다.
'주여, 언제까지이니까?'라며 통곡하던 시편기자들처럼 그들도 탄식한다. 자
신이 생각하였던 것보다 그 기간이 길어지면 두 손 두 발 다 들고 불행한 선
택을 하는 사람도 있다.

15

너는 나보다 의롭도다

(삼상 24:4-12)

4 다윗의 사람들이 이르되 보소서 여호와께서 당신에게 이르시기를 내가 원수를 네 손에 넘기리니 네 생각에 좋은 대로 그에게 행하라 하시더니 이것이 그 날이니이다 하니 다윗이 일어나서 사울의 겉옷 자락을 가만히 베니라

5 그리 한 후에 사울의 옷자락 벰으로 말미암아 다윗의 마음이 찔려

6 자기 사람들에게 이르되 내가 손을 들어 여호와의 기름 부음을 받은 내 주를 치는 것은 여호와께서 금하시는 것이니 그는 여호와의 기름 부음을 받은 자가 됨이니라 하고

7 다윗이 이 말로 자기 사람들을 금하여 사울을 해하지 못하게 하니라 사울이 일어나 굴에서 나가 자기 길을 가니라

8 그 후에 다윗도 일어나 굴에서 나가 사울의 뒤에서 외쳐 이르되 내 주 왕이여 하매 사울이 돌아보는지라 다윗이 땅에 엎드려 절하고

9 다윗이 사울에게 이르되 보소서 다윗이 왕을 해하려 한다고 하는 사람들의 말을 왕은 어찌하여 들으시나이까

10 오늘 여호와께서 굴에서 왕을 내 손에 넘기신 것을 왕이 아셨을 것이니이다 어떤 사람이 나를 권하여 왕을 죽이라 하였으나 내가 왕을 아껴 말하기를 나는 내 손을 들어 내 주를 해하지 아니하리니 그는 여호와의 기름 부음을 받은 자이기 때문이라 하였나이다

11 내 아버지여 보소서 내 손에 있는 왕의 옷자락을 보소서 내가 왕을 죽이지 아니하고 겉옷 자락만 베었은즉 내 손에 악이나 죄과가 없는 줄을 오늘 아실지니이다 왕은 내 생명을 찾아 해하려 하시나 나는 왕에게 범죄한 일이 없나이다

12 여호와께서는 나와 왕 사이를 판단하사 여호와께서 나를 위하여 왕에게 보복하시려니와 내 손으로는 왕을 해하지 않겠나이다

이 문단은 사울 임금을 피해 도망 다니는 다윗이 그를 죽일 수 있는 절호의 기회를 어떻게 사용하는가를 보여주었다.

다윗이 엔게디(= 새끼 염소의 샘) 광야에 피신해 있었다. 그 정보가 사울 왕의 귀에 들어갔다. 그는 군사 삼천 명을 동원하여 그리로 갔다. 이 숫자는 그가 만든 상비군의 그것과 맞먹었고(13:2) 다윗의 그것에 비해 최소한 다섯 배가 넘었다. 여기서 우리는 하나님께서 전쟁의 승패가 용사의 숫자에 달려 있지 않다고 거듭 말씀하신 것을 기억하게 된다.(삿7:4, 7 등)

이때 그가 뒤를 보러 동굴 안으로 들어갔다. 바로 그 안에 다윗이 숨어 있는 줄도 모른 채.(3절) 밝은 곳에 있다가 동굴 안으로 들어왔을 때 그의 동공은 아직 그 어둠에 적응하지 못한 상태였다. 게다가 사울은 혼자인데 다윗은 부하들과 함께 있었다. 아마 그는 칼과 방패 등 무기를 내려놓고 갑옷 등 겉옷을 벗어 옆에 놓았을 것이다. 무방비 상태인 그 모습은 누가 보아도 원수를 갚고 복수할 절호의 기회였다. 그런 상황은 사람이 일부러 만들 수 있는 것이 아니었다. 정말 하나님이 만들어 주신 기회라 여길만한 것이었다. 아니나 다를까 다윗의 부하들이 그를 죽이자고 말했다.

보소서 여호와께서 당신에게 이르시기를 내가 원수를 네 손에 넘기리니 네 생각에 좋은 대로 그에게 행하라 하시더니 이것이 그 날이니이다(삼하 24:4)

이 때 다윗은 부하들을 만류했다. 대신 그의 옷자락을 살며시 베어내었다. 이는 그를 죽일 수도 있었는데 그리 하지 않았다는 증거물이었다. 얼핏 보기에 이는 그다지 중요하지 않은 행동이었다. 그런데도 그 일이 양심에 찔렸다.(삼하 24:5 직역: 그리고 다윗의 마음이 그 자신을 때렸다) 이런 일로 다윗이 양심에 가책을 느끼는 것이 선뜻 이해되지 않을 정도로 그는 하나님께서 하신 일에 비중을 높이 두었다.

옷(옷자락)의 의미가 무엇인가? 그 답을 얻기 위해 성경을 잠시 살펴보자. 일찍이 사울 임금이 자신을 떠나려는 사무엘을 붙잡았을 때 그의 옷자락이 찢어졌다.(삼상 15:27) 이때 그는 사울에게 말했다.

여호와께서 오늘 이스라엘 나라를 왕에게서 떼어 왕보다 나은 왕의 이웃에게 주셨나이다(삼상 15:28)

이스라엘 통일왕국이 남북왕국으로 갈라질 무렵의 일이다.

30 아히야가 자기가 입은 새 옷을 잡아 열두 조각으로 찢고 31 여로보암에게 이르되 너는 열 조각을 가지라 이스라엘의 하나님 여호와의 말씀이 내가 이 나라를 솔로몬의 손에서 찢어 빼앗아 열 지파를 네게 주고(왕상 11:30-31)

요나단은 자신의 겉옷을 벗어 다윗에게 입혀주었다.(삼상 18:4) 이런 경우 옷은 왕권을 다른 사람에게 넘긴다는 의미였다.(삼상 24:4-5, 11 참조) 이

가나안(철기시대1)

일은 사울에게 있는 왕권이 다윗에게로 옮겨갈 것을 암시하는 것일까?

그는 부하들에게 "내가 손을 들어 여호와의 기름 부음을 받은 내 주를 치는 것은 여호와께서 금하시는 것이니 그는 여호와의 기름 부음을 받은 자가 됨이니라"고 말하며 사울 임금을 해하지 못하게 했다.(6절) 비록 하나님의 영이 사울을 떠났더라도 다윗은 하나님께서 전에 기름 부으셨던 그를 여전히 사용하시는 것을 인정하고 받아들였다. 과연 우리 신앙에는 이런 영성, 이런 담력이 포함되어 있는가?

사울 왕이 돌아간 뒤 그는 동굴 밖으로 나와 자기 자신을 해명했다.(9-15절) 그 내용은 크게 세 가지였다.

i) 평소 사울 임금은 거짓말하는 자들의 말에 귀를 기울여 왔다.(9절) 이는 자신과 사울 임금 사이의 갈등관계를 조장하는 사람들과 그 말에 귀를 기울이는 왕에 대한 서운한 감정을 표현한 것이다. 사실 권력자 주변에는 이런 사람들이 늘 있어 왔다.

ii) 자신은 여호와께서 사울을 쉽게 죽일 기회를 만나게 하셨어도 죽이지 않았

다.(10-11절)

iii) 만일 사울에게 어떤 고통스러운 일이 일어난다면 그것은 다윗 자신으로 인한 것이 아니라 하나님으로 말미암은 것이다.(12, 15절)

이 말을 할 때 다윗은 사울을 아버지라 불렀다. 이것은 혈연관계 또는 존경심의 표현이었다. 그가 사울 임금의 사위였으니 이리 부르는데 아무 거리낌이 없었다. 12, 15절에서 그는 여호와를 가리켜 재판관이라 했다. 이는 둘 사이 혹은 두 진영이나 나라 사이에 옳고 그름을 판단하실 분이 여호와라는 뜻이다. 그는 자기를 가리켜 죽은 개(또는 벼룩)라고 했다.(15절) 이렇게 하는 다윗의 중심은 과연 무엇일까?

여호와께서는 나와 왕 사이를 판단하사 여호와께서 나를 위하여 왕에게 보복하시려니와 내 손으로는 왕을 해하지 않겠나이다(삼상 24:12)

다윗의 말을 들은 사울은 '내 아들 다윗아…'라고 말하고 소리 높여 울며 눈물을 흘렸다. 전과 달리 그의 입에서 '이새의 아들'이란 말이 사라졌다. 그가 말했다. '나는 너를 학대하되 너는 나를 선대하니 너는 나보다 의롭도다.'(17절) 사울 임금의 이 말은 18절의 내용으로 뒷받침되었다. 그는 다윗에게 왕권이 옮겨갈 것을 인정했다.(20절) 공개적으로 그렇게 한 것은 이번이 처음이었다.

나중에 그가 다윗에게 하는 행동을 보면 이것은 악어의 눈물처럼 보인다. 그 눈물이 행동으로 뒷받침되지 않았기 때문이다. 다른 한편 이것은 감정이 여린 사람, 마음은 착하면서도 실제 행동은 주변 환경에 끌려 다니는 연약한 사람의 모습을 드러내는 것이기도 하다.

묵상 : 내가복음 (?)

상황이 자신에게 아주 유리하다는 사실만 가지고 자신의 행동을 '하나님의 뜻'으로 정당화하려는 사람은 삼상 23:7과 24:4을 깊이 묵상할 필요가 있다.

> 하나님께서 언제 '내가 원수를 네 손에 넘기리니 네 생각에 좋은 대로 그에게 행하라'라고 말씀하셨나? 오히려 그 반대로 말씀하셨다: '내 사랑하는 자들아 너희가 친히 원수를 갚지 말고 하나님의 진노하심에 맡기라 기록되었으되 원수 갚는 것이 내게 있으니 내가 갚으리라고 주께서 말씀하시니라' (롬 12:9 ← 신 32:35).

신앙인 중에는 하나님께서 '하늘은 스스로 돕는 자를 돕는다'고 하셨다고 거리낌없이 말하는 사람이 있다. 성경 어디에서 하나님이 그런 말씀하셨는지 모르겠다. 세상에 떠돌아다니는 그럴듯한 속담을 마치 하나님께서 말씀하신 것처럼 끌어다가 그리스도의 복음을 '내가복음'으로 만드는 사람이 있다.

16

지혜로운 여인, 그 이름은 아비가일

(삼상 25:23-31)

23 아비가일이 다윗을 보고 급히 나귀에서 내려 다윗 앞에 엎드려 그의 얼굴을 땅에 대니라

24 그가 다윗의 발에 엎드려 이르되 내 주여 원하건대 이 죄악을 나 곧 내게로 돌리시고 여종에게 주의 귀에 말하게 하시고 이 여종의 말을 들으소서

25 원하옵나니 내 주는 이 불량한 사람 나발을 개의치 마옵소서 그의 이름이 그에게 적당하니 그의 이름이 나발이라 그는 미련한 자니이다 여종은 내 주께서 보내신 소년들을 보지 못하였나이다

26 내 주여 여호와께서 살아 계심을 두고 맹세하노니 내 주도 살아 계시거니와 내 주의 손으로 피를 흘려 친히 보복하시는 일을 여호와께서 막으셨으니 내 주의 원수들과 내 주를 해하려 하는 자들은 나발과 같이 되기를 원하나이다

27 여종이 내 주께 가져온 이 예물을 내 주를 따르는 이 소년들에게 주게 하시고

28 주의 여종의 허물을 용서하여 주옵소서 여호와께서 반드시 내 주를 위하여 든든한 집을 세우시리니 이는 내 주께서 여호와의 싸움을 싸우심이요 내 주의 일생에 내 주에게서 악한 일을 찾을 수 없음이니이다

29 사람이 일어나서 내 주를 쫓아 내 주의 생명을 찾을지라도 내 주의 생명은 내 주의 하나님 여호와와 함께 생명 싸개 속에 싸였을 것이요 내 주의 원수들의 생명은 물매로 던지듯 여호와께서 그것을 던지시리이다

30 여호와께서 내 주에 대하여 하신 말씀대로 모든 선을 내 주에게 행하사 내 주를 이스라엘의 지도자로 세우실 때에

31 내 주께서 무죄한 피를 흘리셨다든지 내 주께서 친히 보복하셨다든지 함으로 말미암아 슬퍼하실 것도 없고 내 주의 마음에 걸리는 것도 없으시리니 다만 여호와께서 내 주를 후대하실 때에 원하건대 내 주의 여종을 생각하소서 하니라

다윗과 아비가일의 만남(렘브란트)

이것은 다윗과 아비가일이 만나는 이야기이다. 사람이 사람을 만나는 것이 복이 될 수도 화가 될 수도 있다. 축복의 통로가 되는 사람을 만나는 것부터가 이미 하나님의 은혜이다. 다윗은 그런 사람을 만났다.

사울의 추적을 피하며 양식을 구하는 일이 다윗에게 결코 쉽지 않았을 것이다. 다행히 그들이 주둔한 근처에 거부 나발이 있었다. 그가 양털을 깎는 잔칫날을 기하여 다윗은 부하(소년) 열 명을 그에게로 보냈다. 열 명이나 보낸 것이 나발에게 협박인지 존중인지 판단하기 어렵다. 다만 그들이 나발에게 가 '당신의 종들과 당신의 아들 다윗'이라 표현한 것으로 미루어 보아(8절) 존중하는 뜻이라고 추측할 뿐이다.

물론 다윗이 나발에게 요구한 것을 자세히 살펴보면 자신이 그곳에 있음으로 하여 나발의 목자들(재산)을 지켜주었으며, 그들을 해치지 않은 데 대한 보상금을 내라는 것이었다.(7절) 만일 그렇다면 지금 다윗은 마치 조직폭력배처럼 관리비를 받아내려는 것으로 보인다.

다윗이 전하는 말을 듣자마자 나발은 가랑잎에 불붙기처럼 앞뒤 가리지 않고 화를 내었다. 아주 심한 말로 모욕하며 그들을 돌려보냈다. 다윗이 네 소년들(8절)이라 부른 이들을 그는 도망 친 종들(10c)이라고 불렀다. 그리고 사울 임금이 다윗을 부른 것과 똑같은 투로 그를 모욕했다.(10a 다윗은 누구며 이새의 아들은 누구냐)

이에 다윗은 크게 분노했다. '다윗이 자기 사람들에게 이르되 너희는 각기 칼을 차라 하니 각기 칼을 차매 다윗도 자기 칼을 차고 사백 명 가량은 데리고 올라가고(삼상 25:13).' 6절(너는 평강하라 네 집도 평강하라 네 소유의 모든 것도 평강하라)에는 평강이란 말이 세 번, 13절에는 칼이란 낱말이 세 번 쓰인 것이 그 전후 사정을 대변해 주었다. 다윗은 마치 사울 왕이 놉의 제사장들을 몰살시켰듯이(삼상 22:18-19) 나발의 집을 쑥대밭으로 만들려 했다.(삼상 25:21-22)

일촉즉발의 이 위기에 나발의 아내 아비가일이 등장했다. 그녀는 i) 다윗의 발아래 엎드려 얼굴을 땅에 대었다. ii) 다윗이 화를 낼만한 죄를 자기 남편이 지었음을 인정했다. iii) 자기 남편이 그 이름 그대로 어리석은 자라고 말하며 다윗을 달랬다.(25절)

아비가일은 기화가거 (奇貨可居)의 여인이던가?

이 말은 귀한 물건을 사 두었다가 훗날 큰 이익을 얻는다는 뜻이다. ① 좋은 기회를 기다려 큰 이익을 얻음. ② 훗날 이용할 수 있는 사람을 돌봐 주며 기회가 오기를 기다림. ③ 기회를 놓치지 않고 잡는다는 의미로 쓰였다. 사마천(司馬遷)은 사기(史記)에서 천금(千金)을 가진 자는 군수(郡守)와 상대하고, 만금(萬金)을 가진 자는 천자(天子)와 상대한다'고 했다.

옛 중국 춘추전국시대에는 무기상이 톡톡히 재미를 보았다. 이때 비로소 정치 재벌이 등장하게 되는데 대표적인 사람이 여불위(呂不韋)였다. 그는 본디 소금과 비단으로 거부가 되었다.

어느 날 조나라에 들렀다가 인질로 와 있던 진(秦)의 왕자 자초(子楚)를 우연히 만났다. 상업의 귀재였던 그는 첫눈에 자초의 값어치를 꿰뚫어 보았다. 그는 천자의 자리를 투자 대상으로 삼았다. 자초에게 금전공세와 함께 애첩 조희(趙嬉)까지 바쳤다. 그 투자가 적중했다. 자초는 진나라 왕(莊襄王)이 되고 애첩 조희는 황후가 되었다. 얼마 뒤 자초가 죽고 그는 예전 애첩과 함께 부귀영화를 누렸다.

이어서 그녀는 다윗을 찬양했다.(28절 이하) 그 내용은 i) 다윗의 집은 든든히 설 것이다. ii) 여호와의 싸움을 하게 될 것이다. iii) 다윗에게서 악한 것을 찾아볼 수 없다. iv) 다윗의 원수가 그를 죽이려 하더라도 결코 성공하지 못할 것이다.

그녀의 말은 30-31절에서 절정에 이르렀다. 이것은 다윗이 보낸 소년들에게 나발이 하였던 말과 지극히 대조적이다. 그녀는 다윗이 이스라엘의 영도자가 되리라고 말했다. 그에게 이런 용어를 쓴 사람은 그녀가 처음이었다.

그 뿐만이 아니었다. 그녀는 다윗에게 장차 그런 날이 올 때 후회할 만한 일을 지금 만들지 말라고 충고했다. 그녀는 실로 대단한 수사법을 구사하는 매우 지혜로운 여인이었다. 그녀의 이미지는 다음과 같이 몇 가지로 나타난다.(25장):

i) 예언자: 그녀는 주께서 다윗의 집을 든든히 세우시리라고 예언했다.(28절) 그의 원수들을 물맷돌처럼 던져 버리리라고 말했다.(29절) 이것은 나발이 하나님의 심판을 받아 죽음으로써 실현되었다. 더 나아가 다윗이 이스라엘의 지도자(왕)가 되리라고 했다.(30절)

ii) 지혜자: 그녀의 행동과 말은 아주 시의적절하고 현실상황에 꼭 맞아떨어졌다.

iii) 협상에 능한 외교관: 그녀의 언행에 다윗은 한 순간에 압도당했다. 자신의 입장을 버리고 그녀의 입장을 따를 수밖에 없을 정도로 그녀는 협상의 귀재였다.

묵상 : 증명(검증) 과정

일찍이 다윗은 선지자 사무엘을 통해 하나님의 기름부으심을 받았다. 그 때부터 왕재(王才)로 검증되는 일들을 겪어내야만 했다.

i) 자신이 외적으로부터 이스라엘을 지킬만한 용사임을 증명해야만 했다. (블레셋의 골리앗)

ii) 궁정의 생활과 문화를 익혀야 했다. 하나님은 그를 사울 임금의 사위(친족)가 되게 하셨다.

iii) 가까운 사람에게서 보호(요나단)와 배척(사울)을 동시에 겪어내야만 했다.

iv) 세상 풍파(도피와 망명생활)를 이겨내야만 했다.

v) 자기 체면이나 기분에 좌우되는 행동을 하지 말아야 했다. (나발 및 아비가일과의 만남)

vi) 위와 같이 이런 일 저런 일, 이런 사람 저런 사람을 겪어내면서도 정신세계가 무너지지 않고 온전해야만 했다.

17

분노를 다스리면

(삼상 25:32-35)

32 다윗이 아비가일에게 이르되 오늘 너를 보내어 나를 영접하게 하신 이스라 엘의 하나님 여호와를 찬송할지로다

33 또 네 지혜를 칭찬할지며 또 네게 복이 있을지로다 오늘 내가 피를 흘릴 것과 친히 복수하는 것을 네가 막았느니라

34 나를 막아 너를 해하지 않게 하신 이스라엘의 하나님 여호와의 살아 계심을 두고 맹세하노니 네가 급히 와서 나를 영접하지 아니하였더면 밝는 아침에는 과연 나발에게 한 남자도 남겨 두지 아니하였으리라 하니라

35 다윗이 그가 가져온 것을 그의 손에서 받고 그에게 이르되 네 집으로 평안히 올라가라 내가 네 말을 듣고 네 청을 허락하노라

이것은 나발과 그 집에 분노를 터트리며 보복하려는 뜻을 접은 뒤 다윗이 나발의 아내 아비가일을 칭송하는 말이다.

다윗의 분노 및 보복 시도는 정당한 것이었가? 전혀 아니다. 더구나 다윗은 나발에게만 복수하려는 것이 아니었다. 그 집에 있는 남자를 모두 다 죽이려 했다. 이는 아무리 생각해도 도에 지나친 것이었다.

비록 정당한 일이라도 분노를 마음에 품고 행하면 부작용이 생기는 법이다. 하물며 정당하지 못한 일을 분노에 입각하여 처리한다면 그 폐단은 이

루 말할 수 없이 크리라. 여기서 말하는 대로 다윗이 행하였더라면 참으로 아찔하다고 말할 수밖에 없는 이유이다.

사무엘상 25:32-35절에 따르면, 다윗은 충고를 받아들일 줄 아는 사람이었다. 분노가 죄악으로 가지 않는 길이 바로 여기에 있다. 화가 날 때 주변 사람이 우리 입장과 다른 말을 할 때 우리의 반응은 어떤가? 그 사람 말이 자기를 편드는 말이 아니더라도, 귀에 거슬리더라도 그 말을 따르는 사람은 복 있는 사람이다.

어떤 갈등이나 다툼이 생겼을 때에는 주변 사람이 나보다 훨씬 더 객관적으로 사태를 파악한다. 나는 그 일로 화가 잔뜩 나 있는데, 곁에 있는 사람은 '야, 그 정도 가지고 뭘 그래. 그 정도는 얼마든지 있을 수 있는 일이야. 네가 참아. 참으면 복이 온다'고 말하곤 한다. 정작 자기가 화날 때에는 그렇게 하지 못하면서도 남이 화가 나 있는 것을 보면 그렇게 말한다. 그럴 때 '야, 너도 내 입장이 한번 돼 봐. 네가 직접 당하지 않으니까 그런 말을 하지' 하며 그 충고를 섭섭하게 생각한다면 우리는 나발과 다름없는 사람이 된다. '야, 너는 무조건 내 편이 되어야 하는 거야'라며 친구의 입장과 태도까지 강요한다면 우리는 나발과 다름없는 사람이다.

다윗은 달랐다. 이런 점에서 다윗은 참 훌륭하다. 만일 다윗이 아비가일 같은 지혜로운 사람을 만나지 못했다면, 그리고 그 충고를 받아들일 신앙이 없었다면 그는 무고한 피를 흘리고 말았으리라. 다윗은 자기 행동이 떳떳하지 못한 것을 인정했다. 그가 말했다:

또 네 지혜를 칭찬할지며 또 네게 복이 있을지로다 오늘 내가 피를 흘릴 것과 친히 복수하는 것을 네가 막았느니라(삼상 25:33).

124

화를 내지 않는 사람이 곧 지혜로운 사람인 것만은 아니다. 화가 날 때 아부하는 사람의 말이 아니라 진심으로 자기를 아껴주는 사람의 충고를 받아들이는 것이 중요하다. 이런 사람은 분노를 다스리는 자요 지혜로운 자이다.

문과즉희(聞過則喜)란 말이 있다. 《맹자》(孟子)의 〈공손추편〉(公孫丑篇)과 《명심보감》(明心寶鑑) 〈정기편〉(正己篇)에 나오는 맹자의 말이다. "자로(子路)는 사람들이 그에게 잘못이 있다고 일러 주면 기뻐했고, 우(禹)임금은 좋은 말을 들으면 절을 했다. 위대한 순(舜)임금은 그보다도 더하였다. 그는 남과 어울리기를 잘했다. 자기를 버리고 남을 좇아 남의 의견을 취하기를 즐겼다. 이로써 선을 행했다."(자로인고지이유과즉희 子路人告之以有過則喜 우문선언즉배 禹聞善言則拜 대순유대언大舜有大焉 선여인동 善與人同 사기종인락취어인 捨己從人樂取於人 이위선 以爲善)

자로는 춘추시대 노나라 사람으로 공자의 제자다. 그는 다른 사람이 자기 잘못이나 단점을 말해주면 화를 내기는커녕 오히려 기뻐했다. 그에게서 '잘못을 들으면 기뻐했다' 곧 '문과즉희'라는 말이 나왔다.

우 임금은 하(夏) 왕조를 세운 전설적인 인물이다. 그 당시 천하의 근심거리였던 홍수를 다스린 인물로 유명하다. 그의 성격은 허심탄회했다. 다른 사람이 자기에게 좋은 말을 해주거나 충고하면 그 사람에게 절을 하며 고마워했다.

순 임금도 전설적인 인물이다. 사람들은 그를 '대순(大舜)'이라고도 부른다. 그는 우에게 임금 자리를 양보했다. 이를 가리켜 '선양(禪讓)'이라고 한다. 순 임금은 남과 잘 어울리며 자기 생각을 버리고 남의 의견 취하기를 즐겼다. 이로써 그는 선을 행했다. '남과 잘 어울린다(선여인동 善與人同)'는 말은 무슨 일이든 잘한 것을 자기 혼자 한 것으로 생각하지 않고 여러 사람들과 함께 한 것으로 여기는 태도를 포함한다.

'자기 생각을 버리고 남의 의견에 따른다(사기종인 舍己從人)'는 것은 자신의 결점을 버리고 남의 우수한 점을 따른다는 의미다. 다른 사람에게서 자신의 결점이나 실수를 지적 받으면 기뻐하는 일은 아무나 할 수 있는 것이 아니다. 그렇게 할 수 있는 사람은 언제든지 성숙·성장할 준비를 갖춘 것이다.

다윗은 아비가일의 지혜롭고도 감동적인 하소연을 진지하게 받아들였다. 그는 말이 통하는 사람이라 보복을 포기했다.

> 나를 막아 너를 해하지 않게 하신 이스라엘의 하나님 여호와의 살아 계심을 두고 맹세하노니 네가 급히 와서 나를 영접하지 아니하였더면 밝는 아침에는 과연 나발에게 한 남자도 남겨 두지 아니하였으리라(삼상 25:34)

다윗이 첫 번째로 아비가일을 칭찬한 것은 피 흘릴 것(직역: 핏속을 걷는 일)을 막아 준 것이다. 이 말은 대량학살(무차별 학살)을 가리키는 숙어였다. 이런 행위 곧 친히 복수한다는 말을 직역하면 '그리고 그(다윗)의 손이 그 자신을 위해 구원하는 것'이란 뜻이다.(26절 참조)

> 1 내가 산을 향하여 눈을 들리라 나의 도움이 어디서 올까 2 나의 도움은 천지를 지으신 여호와에게서로다(시 121:1-2)

우리 구원은 오직 하나님께로부터 온다. 이 신앙이 흔들리는 순간 사람은 누구나 무리수(자충수)를 두기 마련이다. 사울은 놉에서 대량학살을 통해 자기 안전을 지키고 자기 자신을 구원하려 했다. 본인의 의도와 달리 이것은 대제사장들과 백성의 마음을(민심을) 잃게 만들었을 뿐이었다. 아비가일이 아니었더라면 자칫 다윗도 그런 전철을 밟을 뻔했다.

묵상 : 분노조절장애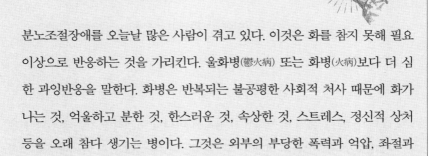

분노조절장애를 오늘날 많은 사람이 겪고 있다. 이것은 화를 참지 못해 필요 이상으로 반응하는 것을 가리킨다. 울화병(鬱火病) 또는 화병(火病)보다 더 심한 과잉반응을 말한다. 화병은 반복되는 불공평한 사회적 처사 때문에 화가 나는 것, 억울하고 분한 것, 한스러운 것, 속상한 것, 스트레스, 정신적 상처 등을 오래 참다 생기는 병이다. 그것은 외부의 부당한 폭력과 억압, 좌절과 열등감, 빈부 격차, 정의롭지 못한 처사에 대한 반응 등으로 생긴다.(민성길 외, 최신정신의학) 그리고 믿었던 사람에게 받는 배신감도 포함된다.

오늘 우리 사회 곳곳에서 분노조절장애로 인한 끔찍한 소식이 들려온다. 어찌해야 하나? 위의 책은 상황에 맞게 분노를 감소시키거나 조절하는 기술을 학습으로 배우는 인지행동치료, 병을 제공한 가족 당사자들이 참여하는 가족치료, 사회기술과 의사소통기술을 훈련시키는 정신사회적 치료, 약물 치료 등을 예로 소개했다.

흔한 말로 분노를 잘 다스리면 감주가 되고 그것에 끌려가면 독주가 된다는 말이 있다. 우리는 어떤가?

18

생명을 귀히 여기는 자에게 복이 있으라

(삼상 26:15-21)

15 다윗이 아브넬에게 이르되 네가 용사가 아니냐 이스라엘 가운데에 너 같은
자가 누구냐 그러한데 네가 어찌하여 네 주 왕을 보호하지 아니하느냐 백성
가운데 한 사람이 네 주 왕을 죽이려고 들어갔었느니라

16 네가 행한 이 일이 옳지 못하도다 여호와께서 살아 계심을 두고 맹세하노
니 여호와의 기름 부음 받은 너희 주를 보호하지 아니하였으니 너희는 마
땅히 죽을 자이니라 이제 왕의 창과 왕의 머리 곁에 있던 물병이 어디 있나
보라 하니

17 사울이 다윗의 음성을 알아 듣고 이르되 내 아들 다윗아 이것이 네 음성이냐
하는지라 다윗이 이르되 내 주 왕이여 내 음성이니이다 하고

18 또 이르되 내 주는 어찌하여 주의 종을 쫓으시나이까 내가 무엇을 하였으며
내 손에 무슨 악이 있나이까

19 원하건대 내 주 왕은 이제 종의 말을 들으소서 만일 왕을 충동시켜 나를 해
하려 하는 이가 여호와시면 여호와께서는 제물을 받으시기를 원하나이다마
는 만일 사람들이면 그들이 여호와 앞에 저주를 받으리니 이는 그들이 이르
기를 너는 가서 다른 신들을 섬기라 하고 오늘 나를 쫓아내어 여호와의 기업
에 참여하지 못하게 함이니이다

20 그런즉 청하건대 여호와 앞에서 먼 이 곳에서 이제 나의 피가 땅에 흐르지 말게 하옵소서 이는 산에서 메추라기를 사냥하는 자와 같이 이스라엘 왕이 한 벼룩을 수색하러 나오셨음이니이다

21 사울이 이르되 내가 범죄하였도다 내 아들 다윗아 돌아오라 네가 오늘 내 생명을 귀하게 여겼은즉 내가 다시는 너를 해하려 하지 아니하리라 내가 어리석은 일을 하였으니 대단히 잘못되었도다 하는지라

이것은 사울 임금이 잠들었을 때 일어난 이야기이다. 하나님은 종종 사람을 깊이 잠들게 하신 뒤에 중요한 일을 하셨다. 아담이 깊이 잠든 사이에 하나님은 그의 갈비뼈를 하나 취하여 하와를 만드셨다. 아브라함이 깊이 잠들었을 때 하나님은 자녀와 땅의 약속을 그에게 주셨다.(창 16:12 이하 참조)

다윗은 사울의 진영으로 숨어 들어갔다. 이런 줄도 모른 채 사울 임금과 그 부하들은 깊은 잠에 빠져 있었다.(12절) 그것이 다윗에게는 안전을, 사울에게는 위기와 권위의 상실을 의미했다. 이는 아마 하나님께서 주신 것이리라. 여기서도 하나님은 등장하는 인물들의 배후에서 사람의 생각과 이성을 초월하여 역사를 만들어가셨다.

사울 왕의 진을 빠져 나온 다윗은 높은 곳으로 가 큰 소리로 아브넬의 이름을 불렀다(13절). 사울 임금이 아니라 아브넬에게 실질적인 권한과 책임이 있다고 보아 그를 부른 것이다. 그는 사울의 군대 삼천 명을 이끄는 사령관이었으며 사울을 지지하고 지켜내는 충성스러운 군인이었다. 사울에게 그는 항상 곁에 두어야할 없어서는 아니 될 인물(약롱중물 藥籠中物)이었다. 그런 그가 이번에 사울 왕을 제대로 지켜내지 못했다.

아브넬은 자신을 부르는 사람이 누구인지 처음에는 알아채지 못했다. 전

에도 그는 다윗을 알아보지 못한 적이 있었다.(삼상 17:55 왕이여 왕의 사심으로 맹세하옵나니 내가 알지 못하나이다) 그 때나 지금이나 그는 상황을 제대로 파악하지 못했다. 자기가 군사를 이끌고 와서 죽이려는 상대인 다윗을 얼른 알아채지도 못할 만큼. 그의 이런 눈치 없는 모습은 평생 동안 계속되었다. 엔게디 동굴에서 사울이 죽을 뻔하였을 때에도 그는 직무를 제대로 수행하지 못했다. 물론 상황이 묘하기는 하였지만 왕을 보필해야할 책임이 처음부터 끝까지 그에게 있었으니 하는 말이다. 그는 나중에 사울 가문을 배신했다.(삼하 3장) 요압이 자기를 죽이려고 조용한 곳으로 불러낼 때 눈치 없이 따라 나섰다가 그는 살해당했다.(삼하 3:27)

다윗은 네가 누구냐고 묻는 그의 말을 무시하고 잘못을 꾸짖었다.

15 …네가 용사가 아니냐 이스라엘 가운데에 너 같은 자가 누구냐 그러한데 네가 어찌하여 네 주 왕을 보호하지 아니하느냐 백성 가운데 한 사람이 네 주 왕을 죽이려고 들어갔었느니라 16 …여호와의 기름 부음 받은 너희 주를 보호하지 아니하였으니 너희는 마땅히 죽을 자이니라 …

삼상 26:18-25에서 다윗은 사울에게 자신의 무죄를 다시 한 번 주장했다. 아브넬을 호통 치는 소리에 사울이 잠에서 깨어났다. 그는 다윗의 목소리를 단번에 알아보고 말했다. "내 아들 다윗아 이것이 네 음성이냐?"(17절) 사울은 다윗을 향해 아들이라 부르지만, 다윗은 그를 아버지라 부르지 않았다.(삼상 24:11 참조)

다윗은 아주 뛰어난 화술로 사울 임금에게 말했다: "18 …내가 무엇을 하였으며 내 손에 무슨 악이 있나이까 19 원하건대 내 주 왕은 이제 종의 말을 들으소서 만일 왕을 충동시켜 나를 해하려 하는 이가 여호와시면 여호와께서는 제물을 받으시기를 원하나이다마는 만일 사람들이면 그들이 여호와 앞에 저주를 받으리니"(삼상 26:18-19)

그는 사울 임금이 자신을 쫓는 이유를 두 가지로 추측했다. i) 여호와 하나님께서 시키신 경우와 ii) 사람이 왕을 충동질한 경우. 만일 앞엣것이라면 다윗은 자신이 죽더라도 여호와를 경배하겠다고 했다.(야라흐 민카 = 제물을 흠향하다) 그리고 만일 뒤엣것이라면 그 사람이 저주를 받을 것이라 했다. 그들은 다윗을 외국으로 쫓아내어 여호와의 유업을 받지 못하게 하려 들었다. '너는 가서 다른 신들을 섬기라'는 말은 망명을 뜻하는 관용어로 고대 근동에서 널리 쓰였다. 이로써 다윗은 자신을 추격하는 사울 자신에게는 근본적인 잘못이 없는 것처럼 교묘하게 이야기를 했다. 그러면서도 사냥꾼이 메추라기를 사냥하듯이 사울 임금이 벼룩과 같은 자신을(삼상 24:14 참조) 추적한다고 말했다.

이에 사울 임금은 '내가 범죄하였도다…내가 어리석은 일을 하였으니 대단히 잘못되었도다'(21절)라고 고백했다. 이는 분명 지난번보다 솔직한 표현이었다.(삼상 24:16-21 참조) 그 뒤에도 그런 행동은 바뀌지 않았다. 파라오처럼 사울 임금도 자신의 죄를 인정하면서도 계속 똑같은 죄를 범했다.(출 9:27 참조)

다윗은 사울의 창을 되돌려 보냈다. 공의와 신실에 따라 사람에게 갚으시는 하나님 손에 모든 것을 내어맡겼다.(23절) 이 부분에서 사울 임금과 다윗의 차이는 여호와 하나님의 이름을 부르느냐 부르지 않느냐에 있었다. 다윗은 그것을 여러 차례 언급하는데 비해 사울은 한 번도 입에 담지 않았다. 다윗이 고백하는 하나님은 사람을 공의와 신실에 따라 갚으시는 분이었다. "오늘 왕의 생명을 내가 중히 여긴 것 같이 내 생명을 여호와께서 중히 여기셔서 모든 환난에서 나를 구하여 내시기를 바라나이다."(24절)

이에 사울 임금도 다윗을 축복하며 보냈다. "내 아들 다윗아 네게 복이 있을지로다 네가 큰 일을 행하겠고 반드시 승리를 얻으리라 하니라 다윗은 자기 길로 가고 사울은 자기 곳으로 돌아가니라."(25절) 이것이 다윗과 사울 임금의 마지막 대면이자 마지막 대화였다.

묵상 : 사울의 창 - 사울에게로 향하다

왕궁의 사울 임금 앞에서 수금을 탈 때, 다윗에게 그는 창을 두 번 던졌다. 그때마다 '다윗을 벽에 박으리라' 했다. 그는 또한 자기 아들 요나단에게도 창을 던졌다. 기브아에 있던 사울 임금은 그 손에 자기 창을 들고 있었다.(삼상 22:6)

여러 해가 지난 지금 십광야 하길라에서 다윗과 아비새가 잠든 그에게로 다가갔을 때 그의 창이 눈에 띄었다. 아비새는 '그를 (땅에) 꽂게 하소서' 라며 사울의 창을 손에 들었다. 다윗을 향하던 사울의 창이 사울 자신에게로 향하는 순간이었다. 비록 지금은 다윗의 만류로 실행되지는 않았지만 나중에 블레셋에게 패한 사울 왕은 자기 칼로 죽었다. (삼상 31:4)

19

또 다시 블레셋으로

(삼상 27:1–6)

1 다윗이 그 마음에 생각하기를 내가 후일에는 사울의 손에 붙잡히리니 블레셋 사람들의 땅으로 피하여 들어가는 것이 좋으리로다 사울이 이스라엘 온 영토 내에서 다시 나를 찾다가 단념하리니 내가 그의 손에서 벗어나리라 하고

2 다윗이 일어나 함께 있는 사람 육백 명과 더불어 가드 왕 마옥의 아들 아기스에게로 건너가니라…

5 다윗이 아기스에게 이르되 바라건대 내가 당신께 은혜를 입었다면 지방 성읍 가운데 한 곳을 내게 주어 내가 살게 하소서 당신의 종이 어찌 당신과 함께 왕도에 살리이까 하니

6 아기스가 그 날에 시글락을 그에게 주었으므로 시글락이 오늘까지 유다 왕에게 속하니라

7 다윗이 블레셋 사람들의 지방에 산 날 수는 일 년 사 개월이었더라

8 다윗과 그의 사람들이 올라가서 그술 사람과 기르스 사람과 아말렉 사람을 침노하였으니 그들은 옛적부터 술과 애굽 땅으로 지나가는 지방의 주민이라

9 다윗이 그 땅을 쳐서 남녀를 살려두지 아니하고 양과 소와 나귀와 낙타와 의복을 빼앗아 가지고 돌아와 아기스에게 이르매

10 아기스가 이르되 너희가 오늘은 누구를 침노하였느냐 하니 다윗이 이르되 유다 네겝과 여라무엘 사람의 네겝과 겐 사람의 네겝이니이다 하였더라

> 11 다윗이 그 남녀를 살려서 가드로 데려가지 아니한 것은 그의 생각에 그들이 우리에게 대하여 이르기를 다윗이 행한 일이 이러하니라 하여 블레셋 사람들의 지방에 거주하는 동안에 이같이 행하는 습관이 있었다 할까 두려워함이었더라
>
> 12 아기스가 다윗을 믿고 말하기를 다윗이 자기 백성 이스라엘에게 심히 미움을 받게 되었으니 그는 영원히 내 부하가 되리라고 생각하니라

이것은 다윗이 사울 왕을 피해 적대국인 블레셋에 가 있는 이야기이다.(삼상 27:1-30:31) 다윗의 일생에서 블레셋은 여러 모습으로 작용했다. 무찔러야만 할 적 출세의 발판 생명을 보존할 수 있는 망명처 우호적 또는 적대적 공존관계 등등.

27장은 다윗의 속마음을 표현한 것으로 시작되었다.(봐요메르 다윗드 엘리보 = 그리고 다윗이 자신의 심장에게 말했다) 사울의 계속적인 추적에 다윗은 선택의 기로에 서게 되었다. 그것은 이스라엘 영토 안에 계속 머무느냐 아니면 국경을 넘어가 외국에서 잠시 사느냐 였다. 물론 사울 임금이 다윗에게 해를 끼치지 않겠다고 말했다. 그동안의 과정을 살펴보건데 이 말을 곧이곧대로 신뢰하기가 어려웠다. 그는 다시 가드로 갔다. 그곳은 블레셋 족속의 땅, 아기스 왕이 다스리는 골리앗의 고향이었다. 전에 둘이 만났을 때에는 서로 적대감이 있었는데(삼상 21:10-15) 지금 아기스는 다윗의 든든한 후견인이었다. 처음에 다윗은 미친 사람 노릇을 하며 아기스의 눈길을 피했다. 이제는 아기스 왕을 섬기면서 그의 우산 아래 들어갔다. 사울 임금은 그가 블레셋 영토로 망명했다는 말을 듣고는 더 이상 추격하지 않았다.

아기스 왕은 다윗을 크게 환영했다.(삼상 21:10-15 참조) 이로써 다윗은 일단

생명의 위협을 받지 않게 되었다. 물론 그 대가는 비쌌다.

히브리인 600여명이 살 곳을 요청하는 그에게 시글락 땅을 내주었다. 이 곳은 본디 베냐민 지파에게 주어졌던 곳이다.(수 19:5) 가드에서 남쪽으로 멀리 떨어진 곳으로 다윗에게는 아기스왕의 감시로부터 비교적 자유로웠으며 아기스 왕은 남부의 방어벽을 든든히 친 셈이었다.

아기스 왕의 역할은 참으로 애매모호하다. 골리앗을 물리친 장수, 하나님께서 기름을 부어주신 사람 – 이것만 가지고도 충분히 적으로 삼아야 할 사람을 그는 받아들였다. 그는 역사를 다스리시는 하나님의 도구가 되었다. 이런 경우 사람들은 말한다: "하나님은 절름발이 말을 타시고도 길을 똑바로 가신다. 꼬부라진 막대기를 가지고도 하나님은 글을 반듯하게 쓰신다."

물론 이런 혜택은 그냥 주어지 않았다. 가드에서 다윗이 위험한 줄타기를 계속한 대가였다. 그는 그술 사람과 기르스 사람과 아말렉 사람을 공격하여 남녀노소를 다 학살하고 약탈했다. 이를 가지고 짐짓 아기스 왕을 속였다.(8-10절) 그가 다윗에게 어느 곳을 털었느냐고 물으면 다윗은 유다 남쪽이나 여라므엘족 켄족의 지방을 공격했다고 대답했다. 그 말은 마치 다윗이 이스라엘 성읍들을 공격하는 것처럼 들렸다. 그는 다윗이 자기 동족을 해치고 미움을 샀으니 다시는 그곳으로 돌아갈 수 없으리라 여겼던 것이다. 이런 식으로 다윗은 16개월을 보냈다.

물론 다윗이 이곳에서 한 행위는 결코 신앙인다운 것이 아니었다. 그는 남성이든 여성이든 가드로 데려가지 않고 모두 죽였다. 그가 이렇게 생각하였기 때문이었다. "그들이 '다윗이 이렇게 행하였고 그가 블레셋 평야에 사는 모든 날 동안 습관처럼 이리 했다'라고 말할지도 모른다고."(삼상 27:11 직역)

죽은 사람도 말이 없고 동물이나 의복 등 노획물도 말이 없다. 다윗은 이

점을 이용하여 사람들을 몽땅 죽이고 물품만 아기스 왕에게 가져다 바쳤던 것이다. 아기스 왕은 다윗을 조금도 의심하지 않았다. 오히려 다윗이 자기와 동맹을 맺고 블레셋을 위해 충성스럽게 싸운다고 여겨 칭찬했다. 이렇게 일이 술술 풀려 나가다가 그만 너무 잘 풀리고 말았다. 아기스 왕이 다윗을 너무 많이 신뢰한 것이 오히려 다윗에게 화근이 되었다.

묵상 : 부끄러운 행로

아무리 훌륭한 신앙이라도 마치 복병처럼 숨어 있다가 고개를 드는 유혹에서 완전히 자유로울 수가 없다. 하나님의 자녀가 머물러서는 아니 될 곳에 오래 머물러 있으면 반드시 탈이 생긴다. 시글락에 있는 다윗도 예외가 아니었다. 비록 위대해 보이는 영웅이라도 그 속에는 놀라울 정도로 약점이 숨겨져 있다는 사실을 다윗은 여실히 보여주었다.

사울 임금의 추격을 피해 모압 블레셋 등 외국으로 도망하였던 다윗은 이제까지 재미를 본 적이 없다.

> 여호와께 피하는 것이 사람을 신뢰하는 것보다 나으며 여호와께 피하는 것이 고관들을 신뢰하는 것보다 낫도다(시 118:8-9)

그랬건만 다윗은 하나님께 묻지도 않고 갑자기 심경의 변화를 일으켜 블레셋으로 다시 갔다. 블레셋 왕의 허가를 받아 시글락에 살게 된 다윗은 주변의 소수민족을 약탈하며 집단학살하며 살았다. 그곳에 사는 1년 4개월은 그의 일생에서 가장 어둡고 부끄러운 시간이었다. 아무리 고생스러워도 하나님이 자기 민족에게 주신 영역 안에 머물러 있어야만 했다. 고생하기 싫어서 하나님 없는 곳에 사는 동안 그는 무자비하고 잔인하게 행동했다.

예수님 믿고 사는 일이 때로는 세상을 따라 사는 것보다 고생스럽다. 말씀을 따라 경건하게 성령님을 따라 영적으로 살려면 고통과 고난을 달게 받아야 할 때도 적지 않다. 이럴 때 우리는 어떻게 처신하는가?

20

뜻밖의 도움

(삼상 29:3–10)

3 블레셋 사람들의 방백들이 이르되 이 히브리 사람들이 무엇을 하려느냐 하니 아기스가 블레셋 사람들의 방백들에게 이르되 이는 이스라엘 왕 사울의 신하 다윗이 아니냐 그가 나와 함께 있은 지 여러 날 여러 해로되 그가 망명하여 온 날부터 오늘까지 내가 그의 허물을 보지 못하였노라

4 블레셋 사람의 방백들이 그에게 노한지라 블레셋 방백들이 그에게 이르되 이 사람을 돌려보내어 왕이 그에게 정하신 그 처소로 가게 하소서 그는 우리와 함께 싸움에 내려가지 못하리니 그가 전장에서 우리의 대적이 될까 하나이다 그가 무엇으로 그 주와 다시 화합하리이까 이 사람들의 머리로 하지 아니하겠나이까

5 그들이 춤추며 노래하여 이르되 사울이 죽인 자는 천천이요 다윗은 만만이로다 하던 그 다윗이 아니니이까 하니

6 아기스가 다윗을 불러 그에게 이르되 여호와께서 살아 계심을 두고 맹세하노니 네가 정직하여 내게 온 날부터 오늘까지 네게 악이 있음을 보지 못하였으니 나와 함께 진중에 출입하는 것이 내 생각에는 좋으나 수령들이 너를 좋아하지 아니하니

7 그러므로 이제 너는 평안히 돌아가서 블레셋 사람들의 수령들에게 거슬러 보이게 하지 말라 하니라

> 8 다윗이 아기스에게 이르되 내가 무엇을 하였나이까 내가 당신 앞에 오늘까지 있는 동안에 당신이 종에게서 무엇을 보셨기에 내가 가서 내 주 왕의 원수와 싸우지 못하게 하시나이까 하니
>
> 9 아기스가 다윗에게 대답하여 이르되 네가 내 목전에 하나님의 전령 같이 선한 것을 내가 아나 블레셋 사람들의 방백들은 말하기를 그가 우리와 함께 전장에 올라가지 못하리라 하니
>
> 10 그런즉 너는 너와 함께 온 네 주의 신하들과 더불어 새벽에 일어나라 너희는 새벽에 일어나서 밝거든 곧 떠나라 하니라

이것은 다윗이 자기 동족인 이스라엘을 상대로 전쟁할 뻔한 위기에서 벗어나는 이야기다. 블레셋과 이스라엘 사이에 전면전이 일어났다.(28:1) 블레셋은 예전처럼(삼상 4:1) 샤론평야의 아벡에 진을 쳤다. 이스라엘 군대는 이스르엘 성읍 근처 샘가에 진영을 세웠다. 다윗도 이 전쟁에 임하도록 명령을 받았다. 더구나 그를 전적으로 신뢰하는 아기스 왕은 다윗을 작전참모(경호실장)에 임명했다. '좋다, 내 머리를 지키는 자로 내가 너를 모든 날 동안에 만들겠다.(임명하겠다)' 머리를 지키는 자란 왕의 신변을 책임지는 경호원(경위대장)을 가리켰다.

다윗은 블레셋 군대의 편에서 자신의 동족인 이스라엘 군대를 치러 나가야만 했다. 이럴 때에 그는 어떻게 처신해야 하는가? 매우 곤혹스러웠으리라. 자기를 받아준 아기스 왕을 위해 싸워야 하는가, 장차 자기가 다스릴 백성을 위해 싸워야 하는가? 진퇴양난이었다. 앞서 그는 하나님의 기름 부으신 자를 자기 손으로 죽일 수 없다 하며 황금 같은 기회를 두 번이나 그냥 보냈다. 이제 그런 사울과 전쟁을 하러 가야 하는가?

블레셋의 수령들(방백들)이 각각 자기 군사를 이끌고 전쟁하러 나왔다. 블레셋 다섯 지방 수령인 그들이 다윗을 보았다. 그들은 '이 히브리 사람들이 무엇을 하려느냐'(3절) 라고 아기스 왕에게 항의했다. 히브리 사람이란 용어는 이스라엘 주변 사람들이 그들을 깎아내릴 때 쓰였다. 종종 히브리인 자신이 스스로를 낮추어 표현할 때에도 사용되었다.

아기스 왕은 다윗을 적극적으로 옹호했다. 그들은 다윗을 돌려보내야 한다고 강력히 주장했다. 만일 전쟁 중에 다윗이 태도를 바꾸어 블레셋을 친다면 그야말로 낭패라는 것이었다. 그들은 다윗이 이스라엘 민족의 영웅이며, 그를 찬양하는 노래까지 이미 알고 있었다.(5절 사울이 죽인 자는 천천이요 다윗은 만만이로다)

이 노래는 사무엘상에 세 차례 언급되었다. 앞의 두 번은 이 노래 때문에 다윗이 생명의 위협을 받았다.(삼상 18:7; 21:12) 세 번째 이것은 그를 진퇴양난에서 벗어나게 했다. 블레셋 방백들에게 불신임받은 것으로 인하여 그는 목숨은 물론 명예를 지킬 수 있게 되었던 것이다. 팽팽한 긴장이 흐르던 이 문제가 갑자기 싱겁게 해결되었다.

블레셋의 수령들은 다윗의 정체를 꿰뚫고 있었는데 비해 아기스 왕은 전혀 그 눈치를 채지 못했다는데 역설이 숨어있다. 다윗은 짐짓 아기스왕에게 항의했다. '내가 무엇을 하였나이까 내가 당신 앞에 오늘까지 있는 동안에 당신이 종에게서 무엇을 보셨기에 내가 가서 내 주 왕의 원수와 싸우지 못하게 하시나이까'(8절) 그는 이스라엘을 가리켜 내 주 왕의 원수라고 까지 말했다. 혹시 이 말은 도리어 블레셋을 가리키는 의도를 숨기고 있는 것일까? 일찍이 그는 사울을 가리켜 내 주 왕이라고 부르기도 했다.(삼상 24:8; 26:17)

그 항의에 아기스 왕이 말했다. '네가 내 목전에 하나님의 전령 같이 선한 것을 내가 아나.…'(9절) 그는 세 번이나 비슷한 말로 다윗을 옹호했다.(29:3,

6, 9)

그는 다음 날 일찍 시글락으로 되돌아갔다. 아마 그는 안도의 한숨을 크게 쉬었으리라. 그의 속내와 정체를 잘 모르는 아기스 왕은 아쉬워하며 그를 떠나보냈다.

인생에는 공짜가 없다. 오히려 자업자득일 때가 많다. 다윗이 시글락을 떠나 아기스왕에게 있는 동안 소수민족을 약탈하던 다윗이 그대로 보복을 당했다. 아니 남녀노소를 가리지 않고 다 죽였던 다윗에 비하면 아말렉은 그나마 신사였다고나 할까?

1 다윗과 그의 사람들이 사흘 만에 시글락에 이른 때에 아말렉 사람들이 이미 네겝과 시글락을 침노하였는데 그들이 시글락을 쳐서 불사르고 2 거기에 있는 젊거나 늙은 여인들은 한 사람도 죽이지 아니하고 다 사로잡아 끌고 자기 길을 갔더라 …4 다윗과 그와 함께 한 백성이 울 기력이 없도록 소리를 높여 울었더라(삼상 30:1-4)

141

묵상 : 전화위복(轉禍爲福)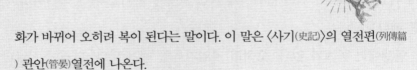

화가 바뀌어 오히려 복이 된다는 말이다. 이 말은 〈사기(史記)〉의 열전편(列傳篇) 관안(管晏)열전에 나온다.

사마천은 춘추시대(春秋時代) 제(齊)나라 관중(管仲)을 다음과 같이 평가했다. '정치활동에서 번번이 화(禍)를 전환시켜 복(福)으로 하고 실패(失敗)를 전환시켜 성공(成功)으로 이끌었다. 어떤 사물에 있어서도 그 경중(輕重)을 잘 파악하여 그 균형을 잃지 않도록 신중(愼重)하게 처리하는 훌륭한 정치인이다.'

전국시대 합종책(合從策)으로 한(韓), 위(魏), 조(趙), 연(燕), 제(齊), 초(楚) 등 여섯 나라 재상을 지냈던 소진(蘇秦)도 전국책(戰國策) 연책(燕策)에서 다음과 같이 말했다. '옛날에 일을 잘 처리했던 사람은 전화위복 인패위공(轉禍爲福 因敗爲功 화를 바꾸어 복이 되게 하고, 실패한 것을 바꾸어 공이 되게 함)했다.'

이 말은 인생의 어느 단계에서 불행이나 고난이 찾아오더라도 강한 정신력과 불굴의 의지로 힘쓰다 보면, 불행이나 고난 행복과 웃음으로 바뀔 수 있다는 사실을 알려준다.

다윗은 블레셋 다섯 지방 수령들에게 불신을 당했다. 사람이 사람에게 불신 당하는 것은 분명 유쾌한 일이 아니다. 다윗의 경우에는 그것이 도리어 유익하게 되었다. 하나님은 다윗에게 불리한 것까지도 오히려 유리한 것으로 바꾸어 놓으셨다.

우리 인생의 전화위복을 하나 하나 찾아보자.

21

용사들이 사라지다

(삼상 31:1–6)

1 블레셋 사람들이 이스라엘을 치매 이스라엘 사람들이 블레셋 사람들 앞에서 도망하여 길보아 산에서 엎드러져 죽으니라

2 블레셋 사람들이 사울과 그의 아들들을 추격하여 사울의 아들 요나단과 아비나답과 말기수아를 죽이니라

3 사울이 패전하매 활 쏘는 자가 따라잡으니 사울이 그 활 쏘는 자에게 중상을 입은지라

4 그가 무기를 든 자에게 이르되 네 칼을 빼어 그것으로 나를 찌르라 할례 받지 않은 자들이 와서 나를 찌르고 모욕할까 두려워하노라 하나 무기를 든 자가 심히 두려워하여 감히 행하지 아니하는지라 이에 사울이 자기의 칼을 뽑아서 그 위에 엎드러지매

5 무기를 든 자가 사울이 죽음을 보고 자기도 자기 칼 위에 엎드러져 그와 함께 죽으니라

6 사울과 그의 세 아들과 무기를 든 자와 그의 모든 사람이 다 그 날에 함께 죽었더라

이것은 사울과 그의 아들 셋 요나단 아비나답 말기수아(대상 10:2 참조)가 전

사하는 이야기다. 그들의 죽음을 깃점으로 사무엘상과 사무엘하가 나뉜다.

본디 히브리성경은 사무엘서를 상하로 나누지 않았다. 쿰란 동굴에서 나온 사무엘서에도 이것이 한 두루마리에 적혀있다. 마소라본문(MT)에 따르면 삼상 28:24에 '책의 중간 지점'이란 표시가 있다. 그리고 사무엘하 끝에 사무엘서가 전체 몇 절인지를 알려주는 숫자 곧 '맛소라 말주'가 있다. 이에 따라 히브리성경은 15세기까지 사무엘서를 상하로 구분하지 않았다.

사무엘서를 상하로 나눈 것 칠십인역 번역자들이다. 그들은 사무엘서와 열왕기서를 묶어 '왕국들의 책'이란 이름 아래 네 권으로 나누었다. 곧 지금의 사무엘서를 '왕국 1,2'로, 지금의 열왕기서를 '왕국 3,4'로 했다. 그 영향 아래 1517년 봄베르크 성경(Die Bomberg Bibel)은 사무엘서를 상하 두 권으로 편찬했다.(김지찬, 거룩하신 여호와 앞에 누가 능히 서리요 284-5)

사울이 장렬한 최후를 맞은 곳은 길보아산이다.(삼상 28:4) 그가 처음 왕으로 될 때부터 주요 적수였던 블레셋은 그의 마지막 장면에서도 주적이었다. 이 전쟁에서 적군은 사울을 추격했다.(dābaq) 다바크는 본디 찰싹 달라붙다, 연합하다, 꼭 붙잡다는 뜻이다.(창 2:24; 34:3; 신 13:18; 28:60; 욥 19:20) 이것이 전투에 관련하여 쓰이면 바짝 따라붙다, 추격하다는 의미다.(삿 20:42; 삼하 1:6; 23:10) 이에 이스라엘 군대는 오합지졸이 되어 뿔뿔이 흩어졌다. 사울을 경호할만한 병력도 여유도 없었던 것 같다.

그는 적군의 화살에 맞았다. 그리고 중태에 빠졌다. 그는 함께하는 자에게 자기를 죽여 달라고 했다. 일찍이 삼손을 생포한 블레셋 사람들이 삼손의 두 눈을 뽑고 조롱하며 기둥에 묶어 놓았던 것을 생각하면, 그들 손에 넘어가느니보다는 차라리 죽는 편이 낫겠다는 그의 생각이 이해된다.

네 칼을 빼어 그것으로 나를 찌르라 할례 받지 않은 자들이 와서 나를 찌르고 모욕할까 두려워하노라(4절)

그때 무기를 든 자(경호원?)는 사울을 죽이는 일을 몹시 두려워했다. 결국 그는 사울의 요청을 거부했다.(5절) 이에 사울을 스스로 목숨을 끊었고, 사울 죽이기를 거부했던 자도 스스로 죽었다.

이로써 창세기는 요셉의 죽음으로, 신명기는 모세의 죽음으로, 여호수아서는 여호수아의 죽음으로 끝났듯이 사무엘상은 사울의 죽음으로 끝나는 형식을 취했다.

사울의 아들 중 요나단은 참으로 기억할만한 인물이다. 그는 다윗은 진심으로 아꼈다.(삼상 18:1) 그의 우정은 성경 전체에서도 아주 돋보일 정도로 진심어린 것이었다.(삼상 18:1-4; 20:17) 그는 진정한 용사였다.(삼상 14:6-14) 그의 신앙과 인격도 본받을 만 했다.(삼상 19:1; 20:30-42)

사무엘상 중간부터는 사울의 쇠퇴와 다윗의 상승이 주요한 주제로 등장했다. 비록 다윗의 왕위등극 역사가 사무엘상 16장부터 시작하여 사무엘하 4장까지 이어졌더라도, 사울의 죽음을 보도하는 삼상 31장으로 이 주제는 일단락되었다.(송병현 465)

그들은 죽었어도 그 행적은 성경에 남아 있다. 맥아더 장군이 퇴역하는 자리에서 남긴 말이다. '노병은 죽지 않는다. 다만 사라질 뿐이다.' 영웅이 역사무대에서 사라진 뒤 그에 관한 평가는 시대 또는 사관(史观)에 따라 달라지기도 한다. 이를테면 초나라 항우에 얽힌 이야기다. 항우는 그 유명한 역발산가를 썼다.

사실(史實)에 대한 평가는 시대마다 사람마다 다를 수가 있다. 안정복(安鼎

福, 1712 1791)은 《동사강목(東史綱目)》 서문에서 역사가의 가장 중요한 원칙은(史家大法 사가대법)을 다음과 같이 밝혔다. i) 계통을 밝히고(明統系也 명통계야) ii) 편찬할 내용과 버릴 내용을 엄격하게 정선하고(嚴纂逆也 엄찬역야) iii) 옳고 그름을 바로잡고(正是非也 정시비야) iv) 충절을 높이 기리고(襃忠節也 포충절야) v) 사실(史實)의 기록을 자세히 하는 것(詳典章也 상전장야)이다.

이 원칙에 따라 그는 백제의 계백 장군에 관해 이렇게 평가했다.

…슬프다! 계백의 황산 싸움을 볼 것 같으면, 위급할 때 명을 받고서 5천 명의 보잘 것없는 군사를 이끌고 10만 명의 강한 적을 앞에 두었는데도, 거조에 조금도 혼란됨이 없었고 의기(意氣) 또한 편안하였다. 험지에 의거해서 진영을 설치한 것은 지(智)요, 싸움에 임해서 무리에게 맹세한 것은 신(信)이며, 네 번 싸워 이긴 것은 용(勇)이요, 관창(官昌)을 잡았다가도 죽이지 않은 것은 인(仁)이며, 두 번째 잡았을 때 죽여서 그 시체를 돌려보낸 것은 의(義)요, 중과부적해서 마침내 한번 죽는 것도 마다하지 않았으니 충(忠)이다. 삼국 때에 충신과 의사가 필시 많았지만, 역사서에 보이는 것을 가지고 말한다면 마땅히 계백을 으뜸으로 삼아야 할 것이다.

그는 여말선초 학자 권근(權近, 1352~1409)이 내린 다음과 같은 평가를 비판했다.

계백이 명을 받고 장군이 되어 군대를 지휘하게 되자 출발할 즈음에 먼저 그의 처자를 죽였으니 도리에 벗어남이 심하다. 비록 국난에 반드시 죽겠다는 마음은 있었지만, 힘껏 싸워 이길 계책은 없었던 것이니 이는 먼저 사기를 잃고 패배를 부르는 일이었다…백제로 말하자면, 위로는 임금이 어리석고 아래로는 신하가 아첨하여 훌륭한 이는 내쫓기고, 변변치 못한 자가 자리를 차지하고 있었으니 훌륭한 장수를

146

어찌 얻을 수 있었겠는가. 계백의 난폭하고 잔인함이 이와 같으니, 이는 싸우지 않고 스스로 굴복한 것이다. 다만 관창을 사로잡고도 죽이지 않고 돌려보내고, 군사가 패배하여도 항복하지 않고 죽었으니 옛 명장의 유풍이 있었다.…

백제의 마지막에 나라의 버팀목이 되었던 계백 장군에 관해 역사가는 어떻게 평가할까? 지장, 덕장, 용장일까, 아니면 '난폭하고 잔인한 패장(敗將)'일까?

이미 사라진 장군이자 임금인 사울에 관한 평가는 어떻게 하는 것이 온당한 것일까? 결코 쉽지 않은 작업이다.

묵상: 흙먼지 일으키며 다시 돌아왔더라면…

사면초가(四面楚歌)란 말은 아주 유명하다. 초패왕(楚霸王) 항우(項羽)와 한왕(漢王) 유방(劉邦)의 다툼 과정에서 나온 이것은 상대방의 심리를 공략하는 전략인 공심계(攻心計)에 속한다. 이것에 넘어간 항우는 비분강개하여 자신의 애처 우희를 향해 노래를 불렀다.

힘 산 뽑고 기개 세상 덮어도
때 불리하니 추(말) 나가지 않는구나
추 나가지 않으니 어찌하면 좋으랴
우야 우야 내 그대 어찌하리

이 노래를 부른 뒤 항우는 강동 출신 800과 함께 포위망을 뚫고 탈출했다. 이 과정에서 그들 대부분을 잃었다. 오강(烏江)에 이르자 어떤 노인이 작은 배를 내어주며 '힘을 모아 다시 일어 서기 위해서는 이배를 타고 이곳을 떠나라'고 하자 항우는 수많은 병사들을 전쟁터에서 죽게 한 이 몸이 살아 돌아 갈 수 없다며 거절했다. 그는 스스로 목을 쳐 자결했다.(주전 202) 당시 그의 나이는 31세였다.

그로부터 1000년 뒤 이 일을 안타까워 한 두목(杜牧 803~852)은 이렇게 노래했다.

승패란 병가에서 뜻대로만 할 수 없는 일
치욕 안고도 참아 내야 대장부라오.
강동에 뛰어난 젊은이들이 많으니
흙먼지를 일으키며 다시 돌아왔다면 (승패를) 알 수 없었을텐데.

여기서 권토중래(捲土重來)란 말이 나왔다. '한 번 실패(패배)했던 사람이 세력을 회복하여 다시 쳐들어온다(일어난다)'는 뜻이다. 이 시에는 다음과 같은 뜻이 들어 있다. "항우, 비록 그대가 패하였더라도 전쟁의 승패는 아무도 알 수 없는 것이라네. 한때의 치욕을 참고 견디는 것, 그것이 사나이가 아니겠는가. 더구나 강동의 젊은이들 중에는 호걸이 많다네. 어찌하여 이왕이면 강동으로 건너가 힘을 기른 다음 다시 한 번 땅을 휘말듯한 기세로 유방을 반격하지 않았는가? 그랬으면 천하가 그대를 중심으로 통일되었을지 누가 알겠는가?"

22

다윗이 부른 조가

(삼하 1:19-27)

19 이스라엘아 네 영광이 산 위에서 죽임을 당하였도다 오호라 두 용사가 엎드러졌도다

20 이 일을 가드에도 알리지 말며 아스글론 거리에도 전파하지 말지어다 블레셋 사람들의 딸들이 즐거워할까, 할례 받지 못한 자의 딸들이 개가를 부를까 염려로다

21 길보아 산들아 너희 위에 이슬과 비가 내리지 아니하며 제물 낼 밭도 없을지어다 거기서 두 용사의 방패가 버린 바 됨이니라 곧 사울의 방패가 기름 부음을 받지 아니함 같이 됨이로다

22 죽은 자의 피에서, 용사의 기름에서 요나단의 활이 뒤로 물러가지 아니하였으며 사울의 칼이 헛되이 돌아오지 아니하였도다

23 사울과 요나단이 생전에 사랑스럽고 아름다운 자이러니 죽을 때에도 서로 떠나지 아니하였도다 그들은 독수리보다 빠르고 사자보다 강하였도다

24 이스라엘 딸들아 사울을 슬퍼하여 울지어다 그가 붉은 옷으로 너희에게 화려하게 입혔고 금 노리개를 너희 옷에 채웠도다

25 오호라 두 용사가 전쟁 중에 엎드러졌도다 요나단이 네 산 위에서 죽임을 당하였도다

26 내 형 요나단이여 내가 그대를 애통함은 그대는 내게 심히 아름다움이라 그대가 나를 사랑함이 기이하여 여인의 사랑보다 더하였도다

27 오호라 두 용사가 엎드러졌으며 싸우는 무기가 망하였도다…

사울 왕과 요나단은 블레셋과의 전투에서 패전하고 죽었다. 이는 그에 대한 다윗의 반응을 보여주는 이야기다. 사울 임금은 그를 죽이려고 추격전을 펼치고, 그는 죽지 않으려고 도망치는 장면들이 사무엘상에 한 편의 드라마처럼 나와 있다. 이 피 말리는 갈등은 사울 임금의 죽음으로 끝났다. 자기를 괴롭히고 죽이려던 상대방의 죽음을 그는 어떻게 받아들이고 있는가? 그는 이 일을 크게 슬퍼했다. 그것이 그가 부른 조가에 잘 나타나 있다. 여기에는 사울과 요나단의 이름 또는 이 두 사람을 가리키는 '두 용사'라는 표현이 되풀이 나타났다.(삼하 1:19, 21, 22, 23, 25, 26, 27)

삼하 1:17-27은 사울임금과 요나단의 죽음을 애도하는 다윗의 만가(輓歌)이다. 여기서 그는 이스라엘에게 엄청난 손실이 발생했다고 말했다. '오호라 두 용사가 엎드러졌도다'고 세 번이나(삼하 1:19; 25, 27) 탄식한 것이 바로 그것이다. 이 장송곡에서 그는 사울과 요나단의 죽음을 슬퍼하면서도 그들을 왕(왕자)으로 모셨던 이스라엘의 위대함을 칭송했다.

17절은 슬픈 노래란 말(키나)로 이 문단이 시작되었다. 여기에 활(의 노래라)이라는 제목이 붙었다. 이것은 아마 i) 사울이 죽게 된 이유들 중 하나가 블레셋의 화살을 맞은 때문이다.(삼상 31:3) ii) 다윗을 위기에서 빠져 나가게 도와 준 수단이 요나단의 활이었다.(삼상 20:17-42) iii) 사울과 요나단이 속한 베나민 지파는 활 쏘는 자들로 유명했다.(대상 8:40;12:2) iv) 이 만가 중에 요나단의 활이라는 말이 나오기 때문이다.(22절)

19-21절에서 다윗은 사울과 요나단의 죽음이 이스라엘 민족에게 엄청난 손실이라고 읊었다. 이 일은 블레셋에게 알려지지 말아야 했다.(20절) '가드에 고하지 말라'는 말은 이스라엘의 재난을 적에게 알리지 말라는 뜻이다. 이는 훗날 격언이 되었다.(미 1:10) 이스라엘이 겪는 커다란 비극이 그 적대국에게는 커다란 기쁨이 되고, 그들이 기뻐하는 모습은 마치 메아리처럼 돌아와 이스라엘 백성의 슬픔을 배가시킬 것이라는 말이다.

그는 블레셋의 지명에 이어 이스라엘의 영토(길보아의 산들)도 의인화했다. 그 산에서 블레셋에게 패한 사울과 요나단이 전사했다. 그 산은 기름 부어진 자가 더럽혀지고, 사울과 요나단이 용사로 대접받지 못한 곳이었다. 이제 그곳에는 저주가 임할 것이다. 더럽혀지고 저주받은 그 땅은 제물로 쓰일 곡식마저 내지 못할 것이다. 이것은 길보아 산도 아예 박토가 되라는 뜻보다는 사울과 요나단의 죽음을 함께 애도해 주기를 바라는 심정이 들어있다. (성경에서 제물을 낼 밭이란 좋은 곡식을 내는 비옥한 땅을 가리켰다) 이는 너무나 슬플 때 '초목도 산도 강도 함께 눈물을 흘린다'고 말하는 것과 비슷한 표현법이다.

다윗은 사울과 요나단 개인의 죽음의 의미를 더욱 심화시켰다. 요나단의 활 사울의 칼 죽은 자의 피 용사의 기름은 전쟁당시의 상황을 생생하게 떠오르게 만들었다.

요나단이 한번 활을 쏘면 사람들은 피를 쏟으며 쓰러졌고, 그 살에는 적군 용사들의 기름기가 묻고야 말았는데, 사울이 한번 칼을 휘두르면 사람들은 피를 쏟으며 쓰러졌고, 그 칼에는 적군 용사들의 기름기가 묻고야 말았는데(삼하 1:21 공개)

이는 화살은 피에 취하고 칼은 육체를 삼킨다(신 32:42)는 것과 같은 시적(詩的) 표현인 것이다. 그들은 사랑스럽고 아름다운 사람들이었다.(23a) 이 구절부

터 아름답다와 사
랑스럽다는 말이
자꾸 되풀이 쓰였
다. 이 두 낱말은
요나단과 다윗 사
이의 특별하고도
소중한 관계를 나
타내는 것이다.

비블로스의 아히롬 왕의 석관에 조각된 곡하는 여인들. 옷이 벗겨지고 가슴이
드러나는 것도 의식하지 못한 채 애곡하였다.(주전 1000년경)

요나단은 사울
임금의 아들이었다. 한 때 그는 다윗과 나누는 우정 때문에 아버지에게 죽
을 뻔했다.(삼상 20:30-34) 그런데도 그는 아버지를 끝까지 버리지 않았다. 그
는 죽기까지 충성을 다했다.(삼상31:1-6) 다윗은 요나단의 효심과 충정을 칭
송했다.(23b) 그는 25b-26을 요나단에게 특별히 헌정했다. 요나단을 형제요
동맹이요 변호인이며 자기 자신만큼 사랑하였던 벗으로 칭송했다.

이스라엘과 그 주변 나라에서는 전쟁에서 승리하고 돌아오는 군대를 맞
으러 여인들이 길로 나가 춤추며 노래하고 악기를 연주했다. 반대로 패전
하거나 전사하고 돌아오는 자들을 위해서는 길가로 나가 몸부림치며 애곡
했다. 다윗은 이스라엘의 딸들을 애곡하는 자리로 초대했다.(24절) 일찍이
그들은 전쟁에서 승리하고 전리품(戰利品)을 가져온 사울 임금의 혜택을 받
은 자들이었다. 사울 생전에 이스라엘 여인들은 그 전리품을 하사받아 붉
은 옷과 금 노리개로 치장할 수 있었을 것이다. 이제 사울과 요나단의 죽음
에 즈음하여 그들은 '오호라 두 용사가 엎드러졌도다'(25a)는 후렴구를 외우
며 크게 슬퍼했다.

아말렉 청년에게서 다윗은 왕관과 팔찌를 받았다. 이것은 왕의 옥쇄(玉碎)

와 같은 것이다. 이것을 지닌 자라야 왕위 계승자의 자격이 있다. 아말렉 청년으로부터 이것을 받으리라고는 꿈에도 생각하지 못한 일이었다. 이것이야말로 전적으로 하나님 섭리라고 밖에는 다른 말로 설명할 수 없다. 아말렉 청년은 다윗이 하나님께 기름 부음 받은 자이며, 나중에 왕이 될 사람임을 전혀 알지 못했다. 다만 상금을 챙기려는 마음으로 소식을 물어왔고 왕관과 팔찌를 가져왔을 뿐이었다. 하나님은 아무 것도 알지 못하는 아말렉 청년이 가져온 사울의 왕권 상징물들을 통하여 다윗에게 그것을 자연스럽게 계승할 외적인 자격을 갖추게 하셨다.

이렇듯 하나님의 섭리는 인간의 생각과 지혜로 도무지 알 수 없는 방법과 때에 이루어진다. 하나님은 구부러진 막대기로도 직선을 그리셨고 삐뚤어진 막대기로도 둥근 원을 그리셨던 것이다.

묵상 : 죽은 자에게는 개도 욕하지 않는다

다윗은 사울 임금과 요나단을 가리켜 생전에 사랑스럽고 아름다운 자라고 불렀다. (23절) 그는 자기에게 모질게 군 정적(政敵) 사울의 단점에 침묵하는 대신에 그의 장점 곧 존경할 만한 점들만 노래했다.

우리나라에는 사람이 죽으면 그 사람을 절대로 욕하지 않는 풍습이 옛날부터 있었다. 아무리 원수라도 죽은 사람에게는 망자(亡者)에게 갖추어야할 기본 예의를 지켰던 것이다.

오늘날 우리 사회는 어떤가? 참으로 거칠어졌다. 사람의 도리를 모르는 사람이 고개를 빳빳이 들고 다니는 세상이 되었다. 어떤 인물의 죽음, 억울한 죽음, 사건이나 사고에 따른 죽음 앞에 애통하는 사람보다는 미움을 부추기고 분노를 부추기고 적대감을 조장하는 사람들이 부끄러워할 줄도 모르는 세상이다. 예수님은 말씀하셨다.

애통하는 자는 복이 있나니 그들이 위로를 받을 것임이요 (마 5:4)

23

쓸쓸한 뒷맛

(삼하 2:17–28)

17 그 날에 싸움이 심히 맹렬하더니 아브넬과 이스라엘 사람들이 다윗의 신복들 앞에서 패하니라

18 그 곳에 스루야의 세 아들 요압과 아비새와 아사헬이 있었는데 아사헬의 발은 들노루 같이 빠르더라

19 아사헬이 아브넬을 쫓아 달려가되 좌우로 치우치지 않고 아브넬의 뒤를 쫓으니

20 아브넬이 뒤를 돌아보며 이르되 아사헬아 너냐 대답하되 나로라

21 아브넬이 그에게 이르되 너는 왼쪽으로나 오른쪽으로나 가서 청년 하나를 붙잡아 그의 군복을 빼앗으라 하되 아사헬이 그렇게 하기를 원하지 아니하고 그의 뒤를 쫓으매

22 아브넬이 다시 아사헬에게 이르되 너는 나 쫓기를 그치라 내가 너를 쳐서 땅에 엎드러지게 할 까닭이 무엇이냐 그렇게 하면 내가 어떻게 네 형 요압을 대면하겠느냐 하되

23 그가 물러가기를 거절하매 아브넬이 창 뒤 끝으로 그의 배를 찌르니 창이 그의 등을 꿰뚫고 나간지라 곧 그 곳에 엎드러져 죽으매 아사헬이 엎드러져 죽은 곳에 이르는 자마다 머물러 섰더라

25 베냐민 족속은 함께 모여 아브넬을 따라 한 무리를 이루고 작은 산 꼭대기
에 섰더라

26 아브넬이 요압에게 외쳐 이르되 칼이 영원히 사람을 상하겠느냐 마침내 참
혹한 일이 생길 줄을 알지 못하느냐 네가 언제 무리에게 그의 형제 쫓기를
그치라 명령하겠느냐

27 요압이 이르되 하나님이 살아 계심을 두고 맹세하노니 네가 말하지 아니하
였더면 무리가 아침에 각각 다 돌아갔을 것이요 그의 형제를 쫓지 아니하
였으리라 하고

28 요압이 나팔을 불매 온 무리가 머물러 서고 다시는 이스라엘을 쫓아가지 아
니하고 다시는 싸우지도 아니하니라

사무엘하 2장에는 이스라엘과 유다 사이의 내전, 그 와중에 어제의 친구
가 오늘의 적이 되는 비참한 현실이 그려져 있다.

사울 임금이 죽은 뒤 이스라엘 진영에서는 사울의 아들 이스보셋이 왕으
로 되었다. 사울의 삼촌이자 장수였던 아브넬이 그를 적극 도왔다.(8-9절) 그
가 자리를 잡은 마하나임은 얍복강 북쪽에 있는 성읍으로 길르앗의 중심도
시였다. 그들은 기브아에 있던 이스라엘의 수도를 블레셋의 손길이 먼 곳
으로 옮겨놓았다.

사울 임금이 죽고 정중하게 애도행사를 마친 다윗은 적극적으로 움직였
다. 그는 하나님께 시글락이 아닌 이스라엘 영토로 옮기고 싶다고 아뢰었
다. 하나님은 그에게 헤브론을 지정해 주셨다.(1절)

다 윗: 내가 유다 한 성읍으로 올라가리이까

여호와: 올라가라

다 윗: 어디로 가리이까

여호와: 헤브론으로 갈지니라

헤브론은 이스라엘 남부 지방의 주요 거점이었으며 유다 지파의 중심지였다. 전에 시글락에 있을 때 다윗은 자신이 약탈하거나 노획한 물품은 헤브론의 동족에게 선물하기도 했다.(삼상 30:26-31) 아마 이것은 자신의 미래를 위한 포석이었을 것이다. 유다 지파 사람들은 그곳에서 다윗에게 기름을 부었다. 그리고 자신들의 왕으로 모셨다.(7절) 이스라엘이란 말이 남쪽 유다와 분리된 채 언급된 것은 성경에서 여기가 처음이다.(9-10절)

같은 하늘에 태양이 둘일 수 없다는 말이 있다. 한 나라에 왕이 둘일 수 없다는 뜻이다. 이스라엘 안에 이스보셋과 다윗 두 사람이 제각기 왕이 되었다. 이 둘 중에 하나만 살아남게 될 것이다. 그 과정은 물론 저절로 되지 않았다.

12절은 그것을 '어느 날'이란 말로 시작했다. 드디어 올 것이 왔다는 뜻이다, 그 계기가 무엇인지 알 수 없지만 아브넬은 군사를 이끌고 기브온으로 나갔다. 다윗 진영의 장군 요압도 군사를 이끌고 기브온 연못가로 나갔다.

아브넬은 각 진영에서 젊은 군인 12명씩 뽑아 싸우게 하자고 제안했다. 이에 요압이 응하여 24명이 서로 맞붙었다. 그들이 싸우다 모두 전사하고 말았다. 전투는 무승부가 되었고, 그곳 이름은 헬갓 핫수림 (= 날카로운 칼의 밭)으로 바뀌었다.(16절)

이 대결로 승부가 나지 않자 서로가 총력전에 돌입했다. 일단 요압의 군대가 대승을 거두었다.(17절) 다윗의 삼촌 스루야의 아들 요압 아비새 아사헬 삼형제가 다윗의 군대를 지휘했다. 그 가운데 아사헬이 노루처럼 잽싸고 빨랐다. 그는 아브넬을 추격했다. 아브넬은 그보다 빠르지 못하여 이내 따라잡혔다. 그래도 그는 전쟁터에서 잔뼈가 굵은 용사(장수)였기에 젊은 아사헬이 상대가 될 수 없었다. 다음은 그 둘 사이의 대화이다.

아브넬: 아사헬아 너냐
아사헬: 나로라
아브넬: 너는 왼쪽으로나 오른쪽으로나 가서 청년 하나를 붙잡아 그의 군복을 빼앗으라
아사헬: ….
아브넬: 너는 나 쫓기를 그치라 내가 너를 쳐서 땅에 엎드러지게 할 까닭이 무엇이냐 그렇게 하면 내가 어떻게 네 형 요압을 대면하겠느냐
아사헬: …

자신을 추격하지 말라고 두 번이나 권하였지만 아사헬이 듣지 않자 아브넬이 창 뒤 끝으로 그의 배를 찔렀다.(23절) 이에 그가 그곳에 엎드러져 죽었다.

아브넬은 자신이 아사헬을 죽여도 그 뒷맛이 개운하지 않을 것을 알고 있었다. 그렇다. 승리에는 항상 짜릿하고 달콤한 맛만 있는 것이 아니다. 때로는 패배보다 더 쓰기도 한 것이다. 요압과 한솥밥을 먹었던 아브넬은 그럴 줄을 미리 알고 있었다.

24-28절에도 양측의 전투 장면이 나와 있다. 여기서도 아브넬은 적군이 된 옛 동지 요압에게 말했다.

칼이 영원히 사람을 상하겠느냐 마침내 참혹한 일이 생길 줄을 알지 못하느냐 네가 언제 무리에게 그의 형제 쫓기를 그치라 명령하겠느냐(삼하 2:26)

158

아브넬은 기본적인 상식과 도리를 아는 사람이었다. 그는 적군을 향해 형제라고 불렀다. 다행스럽게도 요압에게는 말이 통했다. 그의 동생 아사헬과는 달랐다. 그들은 즉시 전투를 중지하고 각각의 진영으로 돌아갔다. 나중에 아브넬은 다윗에게 항복했다. 다윗은 그를 받아들였다.

21 …다윗이 아브넬을 보내매 그가 평안히 가니라 22 다윗의 신복들과 요압이 적군을 치고 크게 노략한 물건을 가지고 돌아오니 아브넬은 이미 보냄을 받아 평안히 갔고 다윗과 함께 헤브론에 있지 아니한 때라 23 요압 및 요압과 함께 한 모든 군사가 돌아오매 어떤 사람이 요압에게 말하여 이르되 넬의 아들 아브넬이 왕에게 왔더니 왕이 보내매 그가 평안히 갔나이다 하니(삼하 3:21-23)

여기에는 아브넬과 관련하여 샬롬을 세 번이나 되풀이 말했다. 그러나 그의 길은 결코 평안하지 않았다. 요압은 자기 동생이 그의 창에 죽은 것에 앙심을 품었다. 다윗이 아브넬을 그냥 보낸 것 또한 불만이었다. 요압이 자기 개인의 원한을 갚으려고 다시 그를 불러들였다.

아브넬이 헤브론으로 돌아오매 요압이 더불어 조용히 말하려는 듯이 그를 데리고 성문 안으로 들어가 거기서 배를 찔러 죽이니 이는 자기의 동생 아사헬의 피로 말미암음이더라(삼하 3:27)

겉으로 그는 동생의 핏값을 갚는다는 명분을 내세웠지만 요압은 평화를 바라지 않았다. 어쩌면 아브넬의 정치적 입지가 크고 넓어지는 것을 막으려는 속셈도 있었을지 모른다. 이렇게 참으로 입맛이 쓴 일들이 벌어졌다. 시절이 혼란스러울수록 사람 욕심이 득세할수록 무고한 희생자 억울한 죽음이 꼬리를 잇기 마련이다.

묵상 : 어제는 한 솥밥 오늘은 살벌한 창

이스라엘과 유다가 맞붙어 전쟁을 했다. 그것을 진두지휘하는 아브넬 요압 아비새 아사헬은 사울과 다윗이 갈라서기 전에는 한 솥밥을 먹는 동지였다. 그들이 이제 각각의 상전을 두고 서로에게 날카로운 창을 겨누는 처지가 되었다.

사무엘하 2장에는 이스라엘과 유다의 전쟁이 그려져 있다. 전쟁에선 다 피비린내가 나기 마련이다. 그 가운데서도 동족끼리의 그것은 더욱 서글프다. 그 상처는 오래 오래 남는다.

아무리 어제의 동지가 오늘의 적이 되고 오늘의 적이 내일의 동지로 된다지만 참 안타까운 일이다.

24

배반의 계절

(삼하 3:6-11)

6 사울의 집과 다윗의 집 사이에 전쟁이 있는 동안에 아브넬이 사울의 집에서 점점 권세를 잡으니라

7 사울에게 첩이 있었으니 이름은 리스바요 아야의 딸이더라 이스보셋이 아브넬에게 이르되 네가 어찌하여 내 아버지의 첩과 통간하였느냐 하니

8 아브넬이 이스보셋의 말을 매우 분하게 여겨 이르되 내가 유다의 개 머리냐 내가 오늘 당신의 아버지 사울의 집과 그의 형제와 그의 친구에게 은혜를 베풀어 당신을 다윗의 손에 내주지 아니하였거늘 당신이 오늘 이 여인에게 관한 허물을 내게 돌리는도다

9 여호와께서 다윗에게 맹세하신 대로 내가 이루게 하지 아니하면 하나님이 아브넬에게 벌 위에 벌을 내리심이 마땅하니라

10 그 맹세는 곧 이 나라를 사울의 집에서 다윗에게 옮겨서 그의 왕위를 단에서 브엘세바까지 이스라엘과 유다에 세우리라 하신 것이니라 하매

11 이스보셋이 아브넬을 두려워하여 감히 한 마디도 대답하지 못하니라

이것이 사울의 아들 이스보셋과 그 부하이자 오른팔인 아브넬 사이에 틈이 벌어지는 이야기다. 다윗 쪽과 사울 쪽 사이에 전쟁이 시간을 끌면서 군대에게 힘이 보태졌다. 장수는 전쟁을 먹고 산다는 말처럼 양측 다 장군들

이 득세했다.

하나님은 이미 저울추가 기울어지게 만드셨다. 그 내용이 삼하 3:1과 3:6에 잘 나타나 있다.

삼하 3:1	삼하 3:6
사울의 집과 다윗의 집 사이에 전쟁이 오래매 다윗은 점점 강하여 가고 사울의 집은 점점 약하여 가니라	사울의 집과 다윗의 집 사이에 전쟁이 있는 동안에 아브넬이 사울의 집에서 점점 권세를 잡으니라

별로 힘이 없는 이스보셋에게 아브넬은 절대적인 존재였다.(1절) 이런 사실을 누구보다도 잘 아는 아브넬은 나날이 교만해져갔다. 그는 약해빠진 왕, 허약한 왕국에서 사실 상 왕이었다. 급기야 그는 사울 임금의 첩 곧 이스보셋에게는 어머니인 리스바와 동침까지 했다.(Arnold 437) 이것이 단순히 성욕 때문인지, 왕위를 노린 것인지는 분명하지 않다. 다만 고대 사회에서 왕비 또는 왕의 첩과 육체관계를 갖는 것은 곧 왕위를 탐하거나, 왕위에 오른다는 뜻이었다. 다윗이 사울 임금의 아내였던 아히노암을 아내로 맞아들인 것이나(삼하 12장) 아버지 다윗에게 반역했던 압살롬은 밝은 대낮에 아버지의 후궁들을 범한 것(삼하 16장)이 그 예이다.

참다 못한 이스보셋이 한 마디 했다. "네가 어찌하여 내 아버지의 첩과 통간하였느냐"(7절) 이에 아브넬은 그에게 입에 담지 못할 막말을 퍼부었다.(8절)

그리고 대단한 화가 아브네르에게 터져 나왔다, 이쉬보 의 말들에 대해. 그리고 그가 말했다. '내가 이런 자 곧 사냥개의 우두머리냐, 유다에 속한 자냐? 오늘 나는 인자를 베풀고 있지 않느냐, 당신의 아버지 사울 가문과 함께 하며 그의 형제들에게와 그의 친구들에게? 그리고 나는 다윗의 손이 당신을 찾아내지 못하게 하고 있지 않느냐? 그런데 당신이 나를 거슬려 오늘 그 여인의 죄를 셈하려 하느냐?'(직역)

아버지의 후궁 곧 자기에게 어머니인 리스바를 이스보셋을 '아버지의 첩'이라고 불렀다. 사울의 후궁(왕비)인 사람을 아브넬은 단지 '그 여인'으로만 보았다. 여기서 우리는 '사람은 목적이다. 사람은 수단이 아니다'라는 기본 원리를 짓밟은 사람들을 본다. 그런 사람들에게서 무슨 선한 것이 나오겠는가?

우리는 또 자기가 잘못한 것이 드러날 때 사람들이 어떤 반응을 보이는가에 주목해 본다. 아무런 변명도 하지 않고 순순히 인정하며 거기서 돌이키는 사람도 이 세상에 있다. 조용히 물러나 은둔하는 사람도 있다. 그런가 하면 오히려 큰소리치며 대드는 사람도 있나보다, 마치 'ㅇ싼 자가 성낸다'는 속담이 진실이라는 것을 보여주기라도 하듯이. 아브넬은 그런 사람이었다.

여기에 덧붙여 그는 판을 깨는 소리를 했다.(9-10절) 그는 하나님께서 사울의 가문이 아니라 다윗의 가문을 선택했다고 두 번이나 말했다. 그렇다면 그렇게 잘 알고 있으면서도 사울의 가문에 붙어 있었던 이유는 무엇이란 말인가? 사울 집안을 향해 의리를 지키려고 했을까? 약해빠진 왕실에서 자기 존재를 과시하는 재미를 보려 했을까?

이스보셋은 이렇게 돼먹지 못한 아브넬의 태도에도 속수무책이었다. 그의 비위를 건드렸다가 더 큰 일을 치르겠다 싶어, 그는 입을 다물었다.

이스보셋이란 이름은 '수치스러운 사람, 망신살 뻗친 사람'이란 뜻이다. 자기 자식에게 이런 이름을 지어줄 사람도 있을까? 아마 이런 이름은 나중에 사람들이 붙여준 별명이리라, 마치 '나발'(= 바보, 멍청이)이란 이름이 그러하듯이. 어떤 사람들은 수치라는 말(보쉐흐 bôšeḥ)이 바알 신을 경멸하며 붙여준 이름이라고 말한다. 그렇다면 아마 역대기상 8:33; 9:39에 나오는 '에스바알'이 그의 본명일 것이다. 그는 아버지 사울 임금이 죽은 뒤 2년 동안 왕좌를 지켰다.(삼하 2:10; 4:5-12)

그가 태어난 때는 사울이 임금으로 이스라엘을 다스리고 있을 때였다. 여호와 하나님으로부터 기름 부음을 받고 왕이 된 사람이 자기 아들 이름을 에스바알 곧 '바알 숭배자' 또는 '바알은 존재한다'로 지었다는 사실이 놀랍다. 이 이름 속에 사울 임금의 신앙고백이 들어 있다고 봐도 무방하기에 우리는 이런 이름에 당혹스럽기까지 하다.

모진 말로 이스보셋에게 모멸감은 안겨주던 아브넬은 결국 다윗에게 가 손을 내밀었다. '아브넬이 자기를 대신하여 전령들을 다윗에게 보내어 이르되 이 땅이 누구의 것이니이까 또 이르되 당신은 나와 더불어 언약을 맺사이다 내 손이 당신을 도와 온 이스라엘이 당신에게 돌아가게 하리이다 하니'(삼하 3:12)

묵상: 양금택목(良禽擇木)

좋은(현명한) 새는 둥지 틀 나무를 가려서 선택한다. 이 말은 현명한 사람은 자기 재능을 알아주고 키워 줄 사람을 골라서 섬긴다는 뜻으로 쓰인다. 좌구명(左丘明)이 쓴 《춘추좌씨전(春秋左氏傳)》〈애공(哀公) 11년조〉와 《삼국지》(三國志)〈촉지〉(蜀志)에 나오는 말이다.

공자(孔子)는 치국의 도리를 펼치려고 여러 제후국을 돌아 다녔다. 그 중 衛(위)나라에 갔을 때 일이다. 대부 공문자(孔文子)가 공자와 만나 이런 이야기를 했다. 이웃 진(晉)나라에서 망명해 온 대부의 딸이 위나라의 고관과 결혼했다. 그 사이에서 낳은 아들(대숙질 大叔疾)이 장성한 뒤 가문을 잇지 않고 도주했다. 공문자는 그 아들을 공격할 계획을 세웠다. 그리고 이에 관한 공자의 의견을 물었다. 공자는 '제사(호궤 胡簋)지내는 일은 배운 바 있지만 전쟁에 대해선 전혀 모른다'며 물러 나왔다.

숙소로 돌아온 공자는 제자들에게 즉시 위나라를 떠날 준비를 하라고 일렀다. 영문을 몰라 어리둥절한 제자들에게 그가 말했다. "새가 나무를 택하지, 나무가 어찌 새를 택할 수 있겠는가?"(鳥則擇木 木豈能擇鳥 조즉택목 목기능택조) 여기에는 전쟁만 말하는 나라에서 무슨 뜻을 펼칠 수 있겠는가라는 속뜻이 들어 있다.

삼국지 촉지는 '좋은 새는 나무를 잘 살펴서 깃들고, 현명한 신하는 군주를 가려서 섬긴다'(良禽相木而樓 양금택목이루 賢臣擇主而事 현신택주이사)고 했다.

아브넬이 이스보셋을 떠나 다윗에게로 간 것을 놓고 양금택목이라 할까? 뜻을 올곧게 펼칠 자리를 고른 것일까, 자신의 영달만 꾀하는 처세술일까?

25

도움인가 방해인가?

(삼하 3:20-27)

20 아브넬이 부하 이십 명과 더불어 헤브론에 이르러 다윗에게 나아가니 다윗이 아브넬과 그와 함께 한 사람을 위하여 잔치를 배설하였더라

21 아브넬이 다윗에게 말하되 내가 일어나 가서 온 이스라엘 무리를 내 주 왕의 앞에 모아 더불어 언약을 맺게 하고 마음에 원하시는 대로 모든 것을 다 스리시게 하리이다 하니 이에 다윗이 아브넬을 보내매 그가 평안히 가니라

22 다윗의 신복들과 요압이 적군을 치고 크게 노략한 물건을 가지고 돌아오니 아브넬은 이미 보냄을 받아 평안히 갔고 다윗과 함께 헤브론에 있지 아니한 때라

23 요압 및 요압과 함께 한 모든 군사가 돌아오매 어떤 사람이 요압에게 말하여 이르되 넬의 아들 아브넬이 왕에게 왔더니 왕이 보내매 그가 평안히 갔나이다 하니

24 요압이 왕에게 나아가 이르되 어찌 하심이니이까 아브넬이 왕에게 나아왔거늘 어찌하여 그를 보내 잘 가게 하셨나이까

25 왕도 아시려니와 넬의 아들 아브넬이 온 것은 왕을 속임이라 그가 왕이 출입하는 것을 알고 왕이 하시는 모든 것을 알려 함이니이다 하고

26 이에 요압이 다윗에게서 나와 전령들을 보내 아브넬을 쫓아가게 하였더니 시라 우물 가에서 그를 데리고 돌아왔으나 다윗은 알지 못하였더라

> 27 아브넬이 헤브론으로 돌아오매 요압이 더불어 조용히 말하려는 듯이 그를 데리고 성문 안으로 들어가 거기서 배를 찔러 죽이니 이는 자기의 동생 아사헬의 피로 말미암음이더라

이것은 요압과 아브넬 사이에서 일어나는 이야기이다. 사울 왕과 그 아들 요나단이 죽은 뒤 아브넬은 사울 임금의 아들 이스보셋을 왕으로 모시며 충성을 다했다. 사울 가문의 입장에서 보면 그만한 충신이 없을 것이다.

진정 그는 충신인가? 아니다. 권력자를 끼고 돌며 거기서 나오는 단물을 빨아먹는 자였다. 그는 사울 임금의 첩 리스바와 놀아났다. 이스보셋이 이를 지적하자 그는 '내가 유다의 개 머리냐 내가 오늘 당신의 아버지 사울의 집과 그의 형제와 그의 친구에게 은혜를 베풀어 당신을 다윗의 손에 내주지 아니하였거늘 당신이 오늘 이 여인에게 관한 허물을 내게 돌리는도다'(삼하 3:8)라며 펄쩍펄쩍 뛰었다. 그리고는 이스보셋을 배신하고 다윗에게 붙었다.

요압은 다윗의 외삼촌이었다. 그는 다윗에게 매우 중요한 지지자였다. 아마 그의 지지와 도움이 없었더라면 다윗이 왕이 되는 일은 성경에 기록된 것보다 훨씬 더 힘든 과정을 거쳤으리라.

동시에 요압은 다윗이 펼치려는 이상에 방해자였다. 그는 다윗에게 큰 힘이 될 수도 있었던 아브넬, 압살롬의 사령관이었던 아마사 그리고 다윗의 둘째 아들 압살롬을 죽였다. 그들로 인해 자신의 힘이 약화되는 것을 두려워한 것일까, 아니면 자기가 없으면 다윗도 존재할 수 없다며 자신의 힘을 과신한 것일까?

아브넬이 다윗에게 충성을 맹세하고 다윗이 그를 받아들이려하자, 요압

은 기분이 나빠졌다. 자기 위치가 흔들릴 수 있다고 여겼던 것일까? 그는 다윗에게 아브넬이 속임수를 쓴다고 했다.(25절) 물론 그렇게 말하는 근거를 설득력 있게 대지 않았다. 오히려 그 자신이 속임수를 써서 아브넬을 죽였다. 오늘날 우리가 누군가를 비난할 때 사용하는 핵심 용어들 중에는 사실 자기 자신의 속마음이나 태도가 들어 있곤 한다, 마치 요압이 그러하였듯이.

나중에 그는 다윗의 뜻을 어기며 압살롬을 죽였다.

죽음 거둘 때 다윗은 아들 솔로몬에게 요압을 처단하라고 유언을 남겼다. 다윗은 요압이 자기에게는 겉으로나마 순순히 복종하는 모습을 보이더라도, 아들 솔로몬에게는 그리 하지 않으리라고 생각할 것일까? 아마 요압이 솔로몬 치세에도 건재했더라면, 그는 아마 왕위의 왕노릇을 했을 것이다.

이 일에 대한 다윗의 반응은 성경에 두 가지로 나와 있다. 첫 번째 반응은 이 일에 자기 책임은 없다는 점을 강조한 것이다. 그는 말했다.

29 그 후에 다윗이 듣고 이르되 넬의 아들 아브넬의 피에 대하여 나와 내 나라는 여호와 앞에 영원히 무죄하니 29 그 죄가 요압의 머리와 그의 아버지의 온 집으로 돌아갈지어다 또 요압의 집에서 백탁병자나 나병 환자나 지팡이를 의지하는 자나 칼에 죽는 자나 양식이 떨어진 자가 끊어지지 아니할지로다 하니라(삼하 3:28-29)

두 번째 반응은 그가 죽을 때 아들 솔로몬에게 남긴 유언에 나타나 있다.

5 스루야의 아들 요압이 내게 행한 일 곧 이스라엘 군대의 두 사령관 넬의 아들 아브넬과 예델의 아들 아마사에게 행한 일을 네가 알거니와 그가 그들을 죽여

태평 시대에 전쟁의 피를 흘리고 전쟁의 피를 자기의 허리에 띤 띠와 발에 신은 신에 묻혔으니 6 네 지혜대로 행하여 그의 백발이 평안히 스올에 내려가지 못하게 하라(왕상 2:5-6)

다윗의 조력자이나 방해군인 요압의 모습에 관해 아더 핑크는 뉴턴(B. W. Newton)의 다음과 같은 말을 길게 인용했다.(105-06)

그(= 요압)는 다윗이 동굴에 있을 때부터 그의 곁에 있었다. 요나단이 왕궁에 머무는 동안 요압은 광야에서 다윗과 함께 온갖 역경과 위험을 무릅썼다…겉으로 드러나는 섬김이라는 측면에서 본다면 다윗은 그만한 다른 신하를 갖지 못한 게 분명했다.

그러나 다윗을 올바로 섬기려면 단순히 그의 직위에 대해 존경을 표하는 것만이 아니라 그 직위를 지닌 자의 인물됨을 이해할 필요가 있었다. 또한 그의 직위 때문이 아니라 그 자신 때문에 그를 사랑할 필요가 있었다. 그리고 그가 다윗을 실제로 섬기려면 무엇보다도 하나님을 존경하고 그분에게 존경어린 순종을 바쳐야 한다는 것을 알아야 할 필요가 있었다.
아더 핑크는 계속해서 말했다.(106)

우리가 어떤 이를 개인으로서 그의 탁월함에 대해 아무런 존경심도 갖지 않은 채 단지 그가 가진 직위 때문에 섬기는 것은 가능한 일이다. 그럴 경우 우리의 섬김은, 그것이 얼마나 정열적인지와 상관없이, 아마 그 원인을 자기의 이익에서 찾을 수 있을 것이다…요압이 그랬다. 그는 다윗의 왕좌를 유지하는 일에 열심이었다. 그러나 또한 자기의 개인적인 이익을 유지하는데 민감했다…다윗이 그의 바람을 아무리 분명하고 명확하게 밝혔더라도 요압은 기회가 왔을 때, 그렇게 함으로써 왕좌의 안정성을 위태롭게 하지 않으면서도 자신의 목적을 달상할 수 있었을 때, 왕의 감정을 해치고 그의 뜻에 반하는 일을 서슴없이 행했다. 그 과정에서 요압은 다윗도 그리고 하나님도 두려워하지 않았다.

유진 피터슨은 요압이나 아브넬같은 사람들이 왜 성경 안에서 이렇게 많은 공간을 차지하느냐고 묻는다. 그러면서 '하나님은 바로 그런 상황과 사람들 속에서 우리의 구원을 이루어가기로 하신 것이다'라고 대답한다.(200) 그가 말하는 대로 우리는 멋진 친구들, 은혜와 아름다움, 충성과 기도드리는 사람들을 만난다. 또한 우리는 인생길에서 다양한 이름으로 불리는 아브넬과 요압을 만나기도 한다.

다윗에게 골리앗 도엑 블레셋 사람들은 아주 분명한 적이다. 아브넬과 요압은 어떤가? 겉으로 볼 때에는 아브넬도 요압도 다윗의 편이다. 그 둘은 다윗을 자기 상전으로 모셨다. 다만 그들은 다윗 안에서 역사하시는 하나님에 관심이 없었다. 다윗을 통해 하나님께서 이루시는 일에 동참한 것이 아니라, 다윗이 자신에게 얼마나 이익이 되는지에만 관심이 있었다. 그들에게 종교는 자신의 야망을 가리는 수단이었을 뿐이다.(유진 피터슨 200) 그들은 하나님의 방법이 아니라 자기들의 방법 곧 이기심(아브넬)과 폭력(이기적인 요압)으로 일을 했다.

때로는 우리 편에 서 있는 사람이 하나님의 길을 가려는 우리에게 방해가 된다. 때로는 우리 반대편에 있는 사람이 우리 신앙과 행실에 도움이 된다. 그렇다. 이 세상에는 완전하게 도움만 주는 자도 없고 오로지 방해만 하는 자도 없는 법이다. 우리가 만나는 사람은 누구나 다 이 양면성을 띠고 있다. 그러고 보니 세상 이치가 참 묘하고도 신기하다.

묵상: 솜뭉치 속에 바늘이 숨겨져 있다.

겉 다르고 속 다른 사람이 있다. 겉으로는 착한 체하면서 속으로는 아주 악한 것을 이를 때 이 말을 쓴다.

조맹부(趙孟頫)는 중국 元(원)나라 시절 화가이자 서예가였다. 그는 '跋東坡書(발동파서)'란 글에서 소동파가 자신의 글을 보고 '나의 글씨는 마치 솜 속에 숨겨진 쇠붙이와 같다(余書如綿裏鐵 여서여면리철)'고 했다고 적었다. '솜 속의 쇠붙이'는 보기에는 부드러운 것 같아도 그 속에 뼈가 들어 있는 듯이 필치가 강하다는 의미로 쓰였다. 이는 겉으로는 부드러우면서도 마음속은 꿋꿋하고 굳세다는 外柔內剛(외유내강)을 나타낸다.

그것이 綿裏針(면리침)으로 글자가 바뀌면서부터 의미가 달라졌다. '웃음 속에 칼이 있다'는 笑裏藏刀(소리장도)와 같은 뜻으로 쓰였다. 言行一致(언행일치)와 반대되는 의미로 바뀐 것이다. 이와 비슷한 것으로 陽奉陰違(양봉음위)나 面從腹背(면종복배), 口蜜腹劍(구밀복검), 包藏禍心(포장화심) 등이 있다. 분명한 것은 마음속에 쇠를 담았든, 바늘을 숨겼든 언젠가는 드러난다는 것이다.

26

꿍꿍이가 뭘까?

(삼하 3:31-39)

31 다윗이 요압과 및 자기와 함께 있는 모든 백성에게 이르되 너희는 옷을 찢고 굵은 베를 띠고 아브넬 앞에서 애도하라 하니라 다윗 왕이 상여를 따라가

32 아브넬을 헤브론에 장사하고 아브넬의 무덤에서 왕이 소리를 높여 울고 백성도 다 우니라

33 왕이 아브넬을 위하여 애가를 지어 이르되 아브넬의 죽음이 어찌하여 미련한 자의 죽음 같은고

34 네 손이 결박되지 아니하였고 네 발이 차꼬에 채이지 아니하였거늘 불의한 자식의 앞에 엎드러짐 같이 네가 엎드러졌도다 하매 온 백성이 다시 그를 슬퍼하여 우니라

35 석양에 뭇 백성이 나아와 다윗에게 음식을 권하니 다윗이 맹세하여 이르되 만일 내가 해 지기 전에 떡이나 다른 모든 것을 맛보면 하나님이 내게 벌 위에 벌을 내리심이 마땅하니라 하매

36 온 백성이 보고 기뻐하며 왕이 무슨 일을 하든지 무리가 다 기뻐하므로

37 이 날에야 온 백성과 온 이스라엘이 넬의 아들 아브넬을 죽인 것이 왕이 한 것이 아닌 줄을 아니라

38 왕이 그의 신복에게 이르되 오늘 이스라엘의 지도자요 큰 인물이 죽은 것을 알지 못하느냐

> 39 내가 기름 부음을 받은 왕이 되었으나 오늘 약하여서 스루야의 아들인 이 사
> 람들을 제어하기가 너무 어려우니 여호와는 악행한 자에게 그 악한 대로 갚
> 으실지로다 하니라

이것은 다윗의 외삼촌이자 부하 장군인 요압이 아브넬을 죽인 뒤 다윗이
보인 반응이다. 그것은 대단히 격렬했다.

다윗은 이제까지 생명을 함부로 해치지 않는 사람이란 인상을 심어왔다.
사울이나 나발에 대해서 그는 크게 그리고 잘 참아냈다. 아브넬의 죽음으로
이런 그의 명예는 땅에 떨어질 위기를 맞았다. 더구나 그는 무방비 상태로
항복하러 찾아온 사람이 아니었던가!

이에 다윗은 우선 요압과 그 집안에 저주를 퍼부었다. 그 내용은 엘리 대
제사장 집안에 받았던 것과 비슷할 정도다.

그 다음에 그는 아브넬의 죽음에 최대한의 조의를 표했다. 다윗이 백성
이 보는 앞에서 옷을 찢고 굵은 베옷을 입었다. 그의 상여를 따라 가며 울었
다.(31절) 백성도 따라 울었다. 그는 하루 종일 금식을 했다. 그는 문학적 ·
음악적 재능을 살려 조가를 지어 불렀다.

거기서 그는 아브넬의 죽음을 미련한 자의 죽음 같다(학크모트 나발 hakkᵊmôt
nābāl)고 했다. 나발은 아비가일의 남편의 이름이다.(삼상 25:3) 칠십인역(LXX)
은 이 부분에 아예 그의 이름을 집어넣었다.(어이하여 아브넬이 나발처럼 죽어야 했
던가?) 이는 아마 무의미한 죽음이란 뜻이리라.(송병현 73)

삼상 2:31-36	삼하 3:28-29, 39
31 … 보라 내가 네 팔과 네 조상의 집 팔을 끊어 네 집에 노인이 하나도 없게 하는 날이 이를지라 32 이스라엘에게 모든 복을 내리는 중에 너는 내 처소의 환난을 볼 것이요 네 집에 영원토록 노인이 없을 것이며 33 내 제단에서 내가 끊어 버리지 아니할 네 사람이 네 눈을 쇠잔하게 하고 네 마음을 슬프게 할 것이요 네 집에서 출산되는 모든 자가 젊어서 죽으리라 34 네 두 아들 홉니와 비느하스가 한 날에 죽으리니 그 둘이 당할 그 일이 네게 표징이 되리라 35 내가 나를 위하여 충실한 제사장을 일으키리니 그 사람은 내 마음, 내 뜻대로 행할 것이라 내가 그를 위하여 견고한 집을 세우리니 그가 나의 기름 부음을 받은 자 앞에서 영구히 행하리라 36 그리고 네 집에 남은 사람이 각기 와서 은 한 조각과 떡 한 덩이를 위하여 그에게 엎드려 이르되 청하노니 내게 제사장의 직분 하나를 맡겨 내게 떡 조각을 먹게 하소서 하리라	28 그 후에 다윗이 듣고 이르되 넬의 아들 아브넬의 피에 대하여 나와 내 나라는 여호와 앞에 영원히 무죄하니 29 그 죄가 요압의 머리와 그의 아버지의 온 집으로 돌아갈지어다 또 요압의 집에서 백탁병자나 나병 환자나 지팡이를 의지하는 자나 칼에 죽는 자나 양식이 떨어진 자가 끊어지지 아니할지로다 하니라… 39 내가 기름 부음을 받은 왕이 되었으나 오늘 약하여서 스루야의 아들인 이 사람들을 제어하기가 너무 어려우니 여호와는 악행한 자에게 그 악한 대로 갚으실지로다 하니라

그는 또 아브넬을 의인으로, 억울하게 죽은 사람으로 추앙하면서 그를 죽인 자(요압)를 아주 못된 사람이라고 했다. 그를 향해 요압이라 부르는 대신 스루야의 아들이라는 말로 그의 위치를 격하시켰다. 그 사람이 쓰는 용어에 그 사람의 의중이 반영된다는 말처럼, 다윗이 사용한 이 낱말은 요압에 대한 그의 생각이 스며들어가 있다.

어떤 측면에서 보자면 아브넬의 죽음을 가장 기뻐할 사람은 다윗이었다. 장군 중에 장군인 그가 제거됨으로써 자신이 이스라엘 왕국을 통일시킬 기회가 성큼 다가선 것처럼 느낄 수도 있었다. 그런데도 다윗은 위와 같이 반응했다.

이런 모습들을 본 백성은 아브넬의 죽음에 다윗의 책임이 없다고 수긍했다. 이로써 그는 한편으로 전체 이스라엘 왕이 된 다음 찾아온 첫 번째 위기를 잘 넘겼다. 다른 한편 그는 이 사건을 계기로 자신과 요압 사이의 불협화음을 공개적으로 드러냈다.(39절)

세상에는 자기편이면서도 자기편이 아닌 사람이 잇다. 그런가 하면 자기편이 아니면서도 자기편인 사람이 있다. 아니 보다 정확하게 말하자면 한 사람이 자기편이었다가 자기편이 아니었다가 오락가락 한다. 국제관계에서는 흔히 말하는 영원한 우방도 영원한 적국도 없다는 말이 개인과 개인 사이에도 적용되는 것이다. 그 정도가 심하면 심할수록 우리 인생은 서글퍼진다.

요압만 그런 것이 아니다. 아브넬도 그런 사람이다. 그는 사울 임금의 조카였다. 사울 임금은 그를 군사령관으로 삼았다.(삼상 14:50-51) 그는 다윗이 골리앗을 물리쳤을 그 자리에 있었다.(삼상 17:55, 57) 그는 늘 왕의 식탁에도 같이 앉았다.(삼상 20:25) 사울 임금의 목숨을 해칠 기회가 왔을 때 다윗이 그것을 실행하지 않는 모습도 가까이서 경험했다.(삼상 26,5, 7, 14-15) 그는 사울 왕실에서는 물론 이스라엘에서 가장 영향력 있는 인물이었다. 이런 사실은 삼하 2:8-9 '…아브넬이 사울의 아들 이스보셋을…온 이스라엘의 왕으로 삼았더라'(말라크 mālak의 히필형)는 기록에서 여실히 드러난다. 이와 똑같은 표현은 예언자 사무엘이 사울을 온 이스라엘의 왕으로 삼았을 때에도 쓰였다.(삼상 8:22; 12:1)

그는 나중에 이스라엘 임금인 이스보셋을 무시하면서 사실상의 1인자가 되려 했다. 혼란과 전쟁의 시기에 군권을 손에 틀어쥐었으니 그의 눈에 보이는 것이 없었다. 다만 이스라엘의전통과 현실을 고려할 때 자기가 직접 왕위에 오를 수 없다는 한계를 안고 있었을 뿐이다.

특정 인물이 '왕 위의 왕'이었던 예가 인류 역사에 수없이 많다. 아브넬도 요압도 그런 사람들이었다.

한편 이스보셋이 아브넬을 대한 것이나 다윗이 요압을 대한 일에는 대의에 어긋남이 없었나? 결코 그렇지 않다. 두 사람 역시 그 두 사람을 철저히 자기 목적에 따라 이용했다. 특히 다윗은 밧세바의 남편 우리아를 남몰래 제거하는 데 요압 장군을 이용했다. 전체적으로 보면 다윗이 '내가 기름 부음을 받은 왕이 되었으나 오늘 약하여서 스루야의 아들인 이 사람들을 제어하기가 너무 어려우니'(삼하 3:29)라고 한 것도 부분적인 진실일 뿐이다. 오히려 자기변명의 측면이 더 크다. 권력을 중심으로 모여 권력 언저리를 맴도는 그들은 결국 자신의 이익이라는 큰 틀 안에서 다람쥐 쳇바퀴를 돌리며 살았다.

다윗을 고깝게 보는 사람들은 이 일련의 일들을 기록한 사무엘서가 다윗 왕조를 변호하는 입장에 서 있다고 보기도 한다. 이것은 어느 정도 일리가 있는 주장이다. 그리고 매우 단편적일 뿐만 아니라 해로운 주장이기도 하다. 성경을 읽으며 신앙과 영성을 쏙 빼놓고 사회·정치적인 역학 관계만 보는 것은 결국 성경에서 하나님과 그 섭리를 배제하는 것이기 때문이다.

묵상: '왕 위의 왕'

후대 사람들은 그들을 '간신' 또는 '난신적자'(亂臣賊子)라고 부른다. 그들의 특징은 왕 앞에서는 허리와 무릎이 한없이 유연하고, 다른 신하들에게는 권모술수를 부린다는 데 있다. 그는 교지도 조작해가며 왕명이라는 이름으로 나라를 어지럽혔다.

고려 말기 공민왕 시절 김용도 그런 사람이었다. 그는 공민왕이 세자 시절 원나라에 억류되었을 때 함께 있었다. 왕의 총애를 업은 그는 온갖 패악질을 하면서도 벌을 받지 않았다.

그 중에서도 정세운 암살 사건이 눈에 띈다. 평소 사이가 좋지 않던 정세운과 안우가 홍건적 토벌의 큰 공을 세웠을 때, 왕의 명령이라고 속여 안우를 시켜 정세운을 죽였다. 그 뒤 상관을 죽인 죄로 그 안우를 없앴다. 그리고 그 일을 알고 있던 장수들을 대부분 죽여버렸다.

이 사실이 들통날까까 두려워한 그는 당시 오빠 기철의 죽음으로 고려에 크나큰 분노를 느끼던 기황후와 내통했다. 당시 반원정책을 펴던 공민왕은 원나라 세력을 등에 업고 왕실을 쥐락펴락하던 기철의 세력을 제거했던 것이다. 이에 그들은 덕흥군을 왕으로 세울 음모를 꾸몄다. 당시 개경이 너무나 황폐해져 있었다. 공민왕은 궁궐이 복구될 때까지 임시로 흥왕사에 머물렀다. 김용의 무리는 난을 일으켜 수많은 관리를 살해했다. 당시 환관 안도치가 공민왕과 닮은 얼굴이었던 탓에 그를 왕인 줄 알고 암살했으며 정작 공민왕을 죽이지 못했다.

반란 소식을 듣고 최영 장군이 관군을 이끌고 오자, 김용은 자기가 최영한테 먼저 가 반란을 일으킨 자기 부하들을 살해했다. 공민왕은 김용이 설마 반란을 일으켰다는 생각을 하지 못한 채 김용의 거짓말을 그대로 믿고 그를 1등 공신으로 올렸다.

그러나 김용이 도망가다가 체포된 자기 부하들을 국문하지 않은 일로 꼬리를 밟혔다. 그들이 모든 것을 실토하면서 역모의 진상이 다 밝혀졌다. 결국 그는 사형을 당했다.(공민왕 12년, 1363년) 그런 뒤에도 공민왕은 그가 간신인 것을 믿지 못한 채 '김용이 그립다'고 탄식하곤 했다는 기록이 고려사에 있다.

27

역사가 달라지다

(삼하 5:1-5)

1 이스라엘 모든 지파가 헤브론에 이르러 다윗에게 나아와 이르되 보소서 우리
는 왕의 한 골육이니이다

2 전에 곧 사울이 우리의 왕이 되었을 때에도 이스라엘을 거느려 출입하게 하
신 분은 왕이시었고 여호와께서도 왕에게 말씀하시기를 네가 내 백성 이스
라엘의 목자가 되며 네가 이스라엘의 주권자가 되리라 하셨나이다 하니라

3 이에 이스라엘 모든 장로가 헤브론에 이르러 왕에게 나아오매 다윗 왕이 헤
브론에서 여호와 앞에 그들과 언약을 맺으매 그들이 다윗에게 기름을 부어
이스라엘 왕으로 삼으니라

4 다윗이 나이가 삼십 세에 왕위에 올라 사십 년 동안 다스렸으되

5 헤브론에서 칠 년 육 개월 동안 유다를 다스렸고 예루살렘에서 삼십삼 년 동
안 온 이스라엘과 유다를 다스렸더라

이것은 다윗이 이스라엘의 왕으로 등극하는 이야기다. 그는 이제 전체 이
스라엘의 왕이 되었다. 이스라엘 모든 장로가 다윗에게 기름을 부었다. 이
로써 그는 이스라엘 전체를 다스리는 왕이 되었다.(3절)

이번까지 포함해 다윗은 세 번 기름 부음을 받았다. 첫 번째 것은 베들레
헴에서 사무엘을 통해서였다.(삼상 16:13) 두 번째 것은 유다지파의 사람들

에게서였다.(삼하 2:4) 우리 옛말에 어떤 사안을 최종 결정하는 것을 가리켜 '삼세번'이라 불렀다. 이와 비슷하게 독일 속담에는 '세 번째 것이 가장 좋다'(Alle guten Dinge sind drei)는 말이 있다. 다윗의 경우도 이런 것일까?

8형제 중 막내였던 그는 자칫하면 왕자 병에 걸리거나 의존적인 사람이 될 수 있었다. 이런 다윗에게 하나님은 사울 왕을 만나게 해 주셨다. 사울 왕은 다윗 덕분에 나라가 망할지도 모르는 위기를 벗어났다. 그는 다윗을 사위로 삼았다. 그는 마땅히 다윗을 사랑하고 뒤를 보아 주었어야 했다. 실제로는 그 반대였다. 그는 틈만 나면 다윗을 죽이려 했다. 이런 일을 겪으며 다윗은 인생을 철저하게 배웠다. 사람은 사랑해야 할 대상이지 신뢰할 대상이 아니라는 것을. 사울 임금은 다윗에게 인생의 극과 극을 가르쳐준 교과서였다.

사랑하는 친구 요나단과 이별하고 사랑하는 아내 미갈과 강제로 헤어지는 아픔을 겪었다. 거친 세파 속에서 다윗은 인생길을 같이 가고 싶은 사람과 헤어질 수밖에 없다는 것도 경험했다. 사울 왕에게 쫓겨 다니던 그는 광야와 동굴을 전전하며 외로움과 고독이 무엇인지도 알았다. 십삼 년 동안 이렇게 지냈기에 그는 일평생 하나님을 의지하며 하나님의 주권을 받아들였다. 이런 저런 인생 공부를 하면서 그는 하나님이 어떤 분이고 자기 인생이 어떤 것인지를 알았다.

사무엘하 5장은 이스라엘 각 지파와 그 장로들이 헤브론으로 다윗을 찾아오는 것으로 이야기가 시작되었다. 이것을 성경은 1-2절에서 '이스라엘 모든 지파'로 3절에서 '이스라엘 모든 장로'로 표현했다. 이로써 삼상 16장부터 시작된 다윗의 왕위 등극 역사가 삼하 5장에 와서야 마무리되었다. 다윗을 왕으로 모시려고 이스라엘 북쪽 지파 대표들이 다윗을 찾아와 말했다.

어제도 그제도 사울께서 우리 왕이셨을 때 이스라엘을 들어오게도 나가게도 한 이는 바로 당신이었습니다. 그리고 여호와께서 당신에게 말씀하셨습니다: '너는 바로 이런 자이다. 곧 네가 내 백성 이스라엘을 목양하고 또한 바로 네가 이스라엘 위의 지도자가 되리라'(삼하 5:2 직역)

여기에는 사울을 가리키는 말이 한번, 다윗을 가리키는 말이 '(바로) 당신'(바로 너)이란 강조형으로 세 번 쓰였다. '내 백성 이스라엘을 목양하고'에 들어있는 목자 개념은 고대 근동에서 왕을 상징하는 말로 널리 알려졌다. 이로써 베들레헴에서 양떼를 돌보던 목자였던 다윗은 하나님의 백성인 이스라엘을 돌보는 목자가 되었다. 그런 의미로 그는 여기서 세 번째로 기름부음을 받았다.

다윗을 목자로 이스라엘 백성을 양으로 비유하는 것을 우리는 시편 23편 에스겔 34장 그리고 요한복음 10장과 연결시켜 살펴볼 수 있다. 선한 목자의 기준은 하나이다. 곧 양떼의 안전을 최우선으로 하는가 여부이다. 악한 목자의 특징은 자기 자신을 위해 양떼를 이용하는 데 있다. 다윗왕은 때로는 양떼를 위한 목자였으며 때로는 자신을 위해 양떼를 이용하는 목자였다. 나중에 나단 선지자가 다윗을 책망할 때에도 양을 소재로 하여 이야기를 펼쳤던 것도 이런 흐름에 서 있다. 삼하 5:4-5이다.

4 다윗이 나이가 삼십 세에 왕위에 올라 사십 년 동안 다스렸으되 5 헤브론에서 칠 년 육 개월 동안 유다를 다스렸고 예루살렘에서 삼십삼 년 동안 온 이스라엘과 유다를 다스렸더라

하나님께서 30＋40년 곧 칠십 평생 다윗을 한결같이 돌보셨다. 하나님께서 그를 이렇게까지 돌보신 이유가 무엇일까? 전적으로 하나님의 선택이요

하나님의 은혜였다. 물론 다윗이 행한 것 가운데 우리는 '역시 다윗은 하나님의 사랑을 받을 만하구나' 하는 점을 찾아볼 수 있다. 이 정도는 다윗에게만이 아니라 누구에게나 서너 가지 그런 것이 있다.

사무엘하 5장에서 우리는 아주 중요한 두 가지 사건을 만났다. 다윗이 전체 이스라엘의 왕이 되고 예루살렘이 통일왕국 이스라엘의 수도가 된 일이다. 겉으로 드러난 이 획기적인 사건을 보며 우리 시선은 하나님께로 향하게 된다. 이런 중대한 일이 어떻게 해서 가능해졌나 하는 물음을 안고 사무엘하 5장을 읽어보자. 이런 물음을 안고 이 부분을 읽어보니 본문 두 개가 눈에 확 들어온다.

첫째는 10절이다: '만군의 하나님 여호와께서 함께 계시니 다윗이 점점 강성하여 가니라.' 다윗은 이스라엘 민족과 국가를 통일시켰다. 예루살렘을 수도로 정했다. 국가도 나날이 강성해지게 만들었다. 이 모든 것이 사람의 눈으로 보면 다윗이 뛰어난 사람이었기 때문으로 보일 것이다. 성경은 이것에 대해 분명히 말씀했다. 다윗이 이렇게 된 이유는 오직 하나, 하나님께서 다윗과 함께하셨기 때문이라고.

둘째는 12절이다. '다윗이 여호와께서 자기를 세우사 이스라엘 왕으로 삼으신 것과 그의 백성 이스라엘을 위하여 그 나라를 높이신 것을 알았더라.' 다윗이 다스리는 나라가 나날이 강성해졌다. 그는 이 일이 자기 힘으로 된 것이 아니라 하나님께서 친히 다 하신 일임을 인정하고 받아들였다. 이 두 번째 모습, 자신의 인생이 하나님의 손 안에 있는 것을 아는 믿음이 얼마나 귀하고 또 귀한가? 매사에 이 두 가지를 인정하고 그 믿음을 잃지 않은 다윗은 인생의 굴곡과 오르내림을 겪으면서도 70평생 한결같이 자신을 사랑하시는 하나님과 동행했다.

묵상 : 기다릴 줄 아는 사람

다윗은 30세에 왕위에 올랐다.(삼하 5:4-5) 서른 살이라면 아주 젊은 나이였다. 나이 오십이 되어도 젊은 사람이라 부르는 요즘, 나이 30인 사람은 아직 '아이'로 취급당하기도 한다. 성경과 인류 역사에서 사람 나이 30은 결코 어리거나 적은 것이 아니다.

요셉: 이집트의 총리대신(창 41:46)

레위인: 성전에서 하나님을 섬길 수 있는 나이(민 4:3; 대상 23:3)

예수님: 공생애 시작(눅 3:21-23)

공자: 뜻을 세움(이립 而立)

알렉산더: 세계 정복을 시작하다

30이 적지 않은 나이라면 그보다 많은 나이에 있는 사람이야 말해 무엇하랴! 다윗이 십칠 세 때 예언자 사무엘은 '너는 이 땅의 왕이 될 것이다'라며 기름을 부어주었다. 나중에 다윗이 왕궁에 들어갔을 때, 사무엘을 통해 받은 비전과 꿈이 금방 이루어질 것 같았다. 현실은 그렇지 않았다. 그 때부터 다윗의 고난이 시작되었다.

아브라함은 하나님께서 자녀를 주시겠다는 약속을 받고도 이십오 년을 기다렸다. 모세는 자기 백성을 이집트에서 구출해야 한다는 꿈을 품고 있으면서도 사십 년을 기다렸다. 물론 그들은 자진해서 기다린 것이 아니라 기다리는 것 밖에는 다른 도리가 없었다.

아무 것도 할 수 없는 상태에서 시일을 보내는 것이 바로 그들을 향한 하나님의 사랑이었다. 하나님께서 우리에게 인생의 쓰라린 맛을 보게 하면서까지 기다리게 하시는 목적이 무엇일까? 하나님의 사람이라는 신분을 얻고, 왕 같은 제사장이라는 직분이 주어졌는데도 왜 우리는 하나님의 자녀답게 살아가지 못하는 것일까?

지금 하나님의 때, 다시 말해 어떤 일이 이루어지기를 기다려야만 하는 것이 우리(나)에게도 있는가?

28

제 몸 하나 지켜내지 못하는 것을

(삼상 5:1-5)

> 1 블레셋 사람들이 하나님의 궤를 빼앗아 가지고 에벤에셀에서부터 아스돗에 이르니라
>
> 2 블레셋 사람들이 하나님의 궤를 가지고 다곤의 신전에 들어가서 다곤 곁에 두었더니
>
> 3 아스돗 사람들이 이튿날 일찍이 일어나 본즉 다곤이 여호와의 궤 앞에서 엎드러져 그 얼굴이 땅에 닿았는지라 그들이 다곤을 일으켜 다시 그 자리에 세웠더니
>
> 4 그 이튿날 아침에 그들이 일찍이 일어나 본즉 다곤이 여호와의 궤 앞에서 또 다시 엎드러져 얼굴이 땅에 닿았고 그 머리와 두 손목은 끊어져 문지방에 있고 다곤의 몸뚱이만 남았더라
>
> 5 그러므로 다곤의 제사장들이나 다곤의 신전에 들어가는 자는 오늘까지 아스돗에 있는 다곤의 문지방을 밟지 아니하더라

삼상 4:1-7:2에는 법궤를 함부로 다루는 사람이 받은 화와 존중하며 온전히 받아들인 사람이 받은 복이 나와 있다. 법궤를 전쟁수단으로 이용하던 엘리 제사장의 두 아들 제사장 홉니와 비느하스의 죽음(삼상 4:11) 법궤를 빼앗아놓고는 하나님의 권능 앞에 두려워하며 떠는 블레셋 사람들(5장) 경

외심 없이 법궤를 맞아들이다 벌을 받고 죽은 벳세메스 사람들(삼상 6:19-21) 법궤의 권위에 합당하게 받아들이고 예배를 드려 복을 받은 기럇여아림 사람들(삼상 6:21-7:2) 등이 그것이다. 이로써 법궤(언약궤) 이야기는 여호와와 법궤에 대한 그릇된 태도와 바른 태도가 가져오는 결과를 분명하게 보여 주었다.

이스라엘이 블레셋과 싸워 4천 명의 전사자를 내며 패배했다. 그들은 하나님의 궤를 가지고 나가면 이길 것으로 생각하여 실로에 있던 하나님의 궤를 전장으로 가져갔다. 다시 벌어진 전투에서 이스라엘은 3만 명의 전사자를 내며 대패했다. 그 뿐만 아니라 하나님의 거룩한 법궤가 이방인의 손에 넘어가는 어처구니없는 일이 생겼다.

법궤에는 다음과 같이 주요한 의미가 세 가지 들어 있다: i) 하나님께서 누구에게나 어디서나 함께 하신다는 임마누엘 신앙. 하나님과 동행하는 사람에게 하나님께서 복을 내려주시는 것이다. ii) 하나님의 언약(약속)의 상징. 나는 너희의 하나님이 되고, 너희는 나의 백성이 되리라는 황홀한 약속이 주어진 것이다. iii) 하나님의 말씀. 법궤 안에 십계명을 아로 새긴 십계명 돌판 두 개가 들어있었다. 법궤와 함께 있는 것은 살아계신 하나님의 말씀과 동행한다는 뜻이다.

당시 블레셋은 다섯 방백으로 이뤄진 연방국가 체제였다. 그들은 아스돗 가드 에그론 가사 그리고 이스글론이었다. 그들은 노획한 하나님의 법궤를 아스돗으로 가져가 다곤의 신전에 두었다. 이는 패배한 이스라엘이 블레셋을 섬기듯이 이스라엘의 하나님이 다곤 신을 섬긴다는 상징이었다.

이 때 거기서 일어난 일이 본문의 내용이다. 본문은 살아 역사하시는 하나님을 아주 명쾌하게 보여주었다. "다곤이 여호와의 궤 앞에서 엎드러져(

나팔) 그 얼굴이 땅에 닿았는지라"(삼상 5:3) 이와 관련하여 성경은 이 나팔동
사를 연이어 사용했다.

> 아스돗 사람들이 이튿날 일찍이 일어나 본즉 다곤이 여호와의 궤 앞에서 엎드러
> 져(나팔) 그 얼굴이 땅에 닿았는지라(삼상 5:3)
> 하나님의 궤를 말할 때에 엘리가 자기 의자에서 뒤로 넘어져(나팔) 문 곁에서 목
> 이 부러져 죽었으니(삼상 4:18)

얼굴을 땅에 대고 엎드리는 것은 경배와 굴복의 표시였다. 블레셋 사람들
생각처럼 이스라엘의 하나님이 다곤을 섬기는 것이 아니라, 다곤이 이스라
엘의 하나님 앞에 굴복하고 섬기는 형상이 된 것이었다. 당황한 그들은 다
곤을 일으켜 다시 제 자리에 세웠다.

그 다음 날에는 상황이 더욱 심각해졌다. 어제처럼 다곤이 여호와의 궤
앞에서 그 얼굴이 땅에 닿은 채 엎드러져 있었다.

그뿐만이 아니었다. 이번에는 그 머리와 두 손목이 잘려 있었다.(삼상 5:4)
머리나 손목을 자르는 것은 그 당시 전투에서 적을 이기고 나서 처벌할 때
흔히 쓰는 방법이었다. 고대 근동에서 손이 능력과 힘을 상징했다는 점을
감안할 때(신 26:8 참조) 손목이 부러진 다곤은 능력을 완전히 잃었다는 뜻이
다. 여기에는 하나님의 손이란 표현이 여러 차례 쓰였다.

> 6 여호와의 손이 아스돗 사람에게 엄중히 더하사 …7 아스돗 사람들이 이를 보
> 고 이르되 이스라엘 신의 궤를 우리와 함께 있지 못하게 할지라 그의 손이 우리
> 와 우리 신 다곤을 친다 하고 9 그것을 옮겨 간 후에 여호와의 손이 심히 큰 환난
> 을 그 성읍에 더하사 …11 …하나님의 손이 엄중하시므로(삼상 5:6-11)

이런 일은 우연히 생긴 것이 아니었다. 그러니 사람이 그것을 다시 세우려 해봐야 헛된 일이었다. 다곤은 사람이 만든 공예품일 뿐이었다. 이 사건으로 하나님은 자신만이 참 신이라는 사실, 그리고 사람이 신이라 부르는 것은 모두 다 허무한 것임을 만천하에 나타내셨다.

사람들은 독한 종기 재앙을 당했다.(출 9:8-12 참조) 그들이 믿는 신은 자신의 백성도 자기 몸도 하나 제대로 지켜내지 못하는 무기력한 존재였다. 이 사실이 밝히 드러나자 그들은 크게 당황했다. 견디다 못한 블레셋 사람들은 아스돗에 있던 법궤를 가드로 옮겼다. 그곳에도 독한 종기(페스트?)가 창궐했다. 가드사람들은 하나님의 법궤를 에그론에 넘겼다. 에그론에도 그것이 돌아 사람이 죽어나갔다.(삼상 5:11)

하나님의 궤가 블레셋에 있는 일곱 달(삼상 6:1) 동안 그들의 온 성읍이 사망의 환난을 당했다. 죽지 않은 사람들은 독한 종기로 고통을 겪었다. 그 성읍들에서는 하늘에 사무치는 부르짖음이 일어났다.(삼상 5:11-12) '성읍의 부르짖음이 하늘에 사무쳤다'는 것은 블레셋 사람들이 자기들이 믿고 섬기지도 않던 이스라엘의 하나님께 살려달라고 애원하게 되었다는 뜻이다. 블레셋 사람들은 하나님의 궤로 말미암은 재앙을 피하려고 그것을 이곳저곳으로 옮겨보았다. 그런 대처가 그들에게 아무런 효과도 나타나지 않았다. 결국 그들은 그것을 이스라엘 백성의 땅으로 돌려보내기에 이르렀다.(삼상 6:1-12).

하나님께서 하시는 일은 참으로 놀랍다. 블레셋은 이스라엘에게 대승을 거두었다. 더 나아가 하나님의 임재의 상징인 언약궤를 탈취하는 전과를 올렸다. 얼마나 자랑스럽고 우쭐하였을까? 하나님께서는 이때 자신의 궤가 블레셋 사람의 손에 붙잡혀 블레셋 땅으로 끌려가는 것처럼 보이게 하셨다. 그것이 블레셋의 정신과 삶의 중심인 다곤의 신전으로 들어가 그들의 신 자체를 굴복시키고 파괴해버림으로써 하나님만이 온 세상의 참 하나님이시며 주권자이심을 알게 하셨다.

이로써 성경은 우리를 일깨운다. '이스라엘이 전쟁에서 졌다고 하여 하나님이 없거나 죽은 것이 아니다. 착각하지 말라. 하나님은 살아 역사하신다.'

여기서 우리는 패배가 결코 패배만은 아니라는 사실을 보았다. 특히 하나님 안에서 우리는 이겨도 이기는 것이요 져도 이기는 것이다. 아니 이기는 것에서보다는 지는 것에서 더 많은 승리를 체험하곤 한다. 이김을 통한 승리보다는 패배를 통한 승리의 본보기를 예수님이 십자가에서 보여주셨다. 이런 믿음이 있기에 우리는 다른 사람 앞에서 또 세상 앞에서 져주기를 두려워하지 않는 것이다. 지는 용기, 져 주는 용기가 곧 믿음이다.

묵상 : 신앙과 합리화

신앙의 이름으로 하는 일들 중에는 진정 하나님 영광을 위하여 하는 것이 있는가 하면, 주님을 위해 한다고 하면서 사실은 자신의 잇속을 챙기려는 속셈을 감춘 경우도 있다. 엘리 시대 이스라엘이 그런 예이다. 그들은 진심으로 하나님의 말씀을 믿지도 따르지도 않으면서 필요할 때에만 하나님의 법궤를 찾았다. 이런 것은 어디서 표가 나도 나기 마련이다. 처음에는 그리고 세심히 살펴보지 않으면 잘 드러나지 않겠지만. 아말렉과의 전투 후 자신을 위해 좋은 짐승들만 골라 따로 빼놓았던 사울 왕도 그런 경우이다. (삼상 15:1-23)

---

14 너희가 순종하는 자식처럼 전에 알지 못할 때에 따르던 너희 사욕을 본받지 말고 15 오직 너희를 부르신 거룩한 이처럼 너희도 모든 행실에 거룩한 자가 되라 (벧전 1:14-15)

29
최고의 준비는 최선의 결과를 낳는가?

(삼하 6:1-7)

1 다윗이 이스라엘에서 뽑은 무리 삼만 명을 다시 모으고

2 다윗이 일어나 자기와 함께 있는 모든 사람과 더불어 바알레유다로 가서 거기서 하나님의 궤를 메어 오려 하니 그 궤는 그룹들 사이에 좌정하신 만군의 여호와의 이름으로 불리는 것이라

3 그들이 하나님의 궤를 새 수레에 싣고 산에 있는 아비나답의 집에서 나오는데 아비나답의 아들 웃사와 아효가 그 새 수레를 모니라

4 그들이 산에 있는 아비나답의 집에서 하나님의 궤를 싣고 나올 때에 아효는 궤 앞에서 가고

5 다윗과 이스라엘 온 족속은 잣나무로 만든 여러 가지 악기와 수금과 비파와 소고와 양금과 제금으로 여호와 앞에서 연주하더라

6 그들이 나곤의 타작 마당에 이르러서는 소들이 뛰므로 웃사가 손을 들어 하나님의 궤를 붙들었더니

7 여호와 하나님이 웃사가 잘못함으로 말미암아 진노하사 그를 그 곳에서 치시니 그가 거기 하나님의 궤 곁에서 죽으니라

이것은 다윗이 예루살렘에 법궤를 안치하려다 실패하는 이야기다. 삼하 6장은 법궤의 운반과 안치(삼하 6:1-19) 다윗과 미갈의 불화(삼하 6:20-23) 등

두 부분으로 되어 있다. 법궤를 가리켜 하나님의 궤 또는 여호와의 궤라고 도 했다.

이스라엘 통일왕국의 왕이 되고 예루살렘을 수도로 건설한(삼하 5:1-12) 다 윗은 법궤를 예루살렘에 안치하기로 마음먹었다. 어떤 사람들은 인본주의 적인 왕 사울을 대신하는 다윗 왕의 신앙을 칭송하기도 하고, 어떤 사람들 은 역성혁명(易姓革命) 이후 왕실의 합법성(정통성, 왕조 이데올로기)을 견고하게 하려는 시도라고 깎아 내렸다. 이를 정리하자면, i) 아마 다윗은 이런 유동 적인 것을 정착(안정)시키려 하였던 듯하다. ii) 이것은 어쩌면 사울과의 차 별화를 시도한 것일지도 모른다. 성경에는 사울이 법궤에 관심을 갖고 있 었다거나, 그것을 백성의 생활과 연결시키려 노력했다는 기록이 전혀 없다. iii) 자신이 새로 정복하여 수도로 삼은 예루살렘을 이스라엘의 정치 · 종교 의 중심지로 삼으려 했다. 이는 결국 자신의 왕권을 안정적인 위치로 끌어 올리려는 것이었다.

다윗은 법궤를 모시려고 사람(군대와 수레를 이끄는 자), 새 마차, 악단, 잔치, 안치할 장소 등 만반의 준비를 했다. 그것을 수레에 싣고 가는 도중에 깜짝 놀랄 일이 생겼다. 나곤의 타작마당에서 수레를 끌던 소가 갑자기 뛰기 시 작하였던 것이다. 이런 일은 블레셋 백성들이 암소 두 마리에 법궤를 실어 벧세메스로 운반하였을 때에도 일어나지 않았다.(삼상 6:12)

법궤가 땅바닥에 굴러 떨어질 위태로운 순간이었다. 이에 웃사가 얼른 손 을 내밀어 법궤를 잡았다. 그 때 하나님께서 웃사에게 진노하셨다. 그를 치 셔서 그가 죽었다. 법궤에 함부로 손대지 말라는 것은 비록 오래 전부터 주 어진 경고이지만 이 순간 웃사에게 일어난 일은 그들을 당혹스럽게 만들었 다. 다윗은 최선을 다하여 준비하였고 그것은 완벽해 보였다. 그런데도 일 이 생각대로 되지 않았다. 오히려 애꿎은 사람만 죽어 나갔다.

이 일을 어떻게 설명해야 할까? 어찌하여 이 일의 희생자가 다른 이가 아닌 웃사였느냐는 문제를 차치하면, 그 대답은 아마 하나님만 아시는 신비에 속한 일이리라. 이를 다음과 같이 해석할 수 있다.

i) 타부 (금기) : 법궤는 경외의 대상이자 신성함 그 자체였다. 오죽하면 제사장들 중에서도 대제사장만 그것도 일 년에 단 한 번만 법궤가 있는 지성소에 들어갈 수 있었겠는가! 거룩한 것에 함부로 손을 대는 것은 이유여하를 불문하고 불경스러운 일이다. 이는 금기사항이다. 사람 입장에서는 충분히 이해하기 어렵지만 샤머니즘 (무당)을 포함하여 이 세상 모든 종교에는 함부로 범접하지 말아야 하는 금기가 있다. 접근금지의 대상이나 영역이 있다는 말이다. 그것은 고압전류로 충전되어 있다가 일정한 거리 이상 가까이 접근하는 순간 목숨까지도 위태롭게 만드는 것과 같이 숨겨진 힘이다.

이 세상 모든 종교는 사람이나 세상에 속한 것이 아닌 신에게 속한 것을 거룩하게 여긴다. 유대교나 기독교도 이에서 예외는 아니다. 성경 성전 성물 성직자 성도라는 표현들 속에 이런 구별과 금기가 이미 들어있다. 하나님께서는 레위 자손(그 중에 고핫 자손)이라도 법궤에 손대지 말라고 하셨다.(민 4:15) 그것은 하나님의 임재의 상징물이며 거룩한 것이니 아무도 들여다보지 말라고 하실 정도로 엄격하게 금지되었다.(민 4:20: 삼상 6:19) 법궤를 운반할 때에도 그것을 완전히 싼 다음(민 4:15) 법궤의 고리에 채를 꿰어서 옮겨야만 했다.(출 25:14)

ii) 율법위반: 법궤를 운반할 때에는 반드시 어깨에 메고 가야지, 다른 운송수단을 사용해서는 아니 되었다.(민 7:9) 하나님이 정하신 것을 인간이 상황논리에 따라 제 입맛대로 바꾸면 곤란하다는 말이다.(대상 15:13

참조) 본문에는 레위인이 법궤의 이동에 참여했다는 내용이 없다. 이것
도 율법을 위반한 것이다.(대상 15:13 참조) 나중에 요세푸스는 제사장(
레위인)이 아닌 사람이 법궤를 만진 것이 화근이었다고 기록했다. 다윗
은 레위인을 모이게 하면 될 일에 정작 레위인을 빼고 별로 쓸모도 없
이 군사를 삼만 명이나 동원했다.

iii) 여호와께 묻지도 않고 제멋대로 내린 결정: 다윗은 이 일을 놓고 기
도를 드리거나 신앙적인 조언을 구하지 않았다. 자신의 신앙적 신념
을 그냥 하나님이 원하시는 것이라고 단정했다. 이런 뜻에서 나곤의
타작마당에서 일어난 사고는 하나님의 표적이다.(삼상 5:1-5 참조) 그렇
다. 만일 반드시 이루고 싶은 일이 있다면 반드시 기도부터 드리라.

iv) 신앙을 자기 잇속을 챙기는 도구로 전락시킴: 하나님은 그 어떤 이유
로도 개인 단체(공동체) 나라와 민족의 사유물이 될 수 없다. 뇌물(헌금
헌물)로 매수할 수도 없다. 자신이나 민족의 이기적 욕망을 실현시키는
방법으로 신앙의 신실성을 과시하는 것은 결코 믿음이 아니다.

14 너희가 순종하는 자식처럼 전에 알지 못할 때에 따르던 너희 사욕을 본받지
말고 15 오직 너희를 부르신 거룩한 이처럼 너희도 모든 행실에 거룩한 자가 되
라(벧전 1:14-15)

만일 법궤를 예루살렘으로 이동시켜 안치하고자 하는 다윗의 결정
이 왕조의 합법성(정통성)을 공고히 하려는 속셈에서 나왔다면 그것은
신앙이 아니라 신앙의 외피를 쓴 욕망추구이다. 동서고금의 현실 정
치에는 이런 예가 허다하게 많다. 종교적 신념으로 포장된 이런 정치
적 행위가 가져오는 참담한 폐해를 인류는 수없이 여러 번 경험했다.

v) 하나님의 인간화: 하나님은 법궤를 스스로 지켜낼 수 있는 분이다. 그것은 웃사가 손을 대어 붙잡으면 괜찮고 그렇지 않으면 망가지는 물건이 아니다. 본문을 보라. 법궤를 실은 수레를 끌던 소가 날뛰었다는 말씀만 있을 뿐 그것이 땅에 떨어져 나뒹굴었다는 내용이 없다.

블레셋의 다곤상은 자신을 스스로 지키지 못하는 목석이었지만(삼상 5장 참조) 여호와는 그들과 다르다. 하나님의 일조차도 인간의 일과 똑같은 방법이나 과정으로 하려는 것은 곧 하나님을 하나님으로서가 아니라 인간으로 대하는 것과 다름없다.

vi) 지도자의 실책(잘못)은 많은 사람을 다치게 한다. 그가 잘못된 선택을 하면 할수록 더 많은 사람들이 피를 흘리거나 고초를 겪는 것이다.

이 일로 다윗의 마음이 상했다. 그는 분노했다. 7절에는 이 분노의 주체가 여호와로, 8절에는 다윗으로 나왔다. 그곳 이름은 베레스웃사(웃사를 침)로 되었다. 이 이름에는 매우 당혹스러운 다윗의 심정이 들어 있다. 아무리 사람이 최선의 노력과 준비를 하더라도 하나님 뜻에 어긋나게 하면 유익하지 않다는 사실을 이 이름으로 우리는 다시금 깨닫는다.

묵상 : 신앙과 분별력

법궤를 둘러싸고 생겨난 물음들이 성경에 있다. 이것은 법궤를 하나님 말씀에 합당하게 받아들이는 대신 거기에 자기 생각을 주입시켰다가 낭패를 본 사람의 탄식이었다:

우리에게 화로다 누가 우리를 이 능한 신들의 손에서 건지리요 (삼상 4:8)

우리가 이스라엘 신의 궤를 어찌하랴 (삼상 5:8)

우리가 여호와의 궤를 어떻게 할까 (삼상 6:2)

이 거룩하신 하나님 여호와 앞에 누가 능히 서리요 그를 우리에게서 누구에게로 올라가시게 할까 (삼상 6:20)

여호와의 궤가 어찌 내게로 오리요 (삼하 6:9)

이스라엘 민족에게 법궤는 아주 가까이(친밀히) 해야 할 대상인 동시에 너무 가까이 (함부로) 대하지 말아야 할 것이었다.

거기에는 금기가 있었다. 그 선을 넘어서는 것은 교만이요, 불신앙이다. 혹시 나는 신앙의 이름으로 금기사항을 가볍게 여기고 있지는 않은가?

신앙인은 분별력이 있어야 한다. 자신이 할 수 있는 것이라도 하나님이 기뻐하시지 않을 것이라면 스스로 멀리 해야 하고 자신이 할 수 없는 것이라도 하나님께서 기뻐하실 일이면 달려들어야 하는 것이다. 무엇이 하나님의 기쁨이겠는가? 매사를 하나님의 뜻대로 말씀대로 규례대로 행하고자 물어가며 힘쓸 때에 하나님께서 기뻐하실 것이다.

30
오벧에돔이 받은 복

(삼하 6:9-11)

> 9 다윗이 그 날에 여호와를 두려워하여 이르되 여호와의 궤가 어찌 내게로 오
> 리요 하고
>
> 10 다윗이 여호와의 궤를 옮겨 다윗 성 자기에게로 메어 가기를 즐겨하지 아니
> 하고 가드 사람 오벧에돔의 집으로 메어 간지라
>
> 11 여호와의 궤가 가드 사람 오벧에돔의 집에 석 달을 있었는데 여호와께서 오
> 벧에돔과 그의 온 집에 복을 주시니라

　이것은 법궤를 자기 집에 받아들인 오벧에돔이 하나님의 복을 받은 이
야기다. 여호와의 법궤에 손을 대었던 웃사가 눈 깜짝할 사이에 죽었다.
이에 그 곁에 있던 사람들은 모두 다 기겁을 했을 것이다. 특히 하나님의
거룩성을 자신의 통치 수단으로 이용하려던 다윗에게 가장 큰 충격이었
다. '바로 그 날에'(빠이욤 하후) 크게 두려워했다. 그리고 말했다: '여호와
의 궤가 어찌 내게로 오리요.' 다윗은 일이 이렇게 전개된 데 대해 자기반
성도 면밀한 검토도 하지 않았다. 그냥 법궤의 이동 · 안치 자체를 포기했
다. 물론 이 일을 계기로 그는 거룩하신 하나님 앞에 조심하고 또 조심해
야 함을 깨달았을 것이다.
　다윗은 그것을 오벧에돔의 집에 가져다 놓았다. 이 세상에는 똑같은 것이

복이 되기도 하고 저주가 되기도 하는 일이 많다. 법궤도 그렇다. 그것이 웃사에게는 재앙이 되었고 오벧에돔에게는 호박이 넝쿨째 굴러들어오는 복덩어리였다. 말씀에 불순종하였던 웃사나 다윗과 달리 오벧에돔은 말씀에 순종하는 사람이었다. 오벧에돔이란 그 이름은 i) 에돔을 섬기는 자(에돔의 종) ii) 섬기는 사람(사람을 섬기는 종) iii) 흙을 섬기는 사람 곧 땅을 경작하는 농부란(창 2:5 참조) 뜻이다. 그것은 어느 경우에나 섬김(순종)과 관련이 있다. 하나님께서 오벧에돔에게 복을 주신 이유가 무엇일까?

첫째로 오벧에돔은 흔쾌히 법궤를 자기 집에 모셨다. 웃사가 법궤에 손을 대었다가 죽자 다윗은 두려웠다. 그는 여호와의 궤를 다윗 성에 모시기를 꺼렸다.(10절) 아마 다윗 왕만 아니라 이스라엘 백성 모두가 다 그런 심정이었을 것이다. 사람들은 법궤를 마치 흉물처럼 대했다. 모두가 다 이럴 때 법궤를 자기 집에 모신 사람이 오벧에돔이다.

둘째로 오벧에돔은 그의 이름처럼 법궤를 충성스럽게 섬겼다. 웃사는 무지와 인간적으로 생각하여 하나님의 말씀(민 4:20; 삼상 6:19)을 소홀히 하다가 죽었다. 다윗은 하나님 말씀대로 하지 않고 자기를 과시하기에 골몰했다. 이에 비해 오벧에돔은 가장 깊은 곳에서 우러나오는 진실과 사랑으로 최선을 다해 모셨다. 그 결과 석 달 만에 왕의 귀에까지 소문이 들어갈 정도로 풍성한 복을 받았다.

이로써 오벧에돔이 받은 축복은 무엇인가? 첫째로 하나님과 동행하고 하나님 말씀과 함께하는 복이다.(시 73:28 하나님께 가까이 함이 내게 복이라) 둘째로 하나님으로부터 물질적인 복을 받았다. 11절에 "오벧에돔과 온 집에 복을 주시니라"는 말은 그의 가족과 가축과 밭의 소산에 풍성한 복을 주셨다는 뜻이다. 역대기 상에 따르면 오벧에돔은 후손이 62명이었다. 그들은 하나같이 다 축복을 받은 덕에 모두 어떤 일을 하든지 잘 감당했다.(대상 26:1-8)

셋째로 오벧에돔은 신앙의 역사에 남는 유명한 인물이 되었다. 넷째로 지엄하신 하나님의 영광이 자기 집에 석 달 동안이나 머물렀다. 다섯째 왕이 자신에게 직접 찾아오는 특권을 누렸다.(12절)

이런 것들은 물론 저절로 주어진 것이 아니다. 그는 혹시 불이익이라도 당할까봐 사람들이 기피하는 법궤를 받아들여 자기 집에 모셨다. 당시 모두가 꺼리는 일을 기꺼이 하였던 것이다.

묵상 : 다른 사람이 마다하는 일을 하는 사람

다른 사람이 하기 싫은 것 그렇지만 해서 좋을 일을 (기꺼이 혹은 등 떠밀려) 하는 사람이 있다.

> 나가다가 시몬이란 구레네 사람을 만나매 그에게 예수의 십자가를 억지로 지워 가게 하였더라 (마 27:32)

하기 싫어 억지로 한 일이 나중에 복이 되는 경우가 얼마든지 있다. 항상 그런 것은 아니지만 하나님의 뜻은 우리가 즐겁게 하려 하는 일에 보다는 마지 못해 하는 일 싫지만 양심에 찔려서 하는 일에 더 가까이 있다.

31

소를 잃었어도 외양간을 고쳐야

(삼하 6:12-19)

12 어떤 사람이 다윗 왕에게 아뢰어 이르되 여호와께서 하나님의 궤로 말미암아 오벧에돔의 집과 그의 모든 소유에 복을 주셨다 한지라 다윗이 가서 하나님의 궤를 기쁨으로 메고 오벧에돔의 집에서 다윗 성으로 올라갈새

13 여호와의 궤를 멘 사람들이 여섯 걸음을 가매 다윗이 소와 살진 송아지로 제사를 드리고

14 다윗이 여호와 앞에서 힘을 다하여 춤을 추는데 그 때에 다윗이 베 에봇을 입었더라

15 다윗과 온 이스라엘 족속이 즐거이 환호하며 나팔을 불고 여호와의 궤를 메어오니라

16 여호와의 궤가 다윗 성으로 들어올 때에 사울의 딸 미갈이 창으로 내다보다가 다윗 왕이 여호와 앞에서 뛰놀며 춤추는 것을 보고 심중에 그를 업신여기니라

17 여호와의 궤를 메고 들어가서 다윗이 그것을 위하여 친 장막 가운데 그 준비한 자리에 그것을 두매 다윗이 번제와 화목제를 여호와 앞에 드리니라

18 다윗이 번제와 화목제 드리기를 마치고 만군의 여호와의 이름으로 백성에게 축복하고

19 모든 백성 곧 온 이스라엘 무리에게 남녀를 막론하고 떡 한 개와 고기 한 조각과 건포도 떡 한 덩이씩 나누어 주매 모든 백성이 각기 집으로 돌아가니라

이것은 다윗이 두 번째 시도 끝에 법궤를 예루살렘에 안치하는 이야기다. 다윗은 매우 열심히 그리고 최선을 다하여 법궤 이동 및 설치를 준비했다. 오늘날 우리는 최고의 준비가 최고의 결과를 낳는다는 환상에 이따금 사로잡힌다. 신앙인에게는 최고의 준비보다 더 중요한 것이 있다. 하나님의 일이나 인생에 관계된 일이나 다 하나님께서 원하시는 방법대로 해야만 한다는 것이다.

목적이 수단을 정당화시킬 수 없다는 것을 초등학생 시절부터 배웠지만 우리 생활에서 이 말은 종종 무시되고 있다. 우리는 자신이 할 수 있는 최고의 준비를 하되 그 목적과 방법이 다 하나님 뜻에 합당한지를 되풀이 점검해야 하는 것이다.

법궤를 옮기려 할 때 다윗은 열심히 준비했다. 바로 그 준비의 내용에 문제가 있었다. i) 레위 후손 중 고핫 후손을 모으면 될 일을 가지고 군사 삼 만과 아미나답의 아들들을 동원했다. ii) 고핫 자손이 해야 할 일에 새 수레를 준비했다. iii) 이런 것이 비록 열심과 정성이 들어간 것일지라도 하나님께서 정해놓으신 방법대로 한 준비가 아니었던 것이다. 다윗의 이런 모습에서 우리는 무엇을 느끼는가? 법궤를 이동·안치하려는 계획의 무게중심은 하나님을 향한 신앙보다는 자기 과시에 더 쏠려있는 듯 한 느낌이다.

첫 번째 시도에서 웃사가 죽는 사고를 당하자 다윗은 그 원인이 어디에 있는지를 제대로 살피지 않았다. 그 원인이 자기 자신에게 있음을 알기에 너무나 두려웠던 것일까? 그는 단지 분노하고 또 두려워하며 말하였을 뿐이다: '여호와의 궤가 어찌 내게로 오리요?'(삼하 6:9) 사고 앞에 선 다윗의 첫 번째 선택은 어설펐다. 그는 법궤를 오벧에돔의 집에 갖다 놓았을 뿐 응분의 조처를 취하지 않았다.

두 번째 시도에서 다윗은 자기과시보다는 예배에 무게를 두었다. 이것의 처음과 끝이 예배로 장식되었다.(13, 17-19절) 무슨 일을 하든지 사전준비를 철저히 하는 것보다 더 중요한 것은 바로 이것이다. 아주 중요한 일에서 뼈 아픈 실패를 겪은 다음, 다윗은 중요한 일의 알파와 오메가는 예배라는 사실을 깨달았다. 그는 소 잃고 나서 외양간을 고친 사람이다. 그 덕분에 소를 두 번 잃는 우를 범하지 않았다.

망양보뢰(亡羊補牢)란 말이 있다. 양을 잃고 나서 양 우리를 고친다는 뜻이다. 본디 중국 『전국책(戰國策)』에 나오는 말이다. 조선 중기의 문신이자 재상인 유성룡(1542~1607)이 임진왜란을 겪으며 이 말을 빌려다 썼다.(「감사(感事)」『서애집(西厓集)』)

양을 잃었어도 우리를 고치고 말을 잃었어도 마구간을 지을지어다.
지난 일은 비록 어쩔 수 없지만 오는 일은 그래도 대처할 수 있으니.

하나님과 함께 함은 참 좋은 일이면서도 매우 위험한 일이다. 하나님을 섬기는 일 또한 그러하다. 어떤 사람은 하나님을 섬기다가 복을 받고(오벧에돔), 어떤 사람은 낭패를 당하기도 한다.(웃사, 다윗)

우리에게 주어진 직분(성직)도 그러하다. 목사 장로 권사 집사 교사 찬양대원 등 이 직분을 감당함으로 인하여 자신과 가정에 복이 되기도 하고 그 반대가 되기도 하는 것이다. 참으로 조심스럽지 않을 수 없다. 자신의 직분과 그 수행이 복이 되는 사람은 참으로 아름답다.

21 나더러 주여 주여 하는 자마다 다 천국에 들어갈 것이 아니요 다만 하늘에 계신 내 아버지의 뜻대로 행하는 자라야 들어가리라 22 그 날에 많은 사람이 나더러 이르되 주여 주여 우리가 주의 이름으로 선지자 노릇 하며 주의 이름으로 귀

신을 쫓아내며 주의 이름으로 많은 권능을 행하지 아니하였나이까 하리니 23 그
때에 내가 그들에게 밝히 말하되 내가 너희를 도무지 알지 못하니 불법을 행하
는 자들아 내게서 떠나가라 하리라 (마 7:21-23)

묵상 : 하나님을 하나님의 자리에 모시는가?

다윗은 하나님을 믿고 섬기는 사람이었다. 그런데도 몇 번이나 하나님께 묻
지도 않고 제 생각대로 일을 처리했다. 이를테면 길르앗 야베스에게 지지를
호소할 때(삼하 2:1-7), 아브넬과 협상할 때(삼하 3:6-21), 미갈을 데려 올 때(삼하
3:6-21), 그리고 법궤를 예루살렘으로 이동시킬 때(삼하 6:1-5), 성전을 건축하
려 마음먹을 때 (삼하 7:1-3) 그리고 인구조사를 할 때(삼하 24장) 등이다. 그 때
마다 그는 큰 낭패를 당했다. 중대한 일을 하면서도 여호와께 묻지도 않는 것
(기도드리지 않는 것)은 하나님을 하나님의 자리로 모시지 않는 것과 같다.

이런 뜻에서 우리는 우리 안에 있는 성전에 하나님을 모시고, '이런 경우 하
나님이시라면 어떻게 하실까'라고 물으며 사는가를 늘 스스로 돌아봐야 하리
라.

너희는 너희가 하나님의 성전인 것과 하나님의 성령이 너희 안에 계시는 것을 알
지 못하느냐 (고전 3:16; 6:19 참조)

32

가시 돋친 설전

(삼하 6:20-23)

20 다윗이 자기의 가족에게 축복하러 돌아오매 사울의 딸 미갈이 나와서 다윗을 맞으며 이르되 이스라엘 왕이 오늘 어떻게 영화로우신지 방탕한 자가 염치 없이 자기의 몸을 드러내는 것처럼 오늘 그의 신복의 계집종의 눈앞에서 몸을 드러내셨도다 하니

21 다윗이 미갈에게 이르되 이는 여호와 앞에서 한 것이니라 그가 네 아버지와 그의 온 집을 버리시고 나를 택하사 나를 여호와의 백성 이스라엘의 주권자로 삼으셨으니 내가 여호와 앞에서 뛰놀리라

22 내가 이보다 더 낮아져서 스스로 천하게 보일지라도 네가 말한 바 계집종에게는 내가 높임을 받으리라 한지라

23 그러므로 사울의 딸 미갈이 죽는 날까지 그에게 자식이 없으니라

19 모든 백성 곧 온 이스라엘 무리에게 남녀를 막론하고 떡 한 개와 고기 한 조각과 건포도 떡 한 덩이씩 나누어 주매 모든 백성이 각기 집으로 돌아가니라

이것은 법궤를 예루살렘에 안치한 뒤 다윗과 미갈이 나눈 대화를 소재로 한다. 흥에 겨워 집으로 돌아온 다윗을 미갈은 차갑게 대했다. 그녀는 다윗의 기쁨에 동참하지 않았다. 기뻐 뛰노는 다윗에게 합류하지 않고 창문으로 다윗의 모습을 구경했다는 것 자체가 이미 그녀의 태도를 엿보게 해 준다.

'여호와 앞에'(여호와의 궤 앞에) 춤추는 다윗을 보고도 그녀의 마음은 전혀 열리지 않았던 것이다.

삼하 6:16-23은 미갈에게 다윗의 아내라는 칭호 대신에 사울의 딸이란 말을 세 번이나 붙여주었다. 마치 이미 망한 사람의 딸이라고 경멸하듯이. 다윗에게는 '그 왕 다윗'(함멜레크 다비드)이라며 한껏 높여주었다. 이는 아마 그녀가 다윗에게 공감하지 아니하고 방관자(구경꾼) 내지 비웃는 자(적대하는 자)로 등장한 것에서 나온 표현이리라.

일찍이 다윗은 미갈을 아내로 받아들였다.(삼상 18:25-27). 잠시 그녀를 도로 빼앗겼다가(삼상 25:44) 다시 되찾아왔다.(삼하 3:13-16) 그는 투항하려는 계획아래 자신과 협상하려는 아브넬 장군에게 단 하나의 조건, 곧 미갈을 다시 데려오라는 요구사항만 내걸었다.

그 당시 미갈은 자기 가족을 이미 다 잃은 상태였다. 친정 식구 없이 외톨이가 된 그녀는 그 원인을 다윗에게서 찾았을까? 만일 그렇다면 그녀는 다윗에 대한 원망을 품고 있었을 것이다.

미갈이 다윗을 업신여긴 표면적인 동기는 벌거벗음이다.(20절) 이를 계기로 그녀는 영화(영광) 계집종 몸을 드러내다라는 표현으로 다윗을 몰아세웠다. 여기 쓰인 낱말로만 보면 그녀는 왕가의 딸다운 품격이 무엇인지 아는 사람이었다. 물론 본문 앞부분에 다윗이 벌거벗었다는 말이 나오지 않는다. 그가 입었던 에봇이 그의 춤사위가 매우 격렬해지면서 벗겨진 것일까? 신체의 일부분이 맨살로 드러난 것을 과장한 표현일까?

삼상 19:24에 따르면 황홀경에 빠진 예언자에게 옷이 벗겨지는 것은 흔한 일이었다. 이방 종교제의에서 사제는 벌거벗은 채 집례하기도 했다. 이는 아마 모든 잔재를 일소한 채 예배드리라는 뜻이리라. 벌거벗은 상태에서 인간은 신을 직접 바라보며, 그 무방비상태로 신에게 자신을 내어맡긴다는 것이다. 우스꽝스러운 이 풍습에 대해 하나님은 벌거벗은 모습이 들어나지 않도록 사제의 바지를 만들라고 말씀하셨다.(출 20:26 등)

미갈이 화가 난 가장 큰 이유는 하녀들(궁녀들)이 다윗의 벗은 모습을 보았다는 데 있다. 학자들 사이에는 미갈의 이런 태도가 전통과 상식에 따른 것이라는 입장과 교만에서 비롯되었다는 입장이 갈린다. 다윗은 이런 미갈의 감정에 공감하기보다는 다음과 같이 비판했다.(21-22절)

> 21 …이는 여호와 앞에서 한 것이니라 그가 네 아버지와 그의 온 집을 버리시고 나를 택하사 나를 여호와의 백성 이스라엘의 주권자로 삼으셨으니 내가 여호와 앞에서 뛰놀리라 22 내가 이보다 더 낮아져서 스스로 천하게 보일지라도 네가 말한 바 계집종에게는 내가 높임을 받으리라…

이것은 낮아짐과 높아짐의 변증법을 담고 있다. 다윗은 세상적인 체통과 높아짐을 던져버리고 나서 높아졌다. 그는 하나님께서 자신을 높여주시는 곳으로 가는 길이라면, 사람들 앞에서 당하는 그 어떤 수치와 천대도 감내할 사람이었다. 낮아지다는 말(칼라)은 경멸하다 무시하다 천대하다는 뜻이다.

이 대화에서 다윗은 일을 이렇게 만든 주인공이 여호와 하나님이신 것을 분명히 했다. 사울 집안이 몰락하고 자신이 등극한 이유는 오직 하나 곧 여호와 하나님의 역사라는 고백이었다.

다윗과 미갈은 자녀를 낳지 못했다.(그리고 미갈, 곧 사울의 딸에게는 죽는 날까지 그녀의 아이가 없었다. 23절 직역) 본문에는 이것이 다윗에게 공감하지 못한 결과로 묘사되었다. 다윗의 기쁨과 그 예배에 참여하지 않음으로써 거기서 흘러나오는 다산과 풍요의 복을 누리지 못한다는 것이다. 한편으로 이것은 후대 예언자들에게 다산과 풍요제의를 비판하는 빌미가 되었다.(특히 호세아) 다른 한편 이것은 다윗이 장차 다른 방법으로 왕자를 세우리라는 점을 알려주는 복선(伏線)이다.

사람이 세상사는 동안에 의견충돌을 가장 많이 일으키는 대상은 부부이다. 그 다음이 부모-자식이다. 가까울수록 상대방에 대한 애정(애착)이 크기에 자칫하면 자기의 시선으로 상대방을 교정시키려 하는 것이다.

긍정적으로 보면 그만큼 가깝기 때문에 의사표현도 그만큼 자유롭다는 뜻이기도 하다. 이런 역학관계를 염두에 두지 않고 겉으로 드러나는 표현만 가지고 갈등을 일으키는 사람은 어리석은 것이다.

부부는 서로에게 가장 큰 비판자라는 말이 있다. 다윗이 법궤를 예루살렘으로 이동 · 안치시키는 일이 성공적으로 끝나자 모두가 다 기뻐했다. 단 한 사람만 빼놓고. 그 한 사람이 바로 다윗의 아내 미갈이다. 그녀의 말을 사실을 냉철하게 분별한 비판이라고 보아야 할까, 아니면 교만 또는 다윗의 옷이 벗겨진 모습으로 사람들 앞에 있었던 것에 대한 부끄러움에서 나왔다고 보아야 할까?

묵상 : 공감부족

미갈과 다윗은 서로 상대방의 감정에 공감하지 못했다. 그 결과 그들의 대화는 처음부터 끝까지 가시 돋친 말로 진행되었다. 그 둘은 왕의 체통과 관련하여 서로 다른 의견을 가지고 있었다. 서로 다른 의견이 부드러운 대화로 조정되지 못하고 충돌로 간 것은 참 안타까운 일이다. 오늘날 우리(나)는 성장배경이나 생각이나 관점 또는 이해관계의 차이에서 생겨나는 이견(異見)과 갈등을 어떻게 다루고 있는가?

33

너무나 당연하게 여겨지기에

(삼하 7:1-7)

> 1 여호와께서 주위의 모든 원수를 무찌르사 왕으로 궁에 평안히 살게 하신 때에
>
> 2 왕이 선지자 나단에게 이르되 볼지어다 나는 백향목 궁에 살거늘 하나님의 궤
> 는 휘장 가운데에 있도다
>
> 3 나단이 왕께 아뢰되 여호와께서 왕과 함께 계시니 마음에 있는 모든 것을 행
> 하소서 하니라
>
> 4 그 밤에 여호와의 말씀이 나단에게 임하여 이르시되
>
> 5 가서 내 종 다윗에게 말하기를 여호와께서 이와 같이 말씀하시되 네가 나를
> 위하여 내가 살 집을 건축하겠느냐
>
> 6 내가 이스라엘 자손을 애굽에서 인도하여 내던 날부터 오늘까지 집에 살지 아
> 니하고 장막과 성막 안에서 다녔나니
>
> 7 이스라엘 자손과 더불어 다니는 모든 곳에서 내가 내 백성 이스라엘을 먹이라
> 고 명령한 이스라엘 어느 지파들 가운데 하나에게 내가 말하기를 너희가 어찌
> 하여 나를 위하여 백향목 집을 건축하지 아니하였느냐고 말하였느냐

이 부분은 다윗과 나단의 대화(삼하 7:1-3)에 이어 나단과 하나님의 대화
다.(삼하 7:5-7)

성경에 기록된 역사는 단순히 과거 사실을 모아놓은 것이 아니다. 그 기

록 속에는 하나님 손길과 하나님께서 이루신 일을 향한 신앙고백이 들어 있다. 사무엘상 16장부터 사무엘하 24장에 다윗에 관한 역사기록도 여기서 벗어나지 않았다. 이 기록은 다윗을 주인공으로 부각시키거나, 개인 다윗의 인생을 써 놓은 것이 아니다. 그것은 언제나 하나님과의 관계에서 다윗의 일들을 서술한 것이다. 이런 점에서 사무엘하 7장은 아주 중요하다. 여기서 우리는 하나님과 다윗의 관계를 아주 잘 알 수 있기 때문이다.

이 부분은 다윗과 나단의 대화로 시작되었다. 헤브론에서 왕으로 기름 부어진 이래 다윗은 시대가 요동치는 가운데 사건들의 급물살을 타고 있었다. 쉴틈 없이 밀려드는 소용돌이처럼 극적인 사건들이 줄을 이었다. 7장에 와서야 겨우 숨을 돌릴 겨를이 생겼다. 위기와 투쟁과 기다림의 시간이 지나고 하나님께서 그를 위해 휴식을 주셨다.(1절)

그리고 그 왕이 자신의 집에 살고 있는 바로 그 때였다. 그 때 여호와께서 그 주변의 모든 적들로부터 (벗어나) 그에게 안식하게 하셨다.(직역)

무찌르다라고 옮긴 말은 본디 쉬다는 뜻이다. 하나님께서 다윗의 적대자들을 쉬게 하셨다. 이로써 다윗도 편안히 쉴 기회를 얻었다.

예루살렘으로 하나님의 궤를 가져 온 그는 그 언약궤를 제대로 모실 장소가 필요하다고 생각했다. 그것이 곧 여호와의 성전이 될 것이다. 그는 이미 예루살렘에 자신의 거처를 지었다. 짓고 나서 보니 하나님의 거처가 시원치 않게 보였을 것이다.(2절)

삼하 7:2에는 왕의 백향목 궁과 하나님 궤의 성막(휘장)이 비교되었다. 겉으로 볼 때, 이 두 곳은 그 화려함과 초라함에서 극과 극이었다. 이에 다윗은 하나님을 위해 백향목 집을 짓고 싶어 했다.(삼하 7:5, 7 참조) 그는 자신의 심정과 계획을 선지자 나단에게 말했다. 나단은 그 속뜻을 금방 알아차렸다. 그는 더 생각할 필요도 없이 두 말할 여지도 없이 곧바로 그의 계획을 재가하고 복을 빌어주었다.(3절)

어떤 일이 너무나 자명하여 무조건 추진되는 경우가 있다. 이럴 때 사람은 기도드릴 필요를 느끼지 못하곤 한다. 지금이 바로 그런 때이다. 다윗이나 나단은 여호와의 거처(성전)를 세우는 일에서 기도를 필요로 하지 않을 만큼 아주 당연하게 행동했다. 이보다 더 하나님 영광을 찬양하며 드러내는 일이 또 어디에 있겠는가! 대단히 선해 보이는 이 일에 무슨 기도가 필요하겠는가! 그들의 마음은 이렇듯 아주 순수하였으며 그 계획도 아주 당연해 보였던 것이다. 이에 우리는 영적으로 당연해 보여서 물을 필요도 없으리라고 여겨지는 일도 기도드려야 함을 깨닫는다.

이 단락의 기초는 '여호와께서 왕과 함께 계시니'(3절)라는 말씀이다. 이는 '나를 존중히 여기는 자를 내가 존중히 여기고 나를 멸시하는 자를 내가 경멸하리라'(삼상 2:30)에 근거한 말씀이다. 이런 뜻에서 볼 때 삼하 7:11b-16은 삼하 7:1-3에 따른 자연스러운 반응인 것이다.

다윗은 여호와 하나님께 예배를 드리는 성전을 건축하고 싶었다. 이를 위해 그는 아마 상당한 준비를 하였을 것이다.(대상 22:2-5 참조) 사울왕은 이런 것을 꿈에도 생각하지 않았다. 다윗은 이런 점에서도 그와 비교되었다.

1 여호와여 다윗을 위하여 그의 모든 겸손을 기억하소서 2 그가 여호와께 맹세하며 야곱의 전능자에게 서원하기를 3 내가 내 장막 집에 들어가지 아니하며 내 침상에 오르지 아니하고 4 내 눈으로 잠들게 하지 아니하며 내 눈꺼풀로 졸게 하지 아니하기를 5 여호와의 처소 곧 야곱의 전능자의 성막을 발견하기까지 하리라 하였나이다(시 132:1-5)

불행하게도 다윗의 통치 말기는 압살롬의 반역과 세바의 내란으로 크게 흔들렸다. 그 결과 삼하 7:2의 뜻을 제대로 시행할 수 없었을 것이다.(왕상 5:3 참조)

삼하 7:2-3과 18을 이어서 보자. 다윗 왕은 여호와 앞에 앉았다. 아마 기도드렸을 것이다. 무릎을 꿇었으리라. 여기서 그는 자신이 주님을 위해서 무언가를 하는 것보다 더 소중한 것이 있다는 것을 깨달았다. 감사와 찬양을 드리는 것이 바로 그것이었다. 이것이 하나님의 위대하심을 선포하는 일이었다.

다윗은 아마 다음과 같이 기도드렸으리라: '주님, 저는 저의 능력과 재물로, 제가 가진 지위로 하나님을 위해서 뭔가 할 수 있다고 생각하였습니다. 그런데 그것이 아니라는 것을 하나님께서 가르쳐주시는군요. 제가 하나님을 위해서 무엇인가를 하는 것보다 하나님께서 저를 위해서 어떤 일을 하셨는지를 아는 것, 그리고 그것에 감사하는 것이 더 소중함을 깨달았습니다.'

유진 피터슨은 이 이야기를 보며 이렇게 말했다. '때로는 하나님을 위해서 무언가 하는 것보다 하지 않는 것이 훨씬 더 중요하다. 하나님께서는 세계와 인간 실존의 시작이요, 중심이며 끝이시기 때문이다.'

그냥 하나님 안에 있는 것 하나님과 더불어 있는 것 하나님께 감사하는 것 하나님을 알고 하나님을 사랑한다고 고백하는 것이 하나님을 위해서 수많은 일을 하는 것보다 더 소중하다는 뜻이다. 이것은 내 실존을 벌거벗긴 채 하나님 앞에 단독자로 머리 숙이는 것이다. 아무것도 하지 않는다는 것은 게으름을 피우라는 뜻이 아니다. 만사가 다 귀찮아서 체념하라는 뜻이 결코 아니다. 이것은 하나님 앞에 조용히 나아가 하나님께서 내게 주신 복을 하나하나 세어보는 것이다. '하나님께서 나에게 이렇게 복을 주셨구나. 하나님께서 내게 생명을 주셨구나. 하나님께서 내게 볼 수 있는 눈과 들을 수 있는 귀를 주셨구나. 하나님께서 내게 사랑하는 가족을 주셨구나. 하나님께서 내게 일할 수 있는 건강을 주셨구나.' 우리 인생의 여정 하나하나를 살펴보며 하나님이 내게 주신 축복을 기억하는 일은 매우 소중하다.

묵상 : 아주 당연한 것까지도 기도드린 후에 행하라

다윗이 여호와의 성전을 짓고 싶다는 말을 들을 때 나단은 "여호와의 법궤를 모실 성전을 짓고자하는 일은 신앙인인 다윗에게는 너무나도 당연한 일이었다. 하나님께서 이런 그의 심정을 기특하게 여기실 것이다." 라고 생각하며 즉석에서 받아들였다.

이것은 하나님의 뜻이 아니었다. 그 누구보다도 평소에 하나님과 늘 가까운 곳에 머물고자 하였던 두 사람, 나단과 다윗마저 하나님의 뜻을 제대로 감지하지 못하였던 것이다.

하나님 안에 있는 사람은 무조건 '하면 된다'는 입장으로 일하지 않는다. 기도드리는 사람은 '하면 되는 것이 있고, 해도 되지 않는 것이 있다'는 사실을 기도드리며 받아들인다.

34

유일무이한 약속

(삼하 7:8–16)

8 그러므로 이제 내 종 다윗에게 이와 같이 말하라 만군의 여호와께서 이와 같이 말씀하시기를 내가 너를 목장 곧 양을 따르는 데에서 데려다가 내 백성 이스라엘의 주권자로 삼고

9 네가 가는 모든 곳에서 내가 너와 함께 있어 네 모든 원수를 네 앞에서 멸하였은즉 땅에서 위대한 자들의 이름 같이 네 이름을 위대하게 만들어 주리라

10 내가 또 내 백성 이스라엘을 위하여 한 곳을 정하여 그를 심고 그를 거주하게 하고 다시 옮기지 못하게 하며 악한 종류로 전과 같이 그들을 해하지 못하게 하여

11 전에 내가 사사에게 명령하여 내 백성 이스라엘을 다스리던 때와 같지 아니하게 하고 너를 모든 원수에게서 벗어나 편히 쉬게 하리라 여호와가 또 네게 이르노니 여호와가 너를 위하여 집을 짓고

12 네 수한이 차서 네 조상들과 함께 누울 때에 내가 네 몸에서 날 네 씨를 네 뒤에 세워 그의 나라를 견고하게 하리라

13 그는 내 이름을 위하여 집을 건축할 것이요 나는 그의 나라 왕위를 영원히 견고하게 하리라

14 나는 그에게 아버지가 되고 그는 내게 아들이 되리니 그가 만일 죄를 범하면 내가 사람의 매와 인생의 채찍으로 징계하려니와

15 내가 네 앞에서 물러나게 한 사울에게서 내 은총을 빼앗은 것처럼 그에게서 빼앗지는 아니하리라

16 네 집과 네 나라가 내 앞에서 영원히 보전되고 네 왕위가 영원히 견고하리라 하셨다 하라

이것은 하나님께서 다윗에게 언약을 주시는 이야기이다. 이는 전례를 찾아볼 수 없을 정도로 파격적인 약속이다. 브루거만은 이 부분이 '사무엘서에서 가장 극적이며 신학적인 중심'이라고까지 말했다.

여기에는 건축 이미지가 쓰였다. 다윗은 하나님의 집(성전)을 지으려 하고 하나님은 다윗의 집(왕조)을 세워주신다는 것이 삼상 7장의 내용이다. 다윗의 집을 세우려는 하나님의 계획이 여기 나온다. 11절 뒷부분부터 이미 다윗가문의 영속성과 이스라엘 국가의 영속성이 하나로 결합되어 표현되었다. 하나님은 성전을 건축하려는 다윗의 계획을 거부하시지 않았다. 다만 그것을 뒤로 미루게 하셨다.

삼하 7:9-11a에 다윗과 이스라엘 백성에 대한 하나님의 약속이 기록되었다. 다윗과 이스라엘 백성은 서로 밀접하게 연결되어 있다. 다윗의 미래가 곧 이스라엘의 미래라는 말이다. 다윗과 이스라엘은 불가분리의 관계에 있다. 하나님께서 그렇게 묶어 놓으셨다. 이것은 다윗을 위한 것인 동시에 하나님의 백성을 위한 것이었다. 하나님의 관심은 다윗의 존귀함을 통한 이스라엘의 존귀함이고, 다윗의 평안을 통한 이스라엘 백성의 평안이며, 다윗의 견고함을 통한 이스라엘의 견고함이며, 다윗의 영속성을 통한 이스라엘의 영속성이었다.

먼저 하나님은 다윗의 이름을 존귀하게 만들어주시겠다고 약속하셨다.

그러면서 하나님이 목자였던 다윗을 왕으로 삼으시고, 그와 함께 하시고, 모든 대적을 멸해주셨음을 말씀하셨다. (본문에는 대적이라는 말이 세 번 나오는데, 이는 그 당시 역사적 배경을 밝히는 중요한 단서로 삼을 수 있다) 이것은 하나님의 과거 사역이다. 여기에는 다윗의 업적이 전혀 기록되지 않았다. 양을 치던 사람이 한 나라의 주권자(통치자 또는 영도자 = 나기드)로 신분이 상승하는 것은 이 세상의 보통 상식으로는 불가능한 일이었다. 이런 점에서 하나님의 선택은 전적으로 그 분의 주권아래, 또 절대적인 은총으로 주어지는 것이지, 인간(다윗)의 어떤 조건으로 주어지는 것이 아니다.

사무엘하 7장과 관련시켜 구체적으로 말한다면, 하나님을 위해 성전을 건축하려는 열망을 보시고, 하나님께서 다윗을 축복하신 것이 결코 아니라는 말이다. 이 부분의 말씀 속에는 오로지 하나님께서 하신 역사들이 자세히 나왔다.(내가 너를 … 취하여 삼고 … 주권자로 삼고 … 내가 너와 함께 있어 … 네 모든 대적을 … 멸하였은즉) 그 반면에 다윗이 어떤 선행을 하였는지를 밝히지 않았다. 오직 하나님의 은총으로 말미암아 다윗은 존귀한 자가 되었고 그 영광을 누리게 된 것이다.

하나님은 앞으로도 그 앞길을 책임져 주시겠다고 하셨다. 하나님은 하나님의 사람으로 선택하신 자를 끝까지 돌봐주시고 책임지시는 하나님이시다. 특히 과거 역사를 언급하는 삼하 7:8b-9a는 하나님과 다윗의 관계를 확인시켜 주는 말씀이다. 이 말씀은 하나님이 다윗을 얼마나 사랑하셨는지를 여실히 보여주었다. 그리고 다윗이 성전을 건축하려는 뜻을 허락하지 않으셨지만, 다윗은 하나님께서 내 종이라 부르는 사람(5절 참조)이었다.

하나님은 이스라엘 백성을 지켜주시는 분이시다. 삼하 7:6에서 하나님이 직접 밝히신 것처럼 하나님은 이스라엘 백성을 이집트에서 인도하여내신 하나님이시다. 이 하나님께서 앞으로 이스라엘 백성을 한 곳에 정착하게 해주시겠다고 말씀하셨다. 지난 날 숱한 외침을 받고 압제를 받았던 사사시대와는 같지 않은 시대를 열어주시겠다고 말씀하셨다. 여기서 하나님은 사사시대와 다윗왕정시대를 구분하셨다. 그리고 사사시대를 부정적으로 평가하시면서, 다윗부터 시작되는 진정한 왕정시대에 긍정적인 의미를 부여하신 것이다.

우리는 본문에서 평화를 바라는 이스라엘 백성들의 간절한 심정을 읽을 수 있다. 삼하 7:10이다:

내가 또 내 백성 이스라엘을 위하여 한 곳을 정하여 그를 심고 그를 거주하게 하고 다시 옮기지 못하게 하며 악한 종류로 전과 같이 그들을 해하지 못하게 하여

여기서 옮긴다는 말(라가즈)은 (두려움에) 떨다로 번역하는 것이 더 낫다. (신 2:25; 시 4:4; 사 32:11 등 참조) 여기에는 이스라엘 백성들의 염원이 담겨 있다. 굳건한 국가를 이루어 안정되게 사는 것이 그들의 바람이다. 다시 옮기지 않는 것 곧 포로로 끌려가지 않고 조상 대대로 주어진 땅에서 사는 것. 이것은 사사시대 뿐만 아니고 앗시리아 포로시대, 바벨론 포로시대를 살았던 이스라엘 사람들의 염원이기도 했다. 이러한 오랜 염원은 다윗을 통해서, 또 새로운 다윗을 통해서 하나님께서 이루어주실 것이다. 하나님께서 다윗에게 지혜와 힘을 주셔서 주변의 '모든 대적'을 다 물리치게 하심으로써, 이스라엘에 항구적인 평화를 정착시키겠다고 하셨다. 이것이 하나님의 약속이었다. 삼하 7:11이다.

…여호와가 또 네게 이르노니 여호와가 너를 위하여 집을 짓고

다윗의 아들은 성전을 건축하고, 여호와는 나라를 견고하게 만들 것이다. 그리고 여호와는 그의 아비가 되고, 그는 여호와의 아들이 될 것이다. 곧 하나님은 이스라엘과 아버지와 아들의 관계를 맺으시겠다고 하셨다. 만일 그가 죄를 범하면 징계를 하겠지만 사울에게 한 것처럼 하지 않겠다. 곧 이미 주어진 은총을 거두어들이지 않겠다고 말씀하신 것이다. 이 얼마나 파격적인 예우인가? 18절부터 나오는 다윗의 기도에는 이 사실을 감개무량하게 받아들이는 그의 마음이 구구절절 들어 있다. 다윗의 언약에서 또 다른 요점은 다윗의 아들과 여호와 하나님의 관계이다.

나는 그에게 아버지가 되고 그는 내게 아들이 되리니 …(삼하 7:14)

하나님의 이 엄청난 약속들은 다음과 같은 위대한 선포로 요약되었다:

네 집과 네 나라가 네 앞에서 영원히 보전되고 네 위가 영원히 견고하리라(삼하 7:16).

삼하 7장에서 집은 다양한 말맛을 지닌 용어로 쓰였다. 왕궁(1,2절) 성전(5,6,7,13절) 왕조(11,16,19,25,26,27,29절) 명성 또는 지위(18절) 등이 그것이다. 하나님은 여기서 다윗과 그의 가문을 통해서 이스라엘을 영원한 나라, 영원한 제국으로 만들어주시겠다고 약속하셨다. 사무엘하서 7장의 이야기는 다윗의 주도로 시작되었다. 그리고 하나님 주도로 이야기가 마무리되었다.

이 이야기에서 우리는 인간을 향한 하나님의 은총은 인간의 조건이나 업적과 별개의 문제라는 사실을 알 수 있다. (오직 은총으로 sola gratia) 이는 절대적인 하나님의 사랑에서 나오는 것이었다. 이런 뜻에서 나단을 통해 다윗에게 전달되는 하나님의 말씀에 들어있는 모든 약속의 주체는 오직 하나님이 시다: '하나님께서' 다윗의 이름을 존귀케 하실 것이고, '하나님께서' 이스라엘을 평안히 거하게 하실 것이며, '하나님께서' 다윗의 왕조를 영원히 견고케 하시리라는 것이다. 다윗이 선하기 때문에 그 덕으로 후대에 축복을 받는다는 것이 아니다. 그 은총은 이처럼 인간을 향한 하나님의 일방적인 사랑인 동시에 영원한 사랑이다.

사무엘하서는 다윗과 그 후손이 저지르는 죄악 또한 숨기지 않았다. 사정이 이런데도 다윗을 사랑하시는 하나님은 그와 그 후손의 왕조를 영원히 지켜주시겠다고 약속하셨다:

14 …그가 만일 죄를 범하면 내가 사람의 매와 인생의 채찍으로 징계하려니와 15 내가 네 앞에서 물러나게 한 사울에게서 내 은총을 빼앗은 것처럼 그에게서 빼앗지는 아니하리라 16 네 집과 네 나라가 내 앞에서 영원히 보전되고 네 왕위 가 영원히 견고하리라 하셨다(삼하 7:14-16).

진실로 이스라엘을 이끄시는 이는 인간인 왕이 아니라 만군의 여호와 하나님이시며, 그분 뜻과 말씀에 따라야 미래와 희망이 있는 것이다.

다윗과 그 아들에게 주신 하나님의 언약은 한편으로는 그들 개개인에 대한 '땅에서 위대한 자들의 이름 같이 네 이름을 위대하게 만들어 주리라' (9절)는 축복이었다. 다른 한편 그것은 '내 백성 이스라엘을 위하여 한 곳을 정하여 그를 심고 그를 거주하게 하고 다시 옮기지 못하게 하며 악한 종류로 전과 같이 그들을 해하지 못하게' (10-11절) 하는 사명이었다. 다윗 왕조의 왕들은 이런 소명을 받고 기름부어진 사람이었다.

묵상 : 은혜(특권)는 곧 사명이다

일찍이 정약용은 말했다: '하늘은 한 사람을 사사로이 부유하게 하려는 것이 아니라 대개 뭇 가난한 자들을 그에게 부탁하려는 것이요, 하늘은 한 사람을 사사로이 귀하게 하려는 것이 아니라 대개 뭇 천한 자들을 그에게 부탁하려는 것이다.'(정약용, 목민심서 1권 율기6조)

오프라 윈프리는 다음과 같은 것을 사명으로 보았다.

1. 남보다 더 가졌다는 것은 축복이 아니라 사명이다.
2. 남보다 더 아파하는 것이 있다면 그것은 고통이 아니라 사명이다.
3. 남보다 더 설레는 꿈이 있다면 그것은 망상이 아니라 사명이다.
4. 남보다 더 부담되는 어떤 것이 있다면 그것은 강요가 아니라 사명이다.

35

내가 무엇이기에 …이렇게?

(삼하 7:18-21)

> 18 다윗 왕이 여호와 앞에 들어가 앉아서 이르되 주 여호와여 나는 누구이오며
> 내 집은 무엇이기에 나를 여기까지 이르게 하셨나이까
>
> 19 주 여호와여 주께서 이것을 오히려 적게 여기시고 또 종의 집에 있을 먼 장래
> 의 일까지도 말씀하셨나이다 주 여호와여 이것이 사람의 법이니이다
>
> 20 주 여호와는 주의 종을 아시오니 다윗이 다시 주께 무슨 말씀을 하오리이까
>
> 21 주의 말씀으로 말미암아 주의 뜻대로 이 모든 큰 일을 행하사 주의 종에게
> 알게 하셨나이다

이 문단은 다윗이 나단을 통해 전해진 하나님 말씀을 들은 뒤 드리는 감사기도이다. 일찍이 사무엘이 고백하였던 에벤에셀 신앙이 여기에 나타나 있다. 하나님은 약속하신 것을 이루시는 분이었다. 그리고 다윗은 하나님께 기도드리며, 감사하고 감격하는 사람이었다.

'주 여호와여 나는 누구오며 내 집은 무엇이관데 나로 이에 이르게 하셨나이까'(7:18) 라고 시작된 그의 기도는 '그런즉 주 여호와여 이러므로 주는 위대하시니 이는 우리 귀로 들은 대로는 주와 같은 이가 없고 주 외에는 신이 없음이니이다'(7:22)로 마무리되었다.

그는 말했다 '내가 누구입니까, 주 여호와여? 내 집은 또 무엇이나이까?

진실로 주는 나를 여기까지 데려오셨나이까!'(직역). '내가 누구입니까'라는
것은 자신보다 한층 높은 이 앞에서 자신을 한껏 낮추는 예의바른 말이었
다.(삼상 18:18; 대상 29:14)

한편 아브라함은 한때 자신을 티끌과 재로 여겼다.(창 18:27) 모세는 '내가
누구이기에 바로에게 가며 이스라엘 자손을 애굽에서 인도하여 내리이까'
라고 했다.(출 3:11) 욥은 '하나님이 나를 진흙 가운데 던지셨고 나를 티끌과
재 같게 하셨구나'(욥 30:19; 42:6 참조)라고 탄식했다.

다윗도 이런 신앙 전통 위에 서 있다. 그러면서도 마치 사도 베드로가 '내
가 누구이기에 하나님을 능히 막겠느냐'(행 11:17) 하였듯이, 은혜로우신 하
나님의 계획 아래 인간의 조건을 초월하여 만들어져가는 자신을 보았다. 그
리고 하나님을 찬양했다.

다윗은 보잘것없는 자신에게 주신 하나님의 은총을 감탄문(또는 수사의
문문) 형식으로 최대한 감사드렸다.(18절) '주 여호와여'라는 표현을 그는
18-21절에서 네 번이나(다윗의 기도 안에서 일곱 번) 사용했다.(18, 19, 20절) 여호
와를 주라 부르는 것은 자신이 그의 종이라고 인정하는 것이다.

그가 고백하는 '여기까지'란 말에는 과거와 현재의 일들이 들어 있을 뿐
만 아니라 그 각각의 사안이 자기 인생에 끼친 영향력을 긍정적으로 표현한
것이다. 삼상 7:12-14이다:

12 사무엘이 돌을 취하여 미스바와 센 사이에 세워 이르되 여호와께서 여기까지
우리를 도우셨다 하고 그 이름을 에벤에셀이라 하니라 13 이에 블레셋 사람들
이 굴복하여 다시는 이스라엘 지역 안에 들어오지 못하였으며 여호와의 손이 사
무엘이 사는 날 동안에 블레셋 사람을 막으시매 14 블레셋 사람들이 이스라엘에
게서 빼앗았던 성읍이 에그론부터 가드까지 이스라엘에게 회복되니 이스라엘이

그 사방 지역을 블레셋 사람들의 손에서 도로 찾았고 또 이스라엘과 아모리 사람 사이에 평화가 있었더라

다윗은 여덟 아들 가운데 막내이며 목동이었고 자신의 집(가문)은 이스라엘에서 숫자에 들지도 못할 정도로 작은 곳(베들레헴)에 있었다. 베들레헴은 유다 지파(족속)가 사는 영역(지방) 중에서 가장 작은 곳이었다.(미 5:2 참조) 그것은 여호수아가 유다 성읍들을 100여 개로 구분할 때(수 15:21-62) 뿐 아니라 느 11:25-36에도 빠져있는 것으로도 증명되리라. 미 1:10-15에 나오는 지명들 곧 앗시리아의 침략에 대비하는 주요 방어거점 목록에도 베들레헴은 없었다. 객관적으로 보면 그에게는 내세울 것이 하나도 없었다. 그가 이스라엘 통일왕국의 왕이 된 것과 그에게 주어진 약속(나단의 신탁)은 전적으로 하나님 은총이었다.

하나님께서는 이 작은 것에 개의치 않으셨다. 하나님의 능력과 영광이 나타나는 데에는 인간적·세상적으로 작은 것이 하나도 걸림돌이 되지 않았다.

19절에는 주신 은혜에 더 크게 감격하는 다윗의 모습이 나왔다: '그리고 이것이 주의 눈에는 여전히 시시하게 보였나이다…'(삼하 7:19a 직역) 다윗은 이미 받은 은혜만으로도 충분히 만족했다. 오히려 하나님 편에서 그것으로 족하게 여기지 아니하시고 영원한 (미래의) 약속을 주셨다. 그러니 그 은혜가 얼마나 놀라운가!

사람의 법이란 말에서 법(토라)은 율법, 교훈 가르침으로 옮길 수 있다. 여기서는 사람에게 주어진 선포(결정)라고 옮기는 편이 자연스럽다. (참조: 아카드말의 '테레트 니쉬' = 사람에게 선포되고 주어진 결정들) 다윗에게 주어진 약속이 다윗 당대에 생겨난 것이 아니라 멀게는 하나님의 창조로부터 가깝게는 아브라함 때부터 주어진 것이다. 그에게 주어진 언약은 믿음의 조상 때부터 나

타난 하나님의 의지(결정)였다.

하나님께서 자신에게 주신 은혜를 다윗은 이미 18-19절에서 의문문(감탄문)으로 표현하였는데 20절에 다시한번 되풀이했다. 그만큼 그는 크게 감격했다. 20절 뒷부분은 '그리고 주님은 이런 분, 곧 주님의 종을 아시는 분이나이다, 주 여호와여'(직역)라는 뜻이다. 물론 여기서 안다는 것에는 선택하다란 말맛(뉘앙스)이 들어 있다.

속담에 개구리가 올챙이 적 생각을 하지 못한다는 말이 있다. 우리는 살면서 실제로 이것이 사실임을 체험할 때가 많다. 이런 뜻에서 '에벤에셀'의 신앙은 매우 귀중하다. 그 사람이 제대로 된 신앙인이냐의 가늠하는 기준들 중에 하나가 바로 이것이기 때문이다.

다윗은 자신이 세상에서 우뚝 섰다고 생각할 때 오히려 하나님을 더욱 극진히 모시려 했다. 자신과 자신이 이룬 성과가 자기 능력이나 노력의 결과가 아니라는 것을 그는 인정하고 받아들였다.

이에 그는 기도를 시작하자마자 자신과 자신의 문중이 보잘 것 없는 존재인 것을 고백하는 것으로부터 시작했다. 특히 공동번역에 따르면 그는 자신을 개에 비유했다. (21절) 일찍이 다윗은 자신이 개라고 자처한 적이 있었다.(삼상 24:14 이스라엘 왕이 누구를 따라 나왔으며 누구의 뒤를 쫓나이까 죽은 개나 벼룩을 쫓음이니이다) 이스라엘에서는 하찮은 존재를 가리킬 때 개라고 부르기도 했다.(삼상 17:43 골리앗; 삼하 3:8 아브넬)

다윗은 자신이 하찮은 존재인 것과 자기 집안이 별 볼 일 없는 것을 알았다.(18절) 그러면서도 자기에게 주어진 영광스러운 미래를 향한 약속을 하찮게 여기지 않았다.(19절) 그는 자기에게 그런 복을 만한 자격도 없고, 환경도 자기 편이 아니었던 것을 인정했다. 그렇다면 어떻게 이런 약속이 주어질 수 있던 말인가?

주의 말씀으로 말미암아 주의 뜻대로 이 모든 큰 일을 행하사 주의 종에게 알게
하셨나이다(21절)

　그는 자기에게 주어진 모든 것이 다 말씀으로 우주만물을 창조하신 하나
님, 자신의 뜻에 따라 삼라만상을 다스리시는 하나님으로부터 온 것임을 인
정하고 받아들였다. 그리고 하나님을 찬양했다.
　하나님 앞에서 자신을 이렇게 낮추는 사람은 어떻게 사는가? 그는 자존
심(체면)을 지킨다거나 앞길이 캄캄해 보인다고 해서 세상을 등지지 않는다.
자신을 가장 밑바닥까지 낮추는 사람은 어떤 경우에도 어느 때에도 무(zero)
로부터 다시 시작할 수 있다. 그런 사람은 절대적이고도 철저한 절망 상태
에서도 새로운 희망을 꿈꾼다.

묵상 : 사람이 무엇이기에…

사람이 무엇이기에 주께서 그를 생각하시며 인자가 무엇이기에 주께서 그를
돌보시나이까(시 8:4) 라는 찬양이 나(우리)의 생활에 어떻게 적용되고 있는가?
그러나 내가 나 된 것은 하나님의 은혜로 된 것이니 내게 주신 그의 은혜가
헛되지 아니하여 내가 모든 사도보다 더 많이 수고하였으나 내가 한 것이 아
니요 오직 나와 함께 하신 하나님의 은혜로라(고전 15:10) 미쁘다 모든 사람이
받을만한 이 말이여 그리스도 예수께서 죄인을 구원하시려고 세상에 임하셨
다 하였도다 죄인 중에 내가 괴수니라(딤전 1:15)라는 말씀은 나(우리)의 생활에
어떻게 적용되고 있는가?

36

여기까지 인도하신 하나님, 장래에도

(삼하 7:22-29)

22 그런즉 주 여호와여 주는 위대하시니 이는 우리 귀로 들은 대로는 주와 같은
이가 없고 주 외에는 신이 없음이니이다

23 땅의 어느 한 나라가 주의 백성 이스라엘과 같으리이까 하나님이 가서 구속
하사 자기 백성으로 삼아 주의 명성을 내시며 그들을 위하여 큰 일을, 주의
땅을 위하여 두려운 일을 애굽과 많은 나라들과 그의 신들에게서 구속하신
백성 앞에서 행하셨사오며

24 주께서 주의 백성 이스라엘을 세우사 영원히 주의 백성으로 삼으셨사오니
여호와여 주께서 그들의 하나님이 되셨나이다

25 여호와 하나님이여 이제 주의 종과 종의 집에 대하여 말씀하신 것을 영원히
세우시며 말씀하신 대로 행하사

26 사람이 영원히 주의 이름을 크게 높여 이르기를 만군의 여호와는 이스라엘의
하나님이라 하게 하옵시며 주의 종 다윗의 집이 주 앞에 견고하게 하옵소서

27 만군의 여호와 이스라엘의 하나님이여 주의 종의 귀를 여시고 이르시기를
내가 너를 위하여 집을 세우리라 하셨으므로 주의 종이 이 기도로 주께 간
구할 마음이 생겼나이다

28 주 여호와여 오직 주는 하나님이시며 주의 말씀들이 참되시니이다 주께서
이 좋은 것을 주의 종에게 말씀하셨사오니

> 29 이제 청하건대 종의 집에 복을 주사 주 앞에 영원히 있게 하옵소서 주 여호와께서 말씀하셨사오니 주의 종의 집이 영원히 복을 받게 하옵소서

이것은 찬양시이다. 앞부분은 다윗에게 임한 하나님의 은혜에 집중했다. 이 부분은 이스라엘에게 주어진 하나님의 은총에 초점이 있다. 이것은 하나님의 위대하심을 찬양하는 것으로 시작되었다. 하나님은 다른 신들과 확연히 구별되는 분이시다.(신 3:24; 4:35; 시86:8; 89:6; 113:5 참조) 일찍이 한나는 여호와 하나님의 역사를 이렇게 노래했다:

> 7 여호와는 가난하게도 하시고 부하게도 하시며 낮추기도 하시고 높이기도 하시는도다 8 가난한 자를 진토에서 일으키시며 빈궁한 자를 거름더미에서 올리사 귀족들과 함께 앉게 하시며 영광의 자리를 차지하게 하시는도다 땅의 기둥들은 여호와의 것이라 여호와께서 세계를 그것들 위에 세우셨도다 (삼상 2:7-8)

낮은 자를 높이시는 하나님 높은 자를 낮추시는 하나님을 찬양하는 이 노래는 다윗에게도 그대로 적용되었다.

사실 영토의 크기로 보나 토양의 쓸모로 보나 국력으로 보나 이스라엘은 그런 나라들에 비할 바가 아니었다. 그런데도 그는 이스라엘을 이집트나 메소포타미아에 비교하며 가볍게 취급하지 않았다. '땅의 어느 한 나라가 주의 백성 이스라엘과 같으리이까'(23) 하며 오히려 그것들과 비교하여 긍정적이고 창조적인 측면을 찾아냈다.

> 내게 줄로 재어 준 구역은 아름다운 곳에 있음이여 나의 기업이 실로 아름답도다(시 16:5)

이스라엘 백성 말고는 이렇게 장엄하고 전능하신 하나님을 모신 민족이 없다.(23절; 신4:7, 32-38 참조) 여호와 하나님과 같이 놀랍고 위대한 역사를 이루는 신이 세상에 없는 것처럼, 이스라엘과 같이 하나님을 찬양하며 섬기는 나라와 민족도 이 세상에 또 있지 않다. 이 사실이 얼마나 귀한가!

24절에는 전형적인 언약 형식이 사용되었다: '내가 그들의 하나님이 되고 그들은 내 백성이 되리라.'(출6:7; 레26:12; 겔11:20; 37:27 참조) 이로써 여호와-이스라엘-다윗 왕조는 서로 뗄레야 뗄 수 없는 관계에 들어간 것이다. 그러므로 다윗의 기도에 '영원히'(르올람. 아드 올람)라는 표현이 다섯 차례나 되풀이 나왔다.(삼하7장 전체에는 여덟 번) 자신과 이스라엘을 향한 하나님의 영원한 언약이 그만큼 생생하게 그의 머릿속에 새겨진 것이다.

다윗은 자신의 연약함과 하나님의 크신 은총을 대비시켰다. 그리고 지난 날부터 현재까지 하나님께서 베풀어주신 크고도 놀라운 은혜를 찬양했다. 여기서 그는 현재부터 미래에 초점을 두고 하나님께서 자신의 약속을 말씀하신 그대로 이루어주시기를 간구했다. 이에 따라 25절에는 말씀하다(말씀)에 뿌리를 둔 말이 세 번이나 쓰였다. 이것은 본디 말씀하다는 뜻인데 여기서는 약속하다는 말맛(뉘앙스)으로 쓰였다.

만군의 주 여호와 하나님께서 다윗에게 알려주신(계시하신) 비밀은 다윗의 집(왕조)을 세워주시겠다는 약속이었다. 여호와의 성전을 세우고자 하는 다윗에게 하나님은 그 일을 만류하시면서 다윗의 집을 든든히 세워주시겠다고 말씀하신 것이다.(7:11 참조)

사실 하나님께서 다윗을 선택하신 것 자체가 은혜였다. 그것은 선택받은 다윗에게 은혜인 동시에, 그런 지도자에게 이끌리는 이스라엘 전체에게 은혜였다. 사람들이 하찮게 여기는 작은 고을 베들레헴(미5:2)에서 난 자, 아버지마저 비중 있게 대하지 않는 작은 자(16:11)가 무슨 재주로 이스라엘 전체를 다스리는 왕이 될 수 있었는가?

27 그러나 하나님께서 세상의 미련한 것들을 택하사 지혜 있는 자들을 부끄럽게 하려 하시고 세상의 약한 것들을 택하사 강한 것들을 부끄럽게 하려 하시며 28 하나님께서 세상의 천한 것들과 멸시 받는 것들과 없는 것들을 택하사 있는 것들을 폐하려 하시나니29 이는 아무 육체도 하나님 앞에서 자랑하지 못하게 하려 하심이라(고전 1:27-29)

한 나라의 임금이 되기 전이나 된 뒤에나 그는 자신의 과거에 치여 살지 않았다. 작은 자였던 지난날을 생각하며 열등감에 휩싸이지 않았다. 그 대신 하나님의 은혜에 이끌리며 살았다.

다윗은 이 세상 그 어떤 신과도 비교할 수 없는 위대하시고 전능하신 하나님 앞에서 고개를 조아리기만 하거나 침묵하거나 부끄러워하지 않았다. 여호와로 인하여 기쁘고 놀란 그는 과감하게 자신의 요구 사항을 말씀드렸다. 그는 자신에게 주어진 은총이 하나님 약속의 성취인 것을 알기에 장차 이루어질 일도 철저히 하나님의 약속에 바탕하리라 믿었던 것이다.

묵상 : 찬송가 379 장

"이전에 나를 인도하신 주 장래에도 내 앞에 험산 준령 만날 때 도우소서 밤 지나고 저 밝은 아침에 기쁨으로 내 주를 만나리. 아멘"
찬송가 379장을 부르며 그 의미를 묵상하자.

37

승리는 여호와의 것

(삼하 8:1–14)

1 그 후에 다윗이 블레셋 사람들을 쳐서 항복을 받고 블레셋 사람들의 손에서 메덱암마를 빼앗으니라

2 다윗이 또 모압을 쳐서 그들로 땅에 엎드리게 하고 줄로 재어 그 두 줄 길이의 사람은 죽이고 한 줄 길이의 사람은 살리니 모압 사람들이 다윗의 종들이 되어 조공을 드리니라

3 르홉의 아들 소바 왕 하닷에셀이 자기 권세를 회복하려고 유브라데 강으로 갈 때에 다윗이 그를 쳐서

4 그에게서 마병 천칠백 명과 보병 이만 명을 사로잡고 병거 일백 대의 말만 남기고 다윗이 그 외의 병거의 말은 다 발의 힘줄을 끊었더니

5 다메섹의 아람 사람들이 소바 왕 하닷에셀을 도우러 온지라 다윗이 아람 사람 이만 이천 명을 죽이고

6 다윗이 다메섹 아람에 수비대를 두매 아람 사람이 다윗의 종이 되어 조공을 바치니라 다윗이 어디로 가든지 여호와께서 이기게 하시니라

7 다윗이 하닷에셀의 신복들이 가진 금 방패를 빼앗아 예루살렘으로 가져오고

8 또 다윗 왕이 하닷에셀의 고을 베다와 베로대에서 매우 많은 놋을 빼앗으니라

9 하맛 왕 도이가 다윗이 하닷에셀의 온 군대를 쳐서 무찔렀다 함을 듣고

10 도이가 그의 아들 요람을 보내 다윗 왕에게 문안하고 축복하게 하니 이는 하닷에셀이 도이와 더불어 전쟁이 있던 터에 다윗이 하닷에셀을 쳐서 무찌름이라 요람이 은 그릇과 금 그릇과 놋 그릇을 가지고 온지라

11 다윗 왕이 그것도 여호와께 드리되 그가 정복한 모든 나라에서 얻은 은금

12 곧 아람과 모압과 암몬 자손과 블레셋 사람과 아말렉에게서 얻은 것들과 소바 왕 르홉의 아들 하닷에셀에게서 노략한 것과 같이 드리니라

13 다윗이 소금 골짜기에서 에돔 사람 만 팔천 명을 쳐죽이고 돌아와서 명성을 떨치니라

14 다윗이 에돔에 수비대를 두되 온 에돔에 수비대를 두니 에돔 사람이 다 다윗의 종이 되니라 다윗이 어디로 가든지 여호와께서 이기게 하셨더라

그 내용과 형식으로 보면 이것은 승전기념비다. 동서고금에 이런 것이 많이 있다. 얼핏 보기에 이것은 다윗의 업적을 기리는 것 같다.

군사적으로 성공한 다윗의 이 이야기는 '그 후에'(봐예히 아카레-켄) 라는 말로 시작되었다. 다윗의 군사적 승리는 6장과 7장 이후에 주어졌다. 만일 7장을 다윗 이야기의 핵심(중심)이라고 한다면 8장은 그 결론에 해당될 것이다. '그 후에'라는 말로 시작되는 이 승리는 여호와 하나님께서 주신 선물이었다.

다윗 시대에 이스라엘 영토는 동서남북으로 확장되었다. 왕권을 굳건히 한 그는 동쪽으로(2절 모압) 북동쪽으로(3-8절 소바) 북쪽으로(9-10절 하맛) 그리고 남쪽으로(13-14절 에돔) 영토(지배권)를 늘려 나갔다.

우선 그는 서쪽으로 진격하여 한 때 자신의 몸을 의탁하였던 블레셋을 격파했다. 사사시대로부터 그 시대까지 이스라엘과 블레셋은 여러 차례 전쟁

을 했다. 오죽하면 블레셋을 이스라엘의 숙적(宿敵)이라고까지 하였을까? 이스라엘은 다윗 때에 와서야 비로소 그들을 제압했다.

그가 블레셋 사람들에게서 빼앗은 메덱암마(히: 메데그 하아마)는 직역하면 '진정한 통제/ 통치'이다. 이것은 블레셋의 어떤 도시를 가리키는 명칭이 아니다. 메덱암마란 말은 블레셋의 중심부라는 뜻이다.

그는 또한 모압을 쳐서 땅에 엎드리게 했다. 그는 포로로 잡은 모압 남자들 가운데 삼분의 일만 살려주고 나머지를 다 죽였다. 모압을 대하는 다윗의 이런 태도는 우리를 당황하게 만든다. i) 모압은 자신의 할머니 룻의 고국이라는 점에서 ii) 자신이 사울에게 쫓길 때 그의 가족들에게 피난처가 되었다는 점에서. 비록 모압이 이스라엘의 원수로 손꼽혔더라도(삼상 12:9; 14:47) 다윗이 과도한 살상을 하고 있는 것이 분명하다.

다윗은 하닷에셀에서 놋(청동)을 빼앗았다.(8절) 그 때 이미 철기시대였는데도 아직 구리가 널리 쓰이고 있었던 것이다. 블레셋은 고대 근동에서 철기를 가장 먼저 사용했다. 그런데도 골리앗의 무기는 창끝을 빼놓고는 모두 놋으로 되어 있었다.

그는 베다(히: 바타흐 = 신뢰)와 베로대(히: 베로타이 = 집어삼킴. 먹음 ← 바라 = 먹다)를 점령했다. 이 도시의 이름에서 우리는 하닷에셀의 주요 근거지인 베다와 베로대는 신뢰를 먹어치우는 배신의 도시인 것을 알 수 있다.

다윗이 하닷에셀을 점령했다는 소식을 들은 하맛의 도이가 축하물품을 보내왔다. 그것은 금과 은과 청동으로 된 그릇이었다. 다윗은 이것을 성결하게 하여 여호와께 바쳤다.

그는 소바를 쳐서 보병 2만을 사로잡았다. 아람을 쳐서 2만2천을 죽이고 조공을 받았으며 그들의 금방패를 빼앗았다. 하맛을 치려하자 그 나라 왕은 전쟁도 하기 전에 평화의 사절단을 보내어 은그릇, 금그릇, 놋그릇을 바쳤

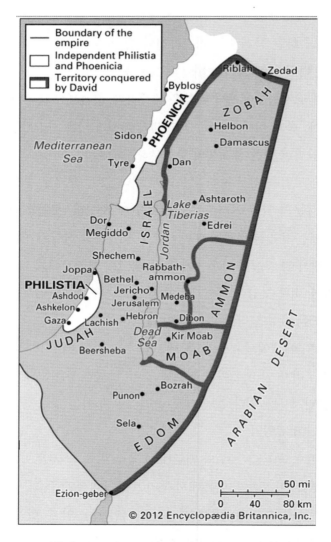

다윗: 솔로몬 시절의 이스라엘 영토(브리테니카 사전 2012)

다. 에돔을 쳐서 1만8천명을 죽였다. 이로써 다윗은 승리자로, 금과 은을 얻
는 경제적 부유자로 되었다.

솔로몬은 유프라테스 강에서부터 블레셋 영토에 이르기까지, 또 이집트의 국경

에 이르기까지, 모든 왕국을 다스리고, 그 왕국들은 솔로몬이 살아 있는 동안, 조공을 바치면서 솔로몬을 섬겼다.(왕상 4:21 표준)

이스라엘은 주변 나라가 쉽게 넘보지 못할 강대국이 되었다. 이렇게 된 근거가 삼하 8:6, 14에 나와 있다.

다윗이 어디로 가든지 여호와께서 이기게 하셨더라(삼하 8:6b, 14c)

이는 여호와가 없었으면 다윗의 승리도 없었을 것이라는 뜻이다. 이것은 '전에 내가 사사에게 명령하여 내 백성 이스라엘을 다스리던 때와 같지 아니하게 하고 너를 모든 원수에게서 벗어나 편히 쉬게 하리라'(삼하 7:11)는 말씀이 실현된 것이다. 천우신조(天佑神助)란 말은 이런 때 쓰는 것이다.

내(우리)가 인생에서 성취한 것의 원동력은 무엇일까? 나의 출신, 노력, 재능, 사람의 도움, 행운⋯.? 하나님의 도우심?

천우신조(天佑神助)라는 말이 있다. 신(하늘) 도와주셨다는 뜻이다. 이것은 자기 판단으로는 도저히 이루어질 수 없다고 여긴 일이 이루어지거나, 힘든 상황에서 극적으로 벗어나는 경우에 쓰는 말이다. 아주 어려운 고비에서 극적으로 구출되거나 죽을 곳에서 목숨을 건졌을 때에도 쓴다. 세종 임금 때 지어진 용비어천가에 나오는 말이다.

이런 승리에 대한 다윗의 반응은 어떠하였을까? 11절에는 다윗의 행동을 나타내는 중요한 동사가 되풀이 나왔다. 그것은 '거룩하게 했다'(카다쉬)는 말이다.(우리 말 번역은 '드리다') 이 말은 12-13절에도 적용되었다.(triple duty funktion) 다윗은 자신의 노획물을 거룩하게 성별하여 먼저 하나님께 드렸다. 은과 금도, 명예와 권세와 승리도 그는 먼저 하나님께 드렸다.

이 정복전쟁에서 우리가 주목할 것은 세 가지이다.

① 이것들은 다윗이 최초로 벌인 공격적인 전투였다. 이것은 5:17-25에 나오는 방어 전쟁과는 그 성격을 달리했다.
② 다윗은 전리품을 자신의 것으로 챙기지 않았다. 그는 그것들을 예루살 렘으로 가져와 여호와 하나님께 바쳤다.
③ 다윗은 적국에게 엄청난 고통을 안겨주었다. 특히 모압을 엄하게 다 루었다.

우리는 여기서 아브라함을 떠올린다. 그는 다섯 나라 동맹군에게 사로잡 혀 간 조카 롯을 구하려고 기습했다. 그는 조카를 구해내고 전리품을 얻었 다. 돌아오는 길에 멜기세덱을 만난 그가 말했다.

22 아브람이 소돔 왕에게 이르되 천지의 주재이시요 지극히 높으신 하나님 여호 와께 내가 손을 들어 맹세하노니 23 네 말이 내가 아브람으로 치부하게 했다 할 까 하여 네게 속한 것은 실 한 오라기나 들메끈 한 가닥도 내가 가지지 아니하리 라 24 오직 젊은이들이 먹은 것과 나와 동행한 아넬과 에스골과 마므레의 분깃 을 제할지니 그들이 그 분깃을 가질 것이니라 (창 14:22-24)

묵상: 이쉬타르 문에 새겨진 느부갓네살의 업적

바벨론 왕이자 마르둑의 의지에 따라 지명된 경건한 왕자, 나부를 사랑하는

최고의 제사장이라 자처하는 느부갓네살이 만든 이쉬타르문

235

38

약자를 배려하는 것만으로는 아직

(삼하 9:1-8)

1 다윗이 이르되 사울의 집에 아직도 남은 사람이 있느냐 내가 요나단으로 말
미암아 그 사람에게 은총을 베풀리라 하니라

2 사울의 집에는 종 한 사람이 있으니 그의 이름은 시바라 그를 다윗의 앞으로
부르매 왕이 그에게 말하되 네가 시바냐 하니 이르되 당신의 종이니이다 하
니라

3 왕이 이르되 사울의 집에 아직도 남은 사람이 없느냐 내가 그 사람에게 하나
님의 은총을 베풀고자 하노라 하니 시바가 왕께 아뢰되 요나단의 아들 하나
가 있는데 다리 저는 자니이다 하니라

4 왕이 그에게 말하되 그가 어디 있느냐 하니 시바가 왕께 아뢰되 로드발 암미
엘의 아들 마길의 집에 있나이다 하니라

5 다윗 왕이 사람을 보내어 로드발 암미엘의 아들 마길의 집에서 그를 데려오니

6 사울의 손자 요나단의 아들 므비보셋이 다윗에게 나아와 그 앞에 엎드려 절
하매 다윗이 이르되 므비보셋이여 하니 그가 이르기를 보소서 당신의 종이
니이다

7 다윗이 그에게 이르되 무서워하지 말라 내가 반드시 네 아버지 요나단으로 말
미암아 네게 은총을 베풀리라 내가 네 할아버지 사울의 모든 밭을 다 네게 도
로 주겠고 또 너는 항상 내 상에서 떡을 먹을지니라 하니

8 그가 절하여 이르되 이 종이 무엇이기에 왕께서 죽은 개 같은 나를 돌아보시나이까 하니라

이것은 다윗이 신실한 우정(헤세드)의 사람임을 보여주는 이야기이다.(헤세드란 말은 1 3 7절에 쓰였다) 이는 므비보셋을 대우하는 모습으로 나타났다. 그는 다윗을 위해 최선을 다하였던 친구 요나단의 아들이었다. 다윗의 이야기 속에 그에 관한 내용이 세 꼭지 들어있다: i) 전쟁 통에 다리가 부러지며 간신히 살아남은 것 ii) 다윗이 므비보셋을 궁정으로 불러들임 iii) 압살롬이 일으킨 반역이 진정된 후의 므비보셋(삼하 16-19장)

일단 성공을 거둔 사람이 보이는 반응은 여러 가지이다. 어떤 사람은 그것을 지키기 위해 이용가능한 모든 수단을 동원한다. 당장 눈에 보이는 것에 대해서는 물론이거니와 잠재적으로 자신을 위협할 수 있는 것까지 다 제거하려 든다. 어떤 사람은 자신이 얻은 것을 다른 사람과 나누며 함께 살 길을 모색한다. 승자의 여유라고나 할까? 다윗이 바로 그런 사람이었다. 동족과 전쟁을 치러야만 하였던 때보다 그는 훨씬 더 관대해졌다.

그는 사울의 집안에 아직 살아남은 자가 있는지 알아보았다.(1절) 그는 전에 그가 요나단에게서 받은 은혜(헤세드)에 보답하고(삼상 20:14) 그와 한 약속을 지키고자 했다. (24:21) 여기서 헤세드란 말은 약속한 사항을 신실하게 수행하겠다는 뜻으로 쓰였다.

드디어 그는 요나단의 아들 하나가 살아있다는 소식을 들었다. 그를 불러온 다윗이 한 첫마디는 그의 이름을 불러주는 것이었다: 므비보셋.(6절) 두 사람이 만나는 자리에서 그 이름이 일곱 번 쓰였다. 이는 사울이 다윗을 부를 때 그 이름 대신에 '이새의 아들'이라 불렀던 것과 분위기가 사뭇 다른 것

이었다. 이제 므비보셋은 존중받는 인격체가 되었다. 누군가의 이익을 위해 우롱당하는 사람도 아니요 시대와 권력의 희생양도 아니었다.

다윗의 두 번째 말은 '두려워하지 말라'였다. 아마 므비보셋은 다윗에게 소환될 때부터 겁을 집어 먹었을 것이다. 이는 충분히 가능한 상상이다. 다윗에게 불려온 그는 엎드려 절을 했다.(6절) 이 말을 신명기는 우상에게 경배하는 것을 묘사할 때 사용했다.(신 11:16) 그는 감히 다윗이란 이름조차 부르지 못했다. 그저 '임금님의 종'이라고 자신을 격하시킬 뿐이었다. 그가 다윗을 두려워하는 것은 충분히 그럴만한 이유가 있는 것이었다. 이런 그의 마음을 안심시킨 다윗은 그를 왕의 식탁에서 먹을 수 있게 배려했다.(7 11 13절) 이것에는 '왕자들 중 하나처럼'이란 설명이 덧붙여졌다. 다윗은 또한 그에게 사울의 소유였던 땅들을 되돌려 주었다.(9절)

이는 바빌론 포로로 끌려간 여호야긴왕이 그 나라 왕의 식탁에서 먹을 수 있게 된 것에 비견할 수 있다.(왕하 25:29-30) 이런 다윗에게 므비보셋은 몸둘 바를 몰랐다. 자신을 개라고 불렀다.(8절. 개역개정: 죽은 개 같은 나; 직역: 나처럼 죽은 개; NIV a dead dog like me) 우리의 언어습관으로 보면 개역개정 등 여러 성경의 번역이 자연스러워 보인다. 문제는 이것이 히브리 본문이 전하려는 본래 뜻을 훨씬 더 약화시킨다는 점이다.

성경에서 개는 오늘날과 같이 애완동물(반려동물)이나 사람과 가장 친근한 동물로 등장하지 않는다. 그것은 흔히 천박하고 무가치한 존재, 무기력하고 약한 존재를 가리키곤 하였으며(삼상 17:43; 마 15:26-27 참조) 경멸하는 뜻으로 쓰였다. 더구나 그것이 죽은 개라면 더 말해 무엇하랴! 물론 자신을 개라고 말하는 것은 지극히 높은 자 앞에서 자신을 낮추는 겸양의 표현일 수 있다. 이런 예는 고대 근동의 문헌에서 어렵지 않게 찾아볼 수 있다. 지난날 다윗도 사울 앞에서 자신을 죽은 개(또는 벼룩)라 부르며 지극히 낮춘 적

이 있었다.(삼상 17:14)

요나단과의 우정을 기억하는 다윗에 의해서 그의 인생은 달라졌다. 아마 그의 이름은 본디 므립바알이었을 것이다.(대상 9:40 참조) 어쩌면 므비보셋 (= 불명예, 수치를 씻어줌)이란 그 이름은 아무 것도 모르는 어린 시절에 억울하게 희생당한 그의 인생에 관심을 갖게 하려고 다른 사람들이 지어준 것일지도 모른다. 이제는 그 이름의 뜻에 따라서가 아니라 다윗과 요나단이 맺은 언약에 따라서 그의 신세가 바뀌었다.

성경은 사람의 이름을 귀하게 여기면서도 그 이름자나 뜻을 초월하는 하나님의 인도에 더 큰 무게를 두었다. 이를테면 야베스란 이름의 뜻은 별로 좋은 것이 아니었는데 그가 하나님께 드린 기도가 응답되어 마음의 소원을 이루었다는 것이다.(대상 4:9-10)

므비보셋에 관련된 이야기는 '그는 두 발을 다 절더라'는 말로 일단 끝났다.(13절) 구약시대 다리 저는 사람에 대한 관념으로 보건데, 이는 므비보셋이 다윗에게 반역을 일으킬만한 하지 않다는 뜻이다. 다른 여느 사람처럼 다윗도 자신과 공로를 다툴 수 없는 사람들에 대해서는 극진히 대우했다.

사람들은 흔히 자기보다 약한 사람, 사회적인 약자를 배려하는 것으로 자신이 의롭다고 생각하는 경향이 있다. 실제로 그런가? 부분적으로 그렇다. 약자를 괴롭히거나 경멸하는 것은 인간이 덜 되었다는 뜻이다. 가난하거나 약한 사람에게 잘하는 사람은 인간의 기본이 된 것이다.

이 기본을 잘 지키면서도 자신과 비슷한 위치에 있는 사람을 차갑게 대하거나 자기보다 강한 자를 얼토당토않게 공격하는 사람도 있다. 이런 사람은 인간성의 기본을 갖추었지만 아직 성숙하지 못한 것이다. 이런 점에서 동업자, 대등한 자, 경쟁자에 대한 태도가 그 사람의 신앙과 인격 삶의 질을 아는 결정적인 기준이 되는 것이다.

묵상 : 자기 정체성과 신앙

다윗은 '나 같은 죽은 개'라고 말하는 므비보셋을 왕의 식탁에 앉혀주었다. 왕자 중 하나처럼 그 식탁에서 먹게 해주었다. 이는 그가 잃어버렸던 자신의 정체성을 되찾아 준 것이다.

예수님은 갈릴리 바다에서 고기 잡는 어부들을 찾아 오셨다. 밤새도록 그물을 던졌는데도 물고기를 잡지 못한 그들에게 '깊은 데로 가서 그물을 던지라'고 이르셨다. 이 말씀대로 하였더니 그물이 찢어질 정도로 많은 물고가 잡혔다. 그러자 어부들 가운데 베드로가 예수님 무릎 앞에 꿇어 엎드린 채 말했다. "주여 나를 떠나소서 나는 죄인이로소이다"(눅 5:8)

이렇게 자신을 죄인으로 인정하는 베드로에게 예수님은 '무서워하지 말라 이제 후로는 네가 사람을 취하리라'(눅 5:10) 말씀하시며 제자의 길로 초청해 주셨다. 예수님을 만난 뒤에야 비로소 베드로는 자신의 정체성을 찾았다.

39
그는 어떻게 무너졌을까?

(삼하 11:1-5)

1 그 해가 돌아와 왕들이 출전할 때가 되매 다윗이 요압과 그에게 있는 그의 부하들과 온 이스라엘 군대를 보내니 그들이 암몬 자손을 멸하고 랍바를 에워쌌고 다윗은 예루살렘에 그대로 있더라

2 저녁 때에 다윗이 그의 침상에서 일어나 왕궁 옥상에서 거닐다가 그 곳에서 보니 한 여인이 목욕을 하는데 심히 아름다워 보이는지라

3 다윗이 사람을 보내 그 여인을 알아보게 하였더니 그가 아뢰되 그는 엘리암의 딸이요 헷 사람 우리아의 아내 밧세바가 아니니이까 하니

4 다윗이 전령을 보내어 그 여자를 자기에게로 데려오게 하고 그 여자가 그 부정함을 깨끗하게 하였으므로 더불어 동침하매 그 여자가 자기 집으로 돌아가니라

5 그 여인이 임신하매 사람을 보내 다윗에게 말하여 이르되 내가 임신하였나이다 하니라

이것은 다윗이 우리아의 아내 밧세바와 불륜에 빠지는 이야기다. 므비보셋에게 베푸는 자였던 다윗은 이제 빼앗는 자 죽이는 자 그리고 회개하는 자로 등장했다. 그는 우리아의 아내 밧세바와 불륜에 빠졌다. 그 사이 뜻밖에도 밧세바가 아기를 가졌다. 이로 인해 일이 전혀 예상하지 못한 방향으로 흘러가기 시작했다.

일찍이 연암 박지원(1737-1805)은 '무릇 큰 도가 흩어진 지 오래되었다. 나는 여색을 좋아하듯 어진 이를 좋아하는 사람을 보지 못했다'(영처고 서 嬰處稿序 중)고 탄식했다. 다윗도 이에서 예외가 아니었던가? 평소 하나님 앞에서 바로 서고자 한 다윗과 전혀 다른 모습이 여기 있다. 그에게 위기가 닥친 것은 어느 때였는가?

첫째, 그가 자기 직무를 태만히 하고 한가하게 노닥거릴 때였다. 삼하 11장 1절에 보면 이스라엘에게 아주 주요한 전쟁이 시작되었다. 사사시대 이래 이스라엘에서는 전쟁이 일어나면 사사나 왕 등 최고지도자가 직접 나가 진두지휘를 했다. 다윗은 이 전통을 깨뜨렸다. 그는 출전하지 않고 요압 장군과 그 부하들만 전투에 내보냈다. '그러나 다윗은 예루살렘에 머물러 있었다.'(삼하 11:1c 표준) 이것만 가지고 그를 비난하기에는 부족하다. 분명히 그 나름대로 충분한 이유가 있었을 것이다. 이렇게 한 것 그 자체보다 더 큰 문제는 그 다음에 터졌다.

전쟁터와 멀리 떨어진 궁정에서 그것도 주요한 신하들이 자리에 없는 상황에서 그에게는 할 일이 별로 없었다. 긴장하며 일할 때에는 그럴 틈이 없었는데 한가하고 여유가 있으니 유혹의 손길을 뿌리치지 못했다. 이런 뜻에서 그 사람을 알려면 한가한 시간이 생겼을 때, 그가 무엇을 가장 많이 생각하고 행동하는가를 살펴보면 되리라. 자기 스스로를 알고 싶을 때에도 이런 것을 주의 깊게 살펴보면 될 것이다.

둘째로 다윗은 보지 말아야 할 것을 볼 때 죄에 빠졌다. 안목의 정욕은 특히 조심해야 할 주요한 사항들 중 하나였다.(요일 2:16) 예로부터 견물생심(見物生心)이라 하며 이를 경계했다. 죄는 대부분 보는 것과 듣는 것을 통해 우리에게 들어오기 때문이다. 유혹하는 뱀의 말을 들은 하와에게 선악을 알게 하는 나무가 먹음직도 하고 보암직도 하고 지혜롭게 할 만큼 탐스럽게 보였다.(창 3:6) 다윗에게도 똑같았다. 목욕하는 밧세바는 그의 눈에는 아주 아름다워 보였고 그는 자기 눈길이 닿는 대로 욕정을 품었다.

물론 한가하게 노닥거린다고 해서 다 죄를 짓지는 않는다. 보지 말아야할 것을 본다고 해서 다 죄인이 되는 것도 아니다. 그렇다면 다윗이 죄를 지은 결정적인 계기는 무엇이었는가?

셋째로 다윗이 죄를 범한 가장 큰 원인은 하나님 말씀을 어긴 데 있었다. 그는 그 여인의 신상에 대해 알아보았다. 알아보니 그녀는 충성스러운 군사 우리아의 아내였다. 하나님은 다윗에게 그 사실을 알게 하셨다. 이로써 스스로 죄를 피해갈 기회를 주셨다. 당시 남의 아내와 동침하는 자는 죽는다는 하나님 말씀이 있었다.(레 20:10 누구든지 남의 아내와 간음하는 자 곧 그의 이웃의 아내와 간음하는 자는 그 간부와 음부를 반드시 죽일지니라) 이 말씀대로만 하면 이런 죄를 저지르지 않을 것이다. 다윗은 그 말씀을 무시하고 자기 마음이 가는대로 따라갔다.

밧세바는 다윗과 동침 후 부정(不淨)함을 깨끗이 하고 집으로 돌아갔다.(삼하 11:4) 우리말 번역에는 부정함을 깨끗이 한 뒤에 동침한 것처럼 되어 있다. 히브리 성경에는 그 순서가 반대로 되어 있다.

…그리고 그녀가 그에게로 왔다. 그러자 그는 그녀와 같이 누웠다. 그리고 그녀는 곧바로 스스로를 자신의 부정함으로부터 정결하게 했다. 그리고 그녀는 자기 집으로 되돌아갔다.(삼하 11:4 직역)

다윗과 동침함으로써 스스로 부정해지자 밧세바는 정결하게 되기를 스스로 원했다. 밧세바는 다윗과 함께 죄를 저지른 뒤 자신이 할 수 있는 최소한의 행동이나마 취했다. 다윗은 그렇지 않았다. 이런 일을 하고도 그는 전혀 회개하거나 속죄하지 않았다.

사람은 누구나 세 가지를 세 가지를 가지고 있다고 한다. 비밀 소망(희망사항) 사랑이 그것이다. 이것들은 그 자신에게 긍정적으로도 파괴적으로도 작용할 수 있다. 다윗도 예외가 아니었다. 안타깝게도 여기에는 그가 가진 비밀과 사랑과 희망사항이 자신과 주변 사람을 해롭게 하고 말았다.

퇴계 이황은 다음 네 가지를 좌우명으로 삼았다. i) 삿된 생각을 하지 말자(사무사 思無邪) ii) 나 자신을 속이지 말자(무자사 無自斯) iii) 혼자 있을 때 스스로 삼가자(신기독 愼其獨) iv) 모든 것을 공경하자(무불경 毋不敬) 이 네 가지 중 세 번째가 신독(愼獨)이다. 신독이란 무엇인가? "밤길 홀로 걸을 때 그림자에 부끄러움이 없어야 하고, 홀로 잠잘 때에도 이불에 부끄러움이 없어야 한다(獨行不愧影 獨寢不愧衾)."(송사 · 채원정전(宋史 · 蔡元定傳) 여기서 행불괴영(行不愧影) 침불괴금(寢不愧衾)이란 말이 나왔다. 이는 엄격한 자기관리를 의미한다.

중용 · 계신공구(中庸 · 戒慎恐懼)에는 "숨겨져 있는 것보다 더 잘 보이는 것은 없고(莫見乎隱), 아주 작은 것보다 더 잘 드러나는 것은 없다(莫顯乎微). 그러기에 군자는 홀로 있을 때 스스로 삼간다(故君子愼其獨也)"는 말이 있다.

계곡(谿谷)장유(張維, 1587-1638)는 有幽其室 有默其處(유유기실 유묵기처) 人莫聞睹 神其臨汝(인막문도 신기림여) 警爾惰體 遏爾邪思(경이타체 알이사사) "그윽한 방 말 없는 공간 듣고 보는 이 없어도 귀신(鬼神)이 그대 살피나니 게으름 피우지 말고 사심(邪心) 품지 말지어다."라고 했다.

시인 윤동주가 '죽는 날까지 하늘을 우러러 한 점 부끄럼이 없기를, 잎새에 이는 바람에도 나는 괴로워했다'고 한 것도 이런 뜻이리라.

묵상 : 성취는 자칫 내리막길의 시작이 될 수 있다

한창 오르막길을 올라가던 다윗은 우리아 사건 이후 내리막길을 걷기 시작했다. 사울 임금을 비롯하여 사방이 지뢰밭이었을 때 그는 매우 건전했다. 그 위험이 사라진 이제 그는 무너지기 시작했다.

하나의 성취가 저절로 그 다음의 성취를 보장하는 것이 결코 아니다. 어떤 사람은 그 성취를 이룬 그 다음에 오히려 전보다 더 크게 망가지기도 한다. 어떤 사람은 성취하지 못한 그 뒤로 오히려 더 큰 성취를 얻어낸다. 또 어떤 이는 이번의 성취를 그 다음의 성취의 밑거름으로 삼는다. 이런 차이가 어디서 생기는걸까?

사람이 무엇인가를 성취하려면 각고의 노력이 필요하다. 일단 성취한 다음에 그것을 지켜나가거나 발전시켜 나가는 데에는 그보다 몇 배의 정성과 노력이 필요하다. 그렇다. 새로운 일을 이루는 것보다 이미 이룬 것을 지켜내기가 더 어렵다.

40

우는 밧세바 침착한 다윗

(삼하 11:18-27)

18 요압이 사람을 보내 그 전쟁의 모든 일을 다윗에게 보고할새

19 그 전령에게 명령하여 이르되 전쟁의 모든 일을 네가 왕께 보고하기를 마친 후에

20 혹시 왕이 노하여 네게 말씀하기를 너희가 어찌하여 성에 그처럼 가까이 가서 싸웠느냐 그들이 성 위에서 쏠 줄을 알지 못하였느냐

21 여룹베셋의 아들 아비멜렉을 쳐죽인 자가 누구냐 여인 하나가 성에서 맷돌 위짝을 그 위에 던지매 그가 데벳스에서 죽지 아니하였느냐 어찌하여 성에 가까이 갔더냐 하시거든 네가 말하기를 왕의 종 헷 사람 우리아도 죽었나이다 하라

22 전령이 가서 다윗에게 이르러 요압이 그를 보낸 모든 일을 다윗에게 아뢰어

23 이르되 그 사람들이 우리보다 우세하여 우리를 향하여 들로 나오므로 우리가 그들을 쳐서 성문 어귀까지 미쳤더니

24 활 쏘는 자들이 성 위에서 왕의 부하들을 향하여 쏘매 왕의 부하 중 몇 사람이 죽고 왕의 종 헷 사람 우리아도 죽었나이다 하니

25 다윗이 전령에게 이르되 너는 요압에게 이같이 말하기를 이 일로 걱정하지 말라 칼은 이 사람이나 저 사람이나 삼키느니라 그 성을 향하여 더욱 힘써 싸워 함락시키라 하여 너는 그를 담대하게 하라 하니라

26 우리아의 아내는 그 남편 우리아가 죽었음을 듣고 그의 남편을 위하여 소리내어 우니라

27 그 장례를 마치매 다윗이 사람을 보내 그를 왕궁으로 데려오니 그가 그의 아내가 되어 그에게 아들을 낳으니라 다윗이 행한 그 일이 여호와 보시기에 악하였더라

이것은 우리아가 전사한 뒤 다윗과 밧세바가 보이는 반응이다. 이스라엘에 패배의 소식이 전해졌다. 이스라엘 군대가 아말렉 군대에게 지고 많은 군사가 목숨을 잃은 것이다. 이 소식을 듣는 다윗과 밧세바의 반응은 어떠하였는가?

깜짝 놀랄 큰일 앞에서 아주 태연하고 침착한 것이나 지나치게 슬퍼하는 것 – 이 모두에는 거짓이나 술수가 들어 있다. 뒤가 구린 다윗도 그랬다.

다윗과 동침한 뒤 밧세바가 임신을 했다. 아마 둘 다 이 뜻밖의 소식에 당황하였으리라. 그녀는 이 소식을 지체 없이 다윗에게 알렸다. 이에 다윗이 어떻게 반응하였는가?

밧세바가 잉태한 사실을 안 다윗은 전쟁터에 나가있는 우리아를 불러 명분 없는 휴가를 주었다. 아내와 동침시켜 이미 잉태된 아이가 우리아의 아이인 것처럼 꾸며 자신의 범죄를 숨기려는 계책이었다. 하지만 다윗의 뜻대로 되지 않았다. 최대한 호의를 베풀며 집으로 가게 하였는데도 그는 집으로 가지 않고 왕궁 문지기들과 함께 잠을 잤던 것이다.

하나님은 이스라엘 백성에게 전쟁 전후에 여자를 가까이 하지 말라고 말씀하셨다.(신 23:9-11) 우리아는 이스라엘 족속이 아니었는데도(힛타이트족) 하나님 말씀을 경청했다. 그는 전쟁터에서 고생하는 동료들을 생각하여 의

리를 지켰다.(11절) 그가 두 번이나 하나님의 말씀을 지키는 바람에 다윗의 시도는 실패했다. 그러자 다윗은 회개하기는커녕 오히려 더 큰 범죄를 계획했다. 다윗과 밧세바 사이에 일어난 일은 크게 네 장면으로 되어 있다.(Uriel Simon, Reading Prophetic Narratives, 101)

	삼하 11:2-6a	삼하 116b-15	삼하 11:16-21	삼하 11;22-25
주요인물	다윗과 밧세바	다윗과 우리아	욥압, 우리아, 전달자	다윗, 전달자
죄	그녀가 다윗에게 오고 다윗이 그녀와 동침하다.	우리아를 유혹하려고 두 번 시도하다	우리아가 전전에서 위험한 위치에 섰다가 전사하다.	–
문제가 중첩됨	그녀가 다윗에게 '내가 임신했다'고 기별하다.	우리아가 두 번이나 자기 아내에게 가지 않다	다른 병사들도 죽다.	다윗이 우리아의 죽임에는 불가피한 측면이 있다고 하다.
또 다른 죄를 내포함	우리아가 소환되다	다윗이 욥압에게 운명적인 편지를 보내다	요압이 전달자를 보내 우리아가 죽었다는 솟기을 전하고, 다윗은 패전의 책임을 묻지 않다.	다윗이 '칼은 이 사람이나 저 사람이나 삼킨다'고 말하며 패전의 책임을 무마시키다.

"욕심이 잉태한즉 죄를 낳고 죄가 장성한즉 사망을 낳느니라"(약 1:15)는 말씀의 구체적인 실례가 삼하 11장 14~25절이다. 다윗은 간음한 데 이어 살인까지 했다. 이 살인은 마치 다윗이 죽이지 않은 것처럼 교묘하게 이루어졌다. 그는 단순히 우리아 한 사람만 죽인 것이 아니라 이스라엘 군인 다수를 죽음으로 몰아넣었다. 집단살인을 한 셈이었다. 이것은 최측근인 요압

248

말고는 진실을 아는 자가 없을 정도로 완전범죄였다. 우리아가 전사했다는 소식을 전해들은 그는 이렇게 말했다:

너는 요압에게 이같이 말하기를 이 일로 걱정하지 말라 칼은 이 사람이나 저 사람이나 삼키느니라 그 성을 향하여 더욱 힘써 싸워 함락시키라 하여 너는 그를 담대하게 하라(25절)

어떤가? 지나칠 정도로 침착하고 이성적이지 않는가! 많은 군사가 희생된 패배와 패장에 대해 그는 무척이나 대범한 관용을 보였다. 바로 여기에 함정이 있었다. 이것은 자신이 우리아를 죽게 만들라고 명령한 사실을 감추기 위해 보여주는 위선이었다. 대부분의 경우 사람이 지나치게 반응하는 데에는 분명 숨은 의도가 있기 마련이다.

우리아의 처는 남편의 전사소식을 듣고 애곡했다. 그녀가 남편 우리아를 애도하는 것은 여느 여인의 그것과 심정과 정도가 달랐다. 남편은 나라를 위해 목숨을 걸고 싸우다 전쟁터에서 죽었는데 자기는 다윗 왕과 불륜을 저질러 아이까지 가졌으니 그 심정이 오죽하였을까! 밧세바는 남편에 대한 죄책감으로 가슴을 치며 하염없는 눈물을 흘렸다. 소리내어 우니라로 번역된 말(싸파드)은 본디 '(애곡의 표시로) 가슴을 치다'란 뜻이다.(창 23:2; 왕상 14:13; 렘 4:8; 슥 12:10) 이것은 성경에 애곡한다는 뜻으로 쓰인 낱말들 가운데 가장 강도가 센 것이다.

세상에는 남녀관계에서 생겨나는 이야기가 참 많다. 그 가운데에는 고개를 돌리게 하는 추한 것도, 감동을 주는 것도 있다. 교훈 가득한 이야기도 있다. 그 가운데 정암(靜庵) 조광조(趙光祖 1482-1520) 얽힌 이야기다.

평소 그는 글을 낭랑한 목소리로 낭송하는 습관이 있었다. 밤이나 낮이나 배에 힘을 주고 리듬을 살려 읽는 그 소리가 동네 처녀들의 마음을 흔들어 놓았다. 그의 옆집에 살던 처녀는 어느 날 밤 담을 넘어 들어가 '사랑한다' 고 호소했다. 그때 조광조는 인륜을 저버렸다며 그 처자의 종아리를 쳤다. 훗날 조광조가 억울한 누명을 쓰고 사화에 연루돼 옥에 갇혔다. 그 여인의 아들이 사간원에서 조광조의 죄를 묻는 자리에 있었다. 그녀가 자기 아들을 불러 이렇게 말했다고 한다. '그 분이 얼마나 곧은 분인지 아느냐?'

우리 인생 백년은 한 가지 모습으로 고정되어 있지 않다. 시간과 사회 환경의 흐름에 따라 얼마든지 변화되곤 한다. 인생은 변화하는 중에 있다는 말이 꼭 맞는다. 지금 성공한 사람이라고 해서 앞으로 죽을 때까지 그러리라는 보장이 없다. 지금 어려운 형편이라고 해서 앞으로 내내 그러리라는 것도 확정되지 않았다. 생활만 그런 것이 아니라 우리의 인격도 역시 이와 같다.

마치 다윗에게는 신실한 신앙인, 죄를 범하면서까지 남의 것을 빼앗는 사람, 사람을 교묘하게 죽이는 살인자, 회개하는 자, 하나님 앞에 죄 값을 치르는 자 등 여러 가지 모습이 겹쳐져 있다. 우리 각 사람의 인생도 그러하다. 이렇게 변화하는 중에 있는 것이 우리네 인생이다. 우리 인생이 이럴진대 이왕이면 어떤 방향으로 바뀌어야 할까?

사회 환경도 우리 자신도 끊임없이 변화하지만, 어떤 경우에도 하나님 말씀의 반석 위에 서기를 소망한다. 이로써 우리 인생의 최종 목적인 새 하늘과 새 땅을 웃으며 영접하게 될 것이기에.

묵상 : 사람은 누구인가?

성경에 나오는 다윗의 모습은 어떠한가? 젊은 시절 그는 하나님을 신실하게 믿는 사람이었다. 사무엘 하 11-18장에서 그는 남의 것을 빼앗는 자요, 사람을 죽게 하는 살인자였다. 삼하 12장에서 다윗은 회개하는 자요, 자신이 저지른 죗값을 치러야만 하는 자요, 자식의 죽음을 아파하고 서러워하는 아버지였다. 이 가운데 어떤 것이 다윗의 참 모습일까?

> 사도 바울은 하나님 말씀을 이렇게 전했다. 13 …온전한 사람을 이루어 그리스도의 장성한 분량이 충만한 데까지 이르리니 14 이는 우리가 이제부터 어린 아이가 되지 아니하여 사람의 속임수와 간사한 유혹에 빠져 온갖 교훈의 풍조에 밀려 요동하지 않게 하려 함이라 15 오직 사랑 안에서 참된 것을 하여 범사에 그에게까지 자랄지라(엡 4:13-15)

이언진(李彦瑱 1740-1766)은 '얼굴 검으니 제멋대로 검은 장롱이라 부르고(면흑임칭흑시 面黑任稱黑廝) 아둔하면 제멋대로 백치라고 부르지(성의임칭백의 性癡任稱白癡)'라고 탄식했다. 그는 사람들이 겉만 보고 흑백 좌우 옳고 그름(시비 是非) 고하 우열 장단(長短)을 나누면서 자기 꼴리는 대로 이름을 붙이거나 개념을 짓거나 재단하는 세태를 비웃었다. 장자(莊子) 이런 식으로 나누고 구분하고 차별해서는 사람다운 경지(도 道)에 이를 수 없다고 했다.

우리는 어떤가? 사람을 자기가 만든 테두리 안에 가두는 일이 내 안에 얼마나 많은가?

41

하나님의 자비와 나단 콤플렉스

(삼하 12:1-6)

1 여호와께서 나단을 다윗에게 보내시니 그가 다윗에게 가서 그에게 이르되 한 성읍에 두 사람이 있는데 한 사람은 부하고 한 사람은 가난하니

2 그 부한 사람은 양과 소가 심히 많으나

3 가난한 사람은 아무것도 없고 자기가 사서 기르는 작은 암양 새끼 한 마리뿐이라 그 암양 새끼는 그와 그의 자식과 함께 자라며 그가 먹는 것을 먹으며 그의 잔으로 마시며 그의 품에 누우므로 그에게는 딸처럼 되었거늘

4 어떤 행인이 그 부자에게 오매 부자가 자기에게 온 행인을 위하여 자기의 양과 소를 아껴 잡지 아니하고 가난한 사람의 양 새끼를 빼앗아다가 자기에게 온 사람을 위하여 잡았나이다 하니

5 다윗이 그 사람으로 말미암아 노하여 나단에게 이르되 여호와의 살아 계심을 두고 맹세하노니 이 일을 행한 그 사람은 마땅히 죽을 자라

6 그가 불쌍히 여기지 아니하고 이런 일을 행하였으니 그 양 새끼를 네 배나 갚아 주어야 하리라 한지라

이것은 선지자 나단이 다윗을 찾아와 하나님 말씀을 전하는 내용이다. 사무엘하서에 눈에 띄는 사실이 하나 있다. 다윗이 이웃 나라를 평정하고 자기세력을 굳건히 한 다음부터 죄를 짓기 시작한 것이다. 방심이 화를 부른

것일까? 자만심이 그렇게 만든 것일까? 인간에게 이런 속성이 잠재되어 있는 것일까? 다윗이 정치 군사적으로 크게 성공한 사실이 사무엘하서 9-10장에 기록되었다. 그 다음 11장에서 다윗의 사생활로 주제가 옮겨졌다.

다윗의 마음은 정욕에 이끌리는 것이 하나님 말씀에 이끌리는 것보다 앞섰다. 마음이 그리로 치닫는 것이 이미 죄라 하더라도 그것은 곧바로 행동으로 이어지지 않는다. 사실 밖으로 나타나지 않은 한 마음속의 죄를 우리는 확실하게 알 수 없다. 그것이 행동으로 명백히 드러나지 않는 한, 사람은 좀처럼 자기를 죄인이라고 생각하지 않는다.

인간의 겉으로 드러난 행동이 아니라 눈에 잘 보이지 않는 마음속에 있는 것이야말로 모든 죄의 근원이다. 마음에 있는 것이 행동으로 나타나기 때문이다. 이런 이유로 예수님이 말씀하셨다.

나는 너희에게 이르노니 음욕을 품고 여자를 보는 자마다 마음에 이미 간음하였느니라 (마 5:28)

사람은 자기가 할 수 있는 무엇인가를 이용하여 자기 마음을 채우기 마련이다. 다윗은 자기가 마음먹은 것을 실행하려고 왕의 권리를 이용했다. 그것은 자신의 마음처럼 감추어지지 않았다. 밧세바가 임신을 한 것이다. 이제 그는 십계명 중 7, 10계명을 어겼던 것에서 6계명을 어기는 데로 옮겨갔다. 궁리 끝에 그는 우리아를 전투가 가장 심한 곳으로 보내어 적군에게 죽임을 당하게 만들었다. 다윗은 그와 함께 한 많은 군사를 죽게 만들었다.

하나의 죄가 또 다른 죄를 낳고, 한 사람의 죄가 그 주위 사람들에게 미치는 어두운 영향력이 여기에 나타났다. 죄 또는 한 사람이 자기욕망을 실현시키려는 움직임은 늘 그에 따르는 희생자를 낳는다. 이렇게 되고 나서야 비로소 인간은 죄가 무섭다는 사실을 깨닫고 깜짝 놀라곤 한다. 그것이 나쁘다는 것을 잘 알면서도 그 해악을 피부로 직접 느끼지 못하는 것은 인간이 지닌 연약함일까? 우리는 어리석게도 마음속에 숨어 있는 욕정이 얼마나 무서운 지를 그 결과가 나타날 때에야 비로소 절실히 실감하곤 하는 것이다.

다윗도 그랬다. 그는 자기 죄가 얼마나 깊은 것인가를 예언자 나단이 찾아와 꾸짖을 때에야 비로소 알아차렸다. 어쩌면 다윗은 '내가 한 나라의 왕인데 이 정도쯤은 할 수도 있지 않느냐'고 생각했을지도 모르겠다. 나단의 충고를 듣고 난 후에야 비로소 그는 자기 마음속의 죄가 헤아릴 수 없을 정도로 깊으며 그것이 자기와 관계를 맺고 있는 사람들에게 얼마나 큰 상처가 되었는지를 새삼 알게 되었다:

9 여호와여 내가 고통 중에 있사오니 내게 은혜를 베푸소서 내가 근심 때문에 눈과 영혼과 몸이 쇠하였나이다 10 내 일생을 슬픔으로 보내며 나의 연수를 탄식으로 보냄이여 내 기력이 나의 죄악 때문에 약하여지며 나의 뼈가 쇠하도소이다 (시 31:9-10).

다윗은 이제서야 그것을 후회했다. 그가 아무리 뉘우치고 눈물을 흘리며 후회를 해도, 자기 때문에 상처를 입은 사람들에게 속죄를 하려 해도 죽임을 당한 우리아가 되살아나지 않는다.

이렇게 자기 죄와 그로 말미암아 생겨난 문제를 해결할 길이 전혀 없다면 어떻게 살까? 아마 다윗같이 뉘우치거나 자신이 초래한 비극을 마음속으로 되새김질할 것이다. 세월이 흘러도 그 기억이 떠오를 때마다 양심에 가책을 받으며 무겁고 어두운 마음으로 여생을 보낼 것이다. 그는 구원받지 못한 채 죄인의 인생을 살 것이다. 나약한 인간이 스스로 죄와 그 결과를 해결할 수도 없고 이미 엎질러진 물을 주워 담을 수도 없다는 사실 앞에 인간은 절망할 것이다.

하나님은 죄인도 구원받을 수 있는 길을 열어 주셨다. 이것이 하나님의 자비요 은혜이다. 인간 편에서 보자면 그것은 회개하는 모양으로 나타나고 하나님 편에서 보자면 조건 없는 완전한 속죄(구속)이다. 하나님은 철저히 회개하는 다윗에게 죄를 용서해 주심으로 새롭게 살 길을 열어 주셨다:

3 내가 입을 열지 아니할 때에 종일 신음하므로 내 뼈가 쇠하였도다 4 주의 손이 주야로 나를 누르시오니 내 진액이 빠져서 여름 가뭄에 마름 같이 되었나이다 (셀라) 5 내가 이르기를 내 허물을 여호와께 자복하리라 하고 주께 내 죄를 아뢰고 내 죄악을 숨기지 아니하였더니 곧 주께서 내 죄악을 사하셨나이다(시 32:3-5).

10 우리의 죄를 따라 우리를 처벌하지는 아니하시며 우리의 죄악을 따라 우리에게 그대로 갚지는 아니하셨으니 …12 동이 서에서 먼 것 같이 우리의 죄과를 우리에게서 멀리 옮기셨으며 13 아버지가 자식을 긍휼히 여김 같이 여호와께서는 자기를 경외하는 자를 긍휼히 여기시나니 14 이는 그가 우리의 체질을 아시며 우리가 단지 먼지뿐임을 기억하심이로다(시 103:8-14).

죄인에게도 구원으로 가는 길이 열려 있다는 사실은 복음 중에도 복음이다. 이 사실을 하나님은 다윗을 통해 우리에게 분명히 보여 주셨다.

다윗이 지은 죄를 용서받았으나 그것은 다윗의 왕가에 어둡고 긴 그림자를 남겼다. 우선 밧세바가 낳은 아들이 어린 나이에 죽고 말았다. 하나님께서 나단을 통해 다윗에게 말씀하신 것처럼 그 집안에 칼부림이 그치지 않았다. 죄는 용서를 받았으나 죗값은 치러야만 했다. 이에 하나님은 말씀하셨다: "그런즉 선 줄로 생각하는 자는 넘어질까 조심하라."(고전 10:12)

사람에게는 각자 자기만의 약점(콤플렉스, 벽 癖)이 있다. 여기에는 '병질/엄(疾)'과 '치우칠 벽(辟)'이 합쳐져 있다. 이 낱말의 부수는 갑골문자로 환자가 땀을 흘리고 있는 형상이다.

국어사전에 보면 i) 무엇을 치우치게 즐기는 성벽(性癖)이며 ii) 고치기 어렵게 굳어버린 버릇을 일컫는다.

이것은 무엇인가 지나치게 치우쳐 있는 병을 가리킨다. 이 말에는 미쳤다는 말맛이 들어 있다. 이는 무언가에 깊이 빠져 자신을 잊고 몰두하는 것을 가리킨다. 18세기 조선에는 담배를 유난히 좋아했던 이옥, 비둘기 사육에 관심이 깊던 유득공, 벼루를 잘 깎기로 이름난 정철조, 다독의 마니아 김득신, 책만 읽는 바보라고 불렸던 간서치(看書癡) 이덕무 등 벽이라는 글자가 잘 어울리는 사람들이 있었다. 여기에는 긍정적인 측면과 부정적인 측면이 아울러 들어있다.

긍정적이라면 어떤 분야에서 자기만의 세계를 탁월하게 구축하고 전문가다운 기예를 터득하려면 반드시 벽이 있어야만 한다는 것이다. 박제가는 이렇게 말했다.(백화보 서 百花譜 序)

벽이 없는 사람은 버림받은 자이다. 벽이라는 글자는 질병과 치우침에서 나온 것이다. 이는 치우친 병을 앓는다는 뜻이다. 벽이란 편벽된(지나치게 치우친) 병을 의미하더라도 홀로 자기만의 세계를 개척하고, 전문적인 기예(技藝)를 익히려면 벽을 가진 사람만 할 수 있다.(人無癖焉 棄人也矣已 夫癖之爲字 從疾從癖 인무벽언 기인야의이 부벽지위자 종질종벽 病之偏也 雖然 具獨往之神 習專門之藝者 惟癖者能之 병지편야 수연 구독왕지신 습전문지예자 유벽자능지)

256

중국 명나라 사람 장대(張岱·1597~1676년)는 오심정소기(湖心亭小記)에서 이렇게 말했다.

사람에게 벽이 없으면 더불어 사귈 만하지 못하다. 왜냐하면 그에게는 깊은 정이 없기 때문이다.(인무벽 불가여교 이기 무심정야 人無癖 不可與交 以其 無深情也) 사람에게 장애가 없으면 이 또한 사귈 만하지 못하다. 왜냐하면 그에게는 진실한 기운이 없기 때문이다. (人無疵 不可與交 以其 無眞氣也 인무비 불가여교 이기 무진기야)

최흥효(崔興孝 1370-1472)는 서예가였다. 그는 왕희지의 글씨체를 좋아해 매일 밤을 꼬박 세워가며 글씨를 연습했다. 그는 과거시험을 보러가서 답안지를 쓰다가 우연히 한 글자가 왕희지의 글씨체와 똑같게 되었다. 너무나 기쁜 나머지 그는 앉아서 그 글씨만을 뚫어지게 쳐다보다가 차마 그 글씨를 제출할 수가 없어서 그대로 품에 안고 돌아왔다. 그는 자신이 좋아하는 단 하나의 글씨를 얻고 싶어 과거 시험에 합격하는 것을 과감히 포기했다. 말 그대로 글씨벽을 갖고 있었다. 나중에 그는 조선조 최고의 명필가가 되었다.

벽에는 병통(病痛)이나 병증(病症)으로 여겨지는 측면이 있다. 평소 상식의 선을 넘지 않는 교양 있는 사람이라도 그 벽이 발동하는 순간만은 '어, 저 사람에게 저런 면이 있었어!'라고 깜짝 놀라거나 의아하게 여길 모습이 나타나는 것이다. 그 순간 벽(癖)은 부정적인 모습으로 노출된다.

'실수란 사람에게 원래부터 있는 속성이다'(errare est humanos) 말도 있다. 지적하고자 들면 지적당하지 않을 사람은 아무도 없다. 이에 '털어서 먼지 나지 않을 사람이 없다'는 말이 나왔다. 그러므로 누군가의 잘못을 지적하는 일은 아주 쉽다. 잠깐만 살펴보면 금방 눈에 띄니까.

지적(비판, 충고)은 두 가지 결과로 나타나곤 한다. 하나는 긍정적인 효과이다. 잘못된 것을 미처 깨닫지 못하거나 알면서도 애써 외면하는 자에게 경각심을 불러일으키는 것이다. 다른 하나는 지적당하는 사람의 의욕과 용기를 꺾어놓거나 공감능력이 부족하다는 반발심을 불러일으킬 수가 있다. 결국 그 당사자가 지적사항을 어떻게 받아들이냐에 따라 긍정과 부정이 좌우된다. 그리고 지적하는 사람의 언사와 태도도 부분적이나마 영향을 미치기도 한다.

지적질, 돌직구라는 용어는 이런 것을 부정적으로 표현할 때 쓰는 말이다. 다른 사람을 향해 그리하는 것을 사명으로 아는 사람이 있다. 시도 때도 없이 돌직구를 던진다. 그런 사람은 대체로 정해져 있다. 그런 사람의 돌직구는 사람 기분만 상하게 할 뿐 좋은 효과를 낳지 못하는 경우가 대부분이다.

다행스럽게도 나단의 지적은 다윗에게 긍정적인 효과로 나타났다. 우리는 나의 지적질이 어떤 효과를 나타낼 것인가를 먼저 심사숙고한 뒤에 실행해야 할 것이다.

묵상 : 콤플렉스

콤플렉스란 말은 라틴어 'com(함께)'과 'plectere(짜기)'가 합쳐진 것이다. 이것은 '짜여진 것, 엉켜서 복잡한 것'을 가리킨다. 이는 감정과 심리가 뭉친 응어리다. 이것의 작용(반응)은 때로 의지 · 이성에 통제받지 않고 일어나는 자율성을 가지고 있다.

이 말은 오스트리아 출신 의학 · 생리학자인 브로이어(Josef Breuer)다. 그는 히스테리를 연구에 조예가 있었다. 그는 콤플렉스를 관념복합체(Ideenkomplex)라고 불렀다. 나중에 프로이트(S. Freud)가 이 용어를 받아들여 사용했다. 그는 여기에 금지와 갈망 사이의 복잡한 갈등이 들어 잇다고 보았다. 곧 도덕 · 윤리 · 양심이 허용하지 않은 내용을 억눌러 생긴 '억압적인 감정의 복합체'다.

융(C. G. Jung)은 분석심리학적 임상실험을 거쳐 이것을 일반화 · 상용화시켰다. 그는 "콤플렉스는 심리적인 생명의 핵이자 인간의 감정 · 지각 · 원망의 원형"이라 했다. 일반인에게 콤플렉스는 열등감과 동의어다.

아들러(A. Adler)는 열등 콤플렉스(inferiority complex)를 승화시키는 것에 높은 비중을 두었다. 그는 사람이라면 누구에게나 열등감은 모든 행동의 동기이자 추진력이라 했다. 인간에게는 열등감과 함께 우월추구의 욕구 또한 있기 때문이다.

ⓐ 오이디푸스 콤플렉스

남자아이가 자기 어머니를 사랑하고(이성으로) 아버지를 경쟁자로 생각하는 것..

ⓑ 엘렉투라 콤플렉스

여자아이가 자기 아버지를 사랑하고 어머니를 경쟁자로 여기는 것 또는 아버지가 돌아가시고 나서야 아버지라는 존재에 대해 근원적인 그리움을 깨닫는다. 자신이 잃어버린 반쪽은 타인인 남성이 아니라, 바로 아버지라고 자주 생각하는 것이다.

ⓒ 피터팬 콤플렉스

책임지는 존재로 살아야하는 어른이 되기를 거부하고 아이로 계속 남아있고 싶어함.

ⓓ 슈퍼우먼 콤플렉스

여자가 집안일, 바깥일 모두 잘하려고 노력하는 것

ⓔ 슈퍼맨 콤플렉스

남자가 남성다움을 과시하려면 모든 능력을 갖추어야 한다고 생각하는 것

ⓕ 카인콤플렉스

형제자매간의 적의(敵意). 경쟁심

ⓖ 신데렐라 콤플렉스

얼마나 많은 사람들이 까닭 없이 자신을 괴롭히며 낙심하는지 모른다. 자신을 피해자로 생각하는데서 병적인 기쁨과 살아가는 이유를 얻는 것.

ⓗ 나르시스 콤플렉스

자신에 대해 과대평가하는 정도가 지나친 것 (나르시시즘)

ⓘ 아도니스 콤플렉스

현대 사회에서 사람들이 외모 때문에 갖는 강박관념, 우울증 등을 지칭하는
콤플렉스

ⓙ 레드 콤플렉스

공산주의에 대한 과민반응을 일컫는 것

ⓚ 나폴레옹 콤플렉스

작은 키 등 약점이 도드라지는 사람이 보상심리로 공격적이고 과장된 행동
을 하는 것.

ⓛ 성 콤플렉스

그릇된 성규범을 무의식적으로 받아들여 성적 욕망과 성적 표현, 성에 대한
흥미를 억제하는 동안 갖는 심리적 갈등

ⓜ 평강공주 콤플렉스

사랑이란 남자의 능력을 개발시켜 주고 그 성공을 통해 느끼는 성취감이라
고 믿는 것.

ⓝ 착한 사람 콤플렉스

주변 사람을 만족시키기 위해 봉사해야 한다 생각하여 그렇게 하면서 자기 자신을 힘들게 하는 것.

ⓞ 맏딸 콤플렉스

인정받는 맏딸로서 잘해야 된다는 의무감과 그 기대에 부응하지 못할 때 느끼는 자책감

ⓟ 낙랑공주 콤플렉스

사랑을 위해서 가족 조국 민족 그 누구라도 배신할 수 있다는 사고방식

ⓠ 파파 콤플렉스

핵가족 시대에 아버지의 사랑을 흠뻑 받고 자란 여성이 보이는 콤플렉스

ⓡ 프로메테우스 콤플렉스

이것은 가스통 바슐라르가 '불의 정신중석'이란 책에 신화와 문학에서 따온 네 가지 이름붙인 것이다. 그 첫 번째가 프로메테우스 콤플렉스이다. 이것은 불로 상징되는 지식에 대한 인간의 갈망 상징한다.

ⓢ 엠페도클레스 콤플렉스

이것은 자신을 파괴하여 재생의 기회를 얻고자 하는 것이다.

ⓣ 노발리스 콤플렉스

이것은 두 개의 사물이 마찰로 인해 성적인 불이 더 강렬해지며 열기를 얻는 것이다.

ⓤ 호프만 콤플렉스

이것은 불과 다른 요소와의 결합을 의미한다. 이를테면 불이 공기와 결합하면 상승해 하늘로 올라가 양(陽)이 되고 대지와 결합하면 음(陰)이 된다는 것이다. 바슐라르는 술을 불의 물이라 표현했다.

ⓥ 프랑켄슈타인 콤플렉스

인공 존재를 창조하는 욕망과 그 대상에 대한 공포

ⓦ 유디트 콤플렉스

강한 남자에게 몸을 맡기고 싶은 감정과 상대에 대한 미움이 겹친 여성의 이중 심리

ⓧ 2차원 콤플렉스

만화나 애니메이션 등 2차원 캐릭터에 대한 애착

ⓨ 요나 콤플렉스

지금 여기서의 삶보다는 어머니 백속에 있는 것이 더 편하다고 생각하는 것과 같은 인간의 모태귀소본능.

ⓩ 메시아 콤플렉스

엘빈 토플러는 이것을 가리켜 '맨 윗사람을 바꾸면 자신들도 어떻게 구원받을 수 있다는 환상'이라 했다.

나단 콤플렉스 말고도 '약한 자여 그대 이름은 사람이니라'고 할 정도로 우리는 콤플렉스(벽, 癖)를 가질 요건이 참 많다. 이런 것들에 우리는 어떻게 반응할까? 어떻게 하면 자신의 콤플렉스를 향해 '네가 내게 있어 참 고맙다'라고 할 수 있을까?

42

당신이 바로 그 사람이라

(삼하 12:7-15)

7 나단이 다윗에게 이르되 당신이 그 사람이라 이스라엘의 하나님 여호와께서
이와 같이 이르시기를 내가 너를 이스라엘 왕으로 기름 붓기 위하여 너를 사
울의 손에서 구원하고

8 네 주인의 집을 네게 주고 네 주인의 아내들을 네 품에 두고 이스라엘과 유다
족속을 네게 맡겼느니라 만일 그것이 부족하였을 것 같으면 내가 네게 이것
저것을 더 주었으리라

9 그러한데 어찌하여 네가 여호와의 말씀을 업신여기고 나 보기에 악을 행하였
느냐 네가 칼로 헷 사람 우리아를 치되 암몬 자손의 칼로 죽이고 그의 아내를
빼앗아 네 아내로 삼았도다

10 이제 네가 나를 업신여기고 헷 사람 우리아의 아내를 빼앗아 네 아내로 삼았
은즉 칼이 네 집에서 영원토록 떠나지 아니하리라 하셨고

11 여호와께서 또 이와 같이 이르시기를 보라 내가 너와 네 집에 재앙을 일으키
고 내가 네 눈앞에서 네 아내를 빼앗아 네 이웃들에게 주리니 그 사람들이
네 아내들과 더불어 백주에 동침하리라

12 너는 은밀히 행하였으나 나는 온 이스라엘 앞에서 백주에 이 일을 행하리
라 하셨나이다 하니

13 다윗이 나단에게 이르되 내가 여호와께 죄를 범하였노라 하매 나단이 다윗에게 말하되 여호와께서도 당신의 죄를 사하셨나니 당신이 죽지 아니하려니와

14 이 일로 말미암아 여호와의 원수가 크게 비방할 거리를 얻게 하였으니 당신이 낳은 아이가 반드시 죽으리이다 하고

15a 나단이 자기 집으로 돌아가니라

이것은 선지자 나단이 하나님의 이름으로 죄를 범한 다윗을 책망하며 그가 치를 대가를 알려주는 이야기다. 다윗과 밧세바와 우리아 사이에서 일어난 일을 성경은 삼하 11:27에서 이렇게 결론을 내렸다: "다윗이 행한 그 일이 여호와 보시기에 악하였더라." 물론 이것은 비단 공의로우신 하나님(성경) 만의 판단은 아니리라. 삼척동자라도 다 이리 생각할 것이다. 삼하 12장은 이 결론이 다윗에게 어떻게 적용되는 지를 보여주었다.

어느 날 나단 선지자가 다윗을 찾아왔다. 그는 이런 이야기를 꺼냈다. 어떤 성에 두 사람이 살고 있었는데 하나는 부자였고 하나는 가난했다. 부자에게는 많은 소와 양이 있었고 가난한 사람은 품삯으로 받아 기르는 암양 새끼 한 마리만 있었다. 그는 이 새끼 양과 함께 먹고 자며 자식과 같이 키웠다. 어느 날 부잣집에 손님이 왔는데 자기 집 소나 양을 잡기가 아까워서 그 가난한 집 새끼 양을 빼앗아 손님 대접을 했다는 것이다.

이것을 듣자마자 다윗은 크게 노하며 "여호와의 살아 계심을 두고 맹세하노니 이 일을 행한 그 사람은 마땅히 죽을 자라 그가 양 새끼를 네 배나 갚아 주어야 하리라"(삼하 12:5-6) 고 소리를 질렀다.

이런 다윗에게 나단은 '당신이 바로 그 사람이요'라고 말했다. 그리고 7-9

절과 같이 말씀을 전했다.

7 …내가 너를 이스라엘 왕으로 기름 붓기 위하여 너를 사울의 손에서 구원하고 8 네 주인의 집을 네게 주고 네 주인의 아내들을 네품에 두고 이스라엘과 유다 족속을 네게 맡겼느니라 만일 그것이 부족하였을 것 같으면 내가 네게 이것 저 것을 더 주었으리라 9 그러한데 어찌하여 네가 여호와의 말씀을 업신여기고 나 보기에 악을 행하였느냐

여기서 '여호와의 말씀을 업신여기고'라는 부분에 주목해 보자. 일찍이 사울 임금이 아말렉에게 승리한 뒤 하나님의 말씀대로 하지 않고 그 왕과 가축을 따로 숨겨놓았을 때 하나님은 사무엘을 보내셔서 말씀하셨다:

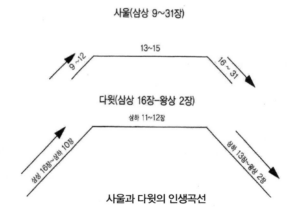

사울과 다윗의 인생곡선

'…해서는 안 될 일을 하셨습니다. 주 하나님이 명하신 것을 임금님이 지키지 않으셨습니다. 명령을 어기지 않으셨더라면, 임금님과 임금님의 자손이 언제까지나 이스라엘을 다스리도록 주께서 영원토록 굳게 세워 주셨을 것입니다. 그러나 이제는 임금님의 왕조가 더 이상 계속되지 못할 것입니다.'(삼상 13:13-14 표준)

그 후에 나온 유명한 말씀이 '순종이 제사보다 낫다'(삼상 15:22) 였다.

사울 임금과 다윗 왕에게는 인생의 상승곡선과 하강곡선이 있다. 그 두 사람 모두에게 하나님께서 이미 주신 은혜를 디딤돌로 그 다음의 성공과 성취를 이룰 수 있는 조건이 주어졌다. 안타깝게도 아말렉 및 블레셋과 전투하는 과정에서 보여준 사울 임금의 태도가 그 자신의 발목을 잡았다. 다윗이 밧세바 및 우리아와 그 군사들에게 행한 일이 그 자신에게 커다란 장애가 되었다. 이 두 사람 모두가 하나님의 말씀을 무시 내지 소홀히 받아들였다. 하나님께서 나단을 통해 다윗에게 말씀하셨다:

10 이제 네가 나를 업신여기고 헷 사람 우리아의 아내를 빼앗아 네 아내로 삼았은즉 칼이 네 집에서 영원토록 떠나지 아니하리라 …11 …보라 내가 너와 네 집에 재앙을 일으키고 내가 네 눈앞에서 네 아내를 빼앗아 네 이웃들에게 주리니 그 사람들이 네 아내들과 더불어 백주에 동침하리라 12 너는 은밀히 행하였으나 나는 온 이스라엘 앞에서 백주에 이 일을 행하리라 하셨나이다(삼하 12:10-12)

여기서 우리는 중요한 사실을 하나 발견한다. 그것은 하나님은 반드시 말씀대로 하시는 분이라는 사실이다. 하나님은 은총의 약속도 심판의 약속도 지키시는 분이다. 나단이 전하는 비유의 말씀을 듣자 다윗은 '이 일을 행한 그 사람은 마땅히 죽을 자라'고 했다. 전에 하신 약속대로 하나님은 다윗을 죽게 하거나 그 왕위를 빼앗지 않으셨다. 그 대신 '그가 양 새끼를 네 배나 갚아 주어야 하리라'는 다윗의 말이 그대로 이루어지게 하셨다. 하나님은 이렇게 엄격하신 분이시다.

i) 갓 태어난 아기의 죽음 ii) 다윗의 장남 암논이 이복 여동생 다말을 욕보였다

268

가 압살롬에게 죽임 당함(삼하 13:28-29) iii) 세째 아들 압살롬이 반역을 일으켰다
가 죽임 당함(삼하 18:14-15) iv) 넷째 아들 아도니아가 왕권을 탐하다가 죽임 당함
(왕상 2:25)

우리아와 군사들의 죽음에 대해 다윗은 자기가 말한 그대로 갚아야만 했
다. 정말로 하나님은 틀림없는 분이시다. 하나님의 이 틀림없으신 분이라는
속성을 소홀히 받아들이면 곤란하다. 이런 일을 잘 아는 사도 바울은 갈라
디아교회 성도들을 향해 '스스로 속이지 말라 하나님은 업신여김을 받지 아
니하시나니 사람이 무엇으로 심든지 그대로 거두리라'(갈 6:7) 고 선언했다.

위와 같은 사실을 지나치게 강조하여 비록 죄를 용서받더라도 그 대가
를 반드시 치러야한다는 주장은 복음에 합당하지 않다. 칼빈은 다윗이 치
른 대가와 그 형식을 모든 사람 모든 경우에 적용하는 것이 온당치 않다고
했다. 그는 그 이유를 다음과 같이 말했다. 다윗은 선지자요 왕이요 제사장
이었다. 메시야이신 예수님의 조상이 된 특별한 인물이다. 그에게 내린 형
벌은 그의 특별한 위상에 따른 것이다. 다윗 이야기는 주어진 역할과 사랑
이 크면 클수록 그에 걸맞게 행동해야 할 책임도 뒤따른다는 것을 보여주
는 실례이다.

삼하 12:11-12에서 나단이 전하는 말씀을 들은 다윗은 그 자리에서 '내
가 여호와께 죄를 범하였노라'고 고백했다.(창 4:13 참조) 성경의 가르침은 죄
인이 죄를 고백함으로써 죽음에 이르지 않는다는데 특징이 있다. 일찍이 하
나님은 가인에게 그가 동생을 죽인 죄 때문에 죽지는 아니하리라고 말씀하
셨다.(창 4:15 참조) 이것은 그 이후 자신의 죄를 인정하고 고백하며 회개하는
모든 세대 모든 사람에게 적용되었다.

38 내가 확신하노니 사망이나 생명이나 천사들이나 권세자들이나 현재 일이나 장래 일이나 능력이나 39 높음이나 깊음이나 다른 어떤 피조물이라도 우리를 우리 주 그리스도 예수 안에 있는 하나님의 사랑에서 끊을 수 없으리라(롬 8:38-39)

다윗의 성공은 하나님께서 은혜를 베푸신 것이지, 자신이 노력한 결과가 아니었다. 사울에게 하신 것처럼 다윗에게서 왕위를 거둘 수도 있었다. 하나님은 삼하 7:14-15의 약속대로 그리하지 않으셨다.

다윗의 회개는 보기에 참 좋다.(13절 내가 여호와께 죄를 범하였노라) 이스라엘과 유다의 주요한 왕들 가운데 선지자의 말씀을 듣고 회개한 사람이 별로 없었다. 솔로몬 로호보암 여로보암 등 하나님 말씀을 듣고도 회개하지 않은 왕이 수없이 많았다. 예수님 시절 세례자 요한이 헤롯왕의 잘못을 지적했다가 감옥에 갇히고, 끝내 죽임을 당했다.(막 6:14-27 참조)

다만 다윗 임금이 회개하는 시점이 참 아쉽다. 나단이 나타나기 전에 다윗이 회개하였더라면 참으로 아름다웠으리라. 삼하 11:27의 '다윗이 행한 그 일이 여호와 보시기에 악하였더라'는 말씀과 12:14 말씀(당신이 낳은 아이가 반드시 죽으리이다) 사이에는 최소한 1년 이상 차이가 있었다. 다윗은 그 동안 회개하지 않고 마치 아무 일도 없었다는 듯이 지냈다. 하나님은 아무런 벌도 내리지 않으시며 그가 회개하기를 기다리셨다. 다윗은 이것을 마치 자기 죄가 그냥 숨겨진 채 넘어가는걸로 착각한 모양이다. 나중에 선지자 나단이 나타나 잘못을 지적한 후에야 비로소 다윗은 회개했다.

3 이런 일을 행하는 자를 판단하고도 같은 일을 행하는 사람아, 네가 하나님의 심판을 피할 줄로 생각하느냐 4 혹 네가 하나님의 인자하심이 너를 인도하여 회개하게 하심을 알지 못하여 그의 인자하심과 용납하심과 길이 참으심이 풍성함

270

다윗 왕 – 성군이요 믿음의 사람이요 아주 큰 성공과 성취를 이룬 사람이었다. 이 사실을 부정할 사람은 아무도 없으리라. 그렇다고 해서 이런 것만이 다윗왕의 모습을 그대로 보여주는 진실의 전부는 아니다. 다윗 왕의 진실은 과연 무엇일까?

다윗 역시 한 인간이었다. 다른 사람과 마찬가지로 그도 여러 가지 한계를 지닌 피조물이요 자기 고유의 연약함을 안고 산 사람이었다. 우리도 그렇다. 남녀노소를 막론하고 하나님 말씀을 굳게 붙들지 않으면 흔들리는 것이 사람의 진실이다. 지위고하를 막론하고 성령님의 은혜에 이끌리지 않으면 언제든지 넘어질 수 있다는 것이 인간의 진실이다.

어떤 한 사람에게도 수많은 얼굴이 있다. 그 가운데 강한 모습과 약한 모습이 동시에 있다. 자신에게 연약함과 한계가 있느냐 없느냐가 중요한 문제는 아니다. 그것이 노출되었느냐 감추어졌느냐도 아니다. 그런 약점이 노출될 때 하나님 앞에 일대일로 선 단독자로서 우리가 어떻게 처신하느냐가 훨씬 더 중요하다. 사울임금이나 다윗왕은 자신이 죄를 범하였을 때, 하나님 앞에 일대일로 선 단독자로 서지 않았다. 사도 베드로는 자신이 죄를 범하였을 때, 하나님 앞에 일대일로 선 단독자로 섰다. 죄가 있느냐 없느냐가 아니라, 이 차이가 빛나는 인생으로 거듭날 문을 여는 열쇠였다.

묵상 : 나단 – 아주 고마운 사람

유중교(性菴 柳重教 1832-1893)는 연거만지(燕居謾識)란 책에서 말했다.

사람들이 (내게) 잘못이 있다고 지적해주면 세 가지 기뻐해야 할 것이 있으니

내가 내 잘못을 깨닫고 고칠 수 있는 것이 첫 번째 기쁨이요

사람들이 나의 잘못으로 인해 부끄러워하지 않게 되는 것이 두 번째 기쁨이요

사람들이 나를 알려줄 만한 사람이라 여기고 알려줬다는 것이 세 번째 기쁨이다.

나단은 다윗에게 이런 사람이었다. 학봉(鶴峰) 김성일(1538-1593)은 '내 잘못을 말해주는 자가 내 스승이고, 내게 좋은 말만 하는 자가 나의 적이다'라고 했다. 이런 말들은 맹자가 한 말에 바탕한 것이다: '자로는 남이 자기 잘못을 지적하면 기뻐하고, 좋은 말을 들으면 절을 했다.(孟子·公孫丑上8: 子路, 人告之以有 過, 則喜 자로, 인고지이유과즉희, 禹聞善言則拜 우문선언즉배)

272

43

나는 그에게로 가려니와

(삼하 12:15-23)

15b 우리아의 아내가 다윗에게 낳은 아이를 여호와께서 치시매 심히 앓는지라

16 다윗이 그 아이를 위하여 하나님께 간구하되 다윗이 금식하고 안에 들어가서 밤새도록 땅에 엎드렸으니

17 그 집의 늙은 자들이 그 곁에 서서 다윗을 땅에서 일으키려 하되 왕이 듣지 아니하고 그들과 더불어 먹지도 아니하더라

18 이레 만에 그 아이가 죽으니라 그러나 다윗의 신하들이 아이가 죽은 것을 왕에게 아뢰기를 두려워하니 이는 그들이 말하기를 아이가 살았을 때에 우리가 그에게 말하여도 왕이 그 말을 듣지 아니하셨나니 어떻게 그 아이가 죽은 것을 그에게 아뢸 수 있으랴 왕이 상심하시리로다 함이라

19 다윗이 그의 신하들이 서로 수군거리는 것을 보고 그 아이가 죽은 줄을 다윗이 깨닫고 그의 신하들에게 묻되 아이가 죽었느냐 하니 대답하되 죽었나이다 하는지라

20 다윗이 땅에서 일어나 몸을 씻고 기름을 바르고 의복을 갈아입고 여호와의 전에 들어가서 경배하고 왕궁으로 돌아와 명령하여 음식을 그 앞에 차리게 하고 먹은지라

21 그의 신하들이 그에게 이르되 아이가 살았을 때에는 그를 위하여 금식하고 우시더니 죽은 후에는 일어나서 잡수시니 이 일이 어찌 됨이니이까 하니

> 22 이르되 아이가 살았을 때에 내가 금식하고 운 것은 혹시 여호와께서 나를 불
> 쌍히 여기사 아이를 살려 주실는지 누가 알까 생각함이거니와
> 23 지금은 죽었으니 내가 어찌 금식하랴 내가 다시 돌아오게 할 수 있느냐 나는
> 그에게로 가려니와 그는 내게로 돌아오지 아니하리라 하니라

이것은 다윗의 일생에서 가장 힘겹고 고통스러운 이야기이다. 부모가 죽
으면 산에 묻고 자식이 죽으면 가슴에 묻는다는 말이 있다. 부모가 자식의
죽음을 지켜보는 것보다 더 고통스러운 일이 세상에 또 있을까?

성경에는 우리말로 '어찌(어찌하여)'라고 번역되는 의문사가 둘 있다. 그
가운데 하나가 '마두아'이다. 그 예를 들어보자.

다윗이 우리아에게 이르되 네가 길 갔다가 돌아온 것이 아니냐 어찌하여 네 집
으로 내려가지 아니하였느냐 하니(삼하 11:10)

그가 암논에게 이르되 왕자여 당신은 어찌하여 나날이 이렇게 파리하여 가느냐
내게 말해 주지 아니하겠느냐 하니(삼하 13:4)

아도니야와 그와 함께 한 손님들이 먹기를 마칠 때에 다 들은지라 요압이 뿔나
팔 소리를 듣고 이르되 어찌하여 성읍 중에서 소리가 요란하냐(왕상 1:41)

이것들은 한결같이 모르는 사실을 알고자 할 때(지적 욕구이든 호기심이든 내
심 놀라서든) 지식이나 정보를 얻고자 하는 물음이다.

이번에는 '라마'의문사가 들어간 예를 들어보자. 사무엘하 14:32이다:

274

압살롬이 요압에게 대답하되 내가 일찍이 사람을 네게 보내 너를 이리로 오라고 청한 것은 내가 너를 왕께 보내 아뢰게 하기를 어찌하여(라마) 내가 그술에서 돌아 오게 되었나이까 이때까지 거기에 있는 것이 내게 나았으리이다 하려 함이로라…

다윗은 압살롬을 귀양살이에서 돌아오게 하였으면서도 그 얼굴을 보지도 않았다. 이것은 다윗의 마음이 아직 열리지 않았다는 뜻이다. 이에 압살롬 은 '어찌하여'라고 물었다. 이는 자기를 귀양살이에서 풀어 준(객관적인) 이 유를 알고 싶거나, 진심으로 그술로 돌아가 다시 귀양살이를 하고 싶어서 물은 것이 아니었다. 다만 그는 자신을 차갑게 대하는 다윗의 태도를 보면 서, 자신이 귀양살이에서 풀려난 진정한 의미가 어디에 있는 지를 라마 의 문문으로 물을 뿐이다.(무슨 목적으로 나를 그술에서 되돌아오게 하였는가? 예루살렘에 돌아온들 무슨 소용이 있는가?)

압살롬이 다윗에 대항하여 반란을 일으켰다. 이에 다윗은 피난을 떠나려 했다. 가드 사람 잇대도 따라 나섰다. 다윗은 그를 만류하며 이렇게 말했다:

19 그 때에 왕이 가드 사람 잇대에게 이르되 어찌하여(라마) 너도 우리와 함께 가 느냐 너는 쫓겨난 나그네이니 돌아가서 왕과 함께 네 곳에 있으라 20 너는 어제 왔고 나는 정처 없이 가니 오늘 어찌 너를 우리와 함께 떠돌아다니게 하리요 너 도 돌아가고 네 동포들도 데려가라 은혜와 진리가 너와 함께 있기를 원하노라 하니라(삼하 15:19-20).

다윗은 라마 의문사를 통하여 앞날을 기약할 수 없는 자신을 따르는 것이 무의미하다는 점을 가드 사람 잇대에게 분명히 말해주고자 했다. 이 물음에 대한 가드 사람 잇대의 대답을 보면 그것이 더욱 분명해 진다:

잇대가 왕께 대답하여 이르되 여호와의 살아 계심과 내 주 왕의 살아 계심으로
맹세하옵나니 진실로 내 주 왕께서 어느 곳에 계시든지 사나 죽으나 종도 그 곳
에 있겠나이다 하니 (삼하 15:21)

여기서 라마 의문사에는 잇대의 앞날을 걱정해 주는 다윗의 따뜻한 마
음이 들어 있다. 그것은 상대방의 처지와 입장을 배려하는 마음인 것이다.
　다윗이 불륜을 저지르며 얻은 아들에 관한 이야기가 본문에 나왔다. 이
일을 대하는 다윗의 모습은 매우 독특하다. 아기가 죽은 것을 안 다윗은 땅
에서 일어나 몸을 씻고 기름을 바르고 의복을 갈아입고 여호와의 전에 들어
가서 경배한 다음 왕궁으로 돌아와 음식을 먹었다. 그 아이가 죽기 전에 식
음을 전폐하고 바닥에 엎드려 울며 기도드렸다. 죽기 전에도 이 정도인데
하물며 죽은 다음에야 어떻게 하겠느냐고 걱정하는 신하들이 그가 죽었다
는 소식을 알리기를 주저할 정도였다.
　전혀 다른 이 두 가지 모습을 의아하게 여긴 신하들이 '…이 일이 어찌(
마두아) 됨이니이까'라고 물었다. 다윗은 '아이가 살았을 때에 내가 금식하
고 운 것은 혹시 여호와께서 나를 불쌍히 여기사 아이를 살려 주실는지 누
가 알까 생각함이거니와 지금은 죽었으니 내가 어찌 (라마) 금식하랴'로 대
답했다.(삼하 12:22-23) 신하들은 다윗에게 어찌하여 (마두아) 로 묻고 다윗은
그들에게 어찌하여(라마)로 대답했다. 이 차이에서 우리는 무엇을 발견할 것
인가?
　아들이 죽음으로서 자신이 금식하던 객관적인 이유가 사라지자, 다윗은
라마 의문문을 통하여 사태를 보는 전혀 다른 관점을 드러내었다: '더 이
상 금식으로 얻어낼 수 있는 것이 무엇이란 말인가? 무슨 소용이 있단 말인
가? 무슨 목적으로 더 이상 금식을 한단 말인가?' 그리고 정상적인 일상생

276

활로 되돌아왔다.

다윗은 인간미 없는 냉혈한인가? 아니면 아주 현실적인 지혜를 갖춘 사람인가? 생각하기에 따라서 양쪽에 다 일리가 있다. 브루거만의 입장에 따라 지혜의 관점으로 이 부분을 살펴보자.(In Man We Trust 14-25)

이스라엘에서 지혜는 실생활이나 사랑의 실천에 유용하게 쓰이며 그것에 가치를 부여하고 즐겼다는 데 특징이 있다. 그것은 가장 뛰어난 배움이며 최신 지식이며 가장 정제된 문화적 업적이었다. 이스라엘 지혜문학에는 다섯 가지 특징이 있다.

i) 지혜문학은 인생살이에는 의미도 종착지도 있다는 사실을 강조한다. 잠언의 가르침은 어떻게 하면 인생을 그 마지막이 이르기 전에 창조적으로 살아가며 충만함에 이를 수 있는가를 디자인하고 안내해주는 데 있다.

ii) 지혜문학은 인생의 권위는 자신이 일상생활에서 겪은 일들을 어떻게 분별하는가에 달렸다고 확언한다. 무엇이 바르고 선한가를 결정하는 것은 어떤 관청이나 사람 또는 연구기관이 아니다. 그것은 우리가 '우리'로 생존하기 위해서는 무엇을 해야 하는가를 인내심 있게 그리고 주의 깊게 분별하는 데에서 나온다.

iii) 지혜문학은 인간 각자에게 그 자신의 운명에 대한 원초적인 책임이 있다고 역설한다. 자신이 내리는 결정과 자신이 누구를 존경하며 충성할 지를 정하는 일은 그 자신의 운명에 영향을 준다. 사람은 현명하게 선택하고 책임적으로 결정할 능력을 가지고 있다. 지혜는 이런 장점을 실현하고 책임 있게 행동할 용기를 살려나가도록 인간을 안내하는 길잡이다.

iv) 지혜문학은 질서 있게 순환하는 우주 안에서 가능한 한 최대로 순 순환할 수 있게 자신의 역할을 하는데 인생의 의미가 있다고 믿는다. 우리 운명을 좌우하는 것은 하나님이 주신 질서를 제대로 분별하고 그 안에서 자신에게 부여된 책임을 찾아내는 데 있다.

v) 지혜문학은 주님의 피조물인 인간을 축복한다. 인간의 능력과 책임성은 자연적이고 사회적인 환경과 관련되어 있다. 창조란 살기 좋은 곳을 보여주는 것이다. 하나님의 의도하신 즐거움을 얻는 곳이다. 지혜로운 사람은 피조물의 영광 질서 아름다움 그리고 선에 대해 깊이 생각한다.

다윗이 자신의 아이가 죽는 과정에서 그리고 죽은 다음에 처신하는 것을 이런 눈으로 볼 수 있을 것이다.

묵상 : 인생의 순순환을 위하여

인생사는 동안 우리는 수없이 많은 풍파와 사고(사건)를 겪는다. 그 때마다 지혜가 더욱더 필요하다. 그런 일들로 인해 우리 삶의 기초 또는 기둥이 흔들릴 때 다윗의 처신은 우리에게 본보기가 될 수 있을까? 어떻게 하면 우리 일상생활과 인생 전체가 질서를 유지하며 순순환하게 살아나갈 수 있을까? 성경의 가르침과 지혜를 어떻게 우리 자신에게 적용할까?

44

슬기로운 여인 다말이 꺾어지다

(삼하 13:7–14)

7 다윗이 사람을 그의 집으로 보내 다말에게 이르되 이제 네 오라버니 암논의 집으로 가서 그를 위하여 음식을 차리라 한지라

8 다말이 그 오라버니 암논의 집에 이르매 그가 누웠더라 다말이 밀가루를 가지고 반죽하여 그가 보는 데서 과자를 만들고 그 과자를 굽고

9 그 냄비를 가져다가 그 앞에 쏟아 놓아도 암논이 먹기를 거절하고 암논이 이르되 모든 사람을 내게서 나가게 하라 하니 다 그를 떠나 나가니라

10 암논이 다말에게 이르되 음식물을 가지고 침실로 들어오라 내가 네 손에서 먹으리라 하니 다말이 자기가 만든 과자를 가지고 침실에 들어가 그의 오라버니 암논에게 이르러

11 그에게 먹이려고 가까이 가지고 갈 때에 암논이 그를 붙잡고 그에게 이르되 나의 누이야 와서 나와 동침하자 하는지라

12 그가 그에게 대답하되 아니라 내 오라버니여 나를 욕되게 하지 말라 이런 일은 이스라엘에서 마땅히 행하지 못할 것이니 이 어리석은 일을 행하지 말라

13 내가 이 수치를 지니고 어디로 가겠느냐 너도 이스라엘에서 어리석은 자 중의 하나가 되리라 이제 청하건대 왕께 말하라 그가 나를 네게 주기를 거절하지 아니하시리라 하되

14 암논이 그 말을 듣지 아니하고 다말보다 힘이 세므로 억지로 그와 동침하니라

이것은 다말-암논-압살롬이 나오는 이야기이다. 그 당시 암논과 압살롬은 다윗의 뒤를 이을 확실한 후보자 물망에 오르내렸다. 다말은 압살롬의 여동생이었다.

공주인 다말은 여인들만 사는 궁궐에 거주했다. 호위하는 군사들은 그녀를 공주의 신분에 걸맞게 보호했다. 이에 암논도 어쩔 수가 없었다.(2절) 어쩔 수가 없다고 옮겨진 낱말을 히브리 성경은 기적이라는 낱말로 표현했다. 이는 아마 암논이 다말을 만나 성적으로 접촉하는 일을 하나님이 일으키시는 기적과도 같이 어려운 일이라는 뜻일 것이다. 암논의 눈에도 도무지 불가능해 보였다. 그래서 병(상사병?)이 났다.

이 마음을 아는 다윗의 형 시므아의 아들 요나답이 암논에게 접근했다.(3절) 그는 매우 지혜로운 사람으로 소개되었다. 그 지혜는 전혀 긍정적인 의미가 아니다. 그는 올바르지 못한 방법으로 잔꾀(술수)를 부리라고 조언하는 것으로 보건데 매우 간교한 사람이었다. 그는 병든 체 하고 있다가 아버지 다윗이 왔을 때 다말을 보내달라고 부탁하라고 암논에게 조언했다. 이것은 매우 대담한 발상이었다. 다윗 왕을 이 사건에 직접 끌어들여야 하는.

고려를 창건한 태조 왕건은 다음 세대의 왕들이 지켜야할 사항을 훈요십조(訓要十條)로 남겼다. 그 가운데 일곱째 항에 이런 내용이 있다: '임금이 백성의 신망을 얻는 것이 가장 어려운 것이다. 그것을 얻으려면 무엇보다 간하는 자의 말을 쫓고 참소하는 자를 멀리하여야 한다. 간하는 자의 말을 쫓으면 현명하게 된다. 참소하는 말은 꿀처럼 달지만 그것을 믿지 않을 때 참소하는 자가 자연스레 없어질 것이다.' 그는 각 항목마다 그 끝에 '중심장지(中心藏之 = 마음속에 간직하라)'란 말을 붙여 놓았다.

다윗은 암논의 청을 들어주었다. 아마 그 후에 일어날 일들을 꿈에도 생각하지 못하였을 것이다. 그만큼 그는 일을 정교하게 꾸몄다. 아버지의 말씀을 따라 자신에게 온 다말에게 그는 과자를 만들어 달라고 했다.(8절) 만들다는 말(라바브)과 과자라는 말(르비바)에는 모두 심장이란 뜻(레브)이 들어 있었다. 라바브는 아가 4:9에서 마음을 빼앗다는 뜻으로 쓰였다. 자신의 계획에 마음을 빼앗긴 암논은 이것이 해야 될 짓인지 아닌지조차 분간하지 못했다. 그는 다말에게 '오라 나와 함께 눕자 나의 누이여'라고 말했다.(12a 직역)

이에 다말이 대답했다.(12-13절) 그 말에서 그녀의 뛰어난 분별력이 돋보였다. 그것은 i) 오빠인 암논에게 자신을 욕보이지 말라는 간청과 ii) 어리석은 짓을 한 결과에 대해 두 사람이 평생동안 짐을 지고 살게 될 것이라는 언급 그리고 iii) 암논이 진정 다말을 원한다면 자연스럽게 부부가 될 수 있는 방법 등을 그 내용으로 했다. 다말은 12절에서만도 '…하지 말라'는 말(알)을 세 번이나 되풀이 했다.

이런 애끊는 호소가 진실로 어리석은 암논에는 통하지 않았다. 완력으로 그녀를 제압하고 욕보였다. 그녀가 왕에게 요청하면 화기애애하게 부부가 될 수 있을 것이라고 제안하였는데도 그는 이를 아예 무시했다.

그 뒤에 그가 보여준 태도는 사람의 탈을 쓴 인간이라고 말하기가 어려울 정도였다. 이것은 그에게 처음부터 다말과 결혼하려는 마음이 애당초 없었다고 의심해볼 만한 대목이다. 혹시 그가 다말을 사랑한 것이 진심이었다기보다는 압살롬과 그 가족을 견제하는 동시에 모욕을 안겨주려는 계획적인 행동은 아니었을까? 다윗의 맏아들인 그는 다음 번 왕으로 가장 유력한 후보자였다. 그런 그가 아무리 다말의 미모에 반하였더라도 그런 이유만으로 무리수를 둔다는 것이 잘 이해가 가지 않는다.

다말은 암논을 붙들고 하소연했다: "옳지 아니하다 나를 쫓아내는 이 큰 악은 아까 내게 행한 그 악보다 더하다"(삼상 13:16) 그를 상대하는 다말은 변함없이 사리에 밝은 사람이었다. 그녀는 그에게 이성을 되찾으라고 촉구

했다. 그런데도 그는 정욕을 아름답지 못하게 폭발시킨 것처럼 미움도 거칠게 표출했다. 자신의 이복 여동생이 눈물을 흘리며 하는 말에 손톱만큼도 아랑곳하지 않았다. 그는 하인을 시켜 다말을 쫓아내었다. 우리 말 성경은 이 부분을 이 계집(= 이 여자)이라 옮겼다. 히브리 본문은 이를 '이것을'이라고 기록했다. (여성형 지시대명사) 암논은 그녀를 사람으로도 취급하지 않았던 것이다.

이에 다말은 머리에 재를 뒤집어쓰고 자신의 채색 옷을 찢으며 손을 머리 위에 얹고 크게 울부짖었다.(13:19) 그 애끓는 호소에 대한 응답은 아무 데서도 오지 않았다. 암논은 여전히 철면피였다. 다윗 왕은 이 이야기를 듣고 몹시 분개했다. 그렇지만 가해자에 대한 처벌도 피해자에 대한 위로도 하지 않고 그냥 지나갔다. 이는 그의 분노가 무엇에 대한 것인지 누구를 대상으로 하는지도 모를 정도로 소극적인 것이었다. 압살롬만이 그녀를 달래며 위로하였을 뿐이었다.

> 그의 오라버니 (her brother) 압살롬이 그에게 이르되 네 오라버니 (your brother) 암논(아미논)이 너와 함께 있었느냐 그러나 그는 네 오라버니이니 (your brother) 누이야 (my sister) 지금은 잠잠히 있고 이것으로 말미암아 근심하지 말라 하니라 이에 다말이 그의 오라버니(her brother) 압살롬의 집에 있어 처량하게 지내니라 (삼하 13:20)

히브리 성경에는 암논의 이름이 아미논으로 되어 있다. 이는 그 이름이 비꼬는 투로 쓰였음을 의미하는 것이다.

오늘날 적지 않은 여성들이 성폭행의 상처를 안고 있다. 그 일의 주범은 대체로 일가친척이나 평소에 아는 사람이라고 한다. 암논의 뻔뻔스러움과 타락과 죽음이 그들에게 아무런 교훈도 되지 못한 것일까?

묵상

여기서 우리는 사람이 짐승만도 못할 수 있음을 본다. 암논이 그 가운데 하나이다. 암논만 그럴까? 부정하고 싶겠지만 우리 자신에게는 이런 모습이 전혀 없을까?

착하고 현명한 사람을 못살게 만드는 사람과 사회는 불행하다. 약한 자를 편안하게 살도록 돕지 못하는 사회는 건강하지 못하다.

45

책임질 자가 책임을 지지 않으면

(삼하 13:30-37)

30 그들이 길에 있을 때에 압살롬이 왕의 모든 아들들을 죽이고 하나도 남기지 아니했다는 소문이 다윗에게 이르매

31 왕이 곧 일어나서 자기의 옷을 찢고 땅에 드러눕고 그의 신하들도 다 옷을 찢고 모셔 선지라

32 다윗의 형 시므아의 아들 요나답이 아뢰어 이르되 내 주여 젊은 왕자들이 다 죽임을 당한 줄로 생각하지 마옵소서 오직 암논만 죽었으리이다 그가 압살롬의 누이 다말을 욕되게 한 날부터 압살롬이 결심한 것이니이다

33 그러하온즉 내 주 왕이여 왕자들이 다 죽은 줄로 생각하여 상심하지 마옵소서 오직 암논만 죽었으리이다 하니라

34 이에 압살롬은 도망하니라 파수하는 청년이 눈을 들어 보니 보아라 뒷산 언덕길로 여러 사람이 오는도다

35 요나답이 왕께 아뢰되 보소서 왕자들이 오나이다 당신의 종이 말한 대로 되었나이다 하고

36 말을 마치자 왕자들이 이르러 소리를 높여 통곡하니 왕과 그의 모든 신하들도 심히 통곡하니라

37 압살롬은 도망하여 그술 왕 암미훌의 아들 달매에게로 갔고 다윗은 날마다 그의 아들로 말미암아 슬퍼하니라

이것은 압살롬이 암논에게 보복하는 이야기이다. 다말 사건이 터진 지 만 2년이 흘렀다. 그동안 다말은 수치와 원망의 시간을 보냈다. 암논과 다윗은 뻔뻔스럽고 무책임한 시간을 지냈다. 그리고 압살롬은 복수의 칼을 갈았다. 그 2년에는 같은 시간과 기간이면서도 각자에게 서로 다른 내용이었던 것이다.

얼핏 보기에 압살롬은 이 일을 대수롭게 여기지 않는 듯했다. 다윗은 적어도 겉으로는 아무 반응도 보이지 않았다. 그가 첫 아들을 너무 사랑하였기에 그런 것일까?(21절) 칠십인역은 다윗이 사랑하는 맏아들인지라 암논을 편애한 나머지 책망하지 않고 내버려 두었다고 했다.(공개: 다윗 왕은 이 이야기를 듣고 몹시 화가 났지만, 암논이 사랑하는 맏아들이라 기분 상할 말을 하지 않았다)

처녀에게 성폭행을 가한 경우에 어떻게 해야 하는지를 계약법전과 신명기 법전은 아주 분명하게 언급했다.

사람이 약혼하지 아니한 처녀를 꾀어 동침하였으면 납폐금을 주고 아내로 삼을 것이요 (출 22:16)

28 만일 남자가 약혼하지 아니한 처녀를 만나 그를 붙들고 동침하는 중에 그 두 사람이 발견되면 29 그 동침한 남자는 그 처녀의 아버지에게 은 오십 세겔을 주고 그 처녀를 아내로 삼을 것이라 그가 그 처녀를 욕보였은즉 평생에 그를 버리지 못하리라(신 22:28-29)

더구나 이것은 그보다 더 무거운 죄 곧 근친상간이었다.(레 20:17; 18장 참조) 그런데도 다윗은 아무런 조치도 취하지 않았다. 그 사이 압살롬이 준비한 때가 왔다. 양털을 깎는 계절, 곧 왕과 그 가족들이 모여 그동안의 생산량과 재산증식을 확인하는 계절이었다. 이는 매우 커다란 경사였기에 백적지

근한 잔치도 벌어지곤 했다. 압살롬은 이때를 위해 만반의 준비를 해 두었
다. 그는 에브라임 근처 바알하솔 농장으로 왕과 왕자들을 초대했다. (24절)

찰간지술(察奸之術)이란 말이 있다. 간사함을 살피는 기술이란 뜻이다. 《한비자》
〈내저설(內儲說)·좌상(左上)〉에 나온다. 그 내용은 다음과 같다.

① 관청법(觀聽法) 관청이란 말 그대로 보고 듣는 것이다. 이는 단편적인 한 가
지 사실에만 매달리지 않고, 보고 들은 것을 서로 참고하며 전체적으로 비교·
종합하여 판단을 내리는 것이다. 사람은 흔히 자신이 좋아하는 것을 기꺼이 받
아들이고 싫어하는 일을 물리친다. 만약 '보는' 것이 사람을 유쾌하게 하면 그
일과 관련된 부정적 평가를 들으려하지 않는다. 만약 '듣는' 것이 사람을 기쁘
게 하면 그 일과 관련된 열악한 현실을 보려하지 않는다. 군주의 이런 약점을
간파한 간신은 달콤한 말로 군주가 좋아하는 것만 보고 듣게 한다. 그러므로
만족스러운 말을 들은 뒤에는 반드시 다수의 의견에 귀를 기울여야 한다.

② 일청법(一聽法) 일청이란 일일이 들어보는 것이다. 이는 집단 속에 드러나지
않은 채 '재능도 없이 머리 숫자만 채우고 있는' 자들을 간파해낼 수 있게 한다.
'일일이 들어보지 않으면 지혜로운 자와 우둔한 자를 구분할 수 없다.' 만약 하
나하나 개인의 의견을 들어보지 않는다면 여러 사람들 틈에 이리저리 섞여 있
는 개인의 능력을 알 수 없다. 한비자에 나오는 우화다.

제나라 선왕(宣王)은 우(竽.– 피리 비슷한 악기의 일종) 연주를 몹시 좋아했다. 특히 합
주를 좋아해서 궁중에는 3백 명이나 되는 합주단이 있었다. 남곽(南郭)이라는
처사는 자칭 우 연주의 명수라며 늘 합주에 참여하여 많은 봉급을 받았다. 선
왕이 죽고 민왕(湣王)이 뒤를 이었다. 새로운 왕은 합주를 좋아하지 않고 한 사
람 한 사람 독주를 시켰다. 이 소식을 들은 남곽 처사는 얼른 줄행랑을 쳤다.

③ 협지법(挾智法) 협지란 알고 있으면서도 짐짓 모르는 체하는 것이다. 모르는 척하면서 상대를 시험하는 것이다. 이런 이야기가 있다.

한(韓) 소후(昭侯)가 하루는 가위로 손톱을 자르다 일부러 잘린 손톱이 없어졌다며 "손톱이 없어진 것은 불길한 징조니 어떻게든 찾아내라"는 엄명을 내렸다. 측근들이 온 방안을 다 뒤지기 시작했지만, 없는 손톱이 있을 리가 없었다. "없을 리가 있나? 내가 찾아보지"라며 소후가 직접 찾아 나서려 하자 한 측근이 몰래 자기 손톱을 잘라 내밀며 "찾았습니다. 여기"라고 외쳤다. 소후는 이러한 방법으로 누가 거짓말을 하는지 알아냈다.

한비자는 "알고 있는 것을 모르는 것처럼 감추고 물어보면 모르던 사실도 알게 되며, 한 가지 일을 세세히 탐지하게 되면 감추어져 있던 것들이 드러난다." 고 했다. 상대에게 내가 이미 알고 있다는 사실을 눈치 채게 하면 상대는 그에 상응하는 대책을 세운다. 처음부터 일체의 면목을 다 드러낸다면 언젠가 우롱을 당할 수 있다.

④ 도언법(倒言法) 황당한 말로 상대를 시험하는 것이다. '도(倒)'는 뒤바뀌었다는 뜻이므로 '도언'은 그 말을 뒤집어 한다는 뜻이다. 사실과 상반된 이야기를 해서 상대방의 심리를 꿰뚫는 방법이다. 이런 이야기가 있다.

연나라에서 상국의 자리에까지 오른 자지(子之)라는 인물이 있었다. 한번은 그가 부하들과 이야기를 나누다 불쑥 "방금 문 입구에서 뛰어나간 것이 백마 아닌가?"라고 물었다. 물론 이 말은 거짓이었다. "아닙니다. 아무 말도 뛰어나가지 않았습니다." 모두들 이구동성으로 보지 못했다고 했다. 그 중 한 사람이 문 밖으로 뛰어나갔다 와서는 "분명 백마 한 필이 뛰어나갔습니다."라고 보고하는 것이 아닌가? 자지는 이렇게 해서 자기 주위에서 누가 진실치 못한가를 알았다. 이 방식은 요즘 말로 하자면 '함정'을 파놓고 시험한다'고 할 수 있다.

⑤ 반찰법(반찰법) 상반된 입장에서 동기를 찾는 것이다. 어떤 사건이 발생했을 때 그 일로 누가 이득을 보느냐 하는 것을 살피는 것이다. 누군가 피해를 봐야

하는 상황에서 반대로 그 일로 득을 보는 자의 행위를 살피는 것이다. 이런 이야기가 있다.

한(韓)의 희후(僖侯)가 목욕을 하다가 욕조에서 작은 돌을 발견했다. 희후는 시종을 불러 "욕실을 담당하고 있는 자를 파면하면 그 후임자가 있겠느냐?"고 물었다. "예, 있습니다." "그자를 불러오너라." 희후는 그자를 심하게 다그쳤다. "어째서 욕조에 돌이 있느냐?" 그러자 그 자는 "담당관이 파면되면 제가 그 자리를 맡으리라는 생각에서 돌을 넣었습니다."라고 말했다. 주관적 분석에만 한정하지 않고 상대의 입장에서 그 동기를 찾는 것, 이것이 상대를 간파하고 그 상대를 부리는 방법이다.

다윗 왕은 자기가 가면 일이 거창해져 번거로울 것이라며 완곡하게 사양하자 압살롬은 그 대신 암논을 반드시 같이 가게 해 달라고 청했다. 다윗은 자기가 같이 가지 못하는 것에 대한 미안함 때문인지 내키지 않아 하면서도 이를 허락했다. 다윗은 어리석게도 암논에게 다말을 보냈는데 이번에는 압살롬에게 암논을 보냈다.(27절)

마침내 잔치 자리가 무르익었을 때 압살롬은 부하들을 시켜 암논을 가차 없이 처단했다. 마치 자신의 누이 디나를 욕보인 세겜에게 야곱의 아들 시므온과 레위가 모의하여 교묘하게 그들을 쳐 죽인 일과 같이(창 34:25) 눈 깜짝할 사이에 일이 벌어졌다. 겁에 질린 다른 왕자들은 각기 노새를 타고 도망쳐버렸다.(29절)

살아남은 왕자들이 왕궁으로 되돌아 왔다. 다윗 왕과 왕자들과 그 신하들은 목을 놓아 통곡했다.(36절) 왕과 왕자들의 통곡이 누구를 대상으로 하는지가 이번에도 분명하지 않았다. 다윗의 통곡은 누구를 위한 것이었을까?

죽은 암논이 불쌍해서, 아니면 도망친 압살롬을 위해서? 전에 다윗이 분개할 때에도 그것이 암논을 향한 것인지 아들들을 제대로 다스리지 못한 자기 자신을 향한 것인지 분명하지 않았듯이 여기서도 그 대상이 분명하지 않았다.

압살롬은 도망했다.(34, 37, 38절) 아마 왕의 처분을 기다리다가 무슨 일을 당할지 모른다고 생각하였으리라. 다윗은 좁은 이스라엘 영토 안에 피신한 그를 마음만 먹으면 얼마든지 잡아다가 죄를 물을 수도 있었다. 이번에도 그는 아무런 조처를 취하지 않았다. 다윗도 자식 앞에만 서면 작아지는 아버지였을까?

그 사이에 세월은 또다시 무심하게 흘렀다. 삼 년이 꿈결같이 지나간 것이다. 암논도 없이 압살롬도 없이 지내는 다윗에게 불현듯 압살롬을 보고픈 마음이 생겨났다. "다윗 왕의 마음이 압살롬을 향하여 간절하니"(39절) 다윗이 이번에도 자식 앞에만 서면 작아진 것일까?

그 결과는 참담했다. 책임을 지고 문제를 해결해야 할 적임자인 다윗이 손 놓고 있으니 압살롬이 나섰던 것이다. 그의 해결은 매우 치밀하고 또 파괴적 · 폭력적이었다.

묵상 : 권력 언저리엔 항상 모사꾼이 설친다

요나답은 처세의 달인이다. 쉽게 말하면 간신배다.

요나답은 암논과 압살롬(?)에게 그리고 다윗에게 접근했다. 그는 권력의 냄새

를 쫓아 다니는 사람이었다. 그의 저울추는 항상 힘 있는 쪽으로 기울었다.

간신과 충신을 분별할 줄 아는 것이 지도자에게 꼭 필요한 자질이다. 비록 그

것이 그릇된 방법 또는 그릇된 것일지라도 일이 지도자의 뜻대로만 되게 하

려는 자는 간신이다. 일이 지도자의 뜻대로 되되 의롭고 바르게 되게 하려는

자가 충신이다.

46

자식을 이기는 부모가 어디 있으랴?

(삼하 14:12-17)

12 여인이 이르되 청하건대 당신의 여종을 용납하여 한 말씀을 내 주 왕께 여쭙게 하옵소서 하니 그가 이르되 말하라 하니라

13 여인이 이르되 그러면 어찌하여 왕께서 하나님의 백성에게 대하여 이같은 생각을 하셨나이까 이 말씀을 하심으로 왕께서 죄 있는 사람 같이 되심은 그 내쫓긴 자를 왕께서 집으로 돌아오게 하지 아니하심이니이다

14 우리는 필경 죽으리니 땅에 쏟아진 물을 다시 담지 못함 같을 것이오나 하나님은 생명을 빼앗지 아니하시고 방책을 베푸사 내쫓긴 자가 하나님께 버린 자가 되지 아니하게 하시나이다

15 이제 내가 와서 내 주 왕께 이 말씀을 여쭙는 것은 백성들이 나를 두렵게 하므로 당신의 여종이 스스로 말하기를 내가 왕께 여쭈오면 혹시 종이 청하는 것을 왕께서 시행하실 것이라

16 왕께서 들으시고 나와 내 아들을 함께 하나님의 기업에서 끊을 자의 손으로부터 주의 종을 구원하시리라 함이니이다

17 당신의 여종이 또 스스로 말하기를 내 주 왕의 말씀이 나의 위로가 되기를 원한다 하였사오니 이는 내 주 왕께서 하나님의 사자 같이 선과 악을 분간하심이니이다 원하건대 왕의 하나님 여호와께서 왕과 같이 계시옵소서

이것은 아들 압살롬을 쉽게 가까이 하지 못하는 다윗에게 마음을 열게하

는 어떤 여인의 이야기다. 여성을 통하여 다윗은 두 번이나 어리석음에서 벗어날 수 있었다. 한번은 나발에게 분풀이하려 할 때 그 부인 아비가일이 나타나 지혜롭게 만류한 것이다. 또 한 번은 여기 나오는 드고아 여인이 찾아온 일이다. 그녀는 도망친 압살롬을 용서하고 받아들이라고 다윗에게 권면했다.

요압 장군은 다윗의 마음이 압살롬을 그리워하는 것을 알아차렸다. 이에 그는 압살롬을 데려오는 방책을 강구했다. 그것은 드고아에서 슬기로운 여인 하나를 데려다가 다윗에게 호소하게 하는 것이었다. 그녀는 자신이 과부라고 신분을 밝히면서 정상을 참작하고 싶은 마음이 굴뚝같이 일어날 이야기를 두 가지 했다.

그 여인은 상복을 입고 머리에 기름도 바르지 않은 채 다윗에게 나가 절하며 살려 달라고 간청했다. 그 이유를 묻는 왕에게 여인은 자신은 남편을 여의고 아들 둘과 살고 있었다고 했다. 그 둘 중에 하나가 과실치사로 다른 아들을 죽였다. 이에 격분한 집안사람들이 하나 남은 그 아들을 율법에 따라 죽이려 한다는 것이었다. 본디 피의 복수(살인한 자를 죽인다)는 부족 사람의 목숨을 안전하게 지키며 또 다시 일어날지도 모르는 살인사건을 미연에 방지하자는 목적에서 만들어졌다. 여기서는 그 율법의 취지와 정반대되는 결과가 나타났다.

자기 형제를 죽인 자를 죽이라는 것도 율법이요, 살아남은 자가 죽은 자의 이름과 자손을 이어주라는 것도 율법이었다. 곤란해진 다윗은 조만간 결정을 내려 줄 테니 돌아가 기다리라고 했다. 그 여인은 지금 이 자리에서 답을 달라고 재촉했다. 자신의 아들을 살리는 결정을 내린다면 그 죄에 대한 모든 책임을 자신이 지겠다고 하며.(9절) 다윗이 허락하자 그녀는 이 일을 여호와의 이름을 두고 맹세해 달라고 그에게 청했다. 이에 그는 그 아들의 머리카락 하나라도 상하지 않게 해 주겠다고 여호와의 이름으로 약속했다.

그 여인은 하나를 더 간청했다. 왕이 왕자를 돌아오게 하지 않는 것은 방금 자신의 죄지은 아들을 보호하는 것과 모순된 행동이라는 것이다. 그러면서 두 가지 사실을 근거로 들었다. i) 인생은 유한하다. 인간에게 목숨이 붙어 있는 기간이 정해져 있다는 사실을 의식하는 순간 사람은 죽네 사네하며 지지고 볶던 일이 그리 커 보이지 않는다. 인생에서 진정 중요한 것이 무엇인지를 깨닫는다. ii) 하나님은 죄를 짓고 쫓겨난 자도 버리지 않으신다. 이것은 매우 놀라운 복음이다.

15 미쁘다 모든 사람이 받을 만한 이 말이여 그리스도 예수께서 죄인을 구원하시려고 세상에 임하셨다 하였도다 죄인 중에 내가 괴수니라 16 그러나 내가 긍휼을 입은 까닭은 예수 그리스도께서 내게 먼저 일체 오래 참으심을 보이사 후에 주를 믿어 영생 얻는 자들에게 본이 되게 하려 하심이라(딤전 1:15-16)

죄를 짓고 쫓겨난 자도 버리지 아니하시기에 히브리서는 '우리에게 있는 대제사장은 우리의 연약함을 동정하지 못하실 이가 아니요 모든 일에 우리와 똑같이 시험을 받으신 이로되 죄는 없으시니라 그러므로 우리는 긍휼하심을 받고 때를 따라 돕는 은혜를 얻기 위하여 은혜의 보좌 앞에 담대히 나아갈 것이니라'(히 4:15-16)고 말씀했다.

여인은 압살롬을 돌아오게 하기 위해 우선 자기 아들들을 빗대어 부정(父情)에 호소했다. 그녀는 갈라진 부자관계를 회복시키는데 부모자식 관계의 근본인 부정을 자극했다. 이는 동서고금에 널리 쓰이는 방법이다. 그녀는 자기 자녀와 다투어 이길 아버지 어머니는 없다는 세상이치를 유효적절하게 활용했다. 조선의 태조 이성계에 얽힌 함흥차사 이야기도 그런 것이다.

두 번째로는 유한한 인생에서 지지고 볶는 일들이 구름같이 지나가는 것을 말했다. 마지막으로 하나님의 한량없는 자비를 언급했다.

다윗은 요압을 불러 압살롬을 데려 오게 했다. 그리고도 만나주지는 않았다. 압살롬은 자기 아버지에게 인사도 드리지 못한 채 자기 집으로 돌아갔다. 그는 예루살렘에 살 수 있게 허락받았지만 온전한 용서를 받지 못한 채 세월이 흘러갔다.

다윗의 우유부단함은 여기서도 드러났다. 압살롬에 대한 그의 용서는 법률적인 것이었을 뿐 아버지의 그것은 아니었다.(눅 15:11-32과 비교됨) 그것은 사실상 압살롬에 대한 거부였다. 이 일은 아마 압살롬의 가슴에 한을 쌓아 놓았을 것이다.

압살롬은 아버지 다윗을 만나지 못해 답답했다. 그는 요압을 보내 청을 넣으려 했다. 두 번이나 사람을 보냈는데도 요압은 만나주지 않았다. 이에 압살롬은 하인을 시켜 요압의 보리밭에 불을 질렀다. 이에 기겁을 한 요압이 한걸음에 달려와 항의했다. 그런 요압에게 압살롬은 속내를 털어놓았다: "어찌하여 내가 그술에서 돌아오게 되었나이까 이때까지 거기에 있는 것이 내게 나았으리이다" 라는 말을 왕에게 전하게 하기 위함이었노라고. 그러면서 자기를 보지 않으려거든 차라리 죽여 달라는 말을 전하라 했다.

이 말을 전해들은 왕은 압살롬을 불러들였다. 그가 왕에게 나가 얼굴을 땅에 대며 절하자 왕은 그에게 입을 맞추었다. 이는 받아들인다는 표시였다. 이로써 다윗과 압살롬은 화해했다.

묵상 : 화해의 사도 요압

요압은 다윗의 마음을 읽었다. 어쩌면 다윗 자신은 속내를 표현하지 못해 속으로 끙끙거리고 있었을지도 모른다. 그는 다윗이 마음은 원이로되 체면이나 기타 이유로 차마 하지 못하는 마음, 주저하는 그 마음을 톡 건드려 주었다. 요압은 다윗이 압살롬을 불러들일 핑곗거리를 만들어 주었다.

> 18 모든 것이 하나님께로서 났으며 그가 그리스도로 말미암아 우리를 자기와 화목하게 하시고 또 우리에게 화목하게 하는 직분을 주셨으니 19 곧 하나님께서 그리스도 안에 계시사 세상을 자기와 화목하게 하시며 그들의 죄를 그들에게 돌리지 아니하시고 화목하게 하는 말씀을 우리에게 부탁하셨느니라 (고후 5:18-19)

47

11년 뒤

(삼하 15:7-10)

> 7 사 년 만에 압살롬이 왕께 아뢰되 내가 여호와께 서원한 것이 있사오니 청하
> 건대 내가 헤브론에 가서 그 서원을 이루게 하소서
>
> 8 당신의 종이 아람 그술에 있을 때에 서원하기를 만일 여호와께서 반드시 나를
> 예루살렘으로 돌아가게 하시면 내가 여호와를 섬기리이다 하였나이다
>
> 9 왕이 그에게 이르되 평안히 가라 하니 그가 일어나 헤브론으로 가니라
>
> 10 이에 압살롬이 정탐을 이스라엘 모든 지파 가운데에 두루 보내 이르기를 너
> 희는 나팔 소리를 듣거든 곧 말하기를 압살롬이 헤브론에서 왕이 되었다 하
> 라 하니라

이것은 다윗이 아들로 인해 커다란 위험에 처하는 이야기이다. 성경에 나
오는 다윗의 아들들 중에 다윗을 평안하고 행복하게 해 준 자가 없었다. 그
가운데서도 압살롬이 가장 골칫덩어리였다.

동서고금 역사에는 권력을 자기 것으로 만들기 위해 백성의 심성 중에 약
한 부분을 파고들어 유혹한 예가 적지 않았다. 자칫 동화되기 쉬운 어떤 일
을 놓고 국민의 감정을 교묘하게 자극하는 수법(emotionalization)을 정치가는
교묘하게 악용했다. 그 원조가 압살롬이다.

압살롬의 이런 태도는 그가 천성적으로 악하게 태어났기 때문일까? 이런

태도에 대한 다윗은 책임이 없는 것일까? 이 두 가지 물음에 우리는 부정적인 대답을 할 수 밖에 없다. 압살롬은 아버지에게 상처받은 사람이었다. 자신의 동생 다말 사건에서 아버지가 보여준 미지근한 태도, 아버지에게서 인격적인 사랑을 받기 원하는 자신, 삼년 만에 돌아온 자신의 얼굴조차 보지 않으며 차갑게 대한 것 등이 그 마음에 한이 되었을 것이다.

압살롬은 아침마다 성문 앞으로 나갔다. 거기서 왕에게 판결을 받으러 오는 사람 이야기를 들어주었다. 그들에게 '듣고 보니 다 옳고 정당한 말이지만…'(삼하 15:3) 라고 하며 환심을 샀다. 더구나 그들에게 입을 맞추며 친근하다는 인상을 심어주었다. 그리고 이렇게 덧붙였다: '누가 나를 이 땅에서 재판관으로 세울 (임명할) 것인가? 그러면 송사나 재판할 일이 있을 때 내게로 오는 자에게 내가 정의 베풀기를 원하노라.'(삼하 15:4 직역)

이렇게 4년여 동안 주도면밀하게 준비한 압살롬은 마침내 반역을 일으켰다.(7-12절) 그는 다윗에게 가 말했다.

7 …내가 여호와께 서원한 나의 서원을 헤브론에 가서 갚고 싶습니다. 8 당신의 종이 그 아람의 그술에 살 때 정녕 다음과 같이 서원을 하였습니다. 만일 여호와께서 나를 반드시 예루살렘으로 돌아가게 하신다면 내가 여호와를 섬기겠습니다(7-8 직역)

8절에는 돌아가다는 말이 정동사와 부정사로 두 번이나 쓰였다. 만일 여호와께서 자신을 정말로 예루살렘에 귀환하게 하신다면 그는 여호와를 (지극정성으로) 섬기겠다고 서원했다는 것이다. 여기서 우리는 아람 그술에서 살 때 고국을 그리워하는 그의 마음이 얼마나 간절하였는가를 충분히 엿볼 수 있다. 그가 한 이런 말은 다윗 왕의 가슴을 찡하게 만들기에 충분하였을 것이다.

헤브론이 일찍이 아브라함이 제단을 쌓았던 곳이요(창 13:18) 다윗이 이곳에서 유다의 왕이 되어 칠년 육개월 동안 다스렸으며 압살롬의 고향이기도 했다.(삼하 3:2-3) 이런 인연과 함께 혹시 다윗이 수도를 예루살렘으로 옮김으로써 그 지역 주민들이 다윗 정권에 서운한 감정을 지니지 않았을까? 만일 후자의 경우라면 책략가인 압살롬은 이런 틈새를 비집고 들어가 반란을 획책하였을 것이다.

다윗은 압살롬의 말을 듣고 흔쾌히 허락했다. 평화의 아버지란 뜻의 이름을 지닌 압살롬에게 평화를 기원하며 다녀오라 한 것이다.(9절) 아마 다윗은 전에 암논을 죽일 때에 압살롬이 자신을 그럴 듯한 말로 속였던 것을(삼하 13:24-27) 까마득히 잊어버린 듯했다. 이런 다윗에게 압살롬은 회심의 미소를 보냈을 것이다. 그는 이스라엘 신앙전통이 서린 유서 깊은 도시 헤브론마저도 자신의 정치적 목적에 이용할 만큼 교활했다.

용서와 수용을 뜻하는 다윗의 입맞춤이 교활한 입맞춤으로 변신하였듯이(삼하 15:5) 진정으로 배려하는 평화의 기원이 깨어진 평화로 되돌아오게 되었다.(10절)

10절에 정탐이라 한 말은…을 따라 걷다 정탐(정찰)하다 나쁜 소문을 퍼뜨리다는 말에서 왔다. 이것은 단순한 정탐이 아니라 나쁜 소문을 퍼뜨리는 자들이란 뜻이다. 그들을 보낸 사람이나 그들 자신의 정체가 드러나면 곤란하다. 그래서 RSV와 NIV는 이 말을 비밀 사자들(secret messengers)로 NJB 밀사들(couriers)로, 공개와 표준은 '첩자들'로 각각 옮겼다. 압살롬은 자신의 아버지인 다윗이 유다의 왕으로 거주하던 곳, 예전에 이스라엘의 왕으로 추대되었던 바로 그곳에서 자기 스스로 왕이 되고자 하였던 것이다.

압살롬은 반란을 위해 오랜 세월 준비를 했다. 그는 누이 다말이 성폭행을 당한 뒤로 2년 동안 꾹 참고 있다가 배다른 형 암논을 죽였다. 그리고 3년에 걸친 망명생활을 나름 잘 견뎌냈다. 한 나라의 왕자가 한치 앞을 내다볼 수 없는 상황에서도 흐트러짐 없이 그 상황을 버텨냈다는 것은 평가를 받을 만하다. 이것은 그의 정신력을 보여주는 것이라 하겠다. 그는 예루살렘으로 돌아와 2년 동안 죽은 듯이 지냈다. 그리고 4년 동안 자신의 힘을 키웠다.

다말 사건에서 압살롬의 반란까지 걸린 기간은 11년이었다. 그 사이에 특히 나중 4년 동안에 그는 백성의 마음을 훔쳤다. 사실 마음은 훔칠 것이 아니라 얻어야 하는 것이다. 백성의 마음을 얻는 자가 오래 가기 마련이다.

정치인에게 대중의 지지는 약인 동시에 독이다. 대부분의 정치인은 대중의 지지를 곧 자신의 행위가 정당하다는 기준으로 삼곤 한다. 여론조사기관이나 언론도 그런 착각을 부추긴다.

지난날을 되돌아보더라도 독재자에게는 거의 항상 이를 뒷받침하는 대중의 지지가 있었다. 히틀러의 정책은 당시 독일 국민에게 열화와 같은 지지를 받았다. 그의 정책은 대중적인 지지를 받음으로써 정당한 것같이 보였다. 우리나라에도 그런 예가 있었다. 지금도 일부 종교 지도자들은 이와 비슷한 현상을 보여주고 있다. 자신의 종교적 신념과 행동을 거의 맹목적으로 지지하는 대중을 등에 업거나 대중의 얄팍한 심리를 감성적으로 이용하여 자신의 행위가 정당한 것처럼 만들어 나갔다.

대중을 속이기는 쉽다. 그리고 대중에게 속아 넘어가기도 쉽다. 하나님의 말씀(뜻)과 대중의 지지는 어떤 관계에 있을까?

묵상 : 뭐가 보이는가?

오늘날 우리나라(사회)에는 물욕과 권력욕이 부끄러운 줄도 모르고 한계도 모르고 설쳐대고 있다. 이 시대에 허난설헌(1563-1589)의 시 한 수를 읽는다:

　사람은 강남의 즐거움 말하는데 (人言江南樂 인언강남락)
　나는 강남의 근심 보고 있네. (我見江南愁 아견강남수)

이령지혼(利令智昏 이익은 지혜를 어둡게 만든다)이란 말이 있다.《사기》〈평원군우경열전(平原君虞卿列傳)에 있는 말로 이익에 눈이 가리면 사리분별을 제대로 하지 못하는 것을 가리킨다.

주변 6개국을 호시탐탐 노리고 있던 진(秦)나라는 주전 262년 한(韓)나라를 공격했다. 그는 야왕(野王, 하남성(河南省) 심양(沁陽))을 함락하고 전략적 요충지인 상당군(上黨郡, 산서성(山西省) 동남부)을 본국과 고립시켰다. 이대로 진나라에 먹힐 수는 없다고 생각한 상당군의 군수 풍정(馮亭)은 사신을 조(趙)나라에 보내, 당당군을 바치겠다고 했다. 조나라 효성왕(孝成王)은 대신들에게 의견을 구하였다. 평양군(平陽君) 조표(趙豹)는 명분도 없이 이익을 취하면 화를 초래할 수 있으니 받지 말자고 건의했다. 평원군(平原君) 조승(趙勝)은 조나라의 영토를 확장할 기회라며 상당을 받아들이자고 주장했다.

효성왕은 평원군의 의견을 받아들여 상당군을 접수하고 풍정을 화양군(華陽君)에 봉했다. 이에 진나라는 백기(白起)를 보내 조나라를 쳐 조나라의 40만 대군을 생매장했는데, 이것이 바로 역사상 가장 많은 사람이 가장 잔인하게 죽은 장평(長平) 전투이다. 이데 대해 사마천(司馬遷)은 다음과 같이 말했다. "태사공(太史公, 사마천)은 말한다. 평원군은 혼탁한 세상을 훨훨 나는 새와 같은 사람이었으나 대체(大體)를 살필 줄 몰랐다. 속담에 이르기를 '이익은 지혜를 어둡게 만든다.'고 했다. 평원군은 풍정의 간사한 말에 욕심을 내어 40만여 명에 이르는 조나라 군사를 장평에서 생매장당하게 하고, 한단(邯鄲)이 거의 멸망에 이르게 만들었다.

'이령지혼'은 속담에도 나오는 말이다. 그 내용은 다음과 같다. 제(齊)나라 사람 중에 금을 몹시 가지고 싶어하는 사람이 있었다. 어느 날 아침 일찍 의관을 갖추고 금을 파는 곳에 갔는데, 어떤 사람이 손에 금을 가지고 있는 것을 보고 손으로 낚아채 빼앗았다. 관리가 그를 체포하여 포박하며 물었다. "사람들이 모두 있는데 어째서 다른 사람의 금을 빼앗는가?" "금을 낚아챌 때 사람은 보이지 않고 금만 보였습니다."

301

48

연환계

(삼하 15:32-37)

32 다윗이 하나님을 경배하는 마루턱에 이를 때에 아렉 사람 후새가 옷을 찢고 흙을 머리에 덮어쓰고 다윗을 맞으러 온지라

33 다윗이 그에게 이르되 네가 만일 나와 함께 나아가면 내게 누를 끼치리라

34 그러나 네가 만일 성읍으로 돌아가서 압살롬에게 말하기를 왕이여 내가 왕의 종이니이다 전에는 내가 왕의 아버지의 종이었더니 이제는 내가 왕의 종이니이다 하면 네가 나를 위하여 아히도벨의 모략을 패하게 하리라

35 사독과 아비아달 두 제사장이 너와 함께 거기 있지 아니하냐 네가 왕의 궁중에서 무엇을 듣든지 사독과 아비아달 두 제사장에게 알리라

36 그들의 두 아들 곧 사독의 아히마아스와 아비아달의 요나단이 그들과 함께 거기 있나니 너희가 듣는 모든 것을 그들 편에 내게 소식을 알릴지니라 하는지라

37 다윗의 친구 후새가 곧 성읍으로 들어가고 압살롬도 예루살렘으로 들어갔더라

이것은 피난가는 자기를 따라 나서는 후새를 다윗이 압살롬에게 되돌려 보내는 이야기이다.

사무엘하 17장은 매우 긴장감이 넘치는 대목이다. 등장인물들이 채택하

는 방안과 선택하는 길(노정)이 어떤 결과를 가져올 지 우리는 사뭇 긴장하며
이 부분을 읽는다. 그 첫 부분인 1-14절은 i) 압살롬에게 다윗을 제거할 최
선의 방도를 자문하는 아히도벨(1-4절) ii) 후새가 자문하는 다른 방도(5-13)
iii) 압살롬이 무슨 이유로 후새의 방안을 채택하는가(14절) 로 되어 있다. 둘
째 부분인 15-27절은 i) 위험을 무릅쓰고 압살롬의 계획을 다윗에게 알리는
과정에서 어떤 여인의 역할(17-20) ii) 상대방의 계획을 안 다윗의 대처(21-22
절) iii) 자신의 조언이 받아들여지지 않자 아히도벨이 스스로 목숨을 끊음
(23절) iv) 전에 이스보셋이 수도로 삼았던 마하나임으로 피신한 다윗(24-27)
등 네 부분으로 짜여 있다.

　이것은 다윗이 당장 눈앞의 것만 보지 않고 훗날을 준비하는 이야기이다.
그는 사과가 하늘에서 떨어지기만을 기다리는 사람이 아니었다. 그가 피난
을 갈 때 동행하려는 사람들이 있었다. 그는 그들 가운데 몇 사람을 만류하
여 예루살렘에 남게 했다. 후새를 거짓으로 다윗을 배신하고 압살롬의 편이
된 것처럼 꾸미게 했다. 그는 압살롬의 동정을 낱낱이 보고하게 한 정보원
들을 점령당한 예루살렘에 심어놓았다. 그들은 레위인 사독과 아비아달(삼
하 15:35) 그들의 두 아들 요나단과 아히마아스(삼하 15:37) 그리고 이름 모를
어떤 여인이었다.(삼하 17:18)

　다윗의 친구 후새가 곧 성읍으로 들어가고 압살롬도 예루살렘으로 들어갔더라(
　삼하 17:37)

　이 말씀은 압살롬이 독차지한 것처럼 보이는 영역인 예루살렘 안에 아
직 다윗의 영역이 남아 있다는 뜻이다. 과연 다윗에게도 기회가 주어질 것
인가?

적벽대전에서 조조와 유비가 맞붙었다. 유비는 황개를 시켜 거짓 항복했다. 그는 황개를 지렛대 삼아 상대방의 조급한 마음에 파고들었다. 수전에 약한 조조는 동남풍이 불자 마음이 급해졌다. 이 때 황개가 계책을 내놓았다. 쇠사슬로 배들을 묶어 한데 놓자고 했다. 그 이유는 배가 흔들리지 않아야 병사들이 멀미를 하지 않는다는 것이었다. 조조는 이 말을 그럴 듯하게 들었다. 이 때 주유가 화공(火攻)을 펼쳤다. 이에 조조는 속수무책으로 당할 수밖에 없었다. 배들이 묶여 있어 도망칠 수 없었던 탓이다.

이는 《삼국지》에 나오는 연환계(連環計)다. 연환이란 여러 개의 고리(環)를 하나로 연결하는 (連) 것이다. 여러 가지 대안을 가지고 마치 고리처럼 연결하고 사용하는 방법이다. 다시 말해 한 가지 전략만 가지고 거기에 목숨을 걸기보다는 몇 수를 미리 내다보며 상황을 주도적으로 이끌어가는 책략이다. 이것은 특히 상대방보다 아군의 전력이 현저히 약할 때 사용되곤 했다.

이 연환계는 중국 고대 병법인 36계 가운데 35번째 계책이다. 열세에 몰린 싸움에서 기사회생해 승리를 이끌어내는 패전계(敗戰計)에 속한다. 적을 속이기 위해 자신을 희생하는 고육계(苦肉計), 적이 보낸 첩자를 이용해 적을 제압하는 반간계(反間計), 방어하지 않는 것처럼 꾸며 적을 혼란에 빠뜨리는 공성계(空城計) 등과 같은 부류다. 삼국지에서 왕윤이 절세미녀 초선을 내세워 동탁과 여포를 이간질 하여 승전한 것도 일종의 연환계이다.

이런 것을 실행하려면 두 사람 사이에 보통 이상의 끈끈한 신뢰가 형성되어 있어야만 한다. 우리가 살아가는 세상에는 이해관계에 따라 '어제의 동지가 오늘의 적으로, 오늘의 적이 내일의 동지로' 변하는 일이 적지 아니 일어난다. 이런 일은 에나 지금이나 변함이 없는 듯 하다.

당송팔대가 곧 당나라와 송나라 시절 천하에 이름을 날리던 문장가들 가운데 유종원과 한유만이 당나라 사람이다. 유종원은 한유보다 다섯 살 적었는데도 한유보다 먼저 세상을 떴다. 그때 한유는 〈유자후묘지명(柳子厚墓誌銘)〉을 써 그의 인생과 행적을 기록했다. 그 가운데 한유는 '친구란 곤궁한 상황에 처했을 때 비로소 그 진정한 사귐의 도리를 알 수 있다'고 했다. 다음은 그 내용이다.

선비는 곤궁한 상황에 처해서야 비로소 절개와 의리가 드러난다. 평소에는 서로 공경하고 기뻐하며 술과 음식을 함께 나누고 즐거워하면서 친밀하게 왕래한다. 서로 손을 맞잡고 사양하며 겸손을 떨고 폐와 간까지 상대방에게 보여주면서 하늘의 해를 가리키며 눈물을 흘리고 살아도 함께 살고 죽어도 함께 죽자는 다짐을 하며 절대로 서로 배반하지 않겠다고 맹세를 한다.

그러나 하루아침에 겨우 머리카락에 비교할 만큼 아주 작은 이해(利害)라도 얽히게 되면 마치 전혀 모르는 사람들처럼 눈을 흘기며 서로를 미워한다. 더욱이 함정에 빠져도 손을 내밀어 구해주려고 하기는커녕 오히려 더 깊이 밀어 넣고 심지어 돌까지 던진다.

대부분의 사람들이 이렇게 한다. 그러나 이런 행위는 금수(禽獸)와 오랑캐도 차마 하지 못하는 일인데 오히려 그런 사람들은 스스로 좋은 계책을 얻었다고 여겨서 자랑으로 삼는다.

여기서 한유는 세상 사람들은 대개 부귀하고 부유할 때는 마음을 다해 친밀하게 사귀다가도 이해관계가 충돌하면 아주 사소한 이유로도 쉽게 원수가 되는 현실을 한탄했다. 어떤 사람이 부귀할 때에는 마치 간이라도 빼줄 것처럼 하던 사람도 상대방이 곤궁해지면 도우려 하기는커녕 모른 척하거나 심지어 더욱 모질게 파멸시키려 한다고 탄식했다. 그는 자신과 사귀던 시절 좋을 때에도, 나쁠 때에도 진심으로 절개와 의리를 지켰던 유종원을 추모했다.

여기에 있는 "손을 맞잡고 폐와 간까지 상대방에게 보여준다"(握手出肺肝相示 악수출폐간상시)에서 '서로 속마음을 터놓고 지낼 정도로 친한 사귐'을 비유하는 '간담상조(肝膽相照)'가 나왔다. 또 "선비는 곤궁할 때 비로소 절개와 의리를 볼 수 있다"(士窮乃見節義 사궁내견절의)"는 말로 어떤 것이 진정한 사귐인지를 말했다.

제주도 유배 생활 5년이 되던 1844년 추사 김정희(秋思 金正喜 1786-1856)는 제자 이상적(李尙迪 1804-1865)에게 세한도(歲寒圖)를 그려 주었다. 그 그림에는 집 한 채와 소나무, 잣나무 몇 그루가 서 있다. 한편 여기에는 겨울철의 황량함과 자신의 외로움이 스며나온다. 다른 한편 이상적이 북경에서 구한 귀한 책을 제주도로 보내준 것에 대한 고마움을 스며들어 있다. 그는 자신과 교제하는 것조차 위험할 수도 있는 상황에 아랑곳 하지 않고 의리를 지키는 그의 마음을 추운 날의 소나무와 잣나무 세한송백(歲寒松柏)에 비유했다. 실제로 많은 문하생이 김정희에게 등을 돌렸는데도 이상적만은 스승에 대한 태도가 한결같았다.

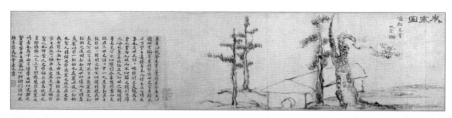

세한도(歲寒圖)

세한송백은 본디 논어(論語) 자한(子罕)편에 나오는 말이다. "추운 겨울이 지난 후에 소나무와 잣나무가 늦게 시든다는 것을 안다"(세한연후 歲寒然後 지송백지후조야 知松柏之後彫也) 봄이나 여름 나무 잎이 무성할 때에는 소나무와

306

잣나무의 잎이 눈에 띄지 않다가도 추운 겨울이 되면 앙상한 나무들 속에서 두 나무의 진면목이 드러난다는 뜻이다. 여기서 세한(歲寒)은 날이 추워졌다는 말이다. 이는 세상과 인심이 혼란스러워진 것을 비유한다. 그런 혼나경에서도 신념을 지켜나가는 굳건한 마음을 歲寒心(세한심)이라 하고, 시절이 어려워도 節操(절조)를 잃지 않겠다는 맹세를 歲寒盟(세한맹)이라고 하며, 그것을 가리켜 歲寒操(세한조)라 한다.

예루살렘에 남은 후새가 그런 사람이었다. 연환계는 이런 사람이 있어야만 펼칠 수 있는 전략이다. 그는 그 역할을 훌륭하게 감당했다. 압살롬이 반란을 일으킨 초기 전세는 다윗에게 절대적으로 불리했다. 이 때 다윗이 예루살렘에 남게 한 사람들이 중요한 역할을 담당했다. 그들을 활용한 다윗의 연환계는 패색 짙은 그 상황을 완전히 바꾸어놓았다.

묵상 : 이 세상의 친구들(찬송가 394장)

1 이 세상의 친구들 나를 버려도 나를 사랑하는 이 예수뿐일세

〈후렴〉

예수 내 친구 날 버리 네 온천지는 변해도 날 버리지 않네

2 검은 구름 덮이고 광풍 일어도 예수 나의 힘되니 겁낼 것 없네

3 괴로운 일 당해도 낙심 말아라 영원하신 주 능력 나를 붙드네

우리는 종종 사람을 통해 '겉으로 볼 때 아주 거칠고 차가운 것 같아도 아직 세상은 살만하다'는 경험을 한다. 그리고 종종 '세상에 믿을 사람이 하나도 없다'는 뼈아픈 탄식도 한다. 이런 경험을 하면서 우리는 어제나 오늘이나 변함없는 친구는 오직 예수님 한 분이라는 사실을 받아들이게 된다.

49

돌이 날아올 때

(삼하 16:5-13)

5 다윗 왕이 바후림에 이르매 거기서 사울의 친족 한 사람이 나오니 게라의 아들이요 이름은 시므이라 그가 나오면서 계속하여 저주하고

6 또 다윗과 다윗 왕의 모든 신하들을 향하여 돌을 던지니 그 때에 모든 백성과 용사들은 다 왕의 좌우에 있었더라

7 시므이가 저주하는 가운데 이와 같이 말하니라 피를 흘린 자여 사악한 자여 가거라 가거라

8 사울의 족속의 모든 피를 여호와께서 네게로 돌리셨도다 그를 이어서 네가 왕이 되었으나 여호와께서 나라를 네 아들 압살롬의 손에 넘기셨도다 보라 너는 피를 흘린 자이므로 화를 자초하였느니라 하는지라

9 스루야의 아들 아비새가 왕께 여짜오되 이 죽은 개가 어찌 내 주 왕을 저주하리이까 청하건대 내가 건너가서 그의 머리를 베게 하소서 하니

10 왕이 이르되 스루야의 아들들아 내가 너희와 무슨 상관이 있느냐 그가 저주하는 것은 여호와께서 그에게 다윗을 저주하라 하심이니 네가 어찌 그리하였느냐 할 자가 누구겠느냐 하고

11 또 다윗이 아비새와 모든 신하들에게 이르되 내 몸에서 난 아들도 내 생명을 해하려 하거든 하물며 이 베냐민 사람이랴 여호와께서 그에게 명령하신 것이니 그가 저주하게 버려두라

12 혹시 여호와께서 나의 원통함을 감찰하시리니 오늘 그 저주 때문에 여호와
   께서 선으로 내게 갚아 주시리라 하고

13 다윗과 그의 추종자들이 길을 갈 때에 시므이는 산비탈로 따라가면서 저주
   하고 그를 향하여 돌을 던지며 먼지를 날리더라

이것은 아비새가 피난 가는 다윗을 모욕하며 저주하는 이야기다. 압살롬
이 반란을 일으키고 백성의 마음이 그에게로 기울었다. 이에 다윗은 서둘
러 예루살렘을 빠져 나갔다. 이 부분에서 시작된 피난 생활 이야기가 삼하
16:14까지 비교적 자세하게 나와 있다.

압살롬이 반역을 일으켰을 때 전령이 다윗에게 와 그 상황을 다음과 같
이 보고했다.(삼하 15:13)

이스라엘의 인심이 다 압살롬에게로 돌아갔나이다

명심보감 교우편에 이런 말이 있다. 술 마시고 밥 먹을 때에는 형과 아우
라고 하던 사람 천 명이더니(주식형제천개유 酒食兄弟千個有) 위급하고 어려울 때
에는 친구 한 명도 없구나.(급난지붕일개무 急難之朋一個無)

백성이 그에게 기울었다는 소식을 들은 다윗은 예루살렘을 포기했다. 이
는 아마 피차간에 사상자가 많아질 것을 염려한 것이리라.(삼하 15:14) 이 싸
움은 이겨도 개운하지 않고 지면 죽음인 것이었다. 어느 편이 이기든 양측
이 다 동족의 피를 흘려야 하는 잔혹한 내전이었다. 이런 뜻에서 다윗이 일
찌감치 피난가기로 결정한 것은 현명한 판단이었다.

피난 가는 다윗의 행렬에 제사장 사독과 아비아달 그리고 레위 사람들이

여호와의 법궤를 메고 따라 나섰다. 이에 다윗이 말했다:

보라 하나님의 궤를 성읍으로 도로 메어 가라 만일 내가 여호와 앞에서 은혜를
입으면 도로 나를 인도하사 내게 그 궤와 그 계신 데를 보이시리라(삼하 15:25)

현실적으로 말하자면 다윗에게는 이때보다 더 법궤가 필요한 때가 없었
다. 그런데도 그것을 예루살렘으로 되돌려 보냈다. 여기에는 두 가지 의미
가 들어 있다. i) 처음 법궤를 옮기려할 때처럼 하나님의 말씀(법궤)을 자신
의 이익을 위한 수단으로 악용하지 않겠다는 것이다. ii) 지금은 하나님의
심판을 겸손하게 받아들일 때라는 것이다. 그는 순순히 '만일 내가 여호와
앞에서 은혜를 입으면'이라고 말했을 뿐이다.

다윗은 사울 임금 시절 십년도 넘게 도피하였던 그 험난한 광야로 다시
피신했다.(삼하15:13-23) 급하게 감람산으로 도망을 가느라 그는 신발도 신
지 못했다. 남이 알아볼까봐 천으로 얼굴을 가리고 울면서 산속으로 광야로
도망쳤다. 임진왜란을 피해 신의주로 도망치는 조선의 왕 선조도, 병자호
란을 피해 남한산성으로 도망가는 인조도 이렇게까지 비참하지는 않았다.

그가 우는 장면에서 우리는 미갈의 남편 발디엘을 떠올린다. 다윗이 미
갈을 억지로 빼앗아 오자 그는 울면서 따라 나섰다.(삼하 3:16) 남의 눈에 눈
물이 흐르게 한 자는 자기 눈에는 피눈물이 난다더니 다윗이 바로 그 짝이
었다.

다윗이 겪은 고난의 여정을 예수님의 그것과 잠시 비교해 보자.

다윗	예수님
기드론 시내를 건너가다 (삼하 15:23)	기드론 시내 건너편으로 가시다 (요 18:1)
감람산을 올라가다 (삼하 15:30)	감람산으로 올라가시다 (막 14:26)
아히도벨이 다윗을 배신하다 (삼하 15:12, 31)	유다가 예수님을 배신하다 (마 26:47-50; 마 14:43-45; 눅 22:47-48; 요 18:2-5))
자신의 구상대로 일이 되지 않자 아히도벨이 자결하다 (삼하 17:23)	유다가 목매달아 죽다 (마 27:5).

나중에 시므이라는 사람이 다윗의 행렬에 나타났다. 그는 먼지를 뿌리고 돌을 던지며 다윗에게 욕설과 저주를 퍼부었다.

피를 흘린 자여, 사악한 자여, …여호와께서 나라를 네 아들 압살롬의 손에 넘기셨도다. 보라. 너는 피를 흘린 자이므로 화를 자초하였느니라.(삼하 16:8)

자기에게 날아오는 돌멩이도 돌멩이지만 자신에게 거침없이 쏟아내는 욕설과 저주 앞에 다윗의 마음이 어떠하였을까? 그 때 다윗의 장수 아비새가 말했다.

이 죽은 개가 어찌 내 주 왕을 저주하리이까 청하건대 내가 건너가서 그의 머리를 베게 하소서(삼하 16:9)

다윗은 그를 제지하며 이렇게 말했다.

11 내 몸에서 난 아들도 내 생명을 해하려 하거든 하물며 이 베냐민 사람이랴 여

호와께서 그에게 명령하신 것이니 그가 저주하게 버려두라 12 혹시 여호와께서 나의 원통함을 감찰하시리니 오늘 그 저주 때문에 여호와께서 선으로 내게 갚아 주시리라(삼하 16:11-12)

압살롬의 반역과 시므이의 저주가 다윗을 하나님 앞으로 불러들였다. 여기서 다윗은 자신의 진실을 보았다. 평소 자기가 남보다 훨씬 더 낫다고 스스로 생각하였지만, 결국 자기도 다른 사람과 조금도 다를 바 없다는 사실, 자신의 가장 진정한 정체는 왕이 아니라 죄인이라는 사실, 그리고 자신은 오직 하나님의 자비에 의해서만 살 수 있을 뿐이라는 사실을 깨달았다. 이런 뜻에서 시므이의 저주와 광야생활은 다윗의 영혼을 맑아지게 했다.

나중에 다윗은 압살롬과 싸우러 가는 장수들에게 부탁했다:

나를 위하여 젊은 압살롬을 너그러이 대우하라(삼하 18:5)

한편 다윗 왕의 부하 요압은 압살롬을 너그럽게 대하려는 다윗의 마음에 공감하지 않았다. 한창 전투가 벌어지던 어느 날 노새를 타고 달려가던 압살롬의 머리채가 나무 가지에 걸렸다. 타고 있던 노새는 그냥 달려가고 그는 나뭇가지에 대롱대롱 매달렸다. 그를 처음 발견한 사람은 다윗의 지시를 존중하며 요압에게 가 보고했다. 지체없이 그곳으로 달려간 요압은 압살롬을 칼로 찔렀다. 그의 부하 열 명도 한꺼번에 달려들어 압살롬을 무자비하게 난도질했다.(삼하18:9-15) 이 소식을 들은 다윗은 "내 아들 압살롬아 내 아들 내 아들 압살롬아 차라리 내가 너를 대신하여 죽었더라면, 압살롬 내 아들아 내 아들아"(33절) 라고 울부짖었다.

그렇다. 다윗은 시련을 온 몸으로 겪어내는 과정에서 눈물을 흘릴 줄 아는 사람이며 슬퍼할 줄 아는 사람이었다.

오늘날 기분 나쁜 것과 분노를 맘대로 표현하면서도 가슴 속에 흐르는 고독과 눈물을 표현할 줄 모르는 사람들이 얼마나 많은가? 자기가 아는 지식은 아는 것 모르는 것 없는 듯이 다 표현하면서도 격려와 위로의 말을 할 줄 모르는 사람도 적지 않다. 이런 뜻에서 고난을 겪으며 자기 심정을 솔직하게 토로하는 다윗이 참 아름답다.

고난당한 것이 내게 유익이라. 이로 말미암아 내가 주의 율례들을 배우게 되었나이다(시 119:71)

묵상 : 다시 광야로

왕이 되기 이전 다윗의 영성은 광야에서 형성되었다. 왕이 된 다음 다윗의 영성도 광야에서 형성되었다. 피난길과 예루살렘 귀환 길에서 그는 옛날의 훌륭한 모습을 다시 보여주었다.

궁전에서 사는 동안 그가 보여준 모습들 가운데에는 이것이 정말 다윗이 한 일이냐는 의문이 들 정도인 것도 많았다. 압살롬을 피해 광야로 나간 그는 진정한 신앙을 되찾았다. 하나님을 바라보며 겸손하고, 온유한 다윗으로 되돌아왔다.

314

50

지기 위한 작전

(삼하 17:1-14)

1 아히도벨이 또 압살롬에게 이르되 이제 내가 사람 만 이천 명을 택하게 하소서 오늘 밤에 내가 일어나서 다윗의 뒤를 추적하여

2 그가 곤하고 힘이 빠졌을 때에 기습하여 그를 무섭게 하면 그와 함께 있는 모든 백성이 도망하리니 내가 다윗 왕만 쳐죽이고

3 모든 백성이 당신께 돌아오게 하리니 모든 사람이 돌아오기는 왕이 찾는 이 사람에게 달렸음이라 그리하면 모든 백성이 평안하리이다 하니

4 압살롬과 이스라엘 장로들이 다 그 말을 옳게 여기더라

5 압살롬이 이르되 아렉 사람 후새도 부르라 우리가 이제 그의 말도 듣자 하니라

6 후새가 압살롬에게 이르매 압살롬이 그에게 말하여 이르되 아히도벨이 이러이러하게 말하니 우리가 그 말대로 행하랴 그렇지 아니하거든 너는 말하라 하니

7 후새가 압살롬에게 이르되 이번에는 아히도벨이 베푼 계략이 좋지 아니하니이다 하고

8 또 후새가 말하되 왕도 아시거니와 왕의 아버지와 그의 추종자들은 용사라 그들은 들에 있는 곰이 새끼를 빼앗긴 것 같이 격분하였고 왕의 부친은 전쟁에 익숙한 사람인즉 백성과 함께 자지 아니하고

9 지금 그가 어느 굴에나 어느 곳에 숨어 있으리니 혹 무리 중에 몇이 먼저 엎드

러지면 그 소문을 듣는 자가 말하기를 압살롬을 따르는 자 가운데에서 패함을 당했다 할지라 저가 무리 중에 몇을 치면

10 비록 그가 사자 같은 마음을 가진 용사의 아들일지라도 낙심하리니 이는 이스라엘 무리가 왕의 아버지는 영웅이요 그의 추종자들도 용사인 줄 앎이니이다

11 나는 이렇게 계략을 세웠나이다 온 이스라엘을 단부터 브엘세바까지 바닷가의 많은 모래 같이 당신께로 모으고 친히 전장에 나가시고

12 우리가 그 만날 만한 곳에서 그를 기습하기를 이슬이 땅에 내림 같이 우리가 그의 위에 덮여 그와 그 함께 있는 모든 사람을 하나도 남겨 두지 아니할 것이요

13 또 만일 그가 어느 성에 들었으면 온 이스라엘이 밧줄을 가져다가 그 성을 강으로 끌어들여서 그 곳에 작은 돌 하나도 보이지 아니하게 할 것이니이다 하매

14 압살롬과 온 이스라엘 사람들이 이르되 아렉 사람 후새의 계략은 아히도벨의 계략보다 낫다 하니 이는 여호와께서 압살롬에게 화를 내리려 하사 아히도벨의 좋은 계략을 물리치라고 명령하셨음이더라

이것은 압살롬의 반란을 피해 피난가던 다윗에 얽힌 이야기다. 피난을 가는 다윗은 여러 부류의 사람을 만났다. 그 가운데 잇대(삼하 15:19-22) 제사장 사독과 아비아달(15:24-29) 아렉 사람 후새 등은 그에게 우호적이었다. 가드의 600용사도 다윗을 따랐다. 시므이 등은 그에게 적대적이었다. 백성도 그에게 등을 돌렸다.

도망치는 다윗에게 비보(悲報)가 하나 날아들었다. 그것은 자신의 책사였던 아히도벨이 압살롬의 편에 섰다는 것이었다. 망연자실한 그는 혼자말로 기도를 드렸다:

여호와여 원하옵건대 아히도벨의 모략을 어리석게 하옵소서(삼하 15:31)

아히도벨은 진실로 제갈량에 버금가는 책략가였다. 그가 압살롬에게 한 첫 번째 조언은 아버지의 후처들과 동침하라는 것이었다. 이에 압살롬은 궁전 옥상에서 부왕인 다윗의 첩들과 동침했다.(삼하 16:21-22) 다윗이 피난을 가면서 후처들을 예루살렘 성에 남겨놓은 것이 화근이었다. 아무리 아들이 막나간다 하더라도 차마 그 정도까지 심하지 못하리라는 생각도 있었을 것이다.

여기서 다윗의 생각이 빗나갔다. 압살롬은 아버지의 것이라면 무엇이든지 다 자기 것으로 만들려 했다. 고대 근동에서 왕의 처첩을 취하는 것은 왕권이 옮겨졌다는 상징행위였다. 아무리 풍습이 그렇더라도 이것은 역성혁명(易姓革命)이 아니다. 아버지의 후처는 자신에게 어머니이다. 그들에게 이렇게 한 것은 상상하기 어려울 정도로 극심한 패역이었다.

나중에 궁으로 돌아온 다윗은 그들 열 명을 별궁에 가두었다. 먹을 것만 주어 연명하게 하였을 뿐 동침하지 않았다. 그들은 죽는 날까지 생과부로 지냈다. 그들은 다윗 집안의 죄 짐을 진 안타까운 희생양이었다.

아히도벨이 압살롬에게 준 두 번째 조언은 다윗과 전투를 벌이는 일에 관계된 것이었다.(삼하 17:1-3) 그의 상황분석은 예리했다, 마치 그의 명성이 과장된 것이 아님을 증명이라도 하듯이. 그는 다윗이 강을 건널 수 있는 여유를 주지 말고 바로 밀고 들어가자고 했다. 백성은 대체로 힘 있는 쪽을 따르는 법이다. 그 효과를 노린 것이었다.

이것은 또한 양측의 피 흘림을 최소한으로 줄이는 방책이었다. 일단 다윗만 제거하면 다른 피를 많이 흘리지 않아도 되는 것이다. 이런 점에서 그는 현명한 사람이었다. 압살롬과 원로들은 일단 그 제안을 좋게 여겼다. 압살롬에게는 아주 좋은 기회요 다윗에게는 치명적인 순간이었다.

바로 그 때 후새가 등장했다.(삼하 17:5-13) 그는 대세가 압살롬 편에 있으니 급히 서두르기보다는 더 큰 세력을 결집해서 천천히 압박해 들어가자고 했다. 그래야 노련하고 막강한 전사(戰士) 다윗을 효율적으로 칠 수 있다고 했다. 그러려면 준비하는 시간이 더 필요한 것이 약점이었다. 그것은 아군이 힘을 완전히 갖추게 하는 한편 다윗에게 도망가거나 전열을 정비할 시간을 벌어주는 것이었다. 그리고 양측 다 더 많은 희생을 감수해야 하는 것이었다. 그의 이 작전은 압살롬을 지게 만들려는 것이었다.

선택의 기로에서 왕과 원로들은 후새의 전략을 더 낫게 여겼다. 직유법을 네 차례(8 10 11 12절)나 구사하는 그의 화려한 수사법에 현혹된 것일까? 아니다. 후새 뒤에는 여호와의 계획이 있었다: '그리고 여호와께서 그 좋은 아비도벨의 조언을 무효화하게 작정하셨다. 이는 여호와께서 압살롬에게 그 재앙을 가져다주시려 하신 때문이었다'(17:14b 직역) 아마 후새 자신도 이런 사실을 몰랐으리라.

이 결정이 압살롬과 다윗의 운명을 갈랐다. 다윗은 지금 일패도지(一敗塗地 = 회복이 불가능한 패배를 당한다)의 상황이었다. 다윗에게는 지금 자신을 지킬 힘이 없었다. 백성의 마음도 이미 그를 떠났다. 만약 압살롬이 아히도벨의 의견을 따랐다면 다윗의 운명은 그것으로 끝이었을 것이다. 후새의 지략이 먹힌 덕분에 그는 살아남았다. 그리고 다음을 기약할 수 있게 되었다. 이 순간에 압살롬은 모르는 게 있었다. 후새가 다윗의 사람이었다는 사실을.

압살롬과 온 이스라엘 사람들이 이르되 아렉 사람 후새의 계략은 아히도벨의 계략보다 낫다 하니 이는 여호와께서 압살롬에게 화를 내리려 하사 아히도벨의 좋은 계략을 물리치라고 명령하셨음이더라 (삼하 17:14)

318

왕과 원로들이 아히도벨의 제안을 버리고 후새의 제안에 따른 것은 다윗의 기도(삼하 15:1 여호와여 원하옵건대 아히도벨의 모략을 어리석게 하옵소서)에 하나님께서 응답하신 결과였다. 하나님과 함께 하지 않는 계획은 그 아무리 뛰어나고 효과적인 것일지라도 실현되지 못한다. 제갈량에 버금가는 아히도벨의 책략이 바로 그 예이다. 겉보기에는 압살롬과 그 측근들이 어리석어서 후새의 전략을 따른 것처럼 보였다. 진실은 그것이 아니었다. 하나님께서 일을 이렇게 만들어가셨다. 하나님은 다윗으로 하여금 그를 따라 나서려는 후새를 만류하여 예루살렘에 있게 하셨다. 그런 지혜는 하나님께서 그에게 주신 것이었다.

묵상 : 찬송가 384장

1. 나의 갈길 다가도록 예수 인도하시니 내 주안에 있는 긍휼 어찌 의심하리요 믿음으로 사는 자는 하늘 위로 받겠네 무슨 일을 만나든지 만사형통 하리라 무슨 일을 만나든지 만사형통 하리라

2. 나의 갈길 다가도록 예수 인도하시니 어려운 일 당한 때도 족한 은혜주시네 나는 심히 고단하고 영혼 매우 갈하나 나의 앞에 반석에서 샘물 나게 하시네 나의 앞에 반석에서 샘물나게 하시네

3. 나의 갈길 다가도록 예수 인도하시니 그의 사랑 어찌 큰지 말로 할 수 없도다 성령 감화 받은 영혼 하늘나라 갈 때에 영영 부를 나의 찬송 예수 인도

하셨네 영영 부를 나의 찬송예수 인도 하셨네 아멘

가사를 음미하며 우리(내) 인생의 경험을 실어가며 이 찬송을 조용히 부르자.

51

작아 보이는 큰 일

(17:15-19)

15 이에 후새가 사독과 아비아달 두 제사장에게 이르되 아히도벨이 압살롬과 이스라엘 장로들에게 이러이러하게 계략을 세웠고 나도 이러이러하게 계략을 세웠으니

16 이제 너희는 빨리 사람을 보내 다윗에게 전하기를 오늘밤에 광야 나루터에서 자지 말고 아무쪼록 건너가소서 하라 혹시 왕과 그를 따르는 모든 백성이 몰사할까 하노라 하니라

17 그 때에 요나단과 아히마아스가 사람이 볼까 두려워하여 감히 성에 들어가지 못하고 에느로겔 가에 머물고 어떤 여종은 그들에게 나와서 말하고 그들은 가서 다윗 왕에게 알리더니

18 한 청년이 그들을 보고 압살롬에게 알린지라 그 두 사람이 빨리 달려서 바후림 어떤 사람의 집으로 들어가서 그의 뜰에 있는 우물 속으로 내려가니

19 그 집 여인이 덮을 것을 가져다가 우물 아귀를 덮고 찧은 곡식을 그 위에 널매 전혀 알지 못하더라

이것은 압살롬이 세운 작전을 다윗에게 알려주는 과정에 생겨난 이야기다. 아히도벨이 고안해 압살롬과 이스라엘 장로들에게 말한 전략을 후새는 제사장 사독과 아비아달에게 전했다. 아울러 자신이 세운 전략도 말해주었다. 그들은 이 일을 다시 자기들의 아들들을 시켜 다윗에게 전달하려 했다.

16절을 직역하면 다음과 같다.

자 이제 시급히 보내시오. 그리고 다윗에게 다음과 같이 기별하시오. '오늘밤을
지내지 마십시오, 그 광야 나루터에서. 그리고 반드시 무조건 건너야가 합니다.
그렇지 않으면 왕과 그와 함께 하는 백성 모두에게 화가 미칠 것입니다.'

이 말을 들어보니 후새의 입지를 엿볼 수 있다. 우선 압살롬이 자신의 책
략을 선호한다고 했더라도 후새는 자기가 제안한 전략대로 행해질 지 확신
하지 못했을 것이다. 둘째로 중요한 일일수록 최악의 경우를 상정해서 대
비할 필요가 있기에, 이런 제안을 하는 것이다. 삼하 17:21-22에 따르면 다
윗은 아히도벨의 전략에 대비하는 행동을 했다. 셋째로 자기가 자기를 가장
잘 알기에 이런 제안을 했다. 사실 그는 다윗 사람이다. 비록 완벽하게 위장
을 했다고는 하나 사람들 중에는 자신의 처신을 보며 그런 사실을 알아채는
이가 있을 수 있다. 이것은 만일 그렇다면 자신은 다윗에게 치명적인 피해
를 안겨주리라는 점을 감안한 것이다.

그들이 다윗에게 전하려는 정보는 다윗의 운명을 좌우할 만큼 매우 중요
한 것이었다. 그것이 반드시 다윗에게 전달되어 그에 합당한 대비를 해야
만 다음을 기약할 수 있는 것이었다. 바로 그때 심각한 차질이 생겼다. 다윗
이 숨겨놓은 첩자인 요나단과 아히마아스의 정체가 우연찮게 탄로 난 것이
다.(17-18절) 만일 여기서 어긋나면 만사가 다 어그러진다.

다행스럽게도 이때를 위해 하나님은 어떤 여인을 준비해 놓으셨다. 그녀
는 그들을 숨겨준 뒤 다른 길로 갔다고 말했다. 마치 선녀와 나무꾼 이야기
에서처럼. 그 덕분에 두 젊은이는 위기를 모면했다.(19-20절) 이 여인의 처신
은 여호수아서에 나오는 라합을 떠올리게 한다.

사실 다윗은 여인들의 덕을 많이 보았다. 자기를 죽음에서 피할 수 있게 도와 준 미갈로 시작하여(삼상 19:11-17) 억울하게 죽는 사람들이 생겨나게 할 악행을 미연에 방지하게 해 준 아비가일(삼상 25장)에 이어 여기 나오는 무명의 여인이 그들이다.

만일 이들이 붙들렸다면 여러 사람이 다쳤을 것이다. 후새와 사독 및 아비아달의 가족은 죽음을 면하지 못했으리라. 다윗의 미래도 심각한 위기에 처했을 것이다.

다윗을 살려 재기시키기로 작정한 여호와의 계획은 말주변 좋은 후새, 제사장인 사독과 아바아달, 충성스러운 요나단과 아히마아스, 이름 모를 지혜로운 여인 등을 통하여 완벽하게 실현되었다.

그들 가운데 누가 더 중요한 역할을 했는가를 가늠할 필요는 없다. 사람이 하는 일의 성패는 아주 큰 것을 통해서도 사소해 보일 정도로 아주 작은 것을 통해서 좌우되기 때문이다. 한마디로 말하자면 모두가 다 중요한 인물이고, 모든 행동이 다 생명 및 성패에 관계된 것이었다.

하나님은 자신의 계획을 실현시키는 과정에서 여러 사람 여러 사건을 활용하셨다. 일이 이렇게 진행되게 하신 이는 하나님이다. 궁극적인 승리는 탁월한 전술과 전략을 구사하는 용맹스러운 전사들에게가 아니라 하나님의 선택하신 자에게 주어졌다.(잠 21:30-31 참조. 브루거만 466)

이런 뜻에서 아비도벨의 재주가 참 아까운 동시에 그의 선택이 진실로 아쉽다. 그는 하나님께서 선택하신 자를 선택하지 못했다. 압살롬을 선택하기까지 그에게 어찌 생각과 고민이 없었겠는가? 그것은 다윗을 배신하는 것이기에 커다란 위험부담을 껴안는 행동이었다.

비록 그가 제안한 전략이 매우 탁월한 것이었는데도 하나님은 그것이 채택되지 않게 하셨다. 그러자 그는 스스로 목숨을 끊었다. 결국 그는 영원히 배신자요 패배자가 되었다. 그는 가장 좋은 안에 내고도 가장 비참해졌다.

묵상: 교토삼굴(狡兔三窟)

슬기로운 토끼는 세 개의 굴을 준비한다. 곧 위험이 닥칠 것에 미리 대비하여 준비를 해 놓는다는 말이다.

중국 춘추전국 시대 말기 제나라에 맹상군이라는 정승이 있었다. 그 집에는 드나드는 식객들 가운데 빙환이라는 사람이 있었다. 어느 날 맹상군이 식객들에게 '누가 내 영지인 설에 가서 빌려준 돈을 받아 오겠는가?'라고 물었다. 이 때 빙환이 나섰다. 출발에 앞서 그는 맹상군에게 '빚을 받아서 그 돈으로 무엇을 사올까요?'라고 물었다. 맹상군은 '무엇이든 자네 마음대로 사 오게. 다만 우리 집에 없는 것이어야 하네'라고 했다.

설에 도착한 빙환은 모든 채무자의 차용증을 꼼꼼히 살폈다. 그리고 '맹상군께서 나더러 여러분의 채무를 모두 면제해 주라고 하셨소'라고 말하며 차용증을 모두 모아 불태워버렸다. 그곳 주민들은 맹상군 만세를 외치며 기뻐했다.

일을 마치고 돌아온 빙환에게 맹상군은 '그대는 나를 위해 뭘 사 왔는가?'라고 물었다. 그는 '나리의 저택에는 없는 것 없이 다 있는데 다만 한 가지 의(義)가 없는 것 같아 그것을 사왔습니다'라고 했다. 자초지종을 들은 맹상군은 기가 막히고 화도 났지만 당초에 자신이 한 말 때문에 크게 나무라지 못했다.

일 년 뒤 제나라 민왕이 맹상군을 싫어하여 재상에서 물러나게 했다. 권력이 사라지자 맹상군 주변에서 알짱거리던 이들도 모두 떠나갔다. 유일하게 빙환만 자리를 지켰다. 맹상군은 가솔을 이끌고 설로 향했다. 낙향하는 그를 설의 백성이 모두 나와 열렬히 환영했다. 이에 그는 빙환을 돌아보며 '그대가 의를 샀다고 전에 말한 것이 무슨 뜻인지 이제야 알겠네'라고 했다.

빙환은 '슬기로운 토끼에게는 굴이 세 개 있어야 합니다.(驕兎三窟) 주군에게는 아직 하나밖에 없으니 안심할 수 없습니다.'라고 말했다. 그는 위나라 왕을 찾아가 '제나라 조정에서 맹상군이 쫓겨났는데 그를 불러 재상으로 삼으면 부국강병을 이룰 수 있을 것입니다.' 했다. 그는 빙환의 제안을 받아들여 사신을 보냈다. 사신보다 먼저 설로 돌아온 빙환은 맹상군에게 '이 초빙에 쉽게 응하지 마십시요. 위왕께서 주군을 모셔 가려는 것을 민왕이 알 때까지.'라고 조언했다. 결국 그 소문이 민왕의 귀에 들어갔다. 민왕은 '위나라 왕이 맹상군을? 그러면 우리나라가 위태로워지지'라며 그에게 지난 일을 사과하고 달래며 다시 재상으로 임용했다. 이것이 두 번째 굴이었다.

빙환은 왕실의 종묘가 그의 영지에 있는 한 맹상군이 미워지더라도 민왕은 그를 함부로 대할 수 없을 것이라는 생각에서 제나라 왕실의 종묘(사당)를 맹상군의 영지인 설에 세우도록 했다. 빙환은 맹상군에게 '이제 주군은 굴 세 개를 마련했습니다. 베개를 높이 베고 편안히 주무십시오'라고 말했다. 이래서 고침무우(高枕無憂 = 베개를 높이 베고 근심 없이 살다)란 말도 나왔다.

52

냉수 한 그릇

(삼하 17:27-29)

> 27 다윗이 마하나임에 이르렀을 때에 암몬 족속에게 속한 랍바 사람 나하스의
> 아들 소비와 로데발 사람 암미엘의 아들 마길과 로글림 길르앗 사람 바르
> 실래가
> 28 침상과 대야와 질그릇과 밀과 보리와 밀가루와 볶은 곡식과 콩과 팥과 볶
> 은 녹두와
> 29 꿀과 버터와 양과 치즈를 가져다가 다윗과 그와 함께 한 백성에게 먹게 하
> 였으니 이는 그들 생각에 백성이 들에서 시장하고 곤하고 목마르겠다 함이
> 더라

이것은 다윗 주변에 사람이 늘어가는 이야기이다. 마하나임에 피난하고
있는 다윗에게 소비 마길 바르실래 등 세 사람이 찾아왔다. 이들은 먹을 음
식을 들고 와 다윗을 위로했다.

27 …바르실래가 28 침상과 대야와 질그릇과 밀과 보리와 밀가루와 볶은 곡식
과 콩과 팥과 볶은 녹두와 29 꿀과 버터와 양과 치즈를 가져다가 다윗과 그와 함
께 한 백성에게 먹게 하였으니 이는 그들 생각에 백성이 들에서 시장하고 곤하
고 목마르겠다 함이더라(삼하 19:27-29)

그들에게는 요압과 같은 전투력 또는 후새와 같은 전략으로 다윗을 도울 능력이 없었다. 다만 패잔병 신세인 다윗에게 냉수 한 그릇이라도 나누어 주며 용기를 북돋아줄 수는 있었다. 그렇다. 이들이 가져온 양식은 사면초가에 있는 다윗에게 말 그대로 냉수 한 그릇과 같았다. 이것은 다윗의 몸에만이 아니라 정신회복에도 결코 적지 않은 도움이 되었으리라.

쌀독에서 인심 난다는 말이 있다. 현실에서는 밥술 꽤나 먹는 사람 중에서 그렇게 하는 사람이 많지 않다. 겸손하게 베풀기가 말처럼 쉽지 않다. 바르실래는 전에 사울을 피해 도망 다니던 다윗을 놉 땅의 제사장들이 돕다가 아히멜렉을 비롯한 놉 땅의 제사장 85명이 몰살당한 것을 잘 알고 있었으리라. 자칫하면 자신도 압살롬의 손에 그리될 수도 있음을 알았을 것이다. 그런데도 그는 상황에 개의치 않고 목숨을 걸고 다윗을 도와주었다. 이런 뜻에서 다윗 왕과 그의 군대에 여러 가지 필요한 물건을 공급한 그의 행위는 참으로 아름답다.

바르실래가 다윗을 찾아올 당시의 그가 처한 전후 사정을 살펴보자. 압살롬의 반란은 성공한 것처럼 보였다. 다윗 임금은 예루살렘을 버리고 피난길에 올랐다. 백성도 압살롬 쪽으로 기울었다. 책략가인 아히도벨도 다윗을 버리고 압살롬 편에 섰다.

다윗 왕은 어떠한가? 그가 감람산 길을 따라 피난할 때 머리를 가리고 맨발로 울며 갔다. 그를 따르는 백성도 울며 뒤따랐다. 누가 다윗 왕에게서 왕국의 영광을 보겠는가? 게다가 다윗 왕이 쫓겨 가며 바후림 곧 감람산 동쪽 기슭 베냐민 성읍에 도달할 때 시므이가 다윗을 따라왔다. 그는 돌을 던지며 다윗 왕을 저주했다. 다윗 왕의 몰골은 패왕 패장의 모습 그 자체였다.

사람들은 대체로 패자보다는 승자의 편에 선다. 그것이 자신에게 유리하다고 여기기 때문이다. 보통의 경우 사람은 쫓기는 자에게 쉽게 등을 돌린다. 바르실래는 달랐다. 그는 자기 개인의 유익보다 더 중요한 것을 보았다. 곧 '하나님의 사람이냐, 아니냐'를 살핀 것이다. 저 사람을 내가 가까이 하느냐 마느냐의 기준이 '하나님의 사람 편에 서느냐 아니냐'였던 것이다. '복 있는 사람은 악인들의 꾀를 따르지 아니하며 죄인들의 길에 서지 아니하며 오만한 자들의 자리에 앉지 아니하고'(시 1:1) 라는 말씀처럼 바르실래는 자신에게 유리하냐 불리하냐가 가장 중요하지 않았다. 그는 좁은 문으로 간 사람이었다.

> 13 좁은 문으로 들어가라 멸망으로 인도하는 문은 크고 그 길이 넓어 그리로 들어가는 자가 많고 14 생명으로 인도하는 문은 좁고 길이 협착하여 찾는 자가 적음이라(마 7:13-14)

룻 역시 이런 사람이었다. 그는 홀로 된 시어머니 나오미 곁을 떠나지 않았다. 그 당시 나오미는 빈털터리였다. 겉으로 볼 때 그녀는 자기 인생에 짐만 될 뿐이었다. 그런데도 룻은 그녀와 지극정성으로 동행했다. 나중에 룻은 보아스와 결혼했다. 둘 사이에 오벳이 태어났다. 오벳은 다윗의 아버지 이새를 낳고, 이새는 다윗을 낳았다. 이로써 그녀는 예수 그리스도의 조상 다윗의 증조모가 되었다. 그녀 이름은 마태복음 1장에 나오는 그리스도의 조상 반열에 당당히 기록되었다.

적용: 최후의 심판

31 인자가 자기 영광으로 모든 천사와 함께 올 때에 자기 영광의 보좌에 앉으리니

32 모든 민족을 그 앞에 모으고 각각 구분하기를 목자가 양과 염소를 구분하는 것 같이 하여

33 양은 그 오른편에 염소는 왼편에 두리라

34 그 때에 임금이 그 오른편에 있는 자들에게 이르시되 내 아버지께 복 받을 자들이여 나아와 창세로부터 너희를 위하여 예비된 나라를 상속받으라

35 내가 주릴 때에 너희가 먹을 것을 주었고 목마를 때에 마시게 하였고 나그네 되었을 때에 영접하였고

36 헐벗었을 때에 옷을 입혔고 병들었을 때에 돌보았고 옥에 갇혔을 때에 와서 보았느니라

37 이에 의인들이 대답하여 이르되 주여 우리가 어느 때에 주께서 주리신 것을 보고 음식을 대접하였으며 목마르신 것을 보고 마시게 하였나이까

38 어느 때에 나그네 되신 것을 보고 영접하였으며 헐벗으신 것을 보고 옷 입혔나이까

39 어느 때에 병드신 것이나 옥에 갇히신 것을 보고 가서 뵈었나이까 하리니

40 임금이 대답하여 이르시되 내가 진실로 너희에게 이르노니 너희가 여기 내 형제 중에 지극히 작은 자 하나에게 한 것이 곧 내게 한 것이니라 하시고

41 또 왼편에 있는 자들에게 이르시되 저주를 받은 자들아 나를 떠나 마귀와 그 사자들을 위하여 예비된 영원한 불에 들어가라

42 내가 주릴 때에 너희가 먹을 것을 주지 아니하였고 목마를 때에 마시게 하
지 아니하였고

43 나그네 되었을 때에 영접하지 아니하였고 헐벗었을 때에 옷 입히지 아니
하였고 병들었을 때와 옥에 갇혔을 때에 돌보지 아니하였느니라 하시니

44 그들도 대답하여 이르되 주여 우리가 어느 때에 주께서 주리신 것이나 목
마르신 것이나 나그네 되신 것이나 헐벗으신 것이나 병드신 것이나 옥에
갇히신 것을 보고 공양하지 아니하더이까

45 이에 임금이 대답하여 이르시되 내가 진실로 너희에게 이르노니 이 지극
히 작은 자 하나에게 하지 아니한 것이 곧 내게 하지 아니한 것이니라 하
시리니

46 그들은 영벌에, 의인들은 영생에 들어가리라 하시니라(마 25:31-46)

53

비참한 말로

(삼하 18:9-14)

9 압살롬이 다윗의 부하들과 마주치니라 압살롬이 노새를 탔는데 그 노새가 큰 상수리나무 번성한 가지 아래로 지날 때에 압살롬의 머리가 그 상수리나무 에 걸리매 그가 공중과 그 땅 사이에 달리고 그가 탔던 노새는 그 아래로 빠 져나간지라

10 한 사람이 보고 요압에게 알려 이르되 내가 보니 압살롬이 상수리나무에 달 렸더이다 하니

11 요압이 그 알린 사람에게 이르되 네가 보고 어찌하여 당장에 쳐서 땅에 떨어 뜨리지 아니하였느냐 내가 네게 은 열 개와 띠 하나를 주었으리라 하는지라

12 그 사람이 요압에게 대답하되 내가 내 손에 은 천 개를 받는다 할지라도 나 는 왕의 아들에게 손을 대지 아니하겠나이다 우리가 들었거니와 왕이 당신 과 아비새와 잇대에게 명령하여 이르시기를 삼가 누구든지 젊은 압살롬을 해하지 말라 하셨나이다

13 아무 일도 왕 앞에는 숨길 수 없나니 내가 만일 거역하여 그의 생명을 해하 였더라면 당신도 나를 대적하였으리이다 하니

14 요압이 이르되 나는 너와 같이 지체할 수 없다 하고 손에 작은 창 셋을 가지 고 가서 상수리나무 가운데서 아직 살아 있는 압살롬의 심장을 찌르니

15 요압의 무기를 든 청년 열 명이 압살롬을 에워싸고 쳐죽이니라

이것은 다윗의 아들 압살롬이 반역전쟁 중에 죽는 이야기다. 이것은 세 가지 장면으로 구성되었다.(Brueggemann 319)

i) 반역한 이래 압살롬은 최초로 어려움을 겪었다.(9절) 그는 아주 우연히 커다란 상수리나무 가지에 걸렸다. 걸린 것이 머리인지 머리카락인지 분명하지는 않다. 아마 그것은 그가 지녔던 멋진 머리카락이었으리라.(삼하 14:25-26 참조) 그 사이 그가 탔던 노새는 그대로 길을 갔다. 결국 그는 허공에 매달린 꼴이 되고 말았다.

이로써 그는 '…사이의 존재'가 되었다.(Brueggemann 319) 그는 삶과 죽음 사이, 반역자에 대한 응분의 대가와 핏줄로 이어진 아들 사이, 왕의 냉정함과 애절함 사이에 놓였다.

ii) 다윗의 명령(압살롬에게 너그럽게 대해 달라는 부탁?)에 따르는 어떤 사람이 등장했다.(10-13절) 그는 나무에 달린 압살롬을 보았다. 그는 압살롬에게 손을 대지 않고 장군 요압에게 달려갔다. 요압은 그에게 '만일 그가 압살롬을 죽였다면', '은 열 개와 띠 하나'로 상을 주었으리라고 했다. 이때 그는 자신은 요압을 신뢰하지 않는다고 분명하게 말했다. 그 일로 요압이 자신을 보호하지 않을 것을 아는 그는 이렇게 말했다.

제가 임금님을 속이고, 그의 생명을 해치면, 임금님 앞에서는 아무 일도 숨길 수가 없기 때문에, 장군님까지도 저에게서 등을 돌릴 것입니다(삼하 18:13 표준)

자기 속내를 훤히 들여다보는 그 병사의 말에 요압은 속으로 뜨끔했으리라. 그는 시간을 지체할 수 없다는 말로 그 상황을 얼버무리고 압살롬의 매달린 곳으로 달려갔다.

iii) 요압은 창으로 가차 없이 압살롬을 찔렀다. 그리고 그의 부하들 열 명

이 압살롬의 에워싸고 죽였다.(14-15절)

요압은 눈 한 번 껌벅일 틈만큼도 망설이지 않았다. 거기에 도착하자마자 작은 창 세 개를 압살롬의 심장에 꽂았다. 혹시 다윗의 요청에 따라 우리아를 죽였을 때 다윗이 한 말 '이 일로 걱정하지 말라 칼은 이 사람이나 저 사람이나 삼키느니라'(삼하 11:25)을 신념으로 삼았을까? 아니면 전에 압살롬이 자기 보리밭을 불태운 것(삼하 14:30)에 앙심을 품었던 탓일까?

어쨌거나 요압은 일부러 왕의 명령을 무시했다. 이로써 나단이 예언한대로 우리아의 죽음에 다윗이 갚아야할 네 배의 빚 가운데 세 번째 일이 벌어졌다.

압살롬 및 그와 관련된 일들에 관해 우리는 어떻게 생각해야 할까? 그는 자기 누이 다말이 배다른 자기 형 암논에게 능욕당한 뒤 처음 등장했다.(삼하 13:20) 그 일을 그는 치밀하고 주도면밀하게 복수했다.(삼하 13:23-29) 이 일로 그술로 도망 가 살던 그는 요압의 중재로 다시 돌아왔다. 돌아온 뒤에도 자기를 만나주지 않는 아버지 다윗을 만나려고 치밀한 계산 아래 요압의 보리밭에 불을 질렀다. 그는 다윗에 반역할 계획을 세우고 사년 동안 철저하게 준비를 했다.

그 일련의 과정으로 미루어 보건데 그는 한편으로 매우 치밀한 전략가였다. 그는 다윗을 거스르는 반역도 최소한 4년 이상 준비했다. 비록 백성의 마음을 얻어내지는 못하더라도 그것을 훔치는 방법을 알고, 긴 세월 동안 꾸준히 실행했다.

다른 한편 불같은 추진력을 지녔다. 어느 모로 보나 훌륭한 달란트를 받았다. 다만 생명을 살리는 방향이 아니라 그 반대로 그것을 사용하는 사람이었다. 참으로 안타까운 일이다.

묵상: 조력자이자 방해꾼

우리는 세상에 살아가면서 조력자도, 방해꾼도 만난다. 우리는 종종 그 두 가지 상황을 동일한 한 사람을 통하여 경험하곤 한다. 자칫 우리는 그 사람의 한쪽 면만 보고 내치거나 가까이 하기 쉽다.

다윗에게 요압이 그런 사람이었다. 그는 다윗에게 투항한 장군 아브넬을 살해했다. 그리고 압살롬을 죽였다. 이런 것은 모두 다윗의 뜻을 거스르는 것이었다.

다른 한편 다윗에게 요압은 지금까지 없어서는 아니 될 사람이었다. 그는 다우시의 친척(외삼촌)이자 부하였다. 광야시절부터 다윗과 함께 했다. 그의 용맹과 충성은 다윗이 살아남는데, 그리고 왕이 되는데 아주 큰 힘이 되었다.

우리 주변에도 요압과 같은 사람이 있다. 우리는 그 사람을 어떻게 대해야 할까?

54

패배같은 승리

(삼하 18:22-30)

22 사독의 아들 아히마아스가 다시 요압에게 이르되 청하건대 아무쪼록 내가 또한 구스 사람의 뒤를 따라 달려가게 하소서 하니 요압이 이르되 내 아들 아 너는 왜 달려가려 하느냐 이 소식으로 말미암아서는 너는 상을 받지 못 하리라 하되

23 그가 한사코 달려가겠노라 하는지라 요압이 이르되 그리하라 하니 아히마아 스가 들길로 달음질하여 구스 사람보다 앞질러가니라

24 때에 다윗이 두 문 사이에 앉아 있더라 파수꾼이 성 문 위층에 올라가서 눈 을 들어 보니 어떤 사람이 홀로 달려오는지라

25 파수꾼이 외쳐 왕께 아뢰매 왕이 이르되 그가 만일 혼자면 그의 입에 소식이 있으리라 할 때에 그가 점점 가까이 오니라

26 파수꾼이 본즉 한 사람이 또 달려오는지라 파수꾼이 문지기에게 외쳐 이르 되 보라 한 사람이 또 혼자 달려온다 하니 왕이 이르되 그도 소식을 가져오 느니라

27 파수꾼이 이르되 내가 보기에는 앞선 사람의 달음질이 사독의 아들 아히마 아스의 달음질과 같으니이다 하니 왕이 이르되 그는 좋은 사람이니 좋은 소 식을 가져오느니라 하니라

28 아히마아스가 외쳐 왕께 아뢰되 평강하옵소서 하고 왕 앞에서 얼굴을 땅에

대고 절하며 이르되 왕의 하나님 여호와를 찬양하리로소이다 그의 손을 들
어 내 주 왕을 대적하는 자들을 넘겨 주셨나이다 하니

29 왕이 이르되 젊은 압살롬은 잘 있느냐 하니라 아히마아스가 대답하되 요압
이 왕의 종 나를 보낼 때에 크게 소동하는 것을 보았사오나 무슨 일인지 알
지 못하였나이다 하니

30 왕이 이르되 물러나 거기 서 있으라 하매 물러나서 서 있더라

이것은 압살롬이 전사한 다음에 일어난 일에 관한 보도이다. 그가 죽음
으로써 반란은 완전히 진압되었다. 이것은 모두가 즐거워하기에 마땅한 승
전보였다. 문제는 압살롬이 다윗의 아들이라는 데에 있었다. 더구나 다윗
은 반란을 진압하러 가는 요압 장군에게 압살롬을 너그럽게 대하라고 명령
하였었다.(삼하 18:5) 요압은 이 부탁(명령)에 아랑곳하지 않고 압살롬을 가차
없이 죽였다.

이런 사정으로 인해 승전보가 다윗 개인에게는 오히려 좋지 않은 소식이
되고 말았다. 이에 따라 이 내전을 진압한 것이 승리인지 패전인지도 모호
해졌다. 전투 그 자체는 두말할 것도 없이 승리였다. 다윗은 압살롬이 가져
갔던 권력을 되찾았다. 그런데도 다윗은 슬픔에 잠길 수밖에 없었다. 그는
승리와 회복을 마냥 기뻐할만한 처지가 아니었다.

길보(吉報)가 흉보(凶報)로, 흉보가 낭보(朗報)로 되는 경우가 인생살이에
종종 있다. 본문은 즐거운 소식이 슬픈 소식으로 뒤바뀐 이것을 누가 어떻
게 전하느냐 하는 문제를 다룬다. 여기에 아히마아스가 나섰다.

아히마아스는 제사장 사독의 아들이었다. 그는 다윗 왕에게 최선을 다
하는 사람이었다. 그는 친구 후새가 전해주는 계략을 우여곡절 끝에 다윗

왕에게 알려 크게 도운 적이 있었다.(삼하 17:21) 요압과 그가 나눈 대화이다.(19-22절)

i) 압살롬이 죽은 다음

아히마아스: 내가 빨리 왕에게 가서 여호와께서 왕의 원수 갚아 주신 소식을 전하게 하소서

요압: 너는 오늘 소식을 전하는 자가 되지 말고 다른 날에 전할 것이니라 왕의 아들이 죽었나니 네가 오늘 소식을 전하지 못하리라

ii) 요압이 구스 사람을 보낸 다음

아히마아스: 청하건대 아무쪼록 내가 또한 구스 사람의 뒤를 따라 달려가게 하소서

요압: 내 아들아 너는 왜 달려가려 하느냐 이 소식으로 말미암아서는 너는 상을 받지 못하리라

요압이 이렇게 만류하는데도 그는 한사코 다윗에게 가 소식을 전하겠다고 고집을 부렸다. 요압이 마지못해 승낙하자 그는 재빨리 지름길로 가로질러 예루살렘으로 향했다. 자기보다 먼저 떠난 구스 사람을 앞질러 그곳에 도착했다.

본디 그가 전할 소식은 두 가지였다. 하나는 요압의 군대가 압살롬의 군대에게 승리했다는 것이요, 다른 하나는 압살롬이 전사했다는 것이다. 아히마아스는 앞의 소식만 전했다. 뒤의 것에 대해서는 자신도 모른다고 했다. 그가 압살롬의 죽음을 몰랐다고 한 것은 사실이 아니다. 20절에서 이미 요

압이 그 사실을 말해주었기 때문이다.

그렇다면 아히마아스의 태도를 어떻게 보아야할까? 거짓말쟁이? 엉뚱한 사람? 듣기 싫어할 말을 하지 않는 이기적이고 약삭빠른 사람 또는 지혜로운 사람? 아니면 사람에 따라 어떤 사항에 대해서는 잘 기억하는 반면 다른 어떤 사항에 대해 까마득히 기억하지 못하는 평범한 사람? 자신의 승리에 도취되어 그로 인해 상처받는 사람을 배려하지 못하는 짧은 생각? 그가 한 한 가지 행동도 생각하기에 따라 평가가 이렇게 다를 수 있다. 한 마디로 그는 엉뚱한 사람인가, 지혜로운 사람인가 궁금하다.

이 이야기의 주인공은 누가 뭐래도 역시 다윗이다. 아히마아스가 오고 있다는 보고를 들은 다윗 왕은 말했다. '그는 좋은 사람이니 좋은 소식을 가져오느니라.'(27절) 이는 자신의 명령이 요압에게 통하였으리라고 기대한다는 뜻이다. 우선 아히마아스와 구스 사람의 보고를 살펴보자:

아히마아스: 요압이 왕의 종 나를 보낼 때에 크게 소동하는 것을 보았사오나 무슨 일인지 알지 못하였나이다(29절)

구스 사람: 내 주, 왕의 원수와 일어나서 왕을 대적하는 자들은 다 그 청년과 같이 되기를 원하나이다(32절)

아히마아스는 왕이 듣고 싶어하는 승전의 소식만 전하고 왕이 슬퍼할 압살롬의 소식을 전하지 않았다. 아마 일부러 그리 하였으리라. 여기서 그가 무슨 목적으로 요압이 만류하는 그 길을 고집스럽게 달려왔는지 의문이 생긴다.

구스 사람은 왕이 듣고 싶어하는 (비록 그 내용은 다를지라도) 소식을 전했다. 구스 사람의 보고에 다윗 임금은 크게 마음 아파 '내 아들 압살롬아 내 아들

내 아들 압살롬아 차라리 내가 너를 대신하여 죽었더면, 압살롬 내 아들아 내 아들아'(삼하 18:33) 라고 하며 슬피 울었다.

묵상: 둘 중에 하나

아히마아스가 달려온다는 보고를 받은 다윗은 아마 두 가지를 기대하였을 것이다. 하나는 승전보, 다른 하나는 아들 압살롬의 생존. 안타깝게도 그는 이 두 가지를 다 가질 수 없었다. 둘 가운데 하나만 자신에게 주어졌다. 세상만사는 염일방일(拈一放一)이다. 하나를 얻으려면 하나를 버려야 한다는 말이다. 우리 생활에는 양손에 떡을 쥘 수 없을 때가 참 많다. 하나를 온전히 가지자면 다른 하나를 완전히 내려놓아야 하는 것이다. 최선을 버리고 차선 또는 차차선을 선택해야 할 때도 있다. 이런 점에서 우선순위를 제대로 정하는 사람이 지혜롭다. 우리 인생에서 이런 경험들을 곰곰이 되돌아보자.

55

죽은 다음에서야 비로소…

(삼하 18:31–19:4)

18:31 구스 사람이 이르러 말하되 내 주 왕께 아뢸 소식이 있나이다 여호와께서 오늘 왕을 대적하던 모든 원수를 갚으셨나이다 하니

32 왕이 구스 사람에게 묻되 젊은 압살롬은 잘 있느냐 구스 사람이 대답하되 내 주 왕의 원수와 일어나서 왕을 대적하는 자들은 다 그 청년과 같이 되기를 원하나이다 하니

33 왕의 마음이 심히 아파 문 위층으로 올라가서 우니라 그가 올라갈 때에 말하기를 내 아들 압살롬아 내 아들 내 아들 압살롬아 차라리 내가 너를 대신하여 죽었더면, 압살롬 내 아들아 내 아들아 하였더라

19:1 어떤 사람이 요압에게 아뢰되 왕이 압살롬을 위하여 울며 슬퍼하시나이다 하니

2 왕이 그 아들을 위하여 슬퍼한다 함이 그 날에 백성들에게 들리매 그 날의 승리가 모든 백성에게 슬픔이 된지라

3 그 날에 백성들이 싸움에 쫓겨 부끄러워 도망함 같이 가만히 성읍으로 들어가니라

4 왕이 그의 얼굴을 가리고 큰 소리로 부르되 내 아들 압살롬아 압살롬아 내 아들아 내 아들아 하니

이것은 자기 아들 압살롬이 전사했다는 소식을 들은 다윗의 반응이다.

우리아를 죽이고 그 아내를 빼앗은 다윗에게 나타난 나단 선지자는 "너의 집에 칼이 영원히 떠나지 아니하리라"(삼하 12:10)는 여호와의 말씀을 전했다. 이 본문은 그 말씀이 다윗에게 어떻게 적용되는지를 보여주는 또 하나의 사례였다.

죽음	죽인 자	다윗의 반응
사울과 요나단 (삼하 1장)	아말렉 사람	애통(삼하 1:17)
아브넬 (삼하 3:22–39)	요압	슬픔과 금식(삼하 3:31–35), 유언을 남김(왕상 2:5–6)
밧세바가 낳은 아들(삼하 12:16–23)		죽기 전에 식음을 전폐함
압살롬 (삼하 18:19–33)		통곡 (요압 장군이 애도하는 다윗을 책망함 삼하 19:5–7)

압살롬의 반란이 그의 죽음으로 끝났다. 그가 죽었다는 소식을 전해들은 다윗은 엄청나게 울었다. 그것을 한 마디로 요약하여 33절 뒷부분은 이렇게 기록했다.

내 아들 압살롬아 내 아들 내 아들 압살롬아 차라리 내가 너를 대신하여 죽었더면, 압살롬 내 아들아 내 아들아

이는 아마 구약성경에 표현된 슬픔 가운데서도 가장 적나라한 것이리라. 그만큼 듣는 이의 가슴을 찌르고 아프게 하는 것이다. 전에 밧세바와

의 사이에서 태어난 아이가 죽었을 때에는 이러지 않았다. 그것을 하나님의 정당한 심판으로 받아들인 그는 놀라울 정도로 평정을 유지하였었다.(삼하 12:19-23 참조)

가까운 사람의 죽음을 두고 보인 그의 반응은 다음과같다.(해밀턴 394-395 참조)

33절 한 구절에서 그는 압살롬이란 이름을 세 번이나 부르고 내 아들아란 말을 다섯 번이나 했다. 19:4에서도 그는 압살롬의 이름을 두 번 부르고 '내 아들아'라고 세 번 외쳤다. 압살롬이 살아있을 때 한 번도 이렇게 하지 않았던 것이 못내 아쉽다. 그가 더 어렸을 때 이렇게 하였더라면 얼마나 좋았을까? 압살롬이 죄를 저질렀을 때 '내 아들아' 하고 말하며 제대로 훈계하였더라면 얼마나 좋았을까? 압살롬이 예루살렘으로 되돌아왔을 때, '내 아들아' 부르면서 상처 입은 그 마음을 어루만져 주었더라면 얼마나 좋았을까? 그가 어릴 때, 그가 죄를 지었을 때 이리하지 않으니까 그 다음부터는 그가 어떤 짓을 해도 통제할 수 없게 되고 말았다.

고통을 당할 때 그 배경(원인)을 아는 것이 좋다. 힘들거나 나쁜 일이 아무런 연고도 없이 생겨나는 것은 아니다. 우리는 죄 및 죄의 세계와 관련되어 있기에 또한 고통의 세계와도 관계를 맺고 있는 것이다.

삼하 13-20장은 다윗이 범죄 한 뒤에 이스라엘 왕국에 연속해서 일어나는 재앙을 보여주고 있다. 이것은 다윗의 우유부단함과 진심어린 회개를 할 줄 모르는 압살롬의 죄가 합쳐져서 일어난 것이다. 15:1-18:33도 그 가운데 일부분이다. 이런 일은 사실 그보다 11년 전 압살롬이 아끼는 누이 다말의 사건에 그 뿌리가 있다. 그 일에 대한 다윗의 회피적인 태도, 압살롬의 암논 살해, 압살롬이 예루살렘을 되돌아왔을 때 마음으로 그를 거부한 일 등이 다윗에게는 점점 더 큰 고통을 안겨주었다.

다윗은 압살롬에게 한을 풀 기회를 주지 않았다. 자기 동생 다말이 괴로워할 때 얼마나 슬펐는지, 자기 형 암논이 얼마나 미웠는지, 형을 죽인 다음에 한편 통쾌하면서도 얼마나 겁이 나고 커다란 죄책감에 시달렸는지, 도망나간 곳에서의 생활이 정신적으로 얼마나 힘들었는지 등을 눈물지으며 이야기할 자리를 다윗은 압살롬에게 마련해 주지 않았던 것이다.

아들을 향해 진심으로 '내 아들아'라고 부르지 못한 것이 결국 아버지는 아들을 잃고 아들은 아버지를 잃게 만들었던 것이다.

우리는 다윗의 가정에서 일어난 비극을 살펴보았다. 참 마음 아픈 일이다. 4-50년 전만 해도 이런 이야기가 아주 생소하게 들렸다. 요즈음 우리 사회에서 들려오는 소식들을 들어보면 다윗 가정에서 일어난 이런 비극이 낯설지만은 않다. 돈을 둘러싸고 부모-자식 사이의 일을 풍자하는 이야기들을 우리는 심심치 않게 그리고 가슴 아프게 듣고 있다.

우리가 살아가는 오늘날에도 그렇지만 '나 홀로 가정'이 점점 늘어나는 미래세대에는 이것보다 훨씬 더 냉혹하고 살벌한 일들이 많이 생길 것 같다. 배려심과 인내심은 점점 더 설 자리를 잃어가고 있다.

부부만 있는 가정 또는 나 홀로 가정이 늘어날수록 교회가 점점 더 중요해진다. 세상에 나가면 혼자이지만 교회에 가면 믿음의 식구가 있고, 세상에는 경쟁과 비방과 모함이 넘쳐나더라도 교회에 가면 따뜻하게 품어주는 영적인 가족이 있다는 사실이 얼마나 큰 안정감을 심어주고 인생에 활력을 주겠는가? 오늘날 자녀 손자손녀를 교회식구로 초청하는 일은 그들을 위해 가장 좋은 유산을 남겨주는 일이 될 것이다.

묵상 : 아버지와 나

가수 신해철이 부른 노래 말 가운데 몇 부분 가려 뽑아보면, 이렇다:

아주 오래 전, 내가 올려다 본 그의 어깨는 까마득한 산처럼 높았다. 그는 젊고, 정열이 있었고, 야심에 불타고 있었다. 나에게 그는 세상에서 가장 강한 사람이 었다. 내 키가 그보다 커진 것을 발견한 어느 날 나는 나 자신에 대해 생각하기 시작했다. 그리고 서서히 그가 나처럼 생각하지 않는다는 걸 알았다 …

저기 걸어가는 사람을 보라. 나의 아버지, 혹은 당신의 아버지인가? 가족에게 소외받고 돈 벌어 오는 자의 비애와 거대한 짐승의 시체처럼 껍질만 남은 권 위의 이름을 짊어지고 비틀거린다. 집안 어느 곳에서도 지금 그가 앉아 쉴 자 리는 없다. 이제 더 이상 그를 두려워하지 않는 아내와 다 커버린 자식들 앞 에서 무너져가는 모습을 보이지 않기 위한 남은 방법이란 침묵뿐이다.

우리의 아버지들은 아직 수줍다. 그들은 다정하게 뺨을 부비며 말하는 법을 배운 적이 없었다. 그를 흉보던 그 모든 일들을 이제 내가 하고 있다. 스폰지 에 잉크가 스며들 듯 그의 모습을 닮아 가는 나를 보며 이미 내가 어른들의 나이가 되었음을 느낀다… 이제 당신이 자유롭지 못했던 이유가 바로 나였 음을 알 것 같다…

가수 신해철은 현대사회에서 외롭게 허물어져 가는 아버지의 모습을 노래했 다. 아니 가정의 현실을 슬프게 노래했다.

56

비공감인가, 이성적인 조언인가?

(삼하 19:5-8)

> 5 요압이 집에 들어가서 왕께 말씀 드리되 왕께서 오늘 왕의 생명과 왕의 자녀의 생명과 처첩과 비빈들의 생명을 구원한 모든 부하들의 얼굴을 부끄럽게 하시니
>
> 6 이는 왕께서 미워하는 자는 사랑하시며 사랑하는 자는 미워하시고 오늘 지휘관들과 부하들을 멸시하심을 나타내심이라 오늘 내가 깨달으니 만일 압살롬이 살고 오늘 우리가 다 죽었더면 왕이 마땅히 여기실 뻔하였나이다
>
> 7 이제 곧 일어나 나가 왕의 부하들의 마음을 위로하여 말씀하옵소서 내가 여호와를 두고 맹세하옵나니 왕이 만일 나가지 아니하시면 오늘 밤에 한 사람도 왕과 함께 머물지 아니할지라 그리하면 그 화가 왕이 젊었을 때부터 지금까지 당하신 모든 화보다 더욱 심하리이다 하니
>
> 8 왕이 일어나 성문에 앉으매 어떤 사람이 모든 백성에게 말하되 왕이 문에 앉아 계신다 하니 모든 백성이 왕 앞으로 나아오니라

이것은 다윗이 패배같은 승리를 거둔 뒤에 보여주는 반응이다. 그는 한 사람의 아버지인가 한 나라를 다스리는 왕인가? 그 이중 역할이 충돌하는 문제가 여기에 있다. 어떤 사람에게든 단 한 가지 역할만 주어져 있지 않다. 가정에 직장에 교회에 그리고 개인생활과 사회생활에. 각각의 생활영역마다 각자 자신의 역할이 있는 것이다. 이것들을 다 모아놓고 보면 한 사람

345

이 적어도 대여섯 가지 이상의 역할을 하며 세상을 살아가고 있는 것이다.

다윗의 경우는 어떤가? 그는 한 가정의 남편이요 아버지였다. 그 가문에는 부모와 형제들이 있다. 친척도 있다. 백성과 신하들을 거느리고 한 나라를 다스리는 왕이었다. 군사들을 통솔하는 총지휘관이었다. 그는 통수권자였다. 삼하 18:33과 19:4에서 가슴이 찢어지듯 애통해하는 그의 모습은 결코 통치자의 그것이 아니었다. 그것은 한 집의 가장이요, 자식을 둔 아버지의 모습일 뿐이었다.

그의 이 다양한 역할 가운데 한 부분이 무너졌다. 아버지 입장에서 보자면 이보다 더 큰 상실은 아마 없을 것이다. 자신의 아들이 죽음으로써 그는 세상 모든 아버지와 같은 모습으로 슬픔을 나타내었다. 압살롬이 죽었다는 소식을 듣고 크게 슬퍼했다. 이것은 지극히 정상적인 사람의 모습이다.

물론 다윗 임금은 자기 가정사에만 얽매일 수 없는 사람이었다. 여기서 문제가 생겨났다. 마음이 너무나도 아픈 그는 정무를 뒤로 했다. 아들의 죽음이 그로 하여금 다른 모든 역할을 일시 정지 시킨 것이다. 이로써 어려운 승리를 거둔 군사(백성)는 마치 패배자라도 된 양 침묵하며 귀환했다.(3절) 이런 다윗에게 요압이 찾아왔다. 본문은 그런 내용이다.

요압은 다윗에게 긴 연설을 했다.(5-7절) 그는 자기 동생 아사헬이 아브넬의 손에 죽었을 때와 다르게 처신했다. 그 때 그는 자기 동생이 아브넬의 손에 죽을 만한 행동을 한 것을 애써 무시했다. 그리고 아브넬에게 앙심을 품고 있었다. 꽁하고 있다가 적당한 기회가 왔을 때 가차없이 보복했다.(삼하 2-3장) 압살롬에게 무자비하게 대한 이유는 무엇일까? 훗날의 화근을 없애기 위한 것일 수 있다. 아니면 자기 밭에 불을 질렀던 그에게 앙갚음하는 것일 수도 있다.(삼하 14:29-32 참조)

그는 지금 자신의 아들을 먼저 앞세운 아버지 다윗에게 일장연설을 했다. 한 사람의 아버지의 자리가 아니라 한 나라의 왕의 자리에 서라고. 물론 이렇게 말하는 충분한 이유가 있다. 그의 말 자체는 충분히 이해가 간다.

이렇게 간(諫)하는 요압은 어떤 사람인가? 우선 다윗의 외삼촌이다. 군사를 지휘하는 사령관이다. 그리고 다윗의 명령을 거역하고 압살롬을 죽인 사람이다. 압살롬을 죽인 그가 압살롬의 죽음을 더 이상 슬퍼하지 말라고 하는 것을 우리는 어떻게 보아야할까? 그는 다윗 임금 스스로 감정을 추스릴 시간을 주지 않았다. 그는 매우 신랄했다. 우선 그가 말하는 내용을 자세히 살펴보자.

i) 왕과 왕의 가족 모두의 생명을 구한 신하들을 부끄럽게 했다(2절 참조) 부끄럽게 하다는 말(야베쉬)은 본디 메마르다는 뜻에서 나왔다. 사람에게 쓰일 때에는 기운이 빠져있는 모습을 가리킨다. 다윗이 자신의 슬픔을 지나치게 나타냄으로써 왕을 위해 목숨 걸고 싸웠던 부하들의 사기가 떨어지고, 다윗을 지지하였던 백성의 마음이 의욕을 잃게 되었던 것이다.

ii) 사랑의 배려의 대상이 뒤바뀌었다.(당신을 미워하는 자들을 사랑하시고 당신을 사랑하는 자들을 미워하심으로 오늘 당신은 진정 장관들과 신하들이 당신에게는 아무 것도 아니라는 것을 명백히 보여주셨습니다. 6절a 직역) 이렇게 요압은 다윗의 눈에는 죽은 압살롬만 보이고 자신에게 충성을 다 바친 신하들은 안중에도 없다는 사실을 지적했다. 아마 전쟁에 이기고 돌아와서도 홀대받는 서운한 감정을 그는 이런 식으로 나타냈을 것이다.

iii) 지휘관들과 부하들을 멸시하는 것이다.(6b)

iv) 자기들이 죽고 압살롬이 살았더라면 왕의 마음이 흡족하였을 것이다.(6절c)

v) 만일 일어나 나가지 않으면 아무도 왕 곁에 남아 있지 않을 것이다(7c)

vi) 그리되면 왕이 지금까지 겪었던 그 어떤 환난보다 더 큰 환난을 겪게

될 것이다.(7d)

나중에 언급된 두 가지는 거의 협박이었다. 마치 자기가 반역이라도 일으키겠다는 듯이. 그의 말은 나단의 그것보다 훨씬 더 신랄했다. 요압은 자신에게는 화감(和感)하고 남에게는 공감(共感)하지 않는 사람인가? 그에게 이런 측면이 분명히 있다. 그렇더라도 이것이 공적인 문제이기에 쉽게 대답하기 어렵다.

다윗 자신이 이 문제를 스스로 극복하고 해결하기까지 기다려 주는 것이 더 좋을지 요압처럼 극복을 재촉하는 것이 더 좋을지 잘 모르겠다. 어느 쪽이나 장단점이 있기 때문이다. 가장 큰 단점이라면 요압은 자식을 앞세운 아버지의 처절한 심정을 몰라주었다는 것이요, 가장 큰 장면이라면 다윗이 자기 개인의 일에 너무 몰두한 나머지 미처 생각하지 못한 중요한 부분을 일깨워주었다는 것이다. 그의 충고를 받아들인 다윗 임금은 개인적인 슬픔의 자리를 털고 일어나 정사를 돌보기 시작했다.(8절) 요압의 말에서 우리는 비공감과 이성적 조언 가운데 어느 쪽에 더 비중을 두어야 할까?

묵상: 공감능력의 빛과 그림자

다른 사람의 처지와 형편을 이해하고 받아주며 함께 느끼는 공감능력은 오늘날 사회적인 성공이나 개인의 행복에 꼭 필요한 요소로 널리 인정받고 있다. 공감능력을 지닌 사람(homo emphathicus)은 곳곳에서 환영 · 칭찬을 받는다. 그것이 '공감'에 들어 있는 모습의 전부일까?

아니다. 공감의 부작용도 적지 않다. 그것은 자칫 사람을 네편과 내편으로 나누어 놓고 경직되고 적대적인 누군가를 만들어내거나, 잘못된 연민을 유발시키거나, 지속적으로 타인의 정신적인 지배 아래 놓이게 만들기도 한다.

1) 공감은 상처입은 사람에게 자기가 혼자가 아니라는 안도감을 심어준다.

2) 공감은 상처를 상처로만 받아들이지 않고, 놀라운 변화(도약)의 계기로 삼게 한다.

3) 공감은 치유 · 회복을 향한 용기와 힘을 낼 수 있게 한다.

　　이것은 공감이 가져오는 가장 아름다운 결과다.

4) 공감은 상처입은 사람이 자기합리화를 하거나 피해자의식에 빠지게 된다.

　　이는 자생 · 자가회복력을 약화시킨다.

5) 공감은 사람에게 주체성을 잃고 의존적으로 살게 한다.

6) 사태와 현실에 관한 객관성을 잃고 지나친 자기연민에 빠지게 한다.

　　이것은 공감의 부작용이다.

다행스럽게도 요압이 자식을 앞세운 일에 공감하지 않으며 거칠게 한 조언은 다윗 임금 자신에게 보약이 되었다.

57

다 가지려 들지 말라

(19:31-40)

31 길르앗 사람 바르실래가 왕이 요단을 건너가게 하려고 로글림에서 내려와 함께 요단에 이르니

32 바르실래는 매우 늙어 나이가 팔십 세라 그는 큰 부자이므로 왕이 마하나임에 머물 때에 그가 왕을 공궤하였더라

33 왕이 바르실래에게 이르되 너는 나와 함께 건너가자 예루살렘에서 내가 너를 공궤하리라

34 바르실래가 왕께 아뢰되 내 생명의 날이 얼마나 있사옵겠기에 어찌 왕과 함께 예루살렘으로 올라가리이까

35 내 나이가 이제 팔십 세라 어떻게 좋고 흉한 것을 분간할 수 있사오며 음식의 맛을 알 수 있사오리이까 이 종이 어떻게 다시 노래하는 남자나 여인의 소리를 알아들을 수 있사오리이까 어찌하여 종이 내 주 왕께 아직도 누를 끼치리이까

36 당신의 종은 왕을 모시고 요단을 건너려는 것뿐이거늘 왕께서 어찌하여 이같은 상으로 내게 갚으려 하시나이까

37 청하건대 당신의 종을 돌려보내옵소서 내가 내 고향 부모의 묘 곁에서 죽으려 하나이다 그러나 왕의 종 김함이 여기 있사오니 청하건대 그가 내 주 왕과 함께 건너가게 하시옵고 왕의 처분대로 그에게 베푸소서 하니라

이것은 압살롬이 죽고 난 다음 예루살렘으로 돌아가는 다윗과 바르실래가 나눈 대화다.

바르실래는 다윗이 마하나임에서 망명생활을 할 때 음식을 제공하였다.(삼하 17:27-29) 그는 길르앗 지방의 지주였다. 승자가 되어 예루살렘으로 돌아가는 다윗을 그가 다시 찾아왔다. 왕의 승리와 귀환을 축하하러 80Km가 넘는 길을 마다하지 않고 달려와 강을 건너는 다윗을 도왔다.

예루살렘으로 가는 다윗은 어려울 때 자신을 선대한 사람들을 외면하지 않았다. 자기를 저주한 시므이에게조차 관용을 베푸는데 자기를 도와 준 바르실래를 외면할 리 없었다.(33절)

34 그 때에 임금이 그 오른편에 있는 자들에게 이르시되 내 아버지께 복 받을 자들이여 나아와 창세로부터 너희를 위하여 예비된 나라를 상속받으라 35 내가 주릴 때에 너희가 먹을 것을 주었고 목마를 때에 마시게 하였고 나그네 되었을 때에 영접하였고 36 헐벗었을 때에 옷을 입혔고 병들었을 때에 돌보았고 옥에 갇혔을 때에 와서 보았느니라…옥에 갇히신 것을 보고 가서 뵈었나이까 하리니 40 …내가 진실로 너희에게 이르노니 너희가 여기 내 형제 중에 지극히 작은 자 하나에게 한 것이 곧 내게 한 것이니라 하시고(마 25:34-40)

다윗 왕의 호의를 바르실래는 사양했다. 나이 80이 넘어 노환의 증세를 보이는 자신은 왕에게 누가 될 뿐이라며 거절했다. 어쩌면 가장 보호가 필요한 인생의 시기를 보내는 그가 왕의 보호를 정중히 물리친 것이다.

대체로 사람은 공치사를 한다. 별로 돕지도 않았으면서 도왔다고 하면서 승리자 밥상에 자신의 숟가락을 얹으려 한다. 세상물정이 이런데 80세 노인 바르실래는 달랐다. 그는 다윗이 주려는 상급을 겸손하게 거절했다. 탐심이나 사욕을 가지고 일하는 자는 결코 이렇게 할 수 없다. 그는 맺고 끊음, 공과 사가 분명했다.

사람과 사람이 헤어질 때 모습이 어떠한가가 그 사람의 신앙과 인품을 보여준다. 일찍이 공자는 '군자는 관계를 끊을 때에도 결코 상대방을 비방하거나 헐뜯지 않는다.'(군자교절 君子交絶 불출악성 不出惡聲) 했다. 이는 오늘 우리 시대에 꼭 필요한 말이다.

야곱과 라반이 헤어질 때 어떠하였는가?(창 31:55) 다윗 왕과 바르실래가 헤어질 때 어떠하였는가?(삼하 19:39) 그들이 보여준 모범은 오늘 우리에게도 좋은 본보기가 된다.

그는 다윗 왕에게 김함을 추천했다.(37절) 이에 다윗 임금은 '김함이 나와 함께 건너가리니 나는 네가 좋아하는 대로 그에게 베풀겠고 또 네가 내게 구하는 것은 다 너를 위하여 시행하리라'(38절)라고 화답했다. 이에 따라 김함은 다윗 왕을 따라 예루살렘 궁으로 들어갔다. 그리고 바르실래가 누릴 복과 호혜를 넘치도록 받았다.

김함은 누구인가? 아마 바르실래의 아들일지 모른다.(McCarter; Anderson; Brueggemann) 브루거만은 이 일이 단순히 개인적인 은혜만 갚는 것이 아니라고 했다. 그보다는 정치적으로 힘을 합치자는 다윗의 제안에 바르실래가 동의했다고 보았다.(486)

죽기 직전 다윗은 솔로몬에게 '마땅히 길르앗 바르실래의 아들들에게 은총을 베풀어 그들이 네 상에서 먹는 자 중에 참여하게 하라.'(왕상 2:7)는 유언을 남기었다. 자기 아들 솔로몬에게까지 바르실래에게 받았던 고마운 도움을 알려줄 뿐만 아니라, 그 아들들을 왕의 식탁에 앉도록 왕의 가족처럼 대우하라고 한 것이다.

김함이 바르실래의 아들이냐 아니냐는 별로 중요하지 않다. 그는 다음 세대(젊은이)를 세우고 키우는 사람이었다는 사실이 더 중요하다.

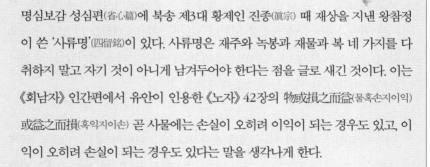

묵상: 다 누리지 말고 네 가지를 남겨두라

명심보감 성심편(省心篇)에 북송 제3대 황제인 진종(眞宗) 때 재상을 지낸 왕참정이 쓴 '사류명'(四留銘)이 있다. 사류명은 재주와 녹봉과 재물과 복 네 가지를 다 취하지 말고 자기 것이 아니게 남겨두어야 한다는 점을 글로 새긴 것이다. 이는 《회남자》 인간편에서 유안이 인용한 《노자》 42장의 物或損之而益(물혹손지이익) 或益之而損(혹익지이손) 곧 사물에는 손실이 오히려 이익이 되는 경우도 있고, 이익이 오히려 손실이 되는 경우도 있다는 말을 생각나게 한다.

노자의 가르침을 이어받아 《회남자》는 사람이 세상을 살아가면서 경계해야할 '세 가지 위험'을 언급했다. i) 덕(德)이 부족하면서 총애를 지나치게 받는 것이다. ii) 재주가 모자라면서 지위가 지나치게 높은 것이다. iii) 큰 공적을 세우지 않았는데 녹봉(祿俸)이 지나치게 많은 것이다. 그 예는 춘추시대 초나라 장왕(莊王) 때 재상 손숙오다.

장왕은 손숙오가 나라를 위해 세운 큰 공적을 높이 사 봉토(封土)를 포상으로 주려했다. 그는 그것을 끝까지 사양했다. 그는 자기 아들에게 다음과 같은 유언을 남겼다. "혹시 왕이 너에게 봉지를 주려고 하면 절대로 기름진 땅을 받지 마라. 다만 초(楚)나라와 월(越)나라 중간에 침(寢)이라는 그다지 높지 않은 산지(山地)가 있는데, 그 땅은 기름지지도 않고 그다지 좋지도 않다. 누구도 그 땅을 바라지 않는다. 오래도록 지닐 수 있는 땅은 그 곳 이외에는 없으니 그 곳을 봉지로 받아라."

손숙오가 죽자 왕은 그의 아들에게 좋은 땅을 주려 했다. 손숙오의 아들은 아버지의 유언대로 좋은 땅을 사양하고 침(寢) 지역의 구릉(丘陵) 지대를 봉지(封地)로 받았다. 그 뒤 숱한 왕권의 교체와 권력 투쟁을 거치면서 좋은 땅을 차지한 귀족과 신하들은 목숨을 잃거나 집안이 망하는 재앙을 당했다. 손숙오의 후손들만은 오래도록 그 땅을 유지한 채 가문의 맥을 이어갔다. "손실이 오히려 이익이 된다"는 말이 그들에게 적용되었다.

'이익이 오히려 손실이 되는' 예를 춘추시대 진(晉)나라의 제후 여공(厲公)에게 보인다. 그는 초나라, 제나라, 진(秦)나라, 연나라 등을 다니며 정벌 전쟁을 벌였으며 번번이 승리했다. 그는 넓은 영토와 많은 인구를 보유하면서 천하의 제후들 가운데 가장 부유하고 강한 제후가 되었다. 각국의 제후들은 여공에게 복종했다. 이 때문에 여공의 방약무인과 교만은 극에 달했다. 음란방탕하고 사치스럽기까지 했다. 그는 신하들과 백성을 잔혹하게 대했다. 결국 어질고 현명한 사람은 여공의 곁을 떠나고 아첨하는 간신들만이 주변을 머물렀다.

어느 날 여공은 총애하는 신하 장려씨(匠驪氏)의 집에 놀러 갔다가 평소 여공의 잔혹 무도한 언행에 큰 불만을 품은 난서(欒書)와 중행언(中行偃)에게 감금당했다. 그때 제후와 신하와 백성 중 아무도 여공을 도우러 나서지 않았다. 결국 여공은 감금당한 지 3개월 만에 비참하게 죽었다.

초나라 손숙오와 진나라 여공은 《명심보감》이 가르치는 "재주와 녹봉과 재물과 복을 끝까지 누리려고 해서는 안 된다"(留有餘不盡之巧 유유여부진지교 以還造物 이환조물 留有餘不盡之祿 유유여부진지록 以還朝廷 이환조정 留有餘不盡之財 유유여부진지재 以還百姓 이환백성 留有餘不盡之福 유유여부진지복 以還子孫이환자손)는 교훈의 본보기다. 재주든 녹봉이든 재물이든 행운이든 성공이든 세상 그 무엇도 남김없이 다 사용하거나 누리려고 해서는 곤란하다. 선을 잘 지켜야 복(福)이 화(禍)로 바뀌지 않는 법이다.

58

결정적인 역할을 한 숨은 공로자

(20:14-22)

14 세바가 이스라엘 모든 지파 가운데 두루 다녀서 아벨과 벧마아가와 베림 온 땅에 이르니 그 무리도 다 모여 그를 따르더라

15 이에 그들이 벧마아가 아벨로 가서 세바를 에우고 그 성읍을 향한 지역 언덕 위에 토성을 쌓고 요압과 함께 한 모든 백성이 성벽을 쳐서 헐고자 하더니

16 그 성읍에서 지혜로운 여인 한 사람이 외쳐 이르되 들을지어다 들을지어다 청하건대 너희는 요압에게 이르기를 이리로 가까이 오라 내가 네게 말하려 하노라 한다 하라

17 요압이 그 여인에게 가까이 가니 여인이 이르되 당신이 요압이니이까 하니 대답하되 그러하다 하니라 여인이 그에게 이르되 여종의 말을 들으소서 하니 대답하되 내가 들으리라 하니라

18 여인이 말하여 이르되 옛 사람들이 흔히 말하기를 아벨에게 가서 물을 것이라 하고 그 일을 끝내었나이다

19 나는 이스라엘의 화평하고 충성된 자 중 하나이거늘 당신이 이스라엘 가운데 어머니 같은 성을 멸하고자 하시는도다 어찌하여 당신이 여호와의 기업을 삼키고자 하시나이까 하니

20 요압이 대답하여 이르되 결단코 그렇지 아니하다 결단코 그렇지 아니하다 삼키거나 멸하거나 하려 함이 아니니

> 21 그 일이 그러한 것이 아니니라 에브라임 산지 사람 비그리의 아들 그의 이름
> 을 세바라 하는 자가 손을 들어 왕 다윗을 대적하였나니 너희가 그만 내주면
> 내가 이 성벽에서 떠나가리라 하니라 여인이 요압에게 이르되 그의 머리를
> 성벽에서 당신에게 내어던지리이다 하고
> 22 이에 여인이 그의 지혜를 가지고 모든 백성에게 나아가매 그들이 비그리의
> 아들 세바의 머리를 베어 요압에게 던진지라 이에 요압이 나팔을 불매 무리
> 가 흩어져 성읍에서 물러나 각기 장막으로 돌아가고 요압은 예루살렘으로
> 돌아와 왕에게 나아가니라

이것은 세바가 일으킨 반란이 진압되는 과정을 그린 이야기이다. 그 일
에 결정적인 역할을 한 사람은 어떤 여인이다. 그녀로 인하여 세바의 반란
은 많은 피가 흐르지 않은 채 마무리되었다. 안타깝게도 그 이름이 밝혀져
있지 않다. 다윗이 예루살렘에 남겨둔 첩자 요나단과 아히마아스를 지혜롭
게 숨겨준 여인처럼 이 사람 이름도 기록되지 않았다. 다윗 주변에는 여성
조력자가 많았다. 그 이름이 또렷하게 적시된 사람도 있고(이를테면 아비가일)
여기처럼 무명의 인사로 남겨진 경우도 있다. 어떤 경우에나 그 중요성(위대
함)은 결코 달라지지 않는다.

성경에는 여인이 사건(일)의 흐름에 결정적인 역할을 하는 이야기가 여러
곳에 나온다. 그 내용을 살펴보면 긍정적인 기여와 부정적인 역할로 크게
나누어진다. 여기 나오는 무명의 여인은 긍정적인 이바지를 했다.

베냐민 사람 비그리의 아들 세바가 반란을 일으켰다. 그가 뿔 나팔을 불
며 말했다. "다윗 안에서 우리에게는 아무 몫도 없고, 이새의 아들 안에서
우리에게는 아무 상속 재산도 없다. 오 이스라엘아, 모두 자기 신들에게로
돌아가거라!"(삼하 20:1) 이에 이스라엘의 모든 사람들이 다윗을 따르기를

그만두고 비그리의 아들 세바를 따르기 위해 올라갔다.

다윗은 이를 진압하려고 아마사를 군대장관으로 세웠다. 요압은 그를 아주 비열하게 암살했다. 그를 불러내 입을 맞추며 인사하는 척 하면서 칼로 배를 찔러 죽였다.(삼하 20:9-10) 이전에 이스라엘의 군대장관 아브넬에게 그리 하였던 것처럼.(삼하 3:27-30)

결국 요압 장군이 진압에 나섰다. 그는 세바가 들어간 성(벧마아가 아벨)을 둘러쌌다. 그리고 그 성을 공격하여 허물려 했다. 이때 그 성에 살던 어떤 여인이 사람들에게 '들을지어다 들을지어다 청하건대 너희는 요압에게 이르기를 이리로 가까이 오라 내가 네게 말하려 하노라'(16)라고 말했다. 사람들이 요압에게 기별하여 그가 나아오자 그녀가 말을 걸었다.

여인: 당신이 요압이니이까(17a)

요압: 그러하다(17b)

여인: 여종의 말을 들으소서(17c)

요압: 내가 들으리라(17d)

여인: 옛 사람들이 흔히 말하기를 아벨에게 가서 물을 것이라 하고 그 일을 끝내었나이다

19 나는 이스라엘의 화평하고 충성된 자 중 하나이거늘 당신이 이스라엘 가운데 어머니 같은 성을 멸하고자 하시는도다 어찌하여 당신이 여호와의 기업을 삼키고자 하시나이까(18-19)

요압: 결단코 그렇지 아니하다 결단코 그렇지 아니하다 삼키거나 멸하거나 하려 함이 아니니 그 일이 그러한 것이 아니니라 에브라임 산지 사람 비그리의 아들 그의 이름을 세바라 하는 자가 손을 들어 왕 다윗을 대적하였나니 너희가 그만 내주면 내가 이 성벽에서 떠나가리라(20-21b)

여인: 그의 머리를 성벽에서 당신에게 내어던지리이다(21c)

그 말대로 여인은 세바의 목을 베어 성밖에 있는 장군 요압에게 던져주었다. 이로써 그 성은 인명과 재산의 피해를 하나도 보지 않았다. 그 성 주민들은 평안히 일상생활로 되돌아갔다. 그녀는 성과 백성의 안전을 지키는 길이 무엇인지 아는 혜안을 갖추었다. 감히 요압을 찾아와 담판하듯 따질 만큼 배포가 컸다. 거기다가 백성을 설득할 만큼 사람들에게 신망을 얻고 있었다.

마치 아비가일이 지혜롭게 행동하여 여러 사람 목숨을 구하였듯이 그 여인도 수많은 사람의 목숨을 구했다. 그녀는 생명을 살리는 위대한 역할을 한 것이다. 다른 한편 세바 자신은 민심도 얻지 못한 채 의욕만 앞세우다가 자멸하고 말았다. 이로써 다윗이 자초한 하나님의 심판의 또 한 장이 마감되었다.

다윗이 사울에 쫓기며 고난당할 때에는 그래도 그 스스로 정당했다. 그래서 떳떳하였으리라. 삼하 11장 밧세바와의 범죄 이후 그가 받는 하나님의 심판은 전적으로 자신의 죄와 실수가 그 원인이었다. 그러니 내심 더욱 더 비참하고 괴로웠으리라.

우리는 어떤가? 우리는 세상에서 부끄러운 형통을 즐기는 사람과 무고한 시련을 당당하고 떳떳하게 감내하는 사람을 보며 살아간다.

묵상: 무명인의 위력

사람들의 눈은 흔히 유명인에게 쏠린다. 그들이 잘하는 것은 그들 자신이 훌륭해서이고 그들이 혹시 잘못하는 것은 그들이 실하였기 때문이란다. 이에 비해 무명인에게는 어떻게 생각하는가? 그들이 잘하는 것은 그들 자신이 훌륭해서가 아니라 도와주는 사람이 있었거나 행운이 뒤따랐기 때문이란다. 그들이 혹시 잘못하는 것은 그들이 원래부터 그렇게 타고났기 때문이란다. 세상에는 이런 편견이 횡행한다. 이 세상은 유명인으로 인해서가 아니라 무명인들의 수많은 헌신과 노력으로 유지되고 발전한다.

성경은 그렇지 않다. 성경은 아주 아주 여러 곳에서 무명인들의 활약을 보여 준다. 그들이 무명인으로 기록된 것은 그들의 행위와 그 열매가 유명인보다 뒤떨어져서가 아니다. 그들에게는 하나님 나라에서의 상급이 아주 크게 준비되어 있어서이다. 이런 뜻에서 무명인으로 사는 일은 그 자체가 참으로 위대한 용기인 것이다.

1 사람에게 보이려고 그들 앞에서 너희 의를 행하지 않도록 주의하라 그리하지 아니하면 하늘에 계신 너희 아버지께 상을 받지 못하느니라 2 그러므로 구제할 때에 외식하는 자가 사람에게서 영광을 받으려고 회당과 거리에서 하는 것 같이 너희 앞에 나팔을 불지 말라 진실로 너희에게 이르노니 그들은 자기 상을 이미 받았느니라 3 너는 구제할 때에 오른손이 하는 것을 왼손이 모르게 하여 4 네 구제함을 은밀하게 하라 은밀한 중에 보시는 너의 아버지께서 갚으시리라 (마 6:1-4)

59

기브온 사람들의 한

(삼하 21:1-9)

1 다윗의 시대에 해를 거듭하여 삼 년 기근이 있으므로 다윗이 여호와 앞에 간
구하매 여호와께서 이르시되 이는 사울과 피를 흘린 그의 집으로 말미암음이
니 그가 기브온 사람을 죽였음이니라 하시니라

2 기브온 사람은 이스라엘 족속이 아니요 그들은 아모리 사람 중에서 남은 자
라 이스라엘 족속들이 전에 그들에게 맹세하였거늘 사울이 이스라엘과 유다
족속을 위하여 열심이 있으므로 그들을 죽이고자 하였더라 이에 왕이 기브온
사람을 불러 그들에게 물으니라

3 다윗이 그들에게 묻되 내가 너희를 위하여 어떻게 하랴 내가 어떻게 속죄하
여야 너희가 여호와의 기업을 위하여 복을 빌겠느냐 하니

4 기브온 사람이 그에게 대답하되 사울과 그의 집과 우리 사이의 문제는 은금에
있지 아니하오며 이스라엘 가운데에서 사람을 죽이는 문제도 우리에게 있지
아니하니이다 하니라 왕이 이르되 너희가 말하는 대로 시행하리라

5 그들이 왕께 아뢰되 우리를 학살하였고 또 우리를 멸하여 이스라엘 영토 내
에 머물지 못하게 하려고 모해한 사람의

6 자손 일곱 사람을 우리에게 내주소서 여호와께서 택하신 사울의 고을 기브아
에서 우리가 그들을 여호와 앞에서 목 매어 달겠나이다 하니 왕이 이르되 내
가 내주리라 하니라

> 7 그러나 다윗과 사울의 아들 요나단 사이에 서로 여호와를 두고 맹세한 것이 있으므로 왕이 사울의 손자 요나단의 아들 므비보셋은 아끼고
>
> 8 왕이 이에 아야의 딸 리스바에게서 난 자 곧 사울의 두 아들 알모니와 므비보셋과 사울의 딸 메랍에게서 난 자 곧 므홀랏 사람 바르실래의 아들 아드리엘의 다섯 아들을 붙잡아
>
> 9 그들을 기브온 사람의 손에 넘기니 기브온 사람이 그들을 산 위에서 여호와 앞에 목 매어 달매 그들 일곱 사람이 동시에 죽으니 죽은 때는 곡식 베는 첫날 곧 보리를 베기 시작하는 때더라

이것은 심판과 용서를 내용으로 하는 이야기다.

이스라엘의 숨겨진 죄악으로 인해 다윗 시대에 삼년 기근이 있었다. 여기에는 사울에게 학살당한 기브온 사람들의 한이 서려 있었다. 이것은 수 9:3-27로 거슬러 올라간다.

이스라엘 사람들이 가나안 지역으로 거침없이 진격하자 주변 여러 나라들이 겁을 집어 먹었다. 헷족, 아모리족, 가나안족, 브리즈족, 히위족, 여부스족 등은 동맹을 맺어 이에 대항하고자 했다. 그 가운데 기브온 사람들은 마치 먼 딴 나라에서 온 것처럼 위장을 하고 길갈에 있는 여호수아의 진지로 찾아갔다. 여호수아는 그들에게 속아 덜컥 조약을 맺고 말았다.

> 14 무리가 그들의 양식을 취하고는 어떻게 할지를 여호와께 묻지 아니하고 15 여호수아가 곧 그들과 화친하여 그들을 살리리라는 조약을 맺고 회중 족장들이 그들에게 맹세하였더라(수 9:14-15)

사흘이 지나서야 비로소 이스라엘은 기브온에게 속아 넘어간 것을 알았다. 여호수아는 그들을 불러다가 "22 …너희가 우리 가운데에 거주하면서 어찌하여 심히 먼 곳에서 왔다고 하여 우리를 속였느냐 23 그러므로 너희가 저주를 받나니 너희가 대를 이어 종이 되어 다 내 하나님의 집을 위하여 나무를 패며 물을 긷는 자가 되리라"(수 9:22-23)고 했다. 그들은 이에 동의했다. 이리하여 기브온 족속은 이스라엘 안에서 함께 살았다.

이 족속과 맺은 언약에 대한 사울과 다윗의 태도는 사뭇 달랐다. 사울은 그 언약관계를 깼다. 그들을 죽이려고 했다. 그 이유를 우리는 정확하게 알지 못한다. 어쩌면 사울이 기브온 족속이 사는 인근 지역에 있는 놉의 제사장들을 학살한 사건은 사울과 기브온 사이의 긴장관계와 무관하지 않을지도 모른다.(Hertzberg 315)

어찌 되었든 이런 행위는 언약의 주인이신 하나님의 이름을 더럽히는 것이었다. 그리고 언약백성인 이스라엘의 명예를 실추시키는 것이었다.

다윗은 3년 동안이나 계속되는 재난 앞에서 하나님의 얼굴을 구했다.(1절) 그리고 속죄를 통하여 깨어진 언약 관계를 회복하려 했다.(2절) 이때 다윗은 자기 방식대로 속죄하지 않았다. 먼저 기브온 사람들에게 어떻게 하면 좋을지를 물었다. 그는 언약 파트너인 그들의 입장을 충분히 반영하고자 했다.(3-6절)

다윗: 내가 당신들에게 어떻게 하면 좋겠소? 내가 무엇으로 보상을 하여야, 주의 소유인 이 백성에게 복을 빌어 주시겠소?(3절)

기브온 족속: 사울이나 그의 집안과 우리 사이의 갈등은 은이나 금으로 해결할 문제가 아닙니다. 우리는 이스라엘 사람을 죽일 생각은 없습니다.(4절)

다윗: 그러면 당신들의 요구가 무엇이오? 내가 들어 주겠소.(4절)

기브온 족속: 사울은 우리를 학살한 사람입니다. 그는, 이스라엘의 영토 안에서는, 우리가 어느 곳에서도 살아남지 못하도록, 우리를 몰살시키려고 계획한 사람입니다. 그의 자손 가운데서 남자 일곱 명을 우리에게 넘겨주시기를 바랍니다. 그러면 주께서 택하신 왕 사울이 살던 기브아에서, 우리가 주 앞에서 그들을 나무에 매달겠습니다.(5-6절)

다윗: 내가 그들을 넘겨 주겠소.(6절)

기브온 사람들은 이 문제를 은이나 금 같은 물질로 해결될 성질의 것이 아니라고 인식하고 있었다.(삼하 21:4a) 그들은 자기들의 억울한 사정을 이용해 재산을 늘리려는 수를 쓰지 않았다. 복수심으로 꽉 차 있지도 않았다.

그들이 사울의 자손 일곱 사람을 요구한 것은 아마 7이라는 숫자가 지닌 상징적인 의미를 충분히 숙지하고, 활용하려는 것이었으리라.

다윗은 기브온 족속과의 약속을 충실히 이행했다. 그 과정에서 자기 친구 요나단과 한 약속도 하나님께 맹세한대로 지켰다. 이 일에서 그는 사울의 손자이자 요나단의 아들인 므비보셋을 건드리지 않았다.(8절) 다만 사울이 i) 아야의 딸 리스바에게서 낳은 아들들 ii) 므비보셋의 아들 iii) 사울의 딸 메랍이 낳은 자들 등 일곱 남자를 붙잡아 기브온 사람들의 손에 넘겨주었다.(8절)

기브온 사람들이 그들을 처형하자, 아야의 딸 리스바가 그 시신에 새가 달려들지 못하게 지켰다. 이 소식을 들은 다윗은 블레셋 마을에 있던 사울 임금과 자기 친구 요나단의 뼈를 수습하여 고이 모셨다. 사람들은 왕의 명령에 따라 기브온 사람들의 손에 죽은 이들을 수습하여 장례를 치러 주었다.(12-14절) 그리고 하나님께서 그 땅을 위한 기도를 들어주셨다.

이로써 사울 왕가는 몰락했고, 다윗의 왕권은 굳건해졌다. 이 과정에는 언약에 충실했는지가 가늠자로 작용했다. 이 일을 처리하는 다윗의 모습은 오늘날 우리가 사는 갈등과 충돌의 시대에도 좋은 본보기가 된다.

i) 그는 삼 년이나 흉년이 계속되는 까닭을 하나님께 물었다. 이는 매사를 하나님께 물으며 사는 그의 경건한 신앙이 반영된 것이다. ii) 그는 기브온 사람을 몸소 만나 그들의 의견을 들었다. 한 나라의 왕이 자기 동족도 아닌 노예들과 만나 그들의 말을 듣는 것만으로도 얼마나 큰 파격인가! 지난 세월호 사건이 일어났을 때 애절하게 요청하는 그 유가족들을 만나주지도 않았던 우리의 대통령과 아주 크게 비교가 된다. iii) 여호수아 시절에 맺은 언약, 아주 오래 전의 그것을 그는 지금 와서 지키기에는 너무나 오래된 것이라 치부하지 않았다. 그에게는 '약속은 약속이다'는 평범한 원리가 통했다. iv) 기브온 사람들의 요청을 최대한 받아들였다. 억울한 사정을 안고 고통스러워하는 사람의 한을 제대로 풀어주는 모습은 지금 봐도 감동적이다. v) 그러면서도 그는 기브온 사람들과 반대편에 서 있는 사람들의 입장 곧 요나단과 한 약속을 고려하여 므비보셋을 최대한 배려했다.(삼하 21:7)

양측이 팽팽히 맞서는 갈등의 국면에서 모두를 만족시키는 일은 거의 불가능하다. 공의로운 대책을 내놓되 양측 모두 6-70% 정도 만족한다면 그것으로 족하지 않을까?

그 다음에 다윗진영과 블레셋의 전투 이야기가 이어졌다. 여기에 복잡한 문제가 깔려 있다. 우선 삼하 21:19와 삼상 17:50을 비교해 보자.

삼상 17:50	삼하 21:19
다윗이 이같이 물매와 돌로 블레셋 사람을 이기고 그를 쳐죽였으나 자기 손에는 칼이 없었더라)	또 곱에서 블레셋 사람과 전쟁이 일어났다. 그 때에는, 베들레헴 사람인 야레오르김의 아들 엘하난이 가드 사람 골리앗을 죽였는데, 골리앗의 창자루는 베틀 앞다리같이 굵었다.(표준)

다시 삼하 21:19와 대상 20:5를 비교해 보자.

삼하 21:19	대상 20:5
또 다시 블레셋 사람과 곱에서 전쟁할 때에 베들레헴 사람 야레오르김의 아들 엘하난은 가드 골리앗(의 아우 라흐미)를 죽였는데 그 자의 창 자루는 베틀 채 같았더라	다시 블레셋 사람들과 전쟁할 때에 야일의 아들 엘하난이 가드 사람 골리앗의 아우 라흐미를 죽였는데 이 사람의 창자루는 베틀채 같았더라

한글 개역 성경 삼하 21:19에 있는 '(골리앗)의 아우 라흐미'가 히브리성경에는 없다, 표준새번역의 번역처럼. 그렇다면 누가 골리앗을 죽였다는 말인가? 이 문제에 관해 학자들 의견이 몇 가지로 갈려 있다. i) 다윗과 엘하난은 같은 사람이다. ii) 위 둘은 다른 사람이다. iii) 다윗이 죽인 자도, 엘하난이 죽인 자도 골리앗이다. iv) 사무엘하 보다는 역대기상이 올바른 기록이라는 입장이다. 위 가운데 어떤 주장을 펴던 모든 사람이 다 동의하기가 어렵다.

이하의 내용 중 i) ~ iii)은 주로 박종구의 《다윗: 야누스의 얼굴 – 욕망의 성취와 인간의 실패》(198-200)에 의존했다.

i) 다윗이란 이름은 사령관(군지휘관)이란 뜻을 지녔다.(dawiduum) 삼상 17:55-58은 사울과 그 신하들이 아는 수금 타던 다윗(삼상 16:21-22)와 다른 인물이라는 생각을 갖게 한다. 그렇다면 골리앗을 죽인 사람은 엘하난이다. 이 사람이 대중에게 인기를 치솟았을 때 사울의 미움을 사 이리 저리 쫓겨다녔다. 그는 한때 산적 두목으로, 비적의 우두머리로, 치글락의 맹주였다가 유다의 왕이 되었다. 그의 군사적인 승리를 찬양하는 뜻에서 그에게 '우리 사령관'(= 다윗)이란 칭호가 붙었다.(Jerome, Targum)

ii) 사무엘서를 쓴 이들이 엘하난의 업적을 다윗에게 돌렸다. 이는 다윗 왕조를 미화하려는 뜻에서 블레셋의 무명인사를 골리앗으로 둔갑시켰다는 것이다. 그런 이유로 사무엘서에는 그가 삼상 17:4절과 23절을 빼놓고는 골리앗이란 이름 대신에 블레셋 사람으로 기록되었다. 그렇다면 사무엘하 보다는 역대기 기록이 올바른 기록이리라.(Piscator, Clericus, Michaelis, Movers, Thenius) 학자들은 삼하 21:9의 야레오르김도 야일을 잘못 쓴 것이며, 베들 레헴 사람이란 말도 일부러 첨가했다고 보았다.

iii) 가드 사람 골리앗이란 말은 고유명사가 아니라 거인족에 속한 사람을 일컫는 보통명사다. 여기서 거인족은 어떤 실재를 가리키기보다는 인생을 사는 과정에서 맞닥뜨린 대적들(정치적 경제적 사회적)을 상징하는 것이다. 이 경우 다윗 역시 그가 누구든 상관없이 비천한 신분에서 왕권에 이른 어떤 용감한 인물을 가리킨다.

iv) 대상 20:5에는 '…의 아우 라흐미'란 말이 있다. 곧 다윗은 골리앗을, 엘하난은 골리앗의 아우를 각각 죽였다고 볼 수도 있다. 이 경우 엘하난은 다윗의 30인 용사 중 하나인 엘하난(삼상 23:24)과 동명이인이다.

한편 다윗이 죽인 사람도 골리앗이고 엘하난이 처치한 사람도 골리앗이라고 추측할 수 있다.(Bertheau, Bottcher) 곧 골리앗은 동명이인이다. 둘 다 가드 사람이라는 점에서 이런 추측의 신빙성을 의심하는 이도 있다. 그러나 사무엘상하서에 따르면 다윗이 골리앗을 무찌른 곳은 엘라 골짜기다.(삼상 17:19) 엘하난이 골리앗을 이긴 곳은 곱이다.(삼하 21:18)

적용: 하나님이 그 땅을 위한 기도를 들으시니라(삼하 21:14; 24:25)

복음성가 '부흥'(이땅의 황무함을 보소서)이다.

이땅의 황무함을 보소서
하늘의 하나님 긍휼을 베푸시는 주여
우리의 죄악 용서하소서 이 땅 고쳐 주소서

이제 우리 모두 하나 되어
이땅의 무너진 기초를 다시 쌓을때
우리의 우상들을 태우실 성령의 불 임하소서

부흥의 불길 타오르게 하소서
진리의 말씀 이땅 새롭게 하소서
은혜의 강물 흐르게 하소서
성령의 바람 이제 불어와

오 주의 영광 가득한 새 날 주소서
오 주님나라 이땅에 임하소서

이땅의 황무함을 보소서
하늘의 하나님 긍휼을 베푸시는 주여

우리의 죄악 용서하소서 이 땅 고쳐 주소서

이제 우리모두 하나 되어

이땅의 무너진 기초를 다시 쌓을때

우리의 우상들을 태우실 성령의 불 임하소서

부흥의 불길 타오르게 하소서

진리의 말씀 이땅 새롭게 하소서

은혜의 강물 흐르게 하소서

성령의 바람 이제 불어와

오 주의 영광 가득한 새 날 주소서

오 주님나라 이땅에 임하소서

60

나의 하나님은 이런 분

(삼하 22:1-7)

> 1 여호와께서 다윗을 모든 원수의 손과 사울의 손에서 구원하신 그 날에 다윗이 이 노래의 말씀으로 여호와께 아뢰어
>
> 2 이르되 여호와는 나의 반석이시요 나의 요새시요 나를 위하여 나를 건지시는 자시요
>
> 3 내가 피할 나의 반석의 하나님이시요 나의 방패시요 나의 구원의 뿔이시요 나의 높은 망대시요 그에게 피할 나의 피난처시요 나의 구원자시라 나를 폭력에서 구원하셨도다
>
> 4 내가 찬송 받으실 여호와께 아뢰리니 내 원수들에게서 구원을 받으리로다
>
> 5 사망의 물결이 나를 에우고 불의의 창수가 나를 두렵게 하였으며
>
> 6 스올의 줄이 나를 두르고 사망의 올무가 내게 이르렀도다
>
> 7 내가 환난 중에서 여호와께 아뢰며 나의 하나님께 아뢰었더니 그가 그의 성전에서 내 소리를 들으심이여 나의 부르짖음이 그의 귀에 들렸도다

이것은 자신이 만난 하나님이 어떤 분인지를 다윗이 고백하는 이야기이다. 한나의 노래(기도, 삼상 2:1-10)와 다윗의 노래(삼하 22:1-51; 23:1-7)는 사무엘상하 전체의 틀이다. 그 둘 사이에 있는 공통점은 아래와 같다: (Hamilton 218)

삼상 2:1-10	삼하 22장
내 원수들(1절)	모든 원수 (1절) 내 원수들에게서(4절)
내 뿔이 여호와로 말미암아 높아졌으며(1절)	여호와는 … 나의 구원의 뿔이시요(3절)
우리 하나님 같은 반석이 없으심이니이다(2절)	내가 피할 나의 반석의 하나님이시요(3절)
내 입이 원수들을 향하여 크게 열렸으니(1절)	나를 구원하셨도다(3절)
하늘에서 우레로 그들을 치시리로다(10절)	여호와께서 하늘에서 우렛소리를 내시며(14절)
자기 왕에게 힘을 주시며(10절)	여호와께서 그 왕에게 큰 구원을 주시며(51절)
자기의 기름부음받은 자의 뿔을 높이시리로다(10절)	기름부음받은 자에게 인자를 베푸심이여(51절)

이로써 사무엘상하는 권력을 둘러싼 인간의 갈등보다는 하나님의 주권적 통치가 어떻게 실현되는가를 보여주는 책이다.

도망치던 시절 다윗이 보여주는 모습에는 두 가지가 겹쳐 있다. 하나는 하나님께 온전히 맡기는 태도였다. 이제 그가 의지할 것이라면 여호와 하나님 밖에 없다. 충성스러운 측근도 강력한 군사력도 그를 온전하게 보호할 수 없다는 사실을 그는 또 다시 깨달았다. 제사장들이 법궤를 메고 피난 행렬에 따라나서려 할 때 예루살렘으로 되돌려 보낸 것이 그 예이다. 다른 하나는 자신이 할 수 있는 방법에 최선을 다하는 모습이었다. 자기를 따라나서려는 후새를 예루살렘으로 돌려보내 압살롬의 책략가로 행세하게 한 것과 거기서 얻어지는 정보를 수시로 알려줄 사람들을 심어놓은 것이 그것이다.

삼하 22장은 그 결과를 놓고 하나님을 찬양하는 내용이다. 우선 그는 여호와 하나님이 자신에게 누구인지를 밝혔다. 이 노래(기도)에는 파란만장한 인생을 살면서 하나님과 만난 자신의 경험이 그대로 녹아들어 있다. 그 내용은 자신을 해치려는 자 그 누구도 접근할 수 없도록 하나님께서 막아주셨다는 것이다. 사람들 중에는 이것이 그의 일생을 요약한 것이라 보기도 했다. 그래서인지 '나의'라는 말이 자주 나왔다. 이는 그가 하나님을 아는 지식을 얻은 것이 남에게 들어서 생긴 것이 아니요 인생살이 과정에서 자신이 직접 체험하여 알게 되었다는 뜻이다. 여기서 다윗은 하나님에 대하여 10가지로 표현하였는데 그 가운데 8가지에 은유법을 썼다:

여호와는 나의 반석입니다.

나의 요새입니다.

나를 위하여 나를 건지시는(구하시는) 분입니다.

나의 반석의 하나님이십니다.

내가 그 안에 숨을 나의 바위십니다.

나의 방패십니다.

나의 구원의 뿔이십니다.

여호와는 구원의 뿔(고대 메소포타미아의 번제단)

나의 산성(높은 망대)이십니다.

그에게 피할 나의 피난처십니다.

나의 구원자이십니다(삼하 22:2-3).

자신이 체험한 하나님에 관해 다윗은 이렇게 풍부한 비유법을 구사했다. 이는 그가 하나님과 가까이 있었으며 늘 그분을 기억하며 지냈다는 사실을 말해

주는 것이다.

이 비유들은 아마 고대 이스라엘의 지리(지형)에서 따온 것이리라. 여기서 하나님을 바위로 비유하는 것은 그 자신의 실제 경험에서 나온 것이다. 다 윗은 반석 뒤에 숨어 사울의 추격을 피했다.(삼상 23:25-28) 바위와 동굴인 요 새로 다윗은 여러 차례 피신했다.(삼상 22:4 등)

특히 마온 광야에 숨어 있을 때 사람들은 그를 사울 왕에게 밀고했다. 사 울 임금이 즉각 군대를 몰고 밀려왔다. 그는 바위 뒤로 숨었으나 양쪽으로 협공을 당해 매우 위태로워졌다.(삼상 23:24-28) 바로 그 때 하나님은 블레셋 군대를 사용하셨다. 그들이 이스라엘을 쳐들어오게 하셨다. 이에 사울 임 금은 그들을 물리치기 위해 군사를 물리지 않을 수 없었다. 이 때 다윗은 하 나님을 가리켜 '셀라 하마느곳'(= 갈림의 바위)이라고 했다.(삼상 23:28) 분리 의 바위란 삼상 23:26 '사울이 산 이쪽으로 가매 다윗과 그의 사람들은 산 저쪽으로 가며…'와 관련이 있다. 그 바위가 있는 곳을 기준으로 사울 왕의 군대와 다윗은 서로 싸우지 않을 곳으로 갈라졌다. 이 분리의 주체는 여호 와 하나님이었다.

다윗에게 하나님은 요새가 되어 주셨다. 안전한 피난처를 가리키는 이 말 은 가파른 절벽(또는 바위) 위에 우뚝 서 있는 높은 고지나 산성을 가리켰다. 사울을 피해 다닐 때 집이나 도성에 머물 수 없었다. 사람이 만들어놓은 요 새(산성)도 그에게 무한한 은신처가 될 수 없었다. 그는 진실로 언제 어떤 위 험이 닥칠지 모르는 불안한 나날을 보냈다. 이런 그에게 하나님은 안전한 피난처가 되어 주셨다. 사람들의 밀고로 인해 위험에 빠질 때에도 하나님은 그에게 빠져나갈 길을 열어주시곤 하셨다.

48절에도 나오는 나를 위하여 '나를 건지시는 자'란 말은 본디 안전하게 머물게 하다, 벗어나다는 말에서 나왔다. 이것은 흔히 하나님께서 공의로우신 판단을 기초로 불의한 일을 당하는 사람을 구하시는 것을 가리켰다. 여호와 하나님은 자신을 신뢰하며 자신에게 피하는 사람을 건지시는 분이다.

46절에도 나오는 '(피할, 숨을) 바위(반석)'는 하나님을 가리키는 은유로 여러 차례 표현되었다.(출 17:6; 33:21, 22) 사막지대같이 지형이 자주 바뀌는 곳에서 이것은 견고하고 변함없는 보호 또는 방어 장치를 의미했다.(신 32:4, 15, 18, 30, 31, 37)

사울 왕을 피해 다니던 다윗은 한 때 엔게디 동굴에 숨어 있었다. 그 때 다윗이 그곳에 있는 줄도 모르고 사울 임금이 뒤를 보러 들어왔다. 여기서 그는 사울 왕을 죽이고 피난생활을 끝낼 아주 좋은 기회를 맞았다. 그 때 그는 사울 임금보다 그를 왕으로 기름 부어 세우신 하나님을 더욱 두려워했다. 그래서 사울 임금에게 손대지 않고 다만 옷자락 하나만 베어낸 채 돌려보냈다. 단순한 돌 뒤에 숨은 것이 아니라 '바위이신 하나님 안에' 피하였기에 그는 하나님의 뜻을 그 어느 것보다도 더 존중하였던 것이다.

30절에도 나오는 '방패'는 보호하며 지키시는 여호와 모습을 드러내는 비유로 자주 쓰였다.(삼하 22:3, 31, 36) 하나님은 자신의 종 아브라함(창 15:1) 아론의 집(115:10) 이스라엘 민족(신 33:29) 그를 신뢰하는 모든 자(잠 2:7; 30:5)의 방패가 되셨다.

구원의 뿔이란 표현도 구약성경에 자주 나오는 표현이다. 이는 구원하는 힘과 능력을 상징했다.(시 72:4-5) 특히 이것은 아마 번제단의 네 뿔을 가리키는 것이리라.(사진 참조) 그 제단 귀퉁이에는 뿔이 네 개 있었다. 그 모양 자체가 구원하시는 하나님의 능력을 최상급보다 더 강하게(세 번이 아니라 네 번!) 강조한 것이다.

산성(미스까브, 개역개정은 높은 망대로 옮김)은 외적의 공격을 피하는 대표적인 수단이다.(시 9:9 참조) 이것은 산으로 둘러싸여 적이 감히 침범할 수 없는 안전한 피난처였다. 산성(성채)은 높고 험한 산과 그곳의 바위로 이루어진(혹은 만들어진) 안전한 피난처를 뜻했다.(stronghold NIV ESV NAS) 이곳은 적의 침입을 막아내는 보루였다. 이런 비유는 하나님이 성도를 위한 최후의 방어선이라는 뜻이다.

피난처란 말(마노쓰)은 도망하다는 말(누스)에서 나왔다. 그 말은 다윗이 사울임금의 창을 피해 도망할 때에만 쓰였다.(삼상 19:10) 그 밖에 피신하는 경우를 나타낼 때에는 바라흐가 쓰였다.(삼상 19:12 등 여러 곳) 이것은 하나님께서 자신의 피난처라는 말뜻을 잘 알게 해 준다. 장군인 사울 왕이 지척에서 던지는 창을 피한다는 것이 어찌 사람의 능력으로 될 것인가? 이는 오직 하나님의 도우심이라고 밖에는 달리 말할 수 없는 것이다.

다윗은 위와 같은 경험들을 바탕으로 하여 하나님을 가리켜 '나의 구원자시라. 주님은 나를 폭력으로부터 구원하셨나이다'(직역)라고 고백했다.

여기 나오는 여덟 가지 비유는 전쟁 또는 다툼의 분위기와 관계있다. 그것들은 대체로 공격수단이 아니라 방어수단이었다.(뿔만은 공격용) 시편기자는 여기서 가해자의 입장이 아니라 핍박당하는 자리에 서 있었다. 그런 형편에서 그는 적대자들을 바라보는 대신에 여호와 하나님을 신뢰하며 의지했다. 그러자 그 입에 찬양이 흘러나왔다. 상황이 좋거나 호전되어서가 아니다. 하나님을 향한 신뢰와 믿음이 그 입에서 저절로 찬양이 흘러나오게 만든 것이다.

4절 (찬송 받으실)은 i) (주는) 찬양을 받으실 분이라(공개) ii) 찬양을 받으실(받기에 합당하신) 주님을(천새), iii) 오 주여 찬양 받으실 분이시여 라는 의미이다. 이렇게 찬양하는 출발점으로 다윗은 자신이 사망의 위기에 빠졌던 것을 기억해냈다.(5절) 여기서 물결이란 말은 거세게 몰려오던 파도가 해안가의 바위에 부딪혀 산산조각 나는 모습을 표현하는 말이다. 고대 근동에서 물은 죽음의 이미지로 자주 쓰였다.

이 낱말에 들어있는 부서짐의 이미지는 죽음이란 낱말과 어우러져 예상하지 못한 순간에 밀어닥쳐 사람을 죽게 만드는 가공할만한 힘을 문학적으로 표현했다. NJB는 이것을 깨뜨리는 자(breaker)로 옮겼다. 이 사망의 물결과 대구를 이루는 말은 불의의 창수(공개: 멸망의 물살, 표준: 파멸의 파도)이다. 히브리말로 벨리야알인 이것을 KJV는 신앙없는 자로 NIV와 NASB는 파괴(destruction)로 어떤 학자들은 이 말이 부정적 의미의 어조사 벨리와 오르다는 뜻의 동사 아알이 합쳐져서 '다시 오르지 못할 곳(= 죽음의 세계)으로 보기도 했다. 성경은 이 말을 불량한 자(삼상 2:12) 사악한 자(삼하 16:7), 망령된 자(잠 19:28) 등으로 옮겼다.

6절에도 파괴적인 이미지가 계속되었다: 스올의 줄(cords of Sheol) 사망의 올무 (snares of death). 스올은 죽음의 세계를 가리키는 말이다. 스올의 줄은 다윗을 밧줄로 꽁꽁 묶어 죽음의 세계로 끌고 가는 것을 상징했다. 여기서 스올은 우연히 사울이란 이름과 자음이 똑같다. 곧 다윗을 죽음의 세계로 몰고 가는 적대자의 정체가 사울 임금이라는 암시가 여기에 들어 있는 것이다.

올무란 말은 사냥꾼이 짐승을 잡으려고 쳐 놓은 덫을 가리키는 것이다. 그 특징은 교묘하게 숨겨져 알아차리기가 무척 어렵다는 데 있다. 이런 이미지들은 몸에 소름이 오싹 끼칠 정도로 무시무시하고 두려운 분위기를 자아내었다. 자신을 둘러싼 환경 전체가 다 적대자로 변한 형상이었다. 사실 다윗을 밀고하거나 죽여서 사울 임금에게 잘 보이려는 사람도 많았을 것이다. 이를 출세하거나 한몫 잡을 기회로 여기는 사람도 적지 않았을 것이다.

이런 무지막지한 혼돈과 공허의 사태에 직면하여 다윗은 '…내 소리를 들으심이여, 나의 부르짖음이 그(주님)의 귀에 들렸도다'라는 신앙에 의존했다.(7절) 여기에는 (하나님을) 부르다는 말(카라)이 두 차례나 거듭 쓰였다.

어떻게 이 거대하고 거센 환경을 이렇게 단순한 신앙의 언어로 맞설 수 있겠는가? 이것이 바로 신앙의 속성이요 힘이다. 자신을 죽이려는 거친 환경과 적대적인 세력의 막강한 힘 앞에서 다윗은 그런 것보다는 하나님을 바라보았다. 자신을 이 세상에 보내실 때 세우신 하나님의 섭리를 믿고 쉬지 않고 간구했다.

묵상 : 자기 주변 사물에서 하나님을 만나다.

다윗은 창조주 하나님을 의식하며 살았다. 그는 자기 주변에 사람과 사물을 존재하게 하신 하나님을 기억하며 그것들을 바라보았다. 그런 것에 주목하면 할수록 그 안에 담긴 하나님의 섭리와 사랑에 감격했다. 그는 하나님을 주변 사물 곧 바위 활 반석 산성 요새 방패 등에 비유했다. 이는 하나님을 물질화 시키려는 것이 아니다. 아주 생생하게 느끼게 하려는 뜻에서 나온 것이다. 우리(내) 주변에서 하나님을 느끼게 하는 것 예수님을 알게 하는 것들은 무엇인가?

61

주어진 승리를 노래하다

(삼하 22:8-20)

8 이에 땅이 진동하고 떨며 하늘의 기초가 요동하고 흔들렸으니 그의 진노로 말미암음이로다

9 그의 코에서 연기가 오르고 입에서 불이 나와 사름이여 그 불에 숯이 피었도다

10 그가 또 하늘을 드리우고 강림하시니 그의 발아래는 어두캄캄하였도다

11 그룹을 타고 날으심이여 바람 날개 위에 나타나셨도다

12 그가 흑암 곧 모인 물과 공중의 빽빽한 구름으로 둘린 장막을 삼으심이여

13 그 앞에 있는 광채로 말미암아 숯불이 피었도다

14 여호와께서 하늘에서 우렛소리를 내시며 지존하신 자가 음성을 내심이여

15 화살을 날려 그들을 흩으시며 번개로 무찌르셨도다

16 이럴 때에 여호와의 꾸지람과 콧김으로 말미암아 물 밑이 드러나고 세상의 기초가 나타났도다

17 그가 위에서 손을 내미사 나를 붙드심이여 많은 물에서 나를 건져내셨도다

18 나를 강한 원수와 미워하는 자에게서 건지셨음이여 그들은 나보다 강했기 때문이로다

19 그들이 나의 재앙의 날에 내게 이르렀으나 여호와께서 나의 의지가 되셨도다

20 나를 또 넓은 곳으로 인도하시고 나를 기뻐하시므로 구원하셨도다

이것은 다윗이 자신의 승리를 자기 업적으로 돌리고 대신에 하나님의 선물로 받아들이며 부르는 노래다. 다윗은 신앙의 언어로 사망과 절망이라는 거대한 힘과 맞섰다. 이렇게 자신을 바라보는 그에게 하나님은 신비롭게 나타나셨다. 이 부분은 그 내용을 우리에게 알려준다.

다윗이 환난 중에 드리는 기도를 들으신 하나님은 반응을 보이셨다.(8절) 땅이 흔들리고 하늘의 기초가 요동했다. 이것은 시내산 전통을 따른 흔적이 역력하다.(출 19:16-19) 여기에 흔들리며 진동한 것이 하늘과 땅이라 한 것은 온 세상 전체가 다 그러했다는 뜻이다. 이것은 다윗을 구원하시러 강림하시는 하나님을 시적(詩的)으로 생생하게 묘사한 것이다. 대적이 사망의 물결과 불의의 창수로 다윗을 없애려고 하는 것에 대한 하나님의 진노가 그만큼 컸다.

연기는 불이 나오기 이전의 단계이다.(9절) 그 연기가 하나님의 코에서 올라왔다는 것은 하나님의 분노를 묘사한 것이다. 다시 말해서 성난 사람이 숨을 거칠게 쉬고 코를 씰룩거리며 콧김을 연발하듯이, 하나님께서 다윗의 대적들에 대하여 분을 내심을 그림언어로 표현한 것이다.(신 32:22) 그 연기에 이어 곧바로 입에서 불이 솟아올랐다. 이 불은 사악한 모든 것을 일거에 소멸시키는 하나님의 무서운 진노의 심판을 상징했다.(신 32:22 ; 출 19:18)

10절은 어두운 곳으로 강림하시는 하나님을 찬양했다. 낮고 천한 곳 어둡고 찬바람 부는 곳 비난과 배척과 매도가 판을 치는 곳에 하나님이 찾아오셨다.

이 노래(시)를 묵상해 보면 성경기자는 금방 이것이 어떤 구체적인 사건을 염두에 두고 썼음을 알 수 있다. 그 배경은 출애굽 사건 홍해바다 사건 시내산 언약이다.(출 14장과 시 114편 참조) 다윗이 이런 사건들을 언제 어떻게 체험하였는가? 당연히 그런 적이 없었다. 다만 이스라엘 신앙 전통에서 면면히 흘러 내려오는 신앙고백을 통해 그는 위의 일들을 충분히 숙지하고 있었다. 그리고 그 신앙고백이 자신의 생활에 어떻게 적용되는지를 몸소 체험하였을 것이다. 이런 뜻에서 그는 출애굽을 체험하지 않은 세대인 동시에 오늘의 출애굽을 체험하는 세대였다.

하나님은 아무도 저지할 수 없는 강력한 힘으로 기도드리는 자에게 임하셨다. 말을 탄 전사처럼 구름 위에 앉은 기사처럼(9-13절) 그분은 강력하게 찾아오셨다. 그분에게 저항하며 맞설 수 있는 사람은 아무도 없다.

15절의 이미지는 출애굽 당시 홍해바다 사건을 연상하게 만든다. 그 때 홍해바다가 갈라지고 바다 밑바닥의 흙이 완전히 드러나 마른 땅처럼 되었다. 16-19절에서 다윗은 구원하시는 하나님 은혜를 찬양했다. 하나님은 무질서한 물을 꾸짖으시고(16절) 믿음의 사람을 안전하게 건져내셨다.(17-18절) 그는 기뻐하며 찬양했다:

나를 또 넓은 곳으로 인도하시고 나를 기뻐하시므로 구원하셨도다(삼하 22:20)

넓은 곳이란 말은 성경의 여러 곳을 통해서 쉽게 그 의미를 파악할 수 있다. 이곳은 어린 양들이 자유롭게 뛰놀며 풀을 마음껏 뜯어먹는 넓은 들판이다.(호 4:16) 또한 구류나 연금에 반대되는 곳 다시 말해 자유롭게 활동할 수 있는 곳이다.(시 31:8) 고통과 시련에서 벗어나 마음의 짐을 덜고 정신적-영적으로 평안한 곳이다.(시 118:5) 저급하고 천박한 사고방식에서 벗어나 저 높은 곳으로 향하여 나아가는 영적인 생활을 가리키기도 한다.

하나님은 다윗을 기뻐하셨다. 그에게 구원을 안겨주셨다. 그가 받은 구원은 자신의 업적이나 공로가 아니었다. 삼하 20:11에도 나오는 기뻐하다는 말은 마음에 쏙 든다 사랑한다는 뜻이다. 이것은 요나단이 다윗을 대하는 태도를 표현할 때에도 쓰였다. 그는 다윗을 기뻐한 나머지 다윗이 요청하지 않은 것까지도 기꺼이 내어주며 사랑하였던 것이다. 이 낱말은 아가페적 사랑을 잘 보여주는 것이다.

4 여호와께서는 자기 백성을 기뻐하시며 겸손한 자를 구원으로 아름답게 하심이로다 5 성도들은 영광 중에 즐거워하며 그들의 침상에서 기쁨으로 노래할지어다 (시 149:4-5)

여호와께서 우리를 기뻐하시면 우리를 그 땅으로 인도하여 들이시고 그 땅을 우리에게 주시리라 이는 과연 젖과 꿀이 흐르는 땅이니라(민 14:8)

여기에는 붙잡아 주시고, 건져내주시고, 의지가 되시고, 인도하시고, 구원하시고 등의 표현들이 자주 쓰였다. 이것은 모두가 다 하나님의 구원하시는 은혜를 묘사했다.

묵상 : 하나님께서 주시는 복

계곡(谿谷) 장유(張維 1587-1638)는 《계곡집(谿谷集)》에서 이렇게 말했다.

대저 지위의 고귀함을 복으로 여기는 경우에는 지위가 바뀌어 버리면 비천하게 되고, 재산의 부유함으로 복을 삼는 경우에는 재산이 없어지고 나면 초라해지고 만다. 외부로부터 얻어지는 것은 모두가 때에 따라서 바뀌게 마련인데, 때에 따라서 바뀌게 마련인 것을 가리켜 진정한 복이라고 할 수가 없는 것이다.

우리는 사무엘하 22장 1절-23장 7절에 나오는 다윗의 시를 읽으면서, 믿음의 사람이 사는 길을 본다. 위기에 처해서도 다윗은 수단방법을 가리지 않는 사람이 아니었다. 자기를 죽이려 군대를 이끌고 쫓아오는 사울 임금을 죽일 기회가 두 번이나 있었다. 그는 하나님이 기름 부으신 자를 자기 손으로 해칠 수 없다며 정도(正道)를 걸었다. 시므이가 비참한 모습으로 피난 가는 자신을 모욕할 때에도 그에게는 그를 죽일만한 힘이 얼마든지 있었다. 그때에도 다윗은 자기 기분을 푸는 것보다는 하나님이 기뻐하실 길을 먼저 선택했다. 이것이 믿는 사람의 진정한 모습이다.

이런 일들이 있고 나서 한참 후에 보니, 하나님께서 다윗에게 참으로 놀라운 은혜를 주셨다. 자기가 직접 손대지 않았지만 하나님께서 대적하는 무리들을 하나하나 다 자기에게 굴복하게 만드셨다. 이 사실에 감격한 다윗이 부르는 노래가 사무엘하 22장이다. 우리(내)가 부를 감격의 노래는 어떤 가사로 이루어질까?

62

주어진 승리에 감사하다

(삼하 22:29-42)

29 여호와여 주는 나의 등불이시니 여호와께서 나의 어둠을 밝히시리이다

30 내가 주를 의뢰하고 적진으로 달리며 내 하나님을 의지하고 성벽을 뛰어넘나이다

31 하나님의 도는 완전하고 여호와의 말씀은 진실하니 그는 자기에게 피하는 모든 자에게 방패시로다

32 여호와 외에 누가 하나님이며 우리 하나님 외에 누가 반석이냐

33 하나님은 나의 견고한 요새시며 나를 안전한 곳으로 인도하시며

34 나의 발로 암사슴 발 같게 하시며 나를 나의 높은 곳에 세우시며

35 내 손을 가르쳐 싸우게 하시니 내 팔이 놋 활을 당기도다

36 주께서 또 주의 구원의 방패를 내게 주시며 주의 온유함이 나를 크게 하셨나이다

37 내 걸음을 넓게 하셨고 내 발이 미끄러지지 아니하게 하셨나이다

38 내가 내 원수를 뒤쫓아 멸하였사오며 그들을 무찌르기 전에는 돌이키지 아니하였나이다

39 내가 그들을 무찔러 전멸시켰더니 그들이 내 발 아래에 엎드러지고 능히 일어나지 못하였나이다

40 이는 주께서 내게 전쟁하게 하려고 능력으로 내게 띠 띠우사 일어나 나를 치는 자를 내게 굴복하게 하셨사오며

41 주께서 또 내 원수들이 등을 내게로 향하게 하시고 내게 나를 미워하는 자를 끊어 버리게 하셨음이니이다

42 그들이 도움을 구해도 구원할 자가 없었고 여호와께 부르짖어도 대답하지 아니하셨나이다

이것은 앞에 이어지는 감사 찬양이다. 29절에서 다윗은 하나님을 자신의 등불에 비유했다. 등불은 밝은 대낮에 빛나는 태양과는 그 밝기를 감히 비교할 수 없다. 그렇지만 태양이 사라진 어두운 밤에는 그것만한 것이 없다. 빛이란 말은 성경에서 생명과 번영을 상징하는 등 항상 좋은 의미로만 쓰였다. 그 뒤에 나오는 흑암은 죽음 고통 시련 등을 상징했다.

내가 사망의 음침한 골짜기로 다닐지라도 해를 두려워하지 않을 것은 주께서 나와 함께 하심이라 주의 지팡이와 막대기가 나를 안위하시나이다(시 23:4)

다윗은 하나님이 자신의 등불이 되셔서 자신의 흑암을 비추어 주신 결과가 무엇인지를 노래했다.

진실로 나는 주님 안에서 벽을 향해 달리며 나의 하나님 안에서 담장을 뛰어 넘나이다.(삼하 22:30 직역)

개역개정이 '주를 의뢰하고'라고 옮긴 부분은 '…안에서'란 뜻의 전치사

2인칭 대명사가 합쳐진 말로 그 뜻은 '주님 안에서'이다. 다윗은 적대자나 시련이 눈앞에 어른거릴 때에도 주님 안에 주님과 함께 있었다. 거기서 얻어지는 용기와 힘으로 그는 당당하게 그리고 과감하게 달려 나갔다. 골리앗에게 두려움도 주저함도 없이 달려갔다.(삼상 17:48)

이 말씀을 보며 우리는 예수님을 떠올린다.

이것을 너희에게 이르는 것은 너희로 내 안에서 평안을 누리게 하려 함이라 세상에서는 너희가 환난을 당하나 담대하라 내가 세상을 이기었노라(요 16:33)

31절에서 시의 분위기가 달라졌다. 그 앞부분보다 훨씬 더 적극적인 분위기이다. 그 이전에 하나님 도움으로 위험한 순간에 구원받은 것을 찬양했다. 31절 이후에는 하나님과 함께 원수를 향해 공격하여 물리치는 것을 묘사했다. 굳이 나누자면 30절까지는 구원을 31절 이후에는 승리를 찬양하는 것이다. 앞에는 방어를 뒤에는 공격이다. 그 결과가 무엇인가?

내가 저희를 쳐서 능히 일어나지 못하게 하리니 저희가 내 발 아래 엎드러지리이다(삼하 22:38)

33절의 요새(마온 = 거주지, 거처)는 2절(미추다)의 그것과 달리 일상생활을 하는 곳이다. 다윗은 하나님과 동행하겠다고 해서 인간 세상에서 숨어버리지 않았다. 그는 산속이나 호숫가에서 한적한 시간을 보내며 이 노래를 부른 것이 아니다. 그는 거센 소용돌이가 일어나는 치열하고 위험한 생활 한복판에서 이 시를 읊었다.

다윗은 자신이 살고 있는 시대 곧 철기시대 초기의 문화와 관습에서 완전히 자유롭지 못했다. 그 시대 성적인 문란이나 폭력 전쟁 등에서 동떨어지게 살지 않았다. 물론 이런 것만이 그의 생애 전부가 아니었다. 그는 당시의 풍조와 문화에서 자유롭지는 못하였으나 거기에 갇힌 박제가 아니었다.

폭력 전쟁 성적 타락 갈등과 분쟁은 다윗 시대만의 일이 아니다. 오늘 우리 시대에도 그것들은 그때보다 덜하거나 더한 정도로 여전히 기승을 부리고 있다. 이런 뜻에서 그는 우리에게 거룩하신 하나님과 동행한다는 것이 무엇을 의미하는지를 잘 보여주었다.

다윗에게는 아직 다듬어져야 할 부분이 참으로 많았다. 그의 생활은 결코 예수님이 일러주신 산상수훈의 수준 그 근처에도 가지 못했다. 성경은 그의 이런 모습을 오점으로 지적하기보다는 오히려 모든 인간이 날마다 부딪히는 일상생활 현실로 보여주고 있다. 이는 옳지 못한 행실을 합리화하자는 것이 결코 아니다. 다만 인간이 선해지고 선행을 베풀어야만 하나님 마음을 얻는다는 공적 신앙이 잘못되었다는 사실을 확실하게 보여줄 뿐이다.

하나님은 일단 우리에게 은혜를 베푸시는 분이다. 그 뒤에 평생 동안 그리고 꾸준히 하나님의 방법을 따르도록 훈련시키시는 분이다.

묵상 : 예수님은 누구신가? (찬송가 96장)

이것은 여러 차례 개정되면서 가사가 많이 바뀌었다. 여기에《찬송가, 1908》원 가사를 싣는다.

1 예수님은 누구신고 우는 자의 위로와 빈한 자의 풍성이며 천한 자의 높음과 잡힌 자의 놓임되고 우리 기쁨이시네

2 예수님은 누구신고 약한 자의 강함과 눈먼 자의 보임이며 병든 자의 고침과 죽은 자의 부활되고 우리 생명이시네

3 예수님은 누구신고 추한 자의 정함과 죽을 자의 대신이며 악한 자의 중보와 멸망자의 공로되고 우리 화평되시네

4 예수님은 누구신고 성 교회의 머리와 만국인의 구주이며 일만 왕의 대왕과 심판하실 상주되고 우리 자랑이시네

이것은 우리나라에 와 활동하던 민로아 (閔老雅 Frederick S. Miller, 1866~1952) 선교사가 지은 것이다. 우리(내)가 하나님을 향해 부를 찬양을 한 두 줄로 적어 보자.

63

다윗의 자기소개

(삼하 23:1-3)

> 1 이는 다윗의 마지막 말이라 이새의 아들 다윗이 말함이여 높이 세워진 자, 야
> 곱의 하나님께로부터 기름 부음 받은 자, 이스라엘의 노래 잘 하는 자가 말
> 하노라
>
> 2 여호와의 영이 나를 통하여 말씀하심이여 그의 말씀이 내 혀에 있도다
>
> 3 이스라엘의 하나님이 말씀하시며 이스라엘의 반석이 내게 이르시기를 사람
> 을 공의로 다스리는 자, 하나님을 경외함으로 다스리는 자여

이것은 다윗이 하나님 안에 있는 자신의 모습을 보며 부르는 노래다.

'이는 다윗의 마지막 말이라'(삼하 23:1a)고 하였듯이 한 시대를 풍미하던 다윗도 어느덧 노인이 되었다. 이제 그는 하늘의 별만큼이나 다양하고 파란 만장하였던 자기 인생을 돌아보았다. 그리고 자기 자신이 누구인가 자신을 사랑하시는 하나님은 어떤 분인가를 노래했다.

이 노래는 22장과 한 짝을 이룬다. 22장의 찬양은 다윗이 국내외의 방해 세력과 적대자들을 물리친 직후 곧 그의 이스라엘 통치 초기에 작성된 반면 (22:1) 23장은 인생살이와 궁정생활의 쓴맛 단맛을 다 본 다윗이 통치 말년 에 쓴 시이다. 그 활기찬 흐름으로 볼 때 22장의 노래가 다윗의 전성기에 기 록되었다면, 23장의 찬양은 죽음의 그림자가 자기 앞에서 어른거릴 때 기

록한 것이다. 여기서 그는 하나님의 공의로우신 섭리를 찬양하는 동시에 자신에게 베풀어주신 사랑에 감격했다.

자신의 신앙고백이 녹아들어간 이 찬양에서 그는 단순히 자기 개인의 신앙과 감사를 다루는데 그치지 않았다. 한걸음 더 나아가 그는 미래에 완성될 공의로운 메시야 통치를 내다보았다. 그는 자신을 네 가지 말로 소개했다.

이새의 아들, 높이 세워진 자, 야곱의 하나님께로부터 기름 부음 받은 자, 이스라엘의 노래 잘하는 자

i) 다윗은 자신을 이새의 아들이라고 불렀다. 다윗을 가리켜 이렇게 부르는 사람은 사무엘상하에 넷이었다: i) 사울 왕에게 다윗을 천거하는 신하 ii) 사울 왕이 다윗을 비꼬아 말할 때 iii) 어리석은 자 나발이 다윗을 비난할 때 iv) 세바가 다윗을 대항하여 난을 일으켰을 때. 이런 표현은 그가 보잘 것 없고 비천한 집안에서 태어났다는 뜻이다. '소도 비빌 언덕이 있어야 한다'는데 다윗에게는 그것조차 없었다. 자신을 이새의 아들이라고 부르는 데에는 다윗 자신의 신앙고백이 들어 있다. 자신의 왕권 성취, 인간적인 성공을 자랑하려는 것이 아니라 하나님이 살아계심을 알리려는 것이요 믿음의 자녀를 돌보심을 증언하려는 것이다.

ii) 다윗은 높이 세워진 자였다. 그는 본래 양을 치는 목동이었다. 두메산골에서 태어나 죽을 인생이었다. 자기 동네 몇몇 사람만이 그의 존재를 알아줄 뿐 그가 이 세상에 왔다가 가는지 아무런 관심도 끌지 못할 사람이었다. 자기를 아는 사람들 중에도 자신을 귀하게 여겨주는 사람이 별로 없었다. 그의 아버지도 그랬다. 그의 장인 사울 임금이 그랬다. 이렇듯 자신의 가치를 진정으로 알아주는 사람이 없을 때 하나님께서 다윗을 알아주셨다.

iii) 다윗은 기름부음을 받은 자였다. 사무엘을 시켜 하나님께서 그리 하셨다. 기름을 부어주라는 사명을 받은 사무엘조차도 다윗이 누구인지 전혀 몰랐다. 이 정도로 세상에서 보잘 것 없이 취급당하던 다윗, 별 볼일 없는 사람으로 보이던 다윗을 하나님은 선택하셨다. 그리고 이스라엘의 왕으로 세워주셨다.

그것은 다윗이 원하였던 것도 쟁취한 것도 아니었다. 오직 하나님의 은혜였다. 그래서 다윗이 자신을 소개하는 두 번째 (높이 세워진 자) 세 번째 (야곱의 하나님께로부터 기름 부음 받은 자) 말은 수동형이다. 이런 방법으로 다윗은 자신의 현재 모습은 자기 스스로 노력해서 만들어낸 것이 아니라 전적으로 거룩한 하나님의 은혜요 선물이라고 고백했다. 그는 오직 하나님의 영광만을 드러내려 했다.

iv) 그는 네 번째 자기 모습을 소개하면서 '이스라엘의 노래 잘 하는 자'라고 했다. 자신에게 주어진 하나님의 은혜에 감사하며 감격하는 다윗은 저절로 노래하는 자가 되었다. 다윗은 그냥 가사와 곡조만 따라 노래 부르는 사람이 아니었다. 그는 성심성의껏 최선을 다해 노래하는 자가 되었다. 마음과 영혼을 모아서 하나님을 찬양하는 노래를 부른다는 뜻에서 그는 노래를 잘 부르는 사람이었다.

위 네 가지 가운데 최소한 세 가지가 전적으로 주어진 것이다. 다윗이 이새의 아들이 된 것도 그 자신의 의지나 계획이 아니었다. 오늘날 우리도 그렇다. 내가 어느 집 어느 부모를 선택한 것이 결코 아니다. 이것은 나도 모르는 사이에 내게 주어진 것이다.

다윗은 높이 세워진 자였다. 그는 자신을 가리켜 높이 올라온 자라고 말하지 않았다. 여기에는 하나님께서 자신을 높이 올려주셨다는 고백이 들어 있다.

그는 또한 하나님께서 기름을 부어주신 자였다. 이는 하나님께서 특별한 목적과 섭리에 따라 자신을 선택하셨다는 고백이다. 이것도 자기 맘대로 된 것이 아니다. 자기 노력으로 된 것도 아니다. 그가 높아진 것은 그의 공로나 업적이 아니라는 말이다. 오직 은혜이다.

그는 노래 잘하는 자였다. 이것 역시 전적으로는 아니더라도 많은 부분 타고난 것이다. 그는 시와 노래로 하나님을 찬양하는 자였다. 하나님께서 주신 은혜를 묵묵히 묵상만 하는 자가 아니었다. 소리 높여 정성껏 마음을 다하여 찬양하는 사람이었다.

우리는 어떤가? 우리 자신에게 주어진 것을 어떤 마음으로 대하며, 어떤 자세로 활용하는가?

묵상 : 캐스팅 크라운즈가 부른 '내가 누구이길래 (who am I?)'의 가사이다.

내가 누구이길래 이 땅 모든 것들의 주인이 되시는 분이

내 이름을 알기를 원하시는지요.

내 상처 받은 심정을 돌아보시는지요.

내가 누구이길래 빛나는 새벽별이 되시는 분이

끊임없이 방황하는 나의 마음을 위해

나의 길에 빛을 비쳐 주시는지요.

나는 오늘 여기 피었다가 내일이면 쉽게 져버리는 꽃입니다.

넓은 바다에 이리 저리 부딪히는 파도이며

바람에 날아가는 안개입니다.

그래도 주님은 내가 부를 때 들으십니다.

주여, 주님은 내가 넘어질 때 나를 붙잡아 주십니다.

주님은 나에게 내가 누구인지 말해 주십니다.

나는 주님의 것이라고. 나는 주님의 것이라고.

내가 누구이길래 내 모든 죄를 보시는 분이

나를 사랑으로 바라보시며 나를 다시 일으켜 세워주시는지요.

내가 누구이길래 바다를 잠잠케 하시는 목소리가 되시는 분이

비속에서 나를 불러내 주시고

내 안의 폭풍을 잠잠케 해 주시는지요…

64

돋는 해 아침 빛

(삼하 23:4–7))

> 4 그는 돋는 해의 아침 빛 같고 구름 없는 아침 같고 비 내린 후의 광선으로 땅
> 에서 움이 돋는 새 풀 같으니라 하시도다
>
> 5 내 집이 하나님 앞에 이같지 아니하냐 하나님이 나와 더불어 영원한 언약을
> 세우사 만사에 구비하고 견고하게 하셨으니 나의 모든 구원과 나의 모든 소
> 원을 어찌 이루지 아니하시랴
>
> 6 그러나 사악한 자는 다 내버려질 가시나무 같으니 이는 손으로 잡을 수 없음
> 이로다
>
> 7 그것들을 만지는 자는 철과 창자루를 가져야 하리니 그것들이 당장에 불살
> 리리로다 하니라

이것은 다윗이 하나님께서 주신 은혜를 감사하며 찬양하는 내용이다. 갈
등과 분열과 정신적 혼란의 시대에 생겨나는 세파를 다윗은 온 몸으로 겪으
며 살았다. 이런 세상에 살면서도 사람을 공의로 다스리는 자, 하나님을 경
외함으로 다스리는 자로 나설 수 있음이 하나님의 은혜요 선물이다.(3절) 이
상적인 통치자의 모습을 그리는 이것은 둘이면서 하나이다. 진실한 통치자
는 자기 위에 자신보다 더 높으신 분이 계시는 것을 늘 의식하는 사람이다.
그런 통치자에게 하나님께서 내리실 축복이 4절 이하에 나와 있다.

i) 돋는 해 아침 빛 같다. 어둡고 적막했던 밤이 지나고 새벽이 찾아오는 광경을 본 적이 있는가? 어둠이 서서히 물러가고 빛이 찾아오며 마침내 태양이 솟아오른다. 아침에 동쪽에서 돋는 해는 다른 시각의 그것보다 훨씬 더 신선하고 희망차게 느껴지지 않는가? 온갖 어둠을 물리치고 온 세상을 환하게 비추며 솟아오르는 태양은 순결과 생명과 기쁨과 능력과 소망을 나타내는 것이다. 하나님은 '의인의 길은 돋는 햇볕 같아서 점점 빛나서 원만한 광명에 이르거니와'(잠 4:18)라고 말씀했다.

ii) 구름 없는 아침 같다. 예수님을 붙들고 사는 사람은 근심걱정의 먹구름에 포로로 사는 것이 아니라, 그 근심걱정을 우리 대신 져 주시는 주님을 바라보며 살아간다. 그런 사람의 인생은 구름 없는 아침 같아진다.

네 짐을 여호와께 맡기라 그가 너를 붙드시고 의인의 요동함을 영원히 허락하지 아니하시리로다(시 55:22)

초대교회 시절이 어떠하였나? 초대교회 문서에 적힌 사람이름 가운데 아메림노스 필립, 아메림노스 제이콥, 아메림노스 피터 …라는 것이 있다. 성도의 이름 앞에 '아메림노스'가 붙어 있는 것이다. 그것은 염려하지 않는 사람이란 뜻이다. 그 시절은 예수님을 믿는다는 이유 하나만으로 사자 굴에 들어가서 사자 밥이 되어야 할 때였다. 로마의 원형경기장에 많은 사람들이 구경을 하는 그 자리에 며칠 동안 굶긴 사자를 넣었다. 그리고 예수님을 믿는 성도를 그리로 밀어 넣었다. 수많은 믿음의 형제자매들이 그렇게 사자 밥이 되며 죽어갔다. 자칫하면 그와 같이 죽을 수밖에 없는 그 시절에 초대교회 성도는 서로 서로에게 '염려하지 않는 사람○○○'라고 불렀던 것이다.

어떻게 이럴 수가 있었는가? 유다서를 쓴 사도 유다가 '영생에 이르도록 우리 주 예수 그리스도의 긍휼을 기다리라'(유 1:21)는 말씀대로 사는 것 밖에는 다른 도리가 없다. 우리의 영생을 위해 십자가를 지신 주님을 바라볼 때, 주님께서 성도를 위하여 예비하신 저 천국과 저 기쁨을 바라볼 때에만 이리 할 수 있다. 이런 소망이 없으면 죽음을 초월하기는커녕 죽음보다 훨씬 더 잘디 잔 문제에 그 마음과 영혼이 시달리며 살아갈 것이다.

iii) 비 온 뒤의 광선으로 땅에 움이 돋는 새 풀 같다. 이는 처음부터 욕심 내지 말라는 뜻이다. 비가 내린 뒤 땅에서 움이 돋는 새 풀을 보라. 그 모습이 얼마나 약해 보이는가? 살짝만 건드려도 부러진다. 고려시대 어떤 시인은 이렇게 노래했다.

봄비는 가늘어서 방울지지 못하는데
밤이 되니 나직한 소리가 들리네.
눈이 녹아서 남쪽 개울물이 불어나면
새 풀이 얼마나 돋아나려나?

만일 새 움이 돋아났을 때 여름철 소나기같이 장대비가 쏟아지면 그 새 싹들은 부러지거나 죽을 것이다. 하나님께서 봄비를 가늘게 하시는 방법으로 새움(새싹)을 보호하셨다. 우리 인생도 비록 연약하고 여릴 때가 많지만, 그럴 때에도 하나님은 은총의 단비를 내려 주셔서 우리 영혼을 촉촉이 적셔 주시고, 소망의 새움이 돋고 용기와 희망의 새싹이 돋아나게 축복하신다.

비는 하나님께서 내리시는 은혜와 축복을 상징하는 것이다.(사 44:3). 그것은 초목의 생명과 성장을 돕는다. 그 비가 그친 뒤에 하늘은 더욱 맑고 해는 더욱 더 빛난다. 이 때 내리쬐는 햇살은 초목을 더욱 더 싱싱하게 자라게 한다. 이와 같이 하나님의 은총과 축복은 피조물에게 생명력이 넘치게 하는 효력을 나타낸다. 이렇게 볼 때 '움이 돋는 새 풀'은 의심할 여지없이 그리스도의 구원 사역의 열매를 의미하는 것이다

3 나는 목마른 자에게 물을 주며 마른 땅에 시내가 흐르게 하며 나의 영을 네 자손에게, 나의 복을 네 후손에게 부어 주리니 4 그들이 풀 가운데에서 솟아나기를 시냇가의 버들 같이 할 것이라(사 44:3-4)

5절에 내 집이 하나님 앞에 이 같지 아니하냐고 했다. 이것은 앞서 언급한 축복 가득한 은혜가 자신의 집(가문)에 있으리라는 약속이다. '하나님 앞에'라고 옮겨진 말은 본디 하나님과 함께라는 뜻이다. 앞서 언급한 그 아름다운 축복의 주인은 하나님이요, 오직 하나님과 함께 하는 자에게 이루어질 은총이라는 말이다.

이는 다윗이 자신의 기대나 상상에 따른 것이 아니라 하나님이 이미 주신 약속이다. 하나님은 i) 영원한 언약을 세우신 분이요 ii) 만사를 아쉬움 없이 갖추어주시는 분이요 iii) 모든 것을 견고하게 하시는 분이다.

하나님이 이런 분이시기에 다윗은 자신의 확신을 이렇게 노래했다. '나의 모든 구원과 나의 모든 소원을 어찌 이루지 아니하시랴'(23:5b)

구원과 소원을 이루는 데에는 물론 장애물도 있다. (6절) 그것을 본문은 사악한 자라고 불렀다. 사악한 자라는 말(벨리야알)은 직역하면 벨리알의 아들이다. 이는 반역하는 자 무익한 자 쓸모없는 자 무가치한 자라는 뜻이다. 공동번역은 이를 '하늘 두려운(무서운) 줄 모르는 자들'이라 옮겼다. 그들은 3절에 나오는 '사람을 공의로 다스리는 자, 하나님을 경외함으로 다스리는 자'와 정반대되는 사람들이다.

그런 자를 본문은 '다 내어버려질 가시나무'라고 했다. 이런 것들을 맨손으로 치우려고 하면 손에 상처가 나고 피가 흐를 것이다. 낫이나 곡괭이 같은 농기구가 필요하다. 벨리야알같은 무도한 자를 상대하려면 비무장 상태

로는 곤란하다. 철과 창자루(성령의 검 = 하나님의 말씀? 엡 6:17)를 잡고 상대해야 하는 것이다. 이는 그들에 대한 하나님의 심판은 이렇게 엄격하다는 말이다. 그 심판의 도구는 철과 창 자루 및 불이다. 여기에 쓰인 비유법과 내용에서 이 본문은 시편 1편과 비슷하다.

삼하 23:4-7	시편 1편
공의로 다스리는 자는 아침빛 같다(3-4절) 경건하지 않은 자는 가시나무 같다(6절)	그들(의인)은 나무와 같다(3절) 악인들은 바람에 날리는 겨와 같다(4절)

삼하 23:7b이다.

개역개정(삼하 23:7)	나의 번역
그것들이 당장에 불살리리로다	그러니 그 불로 그들은 그 자리에서 반드시 불태워져야 하리라.

개역개정은 당장이라는 시간 곧 심판이 곧바로 이루어져야 할 것으로만 옮겨졌다. 히브리 성경은 여기서 불태우다란 말을 미완료동사(PK)와 부정사 완료형으로 나란히 기록했다. 이것은 사실 임박성과 완전성을 다 내포한 말이다.

묵상 : 호흡이 있는 자마다 여호와를 찬양하라 (시 150:6)

다윗은 뛰어난 정치가이면서 찬양을 탁월하게 불렀다. 하나님을 찬양하는 시를 많이 쓰고 찬양대를 조직했다.

흔히 찬양에는 네 가지의 힘이 있다고 한다. 위로 올라가는 힘, 아래로 내려오는 힘, 내 가슴속으로 파고드는 힘, 옆으로 퍼져나가는 힘.

하나님을 찬양할 때 나를 주님 가까이로 이끌어주는 역할을 하는 찬송은 위로 올라가는 힘이다.

찬양을 통해 하나님 은혜와 축복이 우리에게 내려오는 체험을 하게 된다. 찬양 속에서 각 사람의 영혼이 위로부터 임하는 은혜로 가까워진다. 서로가 그리스도의 몸의 지체임을 체험하게 한다. 위로부터 내려오는 힘은 우리를 교회(성도의 교제)로 끌어들인다.

찬양 부를 때 나에게 위로와 평화와 회개와 기쁨과 결단과 용기와 소망을 불러일으켜 주는 찬송은 내 가슴 속으로 파고드는 힘이다. 위로 올라가는 힘인 찬송을 신앙의 길잡이라고 한다면, 내 속으로 들어와 기쁨과 용기를 주는 찬송은 소망을 향한 길잡이다.

찬양을 부를 때 곁의 사람도 동화된다. 감정이입이 일어난다. 이것은 옆으로 퍼져나가는 힘이다. 같은 가사, 같은 멜로디를 같은 리듬으로 같이 부를 때 여러 사람의 생각과 감정과 사상이 연결되어 공동예배를 드리는 것이다. (최 효섭, 찬송의 능력 참조)

65

철없는 임금과 용사들

(삼하 23:11-17)

11 그 다음은 하랄 사람 아게의 아들 삼마라 블레셋 사람들이 사기가 올라 거기 녹두나무가 가득한 한쪽 밭에 모이매 백성들은 블레셋 사람들 앞에서 도망하되

12 그는 그 밭 가운데 서서 막아 블레셋 사람들을 친지라 여호와께서 큰 구원을 이루시니라

13 또 삼십 두목 중 세 사람이 곡식 벨 때에 아둘람 굴에 내려가 다윗에게 나아갔는데 때에 블레셋 사람의 한 무리가 르바임 골짜기에 진 쳤더라

14 그 때에 다윗은 산성에 있고 그 때에 블레셋 사람의 요새는 베들레헴에 있는지라

15 다윗이 소원하여 이르되 베들레헴 성문 곁 우물 물을 누가 내게 마시게 할까 하매

16 세 용사가 블레셋 사람의 진영을 돌파하고 지나가서 베들레헴 성문 곁 우물 물을 길어 가지고 다윗에게로 왔으나 다윗이 마시기를 기뻐하지 아니하고 그 물을 여호와께 부어 드리며

17 이르되 여호와여 내가 나를 위하여 결단코 이런 일을 하지 아니하리이다 이는 목숨을 걸고 갔던 사람들의 피가 아니니이까 하고 마시기를 즐겨하지 아니하니라 세 용사가 이런 일을 행하였더라

이 이야기에는 임금도 그저 사람 중에 하나라는 평범한 진리가 드러나 있다. 다윗의 승리는 그 개인이 뛰어난 것만으로 이루어지지 않았다. 그 곁에는 매우 헌신적이고 용감한 사람들이 있었다. 만일 그들이 곁에 없었다면 아무리 탁월한 다윗이라도 그런 업적을 이루지 못하였으리라.

사울과 다윗이 다스리던 시절 이스라엘은 블레셋에게 큰 괴로움을 당했다. 블레셋 민족은 이스라엘의 무기보다 훨씬 더 좋은 철제무기를 보유했다. 게다가 전쟁경험도 많아 상대하기가 여간 까다롭지 않았다. 그러던 차에 다윗의 고향 베들레헴이 블레셋군에게 점령당했다. 자신의 고향이 적의 손에 넘어갔으니 마음이 착잡하였을 것이다. 그는 고향땅을 되찾으려고 베들레헴 맞은편에 진을 쳤다.

대치 상태가 계속되던 어느 날 그에게 어린 시절의 향수가 생각났다. 자신이 어린 시절 즐겨마시던 베들레헴 성문 곁 샘물을 마시고 싶었다. 그는 '베들레헴 성문 곁 우물 물을 누가 내게 마시게 할까'(삼하 23:15)라고 했다. 그냥 지나가는 말이 아니라 간절한 소원이라고 했다. 자신의 군대가 산성에 있고 블레셋 군대가 베들레헴 성에 있어 서로 군사적으로 대치하는 상황 곧 먹느냐 먹히느냐 하는 그 순간에 그런 것을 소원이라고 말하다니? 한편으로 상황파악도 못하는 참 태평한 생각이요, 다른 한편으로 참 철없는 생각이었다.

다윗의 이런 소원은 비웃음이나 비방거리가 되기 십상이다. 다윗의 부하 중에서 용사 세 사람은 어떻게 반응하였는가? 그들은 '요새 주군의 머리가 이상해졌어!'라고 고개를 갸우뚱거리는 대신에 그 말을 마음속 깊이 새겨두었다. 그리고 조용히 물을 구하러 갔다. 진을 친 아둘람 동굴에서 베들레헴은 약 50리 떨어져 있었다. 물 한 바가지 구하려고 적진을 뚫고 왕복 100리(약 40Km) 길을 다녀왔다. 그들이 떠온 우물물은 그냥 물이 아니라 말 그

대로 목숨이요, 생명이었다.

자기 목숨을 걸고 간 부하들이 떠 온 우물물, 그것을 받는 순간 다윗은 정신이 번쩍 들었다. 자신이 얼마나 어리석고 철없는 소리를 하였는지 비로소 깨달았다. 이에 그는 그토록 바라고 소원하던 그 물을 한 모금도 마시지 않았다. 대신 하나님께 바쳤다. 이렇게 말하며: '여호와여 내가 나를 위하여 결단코 이런 일을 하지 아니하리이다 이는 목숨을 걸고 갔던 사람들의 피가 아니니이까'(17절)

바로 이것이 다윗의 위대한 모습들 가운데 하나이다. 그는 돌이킬 줄 알았다. 자신의 잘못을 깨닫자마자 앞뒤 가리지 않고 회개하는 그 모습을 본 부하들은 얼마나 감동을 받았을까? 부하들은 목숨을 각오한 은밀한 헌신으로 그를 감동시켰고, 그는 자신의 육신적인 욕망의 충족을 과감히 포기함으로 부하들을 감동시켰다. 서로가 서로에게 감동을 주는 그 때 그들의 사기는 하늘을 찔렀을 것이다. 이리하여 그들은 공유하는 비전 안에서 더욱 하나가 되었고 결국 나라를 위기에서 구했다.

헌신은 인생을 위대하게 만드는 가장 소중한 덕목이다. 그런 의미에서 다윗과 세 용사는 모두 위대한 사람들이었다. 삼하 23:17은 '세 용사가 이런 일을 하였더라'는 말로 그들을 크게 칭찬했다.

몽고의 징기스칸에게는 끝까지 생사고락을 같이 하며 충성한 사람이 몇 명 있었다. 징기스칸은 그들을 타르 탄이라고 불렀다. 징기스칸은 황제가 되자마자 그 타르 탄들에게 다음과 같은 6가지 특권을 주었다: ① 언제든지 누구의 허락을 받지 않아도 왕의 집에 들어올 수 있다; ② 전쟁이 끝나고 나면 노획물 중에서 가장 좋은 것을 먼저 골라 가질 수가 있다; ③ 세금이 면제된다; ④ 사형에 해당되는 죄를 지어도 9번까지 용서받을 수 있다; ⑤ 나라 안에서 갖고 싶은 땅을 얼마든지 가질 수 있다; ⑥ 이 특권을 앞으로 4대까지 물려준다.

세상 사람도 그렇게 하는데 하물며 신실하신 하나님께서 자신에게 충성된 자에게 어떤 복을 내려주시겠는가? 달란트의 비유에서 주님은 "착하고 충성된 종아 네가 적은 일에 충성하였으매 내가 많은 것을 네게 맡기리니 네 주인의 즐거움에 참여할지어다"라고 말씀하셨다. (마 25:21) 요한계시록에서 하나님은 죽도록 충성한 자에게는 생명의 면류관을 주신다고 말씀하셨다.

묵상 : 주님의 소원이 나에게는 사명(명령)

다윗의 작은 소원이 3인의 용사에게는 지상명령으로 다가왔다. 이는 그들이 다윗을 사랑하며 그에게 헌신하는 증거이다: 친구를 위하여 목숨을 버리는 것보다 더 큰 사랑은 없다.(요 15:13 참조)

이것은 성도와 주님의 관계를 잘 보여준다. 우리는 어떤 위험이나 희생이 있더라도 한 생명을 구원하기 원하시는 예수님의 '가장 작은' 소원을 '가장 큰' 사명(명령)으로 받아들이고자 하는 마음이 있는가?

남명 조식(南冥 曺植 1501-1572)이 말했듯이 '안으로 자신을 밝혀주는 것은 경건이요, 밖의 허물을 끊어주는 것은 의로움이다.'(내명자경 內明者敬 외단자의 外斷者義) - 패인명(佩釰銘)

66

다윗의 동역자

(삼하 23:18-31)

18 또 스루야의 아들 요압의 아우 아비새이니 그는 그 세 사람의 우두머리라 그
가 그의 창을 들어 삼백 명을 죽이고 세 사람 중에 이름을 얻었으니

19 그는 세 사람 중에 가장 존귀한 자가 아니냐 그가 그들의 우두머리가 되었으
나 그러나 첫 세 사람에게는 미치지 못하였더라

20 또 갑스엘 용사의 손자 여호야다의 아들 브나야이니 그는 용맹스런 일을 행
한 자라 일찍이 모압 아리엘의 아들 둘을 죽였고 또 눈이 올 때에 구덩이에
내려가서 사자 한 마리를 쳐죽였으며

21 또 장대한 애굽 사람을 죽였는데 그의 손에 창이 있어도 그가 막대기를 가
지고 내려가 그 애굽 사람의 손에서 창을 빼앗아 그 창으로 그를 죽였더라

22 여호야다의 아들 브나야가 이런 일을 행하였으므로 세 용사 중에 이름을 얻고

23 삼십 명보다 존귀하나 그러나 세 사람에게는 미치지 못하였더라 다윗이 그
를 세워 시위대 대장을 삼았더라

24 요압의 아우 아사헬은 삼십 명 중의 하나요 또 베들레헴 도도의 아들 엘하
난과

25 하롯 사람 삼훗과 하롯 사람 엘리가와

26 발디 사람 헬레스와 드고아 사람 익게스의 아들 이라와

27 아나돗 사람 아비에셀과 후사 사람 므분내와

28 아호아 사람 살몬과 느도바 사람 마하래와

29 느도바 사람 바아나의 아들 헬렙과 베냐민 자손에 속한 기브아 사람 리배의 아들 잇대와

30 비라돈 사람 브나야와 가아스 시냇가에 사는 힛대와

31 아르바 사람 아비알본과 바르훔 사람 아스마웻과

32 사알본 사람 엘리아바와 야센의 아들 요나단과

33 하랄 사람 삼마와 아랄 사람 사랄의 아들 아히암과

34 마아가 사람의 손자 아하스배의 아들 엘리벨렛과 길로 사람 아히도벨의 아들 엘리암과

35 갈멜 사람 헤스래와 아랍 사람 바아래와

36 소바 사람 나단의 아들 이갈과 갓 사람 바니와

37 암몬 사람 셀렉과 스루야의 아들 요압의 무기를 잡은 자 브에롯 사람 나하래와

38 이델 사람 이라와 이델 사람 가렙과

39 헷 사람 우리아라 이상 총수가 삼십칠 명이었더라

이것은 다윗과 함께 한 사람들 37명의 이름이다. 여기에는 삼하 21:15-21 보다 더 많은 사람들이 들어 있다. 그 명단이 37명인데도 삼십명이라 하는 이유가 무엇일까? 아마 원래 30명이었는데 그 가운데 일부가 먼저 죽고 다른 사람이 그 자리를 채운 것이리라.(McCarter; 송병현)

그들 중에는 다윗이 비교적 힘이 없던 시절, 동행하는 것 자체가 위험했던 때부터 함께 한 사람도 있으며, 다윗의 형편이 비교적 안정되었을 때부터 동역한 사람도 있다. 이 부분은 다음과 같이 짜여 있다.(송병현 356)

1. 다윗의 세 용사(삼하 23:8-12)
　　2. 용사들의 충성심
1' 다윗의 삼십 용사(23:18-39)

다윗의 군사들 가운데 가장 용맹스러운 세 사람의 이름과 그 활동이 삼하 23:8-12에 기록되었다. 그 첫째는 요셉밧세벳이다. 그는 다그몬 사람으로 세 용사 중 가장 먼저 소개되었으며, 세 용사 중에서도 우두머리였다. 그의 업적은 한번에 800명을 죽였다고만 되어 있다.

그 둘째는 엘르아살이다. 그는 아호아 사람 도대의 아들이다. 그는 블레셋 군대와 싸워 큰 공을 세웠다.

그 셋째는 삼마다. 그는 하랄 사람 아게의 아들이었다. 그도 엘르아실처럼 블레셋 군대와 싸워 큰 공을 세웠다. 25에는 하롯 사람 삼마가 있다. 그 둘은 동명이인이다.

그 세 용사 에 더하여 다윗에게는 30용사가 있었다. 그 30용사 가운데 아비새가 있다.(18절) 그는 요압의 동생이다. 그는 자기 창을 들어 300명을 죽이는 업적을 남기는 등 용사들 가운데 가장 뛰어났다고 한다.(18절)

아비새의 형 요압도 있었다. 그런데 어찌 된 일인지 그의 이름은 다윗의 용사들 명단에서 빠져 있다. 다윗에게, 그리고 이스라엘에서 그가 차지하는 비중을 감안할 때 이것은 놀라운 일이 아닐 수 없다. 아마 그가 다윗의 뜻을 어겼던 것과 무고한 피를 흘렸던 것이 그 이유이리라.

그 가운데 브나야도 있다.(20절) 그는 갑스엘 용사의 손자 여호야다의 아들이었다. 그는 힘이 아주 좋고 담력도 있었다. 아주 용맹스러운 자였다. 그는 모압 아리엘의 아들 둘을 죽였다. 그리고 사자를 맨 주먹으로 잡아 죽였다. 풍채가 아주 좋은 이집트 사람, 그것도 창을 손을 들고 있던 사람을 막대기로 이겼다. 다윗은 그를 시위대 대장으로 삼았다. 훗날 그는 아도니야와 솔로몬이 왕위 쟁탈전을 벌일 때 솔로몬의 편에 섰다.(왕상 1:7-8)

아사헬은 요압과 아비새의 형제다.(24절) 그는 죽은 지 이미 오래되었는데도 여기 그 이름을 올렸다.

이 중에는 우리아의 이름도 적혀 있다.(39절) 그는 밧세바의 남편이자 다윗에게 충실한 부하였다. 안타깝게도 그는 왕을 세워달라는 이스라엘 장로들에게 사무엘이 경고했던 것들 가운데 하나가 실제로 일어난 예를 보여주는 인물이 되었다.(삼상 8:10-18)

이 31명의 용사들은 다양한 출신과 성장 배경을 지닌 사람들이다. 개성도 적성도 다르고, 각자의 위치는 달랐어도 이들은 다윗 왕국의 건설과 유지에 나름대로 일조했다.

9 두 사람이 한 사람보다 나음은 그들이 수고함으로 좋은 상을 얻을 것임이라 10 혹시 그들이 넘어지면 하나가 그 동무를 붙들어 일으키려니와 홀로 있어 넘어지고 붙들어 일으킬 자가 없는 자에게는 화가 있으리라 11 또 두 사람이 함께 누우면 따뜻하거니와 한 사람이면 어찌 따뜻하랴 12 한 사람이면 패하겠거니와 두 사람이면 맞설 수 있나니 세 겹 줄은 쉽게 끊어지지 아니하느니라(전 4:9-12)

이 명단을 통해 하나님은 다윗이 다스리는 나라는 다윗 혼자 세운 것도 아니요, 다윗 혼자 이끌어가는 나라도 아니라는 점을 분명히 밝혀주셨

다. 8절의 이끔말을 빼놓으면 여기에는 다윗이란 이름 자체가 나오지 않는다.(Brueggemann 346)

한걸음 더 나아가 그 나라는 사람이 세우거나 다스리는 나라가 아니었다. 삼하 23:1, 12은 그들의 모든 업적은 그들 개인에로부터 나온 것이 아니라, 여호와 하나님에게서 비롯된 것이라고 밝힌다. 그들은 최선을 다해 열심히 싸웠으며, 여호와 하나님은 그들에게 승리를 안겨주셨다.(삼하 23:10, 12) 이 용사들은 하나님께서 자신의 뜻을 이루어가는 통로에 부름을 받았다. 그리고 그 사명을 충실히 감당했다.

너희도 성령 안에서 하나님이 거하실 처소가 되기 위하여 그리스도 예수 안에서 함께 지어져 가느니라(엡 2:22)

적용: 노병은 사라질 뿐이다(?)

1951년 4월 19일. 미국 워싱턴DC 상하 양원 합동회의장에 맥아더(Douglas MacArthur) 장군이 섰다. 그는 다음과 같은 연설도 자신의 군 생활을 갈음했다. "…저는 지금 52년간의 군 복무를 마치려고 합니다. 제가 처음 군에 입대할 때 20세기가 시작되기도 전이었습니다. 그것은 제 소년 시절의 모든 희망과 꿈의 실현이었습니다. 제가 웨스트포인트 연병장에서 임관하던 그날 이후로 세상은 여러 번 바뀌었습니다. 그리고 저의 희망과 꿈도 오래 전에 사라졌지만, 저는 그 시절 가장 즐겨 부르던 어느 군가의 후렴 한 구절을 기억하고 있습니다. 그 노래는 '노병은 죽지 않는다. 다만 사라질 뿐이다'(Old soldiers never die; They just fade away)라고 당당하게 선언합니다. 그리고 그 노래 속의 노병처럼 이제 저는 제 군 생활을 마감하고 사라지려 합니다…"

맥아더는 어떤 의미로 이 말을 인용했을까? 죽는 것은 생명력 자체가 없어지는 것이고, 사라지는 것은 외형은 없어지나 생명력이나 영향력은 여전히 존재한다는 뜻이리라. 어떤 사람은 장군이라는 그의 직위가 죽을 때까지 이어지므로 비록 군복을 벗더라도 '원수(元帥)' 계급은 계속 남는다는 뜻으로 보았다. 다른 사람은 그가 더 이상 군인이 아니더라도 현역 시절 그가 남긴 업적과 카리스마는 후배들의 가슴에 계속 살아 있으리라는 의미로 해석했다.

이런 해석들에도 어폐가 있다. 군대를 떠났거나, 전투력을 잃은 병사는 정말 사라지는 것일까? 그는 집에서 쉬기만 할까? 현직에서 실제로 물러난 이들에게도 살아있는 한 할 일이 있다. 또 하고 싶은 일도 있다. 그러니 사라지는 (fade away) 것이 아니라 현직일 때와 다른 길을 걷고 있을 뿐이다. 현직일 때와는 다른 모습으로 인생을 가꾸고 있을 뿐이다.

67

아무 것도 하지 않을 용기

(삼하 24:1-9)

1 여호와께서 다시 이스라엘을 향하여 진노하사 그들을 치시려고 다윗을 격동
시키사 가서 이스라엘과 유다의 인구를 조사하라 하신지라

2 이에 왕이 그 곁에 있는 군사령관 요압에게 이르되 너는 이스라엘 모든 지파
가운데로 다니며 이제 단에서부터 브엘세바까지 인구를 조사하여 백성의 수
를 내게 보고하라 하니

3 요압이 왕께 아뢰되 이 백성이 얼마든지 왕의 하나님 여호와께서 백 배나 더
하게 하사 내 주 왕의 눈으로 보게 하시기를 원하나이다 그런데 내 주 왕은 어
찌하여 이런 일을 기뻐하시나이까 하되

4 왕의 명령이 요압과 군대 사령관들을 재촉한지라 요압과 사령관들이 이스라
엘 인구를 조사하려고 왕 앞에서 물러나

5 요단을 건너 갓 골짜기 가운데 성읍 아로엘 오른쪽 곧 야셀 맞은쪽에 이르러
장막을 치고

6 길르앗에 이르고 닷딤홋시 땅에 이르고 또 다냐안에 이르러서는 시돈으로
돌아

7 두로 견고한 성에 이르고 히위 사람과 가나안 사람의 모든 성읍에 이르고 유
다 남쪽으로 나와 브엘세바에 이르니라

8 그들 무리가 국내를 두루 돌아 아홉 달 스무 날 만에 예루살렘에 이르러

> 9 요압이 백성의 수를 왕께 보고하니 곧 이스라엘에서 칼을 빼는 담대한 자가
> 팔십만 명이요 유다 사람이 오십만 명이었더라

삼하 24장은 다윗이 살아생전에 능동적으로 한 일 가운데 마지막 것들을 다룬다. 이것은 세 꼭지이다. i) 다윗의 인구조사(1-9절) ii) 인구조사의 후폭풍(10-17절) iii) 다윗의 예배(제사 20-24절).

그는 이스라엘의 인구를 조사했다. 고대 바벨론이나 이집트, 중국 등은 아주 옛날에도 인구조사를 했다. 그 목적은 크게 두 가지였다. 하나는 국가 재정을 충당하기 위해 세금을 걷고자 함이었다. 다른 하나는 전국의 군사력을 점검해 내우외환에 대비하고자 함이었다.

다윗도 어느 날 이스라엘 인구를 조사하고자 했다. 성경에서 인구조사는 이번이 처음이 아니었다. 출애굽기나 민수기에 따르면(출30:12; 민1:2-47; 4:2-49; 26:2-65 참조) 하나님께서 오히려 그것을 하라고 명령하시기도 했다. 나중에 여호사밧(대하 17:13-18) 아마샤(대하 25:5) 그리고 웃시야(대하 26:11-13)도 그리했다. 그렇다면 그 때와 지금은 무엇이 다른가? 이런 점에서 본문을 놓고 인구조사 그 자체를 부정적으로 보는 시각은 별로 설득력이 없다.

성경에는 인구조사의 목적이 나와 있지 않다. 아마 다른 나라들에서 인구조사를 하는 그 목적과 다르지 않았을 것이다. 성경에는 그가 인구조사를 하려고 자극을 받았다고 했다. 그것을 성경은 이렇게 전했다:

여호와께서 다시 이스라엘을 향하여 진노하사 그들을 치시려고 다윗을 격동시키사 가서 이스라엘과 유다의 인구를 조사하라 하신지라(삼하 24:1)

사탄이 일어나 이스라엘을 대적하고 다윗을 충동하여 이스라엘을 계수하게 하

니라(대상 21:1)

삼하 24:1을 얼핏 보면 마치 하나님께서 다윗에게 인구조사를 시킨 듯이 보인다. 이것과 대상 21:1에 사용된 용어를 살펴보자. 위 두 곳에서 격동(충동)하다는 말(쑤트)은 '충동질하다 선동하다'라는 뜻이다. 이 동사가 전치가 쁘와 같이 쓰인 예가 있다.

> …만일 왕을 충동시켜 나를 해하려 하는 이가 여호와시면 여호와께서는 제물을 받으시기를 원하나이다마는…(삼상 26:19)
> …네가 나를 충동하여 까닭 없이 그를 치게 하였어도 그가 여전히 자기의 온전함을 굳게 지켰느니라(욥 2:3)

그렇다면 삼하 24:1은 무슨 뜻일까? 다윗은 자신의 마음에 일어나는 충동에 따라 인구를 조사했다. 누가 그를 충동하였나? 사무엘하 24장은 다윗의 행동이 여호와의 진노에 따른다고 했다. 역대기상 21:1은 사탄이라고 했다.

이 부분이 잘 이해되지 않는다. 하나님께서 진노하신 이유가 무엇인지, 인구조사가 나쁜 이유가 무엇인지를 딱 부러지게 알려주지 않기 때문이다. 우리는 다만 미루어 추측할 수 있을 뿐이다.

어떤 이들은 1절 '이스라엘을 향하여 진노하사 그들을 치시려고'라는 말씀에 착안하여 압살롬과 세바의 반역에 동조한 백성을 벌주려는 것이라고 해석했다. 다른 이들은 21장과 연결시켜 이 본문을 풀이하려고 한다. 위와 같이 생각해 볼 수도 잇을 것이다. 그렇지만 성경은 여호와께서 무슨 이유로 화를 내셨는지 전혀 언급하지 않았다는 사실을 염두에 두는 것이 매우 중요하다. 잘 이해가 되지 않을지라도.

신앙인인 우리는 하나님의 이름으로 하나님께서 원하지 않는 일을 할 때가 가끔 있다. 자기 딴에는 하나님 영광을 위하여 한다고 말한다. 하나님 이름을 들어가며 열심히 하기도 한다. 객관적으로 볼 때에는 전혀 그렇지 않을 때에도 그리할 때가 있다.

다윗의 경우에도 마찬가지 아니었을까? 겉으로는 아마 하나님께서 이스라엘에게 얼마나 큰 복을 내리셨는지, 국방력을 얼마나 튼튼하게 해 주셨는지를 확인하여 영광을 돌린다는 명분을 내세웠을지 모른다. 속으로는 자신의 업적을 과시하려는 뜻을 품고 있으면서. 바로 이것을 놓고 성경은 '충동'이라고 했다. 내용으로는 자기 스스로 자신을 충동질한 것이다. 겉으로만 하나님 이름을 들먹였을 뿐이다. 이런 뜻에서 사무엘하와 역대기상의 기록은 크게 다르지 않다.

여호와의 진노와 심판을 당하는 줄도 모르고 혹은 알면서도 다윗의 자아 의지가 너무 강하여서 이 일에 스스로 몰두하였고 거기에 빠져든 것이다. 역대기상은 바로 그것을 사탄의 충동질이라고 표현했다. 어떤 학자들은 대상 21;1의 사탄에 정관사가 붙지 않은 것에 착안하여 이를 사탄에 대한 일반적인 호칭이라기보다는 고유명사라고 보기도 한다.(Hamilton 367, Auld 604-5)

인구조사를 위해 그는 장군 요압을 불러들여 명령했다.

다윗: 너는 이스라엘 모든 지파 가운데로 다니며 이제 단에서부터 브엘세바까지
　　　인구를 조사하여 백성의 수를 내게 보고하라
요압: 이 백성이 얼마든지 왕의 하나님 여호와께서 백 배나 더하게 하사 내 주 왕
　　　의 눈으로 보게 하시기를 원하나이다 그런데 내 주 왕은 어찌하여 이런 일

을 기뻐하시나이까

이 대화에 인구조사가 하나님의 심판을 받을 수밖에 없는 이유가 숨어 있다. 여기서 다윗의 주요 관심사가 어디에 있는지 드러났다. 다윗은 백성의 숫자에 요압은 하나님의 섭리에 중심을 두었다. 요압의 반대가 왕의 권력이 각 지파와 촌락에 일일이 개입하려는 관료주의에 대한 것인지(Brueggemann 392), 아니면 여호와의 보호와 권능에 대한 신뢰 대신에 자신이 다스리는 나라가 어느 정도의 힘을 가지고 있는지, 이스라엘의 국력과 부가 어느 정도인지 확인하고픈 것인지는(Gunn & Fewell 126) 분명하지 않다.

인구를 조사하라는 다윗의 명령에 요압은 탐탁지 않게 대꾸했다. 만일 필요하다면 하나님께서 함께 하실 것이며, 병력을 지금보다 백배나 더 강하게 해 주실 터인데 군이 세상의 다른 왕들처럼 군사력을 점검하며 자신의 힘을 계산하려느냐는 것이었다.

다윗과 요압의 태도가 완전히 뒤바뀌었다. 젊은 시절 다윗은 하나님 한 분만 의지하고 골리앗에게 달려들었다. 실제로 다윗이 전쟁에서 거둔 승리는 군사력에 달려 있지 않다는 것을 증명하는 것이었다. 그런 신앙을 바탕으로 다윗은 이제까지 나라와 신하를 이끌어 왔다. 이제 나라가 제법 부강해지고 견고하게 서니까 막상 엉뚱한 생각을 하기 시작했다. 그것이 인구조사로 나타났다.

요압의 문제제기를 다윗은 받아들이지 않았다. 그가 재촉하자 관리들이 나가서 전국을 샅샅이 돌아다녔다. 2-4절은 다윗의 명령을 주된 내용으로 하고 5-7절은 요압이 그 명령에 따르는 것을 내용으로 하고 있다. '이스라엘 모든 지파 가운데로 다니며 단에서부터 브엘세바(2절)까지'라고 한 것에서 단은 가장 북쪽 마을이고 브엘세바는 가장 남쪽 마을이다. 그러므로 단

413

에서 브엘세바까지란 이스라엘 국토 전체를 일컫는 말이다.

충동이란 말과 비슷하게 발음되는 낱말(슈트)이 2절과 8절에 쓰였다. 우리말 성경은 이를 (두루) 다니다로 옮겼다. 그것은 (먼 곳까지) 돌아다니다는 뜻이다. 마치 어디를 다녀왔느냐는 여호와의 물음에 사탄이 '땅을 두루 돌아 여기저기 다녀왔나이다(욥 1:7) 땅을 두루 돌아 여기 저기 다녀왔나이다'(욥 2:2) 라고 대답하였던 것처럼.(슥 4:10도 참조)

9개월 20일 동안에 걸쳐 전체인구를 조사했다.(8절) 그 결과는 참으로 대단했다. 전쟁터에 나가 군사가 될 수 있는 장정이 유다지역에 50만 명, 이스라엘 지역에 80만 명 도합 130만명이나 되었다. 다윗은 실로 의기양양할 만 했다. 백삼십만 대군 – 고대 사회에서 이것이 얼마나 큰 숫자던가! 이렇게 볼 때 다윗은 이미 마음중심에 잘못된 동기를 품고 있었다. 이 조사는 이스라엘이 출애굽 광야 시대에 인구를 조사하였던 것과 차원이 전혀 달랐다. 그는 자신의 힘이 얼마나 되는지 가늠해보고자 한 것이다. 다시 말해 자신에게 힘이 이만큼 있다, 내가 이만큼이나 이룩했다고 자랑하고 싶었던 것이다.

在德不在險(재덕부재험)이란 말이 있다. 《사기》〈손자오기열전(孫子吳起列傳)〉1권에 나온다. 나라의 안전은 임금의 덕에 있지, 지형의 험준함에 있지 않다. 곧 나의 안위는 임금의 덕정(德政)에 있지 견고한 요새(要塞)에 있는 것이 아니라는 뜻이다. 그 유래는 다음과 같다.

위(魏)나라 무후(武侯)가 서하에 배를 띄우고 물결 따라 내려가다가 오기를 돌아보며 이렇게 말했다. '훌륭하구나, 이 험준한 산하의 요새여! 이것이야말로 위의 보배로다.'

이에 오기가 대답했다. "나라의 보배는 임금의 덕행이지 산하의 험고(險固)함이 아닙니다. 옛날 삼묘씨(三苗氏는 하(夏)나라 우왕(禹王)에게 멸망함)의 나라는 동정호(洞庭湖)가 왼쪽에 있고 팽려호가 오른쪽에 있는 험한 땅이었으나, 덕과 의를 닦지 못해 우(禹)가 이를 멸망시켰습니다.

하(夏)의 걸왕(桀王)의 거처는 황허강과 제수(濟水)가 왼쪽에 있고 태산, 화산(華山)이 오른쪽에 있으며, 이궐(伊闕)이 남쪽에 있고 험고한 양장산(羊腸山)이 그 북쪽에 있었으나 그의 정치가 어질지 못하여 은(殷)나라의 탕왕(湯王)에게 방벌(放伐)되었습니다.

은나라의 주왕(紂王)은 맹문산(孟門山)이 왼쪽에 있고 태행산(太行山)이 오른쪽에 있으며, 상산(常山)이 그 북쪽에 있고 대하(大河)가 그 남쪽을 지나고 있었으나 정치를 하는데 덕이 없어 주(周)나라의 무왕(武王)이 이를 죽였습니다.

이런 사실을 근거로 하여 관찰해 보면, 나라의 보배는 인간의 덕에 있는 것이지 산하가 험고한 데 있는 것은 아닙니다. 만약 임금이 덕을 닦지 아니하면 이 배 안의 사람들이 모두 적이 될 것입니다."

사람은 누구나 자기 잘난 것을 드러내고 싶어 한다. 이런 것 자체가 결코 좋은 것이라 말할 수 없다. 성경은 인간적인 자랑을 죄로 지목할 정도이다. 물론 자랑 자체가 아주 나쁘다고 말할 수도 없다. 그보다 더 나쁜 것이 있다. 겉으로는 하나님께 영광을 돌리는 척 하면서 실제로는 자기 자신을 과시하거나 찬양하는 것이다. 이는 신앙의 탈을 쓴 교만이다. 비신앙적인 행동이다.

오늘날 흔히 말하는 간증 또는 간증집회에도 겉으로는 하나님 이름이 수없이 거론된다. 그런데도 간증의 내용은 결국 자기자랑인 경우가 허다하다. 하나님 이름으로 자기를 내세우거나 자랑하는 일이 우리에게 얼마나 많은

가?!

오늘날 각 지자체들은 행사와 개발의 망령에 사로잡혀 있다. 자신의 업적
(?)을 과시하려는 욕심 앞에 각 지방마다 산도 들도 강도 그 안의 풀과 나무
와 물고기도 남아나지 않는다. 산과 들을 있는 그대로 두어 그들이 노래를
부르게 놓아두지 않는다. 풀과 나무들을 그대로 두어 그들이 손뼉치며 즐
거워하게 놓아두지 않는다.(사 55:12 참조) 산과들이 부르는 노래를 들을 귀,
풀과 나무들이 치는 손뼉을 함께 즐길 마음을 세속적인 욕심에 빼앗겨 버
린 것이다.

우리와 우리 시대에는 진실로 산들과 언덕들이 즐겁게 노래 부를 수 있
게 창조된 모습 그대로를 두고 보는 마음의 여유가 필요하다. 나무와 풀과
물고기들이 기쁘게 손뼉칠 수 있도록 느긋하게 바라보는 믿음이 필요하다.

묵상: 그리스도인이라 말할 때

그리스도인이라고 말할 때에는 구원받은 자임을 외치는 것이 아니라
한 때 죄인이었음을 속삭이는 것이다.
그래서 하나님을 선택하였노라.

교만한 마음으로 자랑하는 것이 아니라
여전히 실수하는 자임을 고백하는 것이다.
그래서 하나님의 도움이 필요하노라.

강한 자임을 드러내는 것이 아니라
약한 자임을 고백하는 것이다.
그래서 하나님이 힘주시기를 기도하노라.

성공했음을 자랑하는 것이 아니라
실패했음을 시인하는 것이다.
내가 진 빚을 다 갚을 수가 없노라.

모든 것을 안다는 것이 아니라
몰라서 혼란스러움을 시인하는 것이다.
그래서 겸손히 하나님의 가르치심을 구하노라.

온전하다고 주장하는 것이 아니라
부족함이 많음을 인정하는 것이다.
그래서 오직 하나님의 인정하심을 믿노라.

삶의 고통이 사라졌다는 것이 아니라
여전히 내 몫의 고통을 지겠다는 것이다.
그래서 하나님의 이름을 찾노라고.

그리스도인이라고 말 할 때는 다른 사람을 판단하겠다는 것이 아니라
판단의 권위가 내게 없음을 말하는 것이다.
오직 하나님의 사랑을 받고 있을 뿐이다. (캐롤 위머)

68

하나님의 손에 빠지렵니다

(삼하 24:10-17)

10 다윗이 백성을 조사한 후에 그의 마음에 자책하고 다윗이 여호와께 아뢰되 내가 이 일을 행함으로 큰 죄를 범하였나이다 여호와여 이제 간구하옵나니 종의 죄를 사하여 주옵소서 내가 심히 미련하게 행하였나이다 하니라

11 다윗이 아침에 일어날 때에 여호와의 말씀이 다윗의 선견자 된 선지자 갓에 게 임하여 이르시되

12 가서 다윗에게 말하기를 여호와께서 이와 같이 말씀하시기를 내가 네게 세 가지를 보이노니 너를 위하여 너는 그 중에서 하나를 택하라 내가 그것을 네 게 행하리라 하셨다 하라 하시니

13 갓이 다윗에게 이르러 아뢰어 이르되 왕의 땅에 칠 년 기근이 있을 것이니이 까 혹은 왕이 왕의 원수에게 쫓겨 석 달 동안 그들 앞에서 도망하실 것이니 이까 혹은 왕의 땅에 사흘 동안 전염병이 있을 것이니이까 왕은 생각하여 보고 나를 보내신 이에게 무엇을 대답하게 하소서 하는지라

14 다윗이 갓에게 이르되 내가 고통 중에 있도다 청하건대 여호와께서는 긍휼 이 크시니 우리가 여호와의 손에 빠지고 내가 사람의 손에 빠지지 아니하기 를 원하노라 하는지라

15 이에 여호와께서 그 아침부터 정하신 때까지 전염병을 이스라엘에게 내리시 니 단에서부터 브엘세바까지 백성의 죽은 자가 칠만 명이라

16 천사가 예루살렘을 향하여 그의 손을 들어 멸하려 하더니 여호와께서 이 재
앙 내리심을 뉘우치사 백성을 멸하는 천사에게 이르시되 족하다 이제는 네
손을 거두라 하시니 여호와의 사자가 여부스 사람 아라우나의 타작마당 곁
에 있는지라

17 다윗이 백성을 치는 천사를 보고 곧 여호와께 아뢰어 이르되 나는 범죄하였
고 악을 행하였거니와 이 양 무리는 무엇을 행하였나이까 청하건대 주의 손
으로 나와 내 아버지의 집을 치소서 하니라

이것은 다윗이 인구조사를 한 다음에 겪는 후폭풍에 관한 이야기이다. 우
선 다른 사람보다도 다윗 자신이 신앙양심에 가책을 느꼈다.(10절) 다윗이
스스로 자책했다는 말(와야크 렙-다윗 오토)은 그가 사울 임금의 옷자락을 베
고 나서 느꼈던 감정과 같은 것이다.(삼상 24:4-6) 그의 이런 반응은 그 인구
조사는 백성의 숫자만 헤아려보자는 순수한 것이 아니었음을 말해준다. 사
실 이 일에 군부가 앞장섰다는 것 자체가 곧 군사적 목적의 인구조사라는
것을 암시한다.

물론 그는 항변할 수도 있었다. 다른 나라들도 다 그렇게 하고 있다고. 출
애굽 시대에도 그리 한 적이 있었다고. 만일 그가 이렇게 변명하였더라면
그는 사울과 다름없고 이집트 왕이나 바빌론 왕 등 다른 나라 통치자들과
자신이 똑같다는 것을 자인하는 꼴이 되고 만다. 그가 자신의 행위를 합리
화하지 않고 회개(자책)한 것은 참으로 신앙인다운 태도다.

이 때 하나님께서 선지자 갓을 다윗에게 보내셨다. 그를 통해 심판(형벌)하
는 말씀을 주셨다. 그는 형벌의 종류 세 가지 가운데 하나를 선택하라고 하
면서 '왕은 생각하여 보고 나를 보내신 이에게 무엇을 대답하게 하소서'(13
절)라고 통고했다. 하나님께서 말씀하신 삼자택일은 다음과 같다.(11-14절)

i) 칠 년 기근 ii) 적에게 쫓겨 피난생활 3개월 iii) 사흘 동안 계속될 전염병

이스라엘과 다윗에게 내릴 심판의 내용을 다윗 왕에게 결정하라고 맡긴 일은 매우 이례적인 것이다. 회개하는 다윗의 정상을 참작한 탓일까? 아니면 중심을 보시는 하나님께서(삼상 16:7 참조) 그에게 벌을 주시는 과정에서도 그의 중심을 보시고자 하신 것일까? 심판받을 당사자인 다윗 왕에게 형벌의 내용을 선택할 기회를 주신 것이다. 이것은 참으로 놀라운 은혜인 동시에 시험이다. 그것의 선택 자체가 그의 마음 중심을 드러내는 것이기 때문이다.

에스겔 예언자는 하나님께서 자신의 백성에게 내리는 징계(형벌)에 대해 이렇게 말씀을 전했다.(신 28:15-25 참조)

21 주 여호와께서 이같이 이르시되 내가 나의 네 가지 중한 벌 곧 칼과 기근과 사나운 짐승과 전염병을 예루살렘에 함께 내려 사람과 짐승을 그 중에서 끊으리니 그 해가 더욱 심하지 아니하겠느냐 22 그러나 그 가운데에 피하는 자가 남아 있어 끌려 나오리니 곧 자녀들이라 그들이 너희에게로 나아오리니 너희가 그 행동과 소행을 보면 내가 예루살렘에 내린 재앙 곧 그 내린 모든 일에 대하여 너희가 위로를 받을 것이라(겔 14:21-22)

칠년 가뭄(흉년)이 들거나 적에게 세 달 동안 쫓긴다 하더라도 자신의 생명과 지위를 유지하는데 전혀 지장이 없다. 그런데도 다윗 왕은 세 번째 것을 선택했다. 이것을 선택하며 그는 말했다:

우리가 여호와의 손에 빠지고 내가 사람의 손에 빠지지 아니하기를 원하노라(14절)

비록 이 세 가지가 모두 하나님께서 일으키시는 것이라 할지라도 기근의 무게는 자연에 있다. 두 번째 것의 무게 중심은 인간의 믿을 수 없는 잔혹함이다. 사람의 손에 빠지는 것은 이를테면 사울에게 쫓겨 다니던 것이다. 전염병의 형벌은 여호와의 자비와 긍휼을 호소하기에 가장 합당한 것이었다. 그의 선택은 (자연)세계나 사람보다는 하나님을 의지하는 신앙을 보여주었다. 여호와의 손에 빠진다는 말은 받아 마땅한 징벌을 순순히 받아들인다는 뜻이다. 그리고 더 나아가 자비와 긍휼이 풍성하신 하나님의 은총을 신뢰한다는 뜻이다.

이스라엘 온 땅에 전염병(역병)이 일어났다. 그로 인하여 삼일 동안 7만 명이 죽었다. 실로 엄청난 재앙이었다. 전쟁이 일어나도 삼일 동안 이렇게 많은 사람이 죽기는 흔치 않을 것이다. 그 당시 전염병은 상상 이상의 위력을 가지고 있었다. 물론 옛날만이 아니다. 오늘날에도 구제역 메르스 등은 온 나라를 들썩일 정도로 그 파장이 크다. 최첨단 의료기술로도 그 위력을 제어하기 어렵다.

이 징계를 통하여 다윗은 무엇을 잃고 무엇을 얻었을까? 우선 그가 자랑하려는 힘 곧 군사력을 의지하는 것이 얼마나 무모한 것인지를 그는 배웠다. 형벌 항목 중에 전쟁이 있었다. 비록 3개월을 피난 다니더라도 다윗은 자신이 소유한 군사력을 바탕으로 적들을 이내 물리칠 수 있었다. 그런데도 그는 군사력을 의지하지 않았다.

여호와께서 집을 세우지 아니하시면 세우는 자의 수고가 헛되며 여호와께서 성을 지키지 아니하시면 파수꾼의 깨어 있음이 헛되도다(시127:1)
너희는 인생을 의지하지 말라 그의 호흡은 코에 있나니 셈할 가치가 어디 있느냐(사 2:22)

두 번째로 그는 자기 일에 자기가 책임지는 것을 배웠다.

다윗이 백성을 치는 천사를 보고 곧 여호와께 아뢰어 이르되 나는 범죄하였고 악을 행하였거니와 이 양 무리는 무엇을 행하였나이까 청하건대 주의 손으로 나와 내 아버지의 집을 치소서 하니라(삼하 24:17)

이것은 매우 귀중한 배움이었다. 전에 그는 자기 딸 다말과 맏아들 암몬 사이에 일어난 일에 자기 책임을 회피하다가 더 큰 화를 불러 들였다. 그는 똑같은 실수를 되풀이 하지 않았다. 그때의 뼈아픈 경험을 한 그는 이번에는 자기 몫의 고난과 자기 몫의 책임을 스스로 짊어지기를 주저하지 않았다.

세 번째로 그는 하나님께 매를 맞는 것이 사람에게 매를 맞는 것보다 나음을 배웠다. 이런 모습은 사도들에게도 전통으로 이어졌다.

27 그들을 끌어다가 공회 앞에 세우니 대제사장이 물어 28 이르되 우리가 이 이름으로 사람을 가르치지 말라고 엄금하였으되 너희가 너희 가르침을 예루살렘에 가득하게 하니 이 사람의 피를 우리에게로 돌리고자 함이로다 29 베드로와 사도들이 대답하여 이르되 사람보다 하나님께 순종하는 것이 마땅하니라(행 5:27-29)

이제 내가 사람들에게 좋게 하랴 하나님께 좋게 하랴 사람들에게 기쁨을 구하랴 내가 지금까지 사람들의 기쁨을 구했다면 그리스도의 종이 아니니라(갈 1:10)

참으로 귀한 태도이다. 이것이야말로 오늘날의 성도와 교회가 반드시 회복해야 할 마음가짐이라 아니할 수 없다.

묵상

여호와여 영광을 우리에게 돌리지 마옵소서 우리에게 돌리지 마옵소서 오직

주의 인자하심과 진실하심을 인하여 주의 이름에 돌리소서(시 115:1)

69

아픔의 자리가 예배의 자리로

(24:18-25)

18 이 날에 갓이 다윗에게 이르러 그에게 아뢰되 올라가서 여부스 사람 아라우나의 타작 마당에서 여호와를 위하여 제단을 쌓으소서 하매

19 다윗이 여호와께서 명령하신 바 갓의 말대로 올라가니라

20 아라우나가 바라보다가 왕과 그의 부하들이 자기를 향하여 건너옴을 보고 나가서 왕 앞에서 얼굴을 땅에 대고 절하며

21 이르되 어찌하여 내 주 왕께서 종에게 임하시나이까 하니 다윗이 이르되 네게서 타작 마당을 사서 여호와께 제단을 쌓아 백성에게 내리는 재앙을 그치게 하려 함이라 하는지라

22 아라우나가 다윗에게 아뢰되 원하건대 내 주 왕은 좋게 여기시는 대로 취하여 드리소서 번제에 대하여는 소가 있고 땔 나무에 대하여는 마당질 하는 도구와 소의 멍에가 있나이다

23 왕이여 아라우나가 이것을 다 왕께 드리나이다 하고 또 왕께 아뢰되 왕의 하나님 여호와께서 왕을 기쁘게 받으시기를 원하나이다

24 왕이 아라우나에게 이르되 그렇지 아니하다 내가 값을 주고 네게서 사리라 값 없이는 내 하나님 여호와께 번제를 드리지 아니하리라 하고 다윗이 은 오십 세겔로 타작 마당과 소를 사고

424

> 25 그 곳에서 여호와를 위하여 제단을 쌓고 번제와 화목제를 드렸더니 이에 여호와께서 그 땅을 위한 기도를 들으시매 이스라엘에게 내리는 재앙이 그쳤더라

이것은 다윗이 여호와를 위하여 제단을 쌓는 이야기이다. 이렇게 한 데에는 앞서 살펴본 대로 매우 안타까운 사건이 깔려 있다. 다윗 왕의 그릇된 행위가 이스라엘 백성에게 크나큰 전염병(재앙)을 가져왔다.

하나님께서 전염병으로 백성을 심판하실 때 다윗은 아라우나의 타작마당에서 그 임무를 수행하는 천사를 보았다. 그 일이 너무나도 가슴 아픈 나머지 그는 그 벌이 자신과 자기 집안에 내리기를 원할 정도였다.(17절) 하나님은 선지자 갓을 그에게 보내시며 바로 그 아픔의 자리에 제단을 쌓으라고 하셨다.(18절)

그는 그 말씀에 순종하여 타작마당으로 갔다. 그 마당의 주인인 아라우나는 그 마당과 번제에 필요한 모든 도구를 그냥 쓰라고 흔쾌히 내주었다. 이에 다윗 임금은 말했다:

그렇지 아니하다 내가 값을 주고 네게서 사리라 값 없이는 내 하나님 여호와께 번제를 드리지 아니하리라(삼하 24:24)

그리고 아라우나에게 은 50 세겔을 주고 타작마당과 소를 사서 번제를 드렸다. 다윗은 남의 소유를 공짜로 가져다가 여호와께 제사를 드리는 것은 온전한 예배가 아니라고 믿었다.

그에게 아라우나를 압도할 힘이 없어 대가를 지불하였을까? 아니다. 다

425

윗에게는 그럴 만한 힘이 충분이 있었다. 그 힘으로 얼마든지 빼앗을 수도 있었다. 그 힘을 가지고 그는 한 때 남의 아내도 차지하였고 그 남편의 목숨까지 빼앗았다. 이제 그는 알았다. 남의 것을 공짜로 힘으로 차지하는 것이 자기 자신의 인생을 얼마나 호되게 파괴하는지를. 이제 그는 정당한 값을 지불하는 사람이 되었다. 이것이 하나님을 만난 사람의 특징이요 하나님을 만나려는 사람의 자세이다. 예수님을 만난 삭개오가 말했다:

만일 누구의 것을 속여 빼앗은 일이 있으면 네 갑절이나 갚겠나이다(눅 19:8)

아브라함이 이미 이런 본을 보여주었다.(창 23:12-18 참조) '개같이 벌어서 정승같이 쓰라'는 말은 세상에서는 통할지 몰라도 교회나 신앙생활에는 통용되어서 아니 된다. 이것은 거의 대부분 영적 생활을 침해하는 독소이다.

다윗은 아라우나의 타작마당과 소를 정당한 값을 주고 구입했다. 그곳에 제단을 쌓고 여호와께 번제와 화목제를 드렸다. 이에 여호와께서 화답하셨다. 그분은 기도를 들으시고 이스라엘에게 내리는 재앙이 그치게 하셨다.(25절)

아라우나의 타작마당은 어떤 곳인가? 그 위치는 예루살렘동쪽 모리아에 있다. 그 옛날 믿음의 조상 아브라함이 이삭을 제물로 바치려던 곳이다.(창 22:2) 아브라함이 하나님께 온전히 헌신하였던 자리이다. 여호와 이레의 역사와 하나님의 자비가 나타난 곳이다. 나중에 솔로몬은 이곳에 성전을 세웠다.(대하 3:1) 하나님께서 선지자 갓을 통해 다윗에게 알려주신 이곳은 친히 택하시고 성별하신 자리였다.

다윗은 아라우나의 타작마당에서 번제와 화목제를 드렸다. 번제는 자신과 이스라엘 백성의 죄를 속하기 위한 것이다. 화목제는 하나님께서 죄를 사해 주셨다는 믿음에 기초하여 은총을 베푸실 하나님께 감사드리는 예배이다. 번제는 죄 사함을 위하여 드리는 것이요 화목제는 죄 사함의 은혜를 받은 사람이 드리는 것이다.

성경에서 재앙은 흔히 하나님께서 사람에게 불편함을 느끼신다는 표시였다. 그분이 사람과 불화하시다는 표현이었다. 화목은 그 반대이다. 이것은 하나님과 우리 사이의 교류(친교)를 방해하는 장애물을 제거하는 하나님의 방법이다.

24 만일 주의 백성 이스라엘이 주께 범죄하여 적국 앞에 패하게 되므로 주의 이름을 인정하고 주께로 돌아와서 이 성전에서 주께 빌며 간구하거든 25 주는 하늘에서 들으시고 주의 백성 이스라엘의 죄를 사하시고 그들과 그들의 조상들에게 주신 땅으로 돌아오게 하옵소서 26 만일 그들이 주께 범죄함으로 말미암아 하늘이 닫히고 비가 내리지 않는 주의 벌을 받을 때에 이 곳을 향하여 빌며 주의 이름을 인정하고 그들의 죄에서 떠나거든 27 주께서는 하늘에서 들으사 주의 종들과 주의 백성 이스라엘의 죄를 사하시고 그 마땅히 행할 선한 길을 가르쳐 주시오며 주의 백성에게 기업으로 주신 주의 땅에 비를 내리시옵소서 28 만일 이 땅에 기근이나 전염병이 있거나 곡식이 시들거나 깜부기가 나거나 메뚜기나 황충이 나거나 적국이 와서 성읍들을 에워싸거나 무슨 재앙이나 무슨 질병이 있거나를 막론하고 29 한 사람이나 혹 주의 온 백성 이스라엘이 다 각각 자기의 마음에 재앙과 고통을 깨닫고 이 성전을 향하여 손을 펴고 무슨 기도나 무슨 간구를 하거든 30 주는 계신 곳 하늘에서 들으시며 사유하시되 각 사람의 마음을 아시오니 그의 모든 행위대로 갚으시옵소서 주만 홀로 사람의 마음을 아심이니이다(

대하 6:24-30)

이것은 아리우나의 타작마당에 성전을 세운 솔로몬이 성전을 봉헌하며 드린 기도 가운데 한 대목이다. 여기서 죄 사함이란 곧 하나님의 진노하심이 그치고, 재앙이 사라진다는 뜻이다.

아리우나의 타작마당은 진리와 영으로 드리는 예배를 통해서 오류와 자책과 재앙이 한꺼번에 해결되는 은혜의 자리로 변모되었다. 하나님 편에 하나님과 가까이 있느냐가 이스라엘에게 가장 중요하다. 백성의 많고 적음이나 군사력이 강하고 약함이 문제가 아니다.(삿 7장 참조) 예배는 하나님께 가까이 나아가는 통로이다. 세속적인 계산과 행동으로 더럽혀진 피를 성령과 말씀으로 투석하는 자리이다.

묵상: 예배의 자리

무릇 하나님께 드리는 예배는 자기 마음에 든다고 아무데서나 아무렇게나 드리는 것이 결코 아니다. 하나님과 화목하기 위해서는 거룩하고 성별되어야 한다. 장소도 거룩해야 하고, 방법도 거룩하여야 한다. 그래야 영과 진리로 드리는 예배이다.

오늘날 지구촌 곳곳에서 재앙이 일어나고 있다. 이전에 없었던 지진, 태풍, 온난화, 가뭄, 홍수, 화산, 쓰나미, 해수면의 상승, 육지의 사막화 등 하나님의 재앙이 지구를 덮고 있다. 이런 때 우리 그리스도인들에게 화목제가 필요하다. 인간이 진실과 영으로 하나님께 예배드리는 것이 필요하고, 하나님께서 인간을 용서하시고 재앙이 그치게 하시는 긍휼이 필요한 시대이다.

70

윗방아기

(왕상 1:1-4)

> 1 다윗 왕이 나이가 많아 늙으니 이불을 덮어도 따뜻하지 아니한지라
>
> 2 그의 시종들이 왕께 아뢰되 우리 주 왕을 위하여 젊은 처녀 하나를 구하여 그로 왕을 받들어 모시게 하고 왕의 품에 누워 우리 주 왕으로 따뜻하시게 하리이다 하고
>
> 3 이스라엘 사방 영토 내에 아리따운 처녀를 구하던 중 수넴 여자 아비삭을 얻어 왕께 데려왔으니
>
> 4 이 처녀는 심히 아름다워 그가 왕을 받들어 시중들었으나 왕이 잠자리는 같이 하지 아니하였더라

이것은 다윗 임금이 윗방아기를 들이는 이야기이다. 사무엘 상하는 사무엘의 탄생부터 시작하여 사울 왕의 통치 그리고 다윗의 등장과 왕위 등극 및 통치를 다루었다. 열왕기상은 그 다윗임금이 죽고 그 아들들이 대를 이어가는 한편 나라가 두쪽 나는 이야기를 펼쳐 나간다. 이것을 하나의 역사 이야기로 보는 그리스어 칠십인역이나 라틴어 불가타는 사무엘상하와 열왕기상하를 따로 구분하지 않고 한 권의 책으로 엮었다.

윗방아기란 이미 남자로서의 성적 능력이 다한 노인이 원기를 다시 찾기 위해 잠자리를 같이하는 젊은 여자를 일컫는 말이다. 옛날 우리나라를 비롯한 동양에 그런 풍속이 있었다. '종 딸년 윗방들이듯', '윗방에 상전 모시듯'

등의 속담은 어떤 일이 지극히 당연하다는 점을 강조할 때 쓰는 말이다. 옛날에는 이런 풍습이 그만큼 널리 퍼져 있었다.

중국 명나라 이시진이 지은 "본초강목(本草綱目)"이란 책이 있다. 이것은 일종의 백과사전이다. 한의학에도 큰 영향을 끼쳤다. 이 책에 '이칠이전 소음동침(二七二前 少陰同寢)'이란 말이 있다. 열네 살 이전의 어린 소녀와 동침하는 것이 젊은 기(氣)를 얻기 위한 가장 좋은 방법이라는 것이다. 이는 젊어지고 싶고 장수하고 싶은 이기적인 욕망이 낳은 어두운 풍습이었다. 요즘에 이랬다가는 큰 탈이 날 일이다.

인생의 어느 시기나 다 중요하지만 이런 때가 더욱 중요하다. 마무리를 어떻게 하느냐에 따라 그 인생의 공과가 판가름 난다. 어떤 사람은 평생 아름답고 경건하게 살다가 마지막에 추해져서 생을 마감하기도 한다. 그 반대도 있다. 평생 못난이로 살다가 인생 막판에 오래 오래 기억될 훌륭한 모습을 남기고 가는 사람도 있다. 우리는 아름답고 유익한 마무리를 할 수 있게 평소에 하나님의 도우심을 늘 기도드려야 할 것이다.

이제 다윗 임금은 늙고 나이를 먹었다.(1절) 아마 70세쯤 되었을 것이다.(삼하 5:4-5; 왕상 2:11) 그의 몸에 온기가 다 빠졌다. 이불을 덮어도 추울 만큼. 실제로 그는 노쇠하여 자신의 후계자도 스스로 지목하지 못할 정도였다. 아마 나라의 안위에 대한 염려는 물론 국정에서도 판단착오 조삼모개 등 혼란을 불러왔을 것이다. 이 문제를 해결하려고 시종들이 제안을 했다.(2절) 젊은 처자를 들이자는 것이었다. 본문은 이에 대해 처녀(소녀)를 가리키는 말 두 가지(나아라 뻬툴라)를 동시에 사용했다. 그만큼 젊다(어리다?)는 것을 강조하는 말이다. 그들이 앞장서고 다윗은 지극히 수동적으로 따라가기만 했다. 물론 그렇다 하더라도 이 일 전체에서 가장 큰 책임은 다윗 자신에게 있다.

그들은 이스라엘 전역에서 마땅한 사람을 찾았다. 왕비를 간택하는 것도 아니고 노쇠한 왕을 수종들 여인 하나를 이렇게까지 찾아다녔다는 것은 그만큼 쓸모없는 낭비를 한 셈이다. 그들은 수넴 여인 아비삭을 다윗에게로 데려왔다. 어떤 사람들은 수넴 여인인 아비삭을 아가에 나오는 솔로몬이 사랑한 여인 술람미로 추측하기도 한다.(아 6:13 참조) 그 발음이 수넴과 비슷하다는 것이다. 이는 지나친 억측이다.

아비삭이란 이름은 '실수하다 길을 잘못 들어서다'는 뜻의 동사에서 나왔다. 그 이름 그대로 다윗에게 이런 류의 여성을 붙여준 것은 패착이었다. 그 시대에 이미 성경은 윗방아기를 들임이 별로 효력이 없음을 보여주었다. 그리고 더 나아가 해로운 결과도 보여주었다.

밧세바 사건에 데어서일까? 다윗은 젊은 처자의 시중을 받아들이면서도 육체관계를 맺지 않았다. 이렇게 보면 다윗은 매우 경건한 사람으로 받아들여진다. 다윗이 그녀와 동침하지 않은 것은 단순히 과거의 쓰디쓴 경험 때문만은 아니었으리라. 그녀는 다윗의 원기회복에 아무런 도움이 되지 못했다. 다윗에게 그녀는 그림의 떡이었다. 그럴만한 기력이 없어서일까? 그것만도 아니다. 윗방아기와 동침할 때 성행위는 원래부터 금기 사항이었다. 이를 어기면 얻고자 하던 기를 오히려 몇 곱절 더 빼앗긴다고 여겼기 때문이다.

다른 한편 솔로몬의 형 아도니야가 죽임당하는 데에 이 여인이 직접적인 도화선이 되었다.(왕상 2:17-25) 결국 그녀는 다윗 집안에 불화를 일으키는 씨앗이 되고 말았다, 본래의 목적을 이루지는 못한 채. 시종들의 제안과 다윗의 처신은 그 자체로 건전하지도 효과적이지도 못한 것이었다. 어쨌거나 '그리고 바로 그 왕은 그녀와 절대로 성관계를 맺지 않았다.'(4절 지역)

사람들 중에는 자신이 어긋난 선택(결정)을 한 이유를 주변 사람의 권유에 대는 경향이 있다. 얼핏 듣기에는 그럴 듯하다. 보다 더 깊이 생각해보면 이는 그냥 핑계일 뿐이다. 오히려 자신이 그냥 꼭두각시일 뿐이라고 스스로 인정하는 것이니 이 얼마나 어리석은 것인가! 이런 사람에게는 잘 되면 자기 탓 안 되면 남의 탓 하는 특징이 있다.

묵상: 위방아기

그 옛날 씨받이와 함께 위방아기는 아주 심한 인간(인격) 모독이다. 이것들은 남성위주의(가부장) 사회가 빚어낸 참극이다. 이는 가난하고 신분이 낮은 여성들을 대상으로 한다는 점에서 사회적 강자의 횡포이기도 하다. 특히 윗방아기는 씨받이와는 달리 어리디 어린 소녀를 대상으로 했다는 점에서 더욱 비인간적인 것이었다. 하긴 오늘날에도 어린 아이를 상대로 자신의 성적 욕망을 채우려는 이들이 있으니 예나 지금이나 사람들은 참 못됐다.

양동진은 윗방아기라는 시에서 '누군들 그러고 싶었으랴'고 물으며 '…어떤 사정과 어떤 연유들이… 저 축축한 잎들이 그들의 눈물이었으리'라고 했다.

71

누구나 가는 길

(왕상 2:1-4)

1 다윗이 죽을 날이 임박하매 그의 아들 솔로몬에게 명령하여 이르되

2 내가 이제 세상 모든 사람이 가는 길로 가게 되었노니 너는 힘써 대장부가 되고

3 네 하나님 여호와의 명령을 지켜 그 길로 행하여 그 법률과 계명과 율례와 증거를 모세의 율법에 기록된 대로 지키라 그리하면 네가 무엇을 하든지 어디로 가든지 형통할지라

4 여호와께서 내 일에 대하여 말씀하시기를 만일 네 자손들이 그들의 길을 삼가 마음을 다하고 성품을 다하여 진실히 내 앞에서 행하면 이스라엘 왕위에 오를 사람이 네게서 끊어지지 아니하리라 하신 말씀을 확실히 이루게 하시리라

이것은 다윗이 남긴 유언이다. 그는 죽기 전에 아들 솔로몬을 불러 유언을 남기었다. 그것은 i) 솔로몬의 신앙을 위한 교훈 ii) 왕권 강화를 위해 취해야 할 조치 등 두 부분으로 되어 있다. 성경에서 이런 모습은 낯설지 않다. 야곱이 아들들에게 한 말(창 49장) 모세의 유언(신 31장) 여호수아의 유언(수 18장) 사무엘의 마지막 연설(삼상 12장) 등과 그 흐름을 같이한다. 그 용어와 형식으로 보자면 여호와께서 여호수아에게 주신 첫 말씀에 견주어볼 수 있다.(수 1:2-9)

다윗이 말문을 열었다.(왕상 2:2) '나는 이런 자 곧 그 세상 모두가 가는 길

을 가는 자이다.'(2a 직역) 이것을 현실로 받아들인 다윗이 생각하는 지도자의 첫 번째 덕목은 강하고 담대함이다. 이는 자신의 경험에서 우러난 것이리라. 수많은 적과 반대자들, 내외의 소용돌이 속에서 왕의 자리를 지켜내고 백성을 다스렸던 자신의 경험이 여기에 반영되었으리라.

하나님께서 모세의 뒤를 잇는 여호수아에게 '강하고 담대하라'(수 1:6-7)라고 하셨듯이, 그는 아들 솔로몬에게 '너는 강하여라 그리하여 남자답게 되어라'(직역 2b)고 했다. 개역개정의 '대장부'란 말은 이를 의역한 것이다.

대장부라고 하니까 옛날 시골 마을 어귀에 서 있던 장승(長栍)이 생각난다. 퉁방울눈, 뻐드렁니, 감투를 쓴 험상궂은 혹은 우스꽝스럽게 생겼다. 장승은 보통 남녀 한 쌍으로 되어 있다. 그 몸에는 천하대장군(天下大將軍) 지하여장군(地下女將軍)이라 새겨져 있다.

마을마다 나무를 직접 깎아 만들었기에 장승마다 모양이 조금씩 달랐다. 나무뿌리 쪽이 머리인 것은 다 똑같다. 이것은 조선시대에 들어와 많이 세워졌다. 그런 것이 오늘날에는 관광지나 마을 축제 같은 것을 하는 곳에 세워져 있다.

본디 이것들은 이정표 또는 마을의 수호신 구실을 하는 것이다. 사람들은 하늘과 땅의 도우심을 바라는 마음으로 이것을 세웠다. 그 장승이나 그런 것이 세워진 곳은 신성불가침(神聖不可侵)의 대접을 받은 때도 있었다. 그 기능이 악귀를 쫓는 것이어서 그런지 한결같이 험상궂고 괴상하게 생겼다. 그러면서도 해학적인 모습이 섞여 있었다.

성경은 아주 옛날부터 가르쳐왔다. 천하대장군-지하여장군(남성 신인 바알과 여성 신인 아세라) 같은 우상에게 엎드려 빌 것이 아니라 사람인 우리가 천하대장군-지하여장군이 되라고.

그런 곳을 성경에서 찾아보면 크게 네 곳이다.(블레셋 사람들이 자기들끼리 하는 말은 삼상 4:9를 빼놓고) 성경의 표현이 대장부로 되어 있어도 오늘날에는 당연히 여장부로도 읽어야 하리라. 하나님은 우리에게 대장부-여장부로 살라고 하신다.

내가 이제 세상 모든 사람이 가는 길로 가게 되었노니 너는 힘써 대장부가 되고(왕상 2:2)

너는 대장부처럼 허리를 묶고 내가 네게 묻는 것을 대답할지니라(욥 38:3)

너는 대장부처럼 허리를 묶고 내가 네게 묻겠으니 내게 대답할지니라(욥 40:7)

여러분은 늘 깨어 있으십시오. 굳건한 믿음을 가지고 씩씩하고 용감한 사람이 되십시오.(고전 16:13 공개)

하나님은 이와 같은 뜻으로 여호수아에게도, 이스라엘 민족에게도 말씀하셨다.

너희는 강하고 담대하라 두려워하지 말라 그들 앞에서 떨지 말라 이는 네 하나님 여호와 그가 너와 함께 가시며 결코 너를 떠나지 아니하시며 버리지 아니하실 것임이라 하고(신 31:6)

다윗이 생각하는 지도자의 두 번째 덕목은 여호와의 말씀을 지키며, 그것이 가리키는 길들에서 벗어나지 않는 것이었다. 솔로몬이 왕으로서 성공하느냐 실패하느냐는 바로 여기에 달려 있다. 다윗은 여호와의 명령이란 용어 바로 다음에 모세의 율법(토라)에 기록된 그분의 법률과 그분의 계명과 그분의 율례와 그분의 증거라고 부연 설명했다. 이것들은 다 통틀어 하나님 말씀이라 통칭된다. 그는 각각의 낱말에 3인칭 소유격 어미를 붙여서 그것의 주체가 하나님이심을 강조했다.

사람이 이런 것들에 어떤 자세로 임하느냐, 어떻게 자신에게 적용하느냐가 곧 하나님과의 거리를 가늠하는 기준이 된다. 그 옛날 이스라엘 백성이 광야에서 하나님의 율법에 어떻게 반응하느냐가 각각의 인생과 민족의 운명을 갈라놓았다면, 이제 솔로몬이 하나님의 율법 앞에 어떻게 서느냐가 그 인생과 통치를 좌우할 것이다. 이에 다윗은 순종할 경우 그에게 '무엇을 하든지 어디로 가든지 형통하리라'고 선언했다. 성공하고 싶은 소망을 이루고자 한다면 반드시 하나님 말씀에 순종하며 따르는 용기를 지니라는 말이다.

여기에 쓰인 형통하게 하다는 말은 자칫 성공신학, 기복신앙으로 오해될 수 있다. 이 낱말은 본디 하나님의 말씀대로 행하다가 겪는 고난과 시련을 감내한 사람에게 주어지는 것이다. 하나님을 두려워하기에 죄악이 가득한 세상과 어울리지 아니하고 하나님과 동행하였던 노아, 하나님 말씀에 순종하여 하란을 떠나 가나안으로 와 여러 가지 시험과 시련을 믿음으로 극복해 나간 아브라함, 하나님을 경외하여 보디발의 아내가 유혹하는 것을 이겨낸 결과 감옥에 갇혔던 요셉, 하나님께서 기름 부으신 사람 사울에게 손을 대지 않았던 다윗이 그런 예이다. 다시 말해 형통하다는 말은 하나님 말씀을 진지하게 받아들이며 살려 하다가 시련을 겪지만 끝내 꺾이지 않고 성공적으로 살아간다는 뜻이다.

하나님 말씀을 온전하게 따를 때 하나님께서 다윗에게 약속하신 말씀을 솔로몬과 그 후손들에게 확실하게 이루실 것이다. (4절. 직역: 일어서게 하시리라) 물론 이것이 결코 쉬운 일이 아니다. 하나님 말씀을 따르는 데에는 커다란 용기가 필요하다. 그러려면 인간의 경험과 지식과 정보의 장벽을 넘어

하나님 말씀에 우선 순위를 두어야 하기 때문이다.

묵상: 찬송가 240장

1 주가 맡긴 모든 역사 힘을 다해 마치고 밝고 밝은 그 아침을 당할 때
  요단강을 건너가서 주의 손을 붙잡고 기쁨으로 주의 얼굴 뵈오리

(후렴) 나의 주를 나의 주를 내가 그의 곁에 서서 뵈오며
    나의 주를 나의 주를 손에 못자국을 보아 알겠네.

2 구름타고 올라가서 주님 앞에 절하고 온유하신 그 얼굴을 뵈올 때
  있을 곳을 예비하신 크신 사랑 고마워 나의 주께 기쁜 찬송 드리리

3 이 세상을 일찍 떠난 사랑하는 성도들 내가올 줄 고대하고 있겠네
  저희들과 한소리로 찬송 부르기 전에 먼저 사랑하는 주를 뵈오리

4 영화롭게 시온성문을 들어가서 다닐 때 흰옷입고 황금 길을 다니며
  금 거문고 맞추어서 새 노래를 부를 때 세상 고생 모두 잊어버리리

72

자업자득(?)

(왕상 2:5-9)

5 스루야의 아들 요압이 내게 행한 일 곧 이스라엘 군대의 두 사령관 넬의 아들 아브넬과 예델의 아들 아마사에게 행한 일을 네가 알거니와 그가 그들을 죽여 태평 시대에 전쟁의 피를 흘리고 전쟁의 피를 자기의 허리에 띤 띠와 발에 신은 신에 묻혔으니

6 네 지혜대로 행하여 그의 백발이 평안히 스올에 내려가지 못하게 하라

7 마땅히 길르앗 바르실래의 아들들에게 은총을 베풀어 그들이 네 상에서 먹는 자 중에 참여하게 하라 내가 네 형 압살롬의 낯을 피하여 도망할 때에 그들이 내게 나왔느니라

8 바후림 베냐민 사람 게라의 아들 시므이가 너와 함께 있나니 그는 내가 마하나임으로 갈 때에 악독한 말로 나를 저주하였느니라 그러나 그가 요단에 내려와서 나를 영접하므로 내가 여호와를 두고 맹세하여 이르기를 내가 칼로 너를 죽이지 아니하리라 하였노라

9 그러나 그를 무죄한 자로 여기지 말지어다 너는 지혜 있는 사람이므로 그에게 행할 일을 알지니 그의 백발이 피 가운데 스올에 내려가게 하라

이것은 계속되는 다윗의 유언이다. 다윗의 유언은 크게 두 부분으로 나누어진다. 앞부분은 임금도 신앙인 중에 하나라는 전제 아래 하나님 앞에 서는 신앙인의 자세에 관한 것이다. 뒷부분은 통치와 관련하여 사람들을 어

떻게 정리할 것인가에 관한 것이다. 이것은 우리를 당황스럽게 만든다. 평소에 일체의 보복이나 무고한 피 흘림을 완고할 정도로 피하던 다윗이었다. 그런 그가 마지막 숨을 거두는 자리에서 자신의 측근이자 장군인 요압(5-6절)과 자신을 모욕한 시므이를 죽이라(8-9절)고 지시했다.

여기서 우리는 금방 아브넬(삼하 3:22-27)과 아마샤(삼하 20:4-10)를 떠올린다. 다윗 왕은 요압의 이런 행위를 가리켜 '내게 행한 일'이라고 말했다. 곧 전쟁을 할 때에나 흘릴 피를 평상시에 흐르게 했다. 그가 한 짓은 자칫 다윗에게 해가 될 만한 것이었다. 다윗의 명예와 진심을 흐려놓는 행위였다. 이 부분에 대한 개역개정과 표준새번역을 비교해 보자.

그가 그들을 죽여 태평 시대에 전쟁의 피를 흘리고 전쟁의 피를 자기의 허리에 띤 띠와 발에 신은 신에 묻혔으니 (개역개정, 천새 참조)	요압이 그들을 살해함으로써, 평화로운 때에, 전쟁을 할 때나 흘릴 피를 흘려서, 내 허리띠와 신에 전쟁의 피를 묻히고 말았다. (표준, 공개 참조)

여기서 문제는 요압이 흘린 피가 누구에게 불똥이 튀었는가 이다. 개역개정과 천주교새번역은 히브리 성경과 칠십인역 일부 사본(GB)에 따라 요압 자신의 것으로 옮겼다. 표준새번역과 공동번역은 칠십인역 일부(GL)와 라틴어 옛 번역본에 따라 다윗의 것으로 옮겼다. 뒤엣것에서 다윗은 요압의 행위가 자기 자신에게 살인죄를 뒤집어씌웠다고 주장했다. 고대 이스라엘이나 근동에서는 어떤 사람이 왕(족장)의 보호아래 있다가 죽임을 당하면 그 책임이 살인자에게뿐만 아니라 그 보호자에게까지 미치곤 했다.

만일 그것이 요압 자신에게 불명예라면 다윗이 그 정도로 화를 내지 않았으리라. 그렇다 하더라도 다윗에게 숙부인 요압을 제거하는 일은 결코 쉬운 일이 아니었다. 다윗이 이렇게 말하는 이유가 무엇일까?

i) 앞부분에서 하나님 말씀에 대한 충성(충실) 여부가 인생의 성패를 좌우한다고 말하였던 것을 이어서 인간관계에서의 진실성 여부가 중요하다는 사실을 가감없이 보여주는 것이다. 다윗에게 해를 끼친 사람과 유익을 끼친 사람에 대한 반응이 당사자에 대한 인과응보로 나타나는 것이다. 곧 사람은 자업자득, 자기가 심은 대로 거둔다는 평범한 이치를 보여주라는 권면이다. ii) 어설픈 용서는 자칫 재앙을 키우는 법이다. 자신의 악행이 정당한 것처럼 보이게 하거나 그런 짓을 해도 그냥 넘어간다는 인상을 심어줄 수 있다. 특히 요압은 몇 차례에 걸쳐 다윗 임금의 본심에 어긋나게 사람을 죽였다. iii) 마땅히 자기가 책임지고 처리해야 할 일들을 하지 못한 것에 대한 자기 반성일까? 이는 아들에게 자기 자신을 반면교사로 삼으라는 교훈일 수도 있다. iv) 아버지에게 해롭게 한 자를 처단함으로써 사람들에게 아버지에 대한 효성을 보여주라는 것이다. 세상 사람들은 이를 자식이 마땅히 해야 할 도리를 다 했다고 볼 것이다. v) 이것은 솔로몬의 통치에 방해되는 것을 미연에 제거하려는 것일까? 마치 조선의 태종 이방원이 아들 세종에게 왕위를 물려주기 전에 '나는 폭군이 될 터이니 너는 성군이 되어라'고 하면서 장차 세종의 통치에 걸림돌이 될 만한 사람들을 모질게 처형하였듯이. 요압은 솔로몬이 갓난아기일 때 이미 이스라엘의 장군으로 활약하고 있었다. 누군가가 기저귀 차며 자라는 것을 본 사람은 그를 객관적이고 정당하게 대우하기가 어려운 법이다.

위와 같이 생각해보아도 우리는 그 이유를 충분히 수긍하기 어렵다. 어떤 사람이 사라지는 것이 자신의 인생행로 또는 통치에 유리할 경우에도 번번이 죽이기를 마다하였던 그의 평소 모습과 이 유언이 많이 다르기 때문이다.

다윗 임금은 아들에게 바르실래 가족을 극진히 보살피라고 했다.(7절) 그가 압살롬을 피해 도망하던 시절 외롭고 고독한 자신과 군사들을 거두어 준 그에 대한 고마움을 그는 평생 마음에 간직했다.

다윗 왕은 솔로몬에게 '네 지혜대로 행하여(지혜롭게 행동하여)'라고 말했다.(9절) 고대 근동에서 지혜란 말은 대체로 다음과 같이 세 가지 의미로 쓰였다. (Gray, 1 Kings OTL 101-102)

i) 기브온에서 솔로몬이 받은 계시와 두 어머니에 대한 판결에서 (왕상 3:4) 엿보이듯이 그것은 분별력과 소송에 대한 바른 판결능력을 나타내었다. 우가릿문서에서 나오는 크르트왕과 야크트왕의 경우에도 이와 같은 의미로 지혜란 말이 쓰였다. 아랍어에서 동사 카카마는 판결을 내리다는 뜻으로, 그 분사인 카킴은 통치자란 의미로 쓰인 것도 이것을 뒷받침한다.

ii) 이것도 앞의 것과 무관하지는 않지만 그 말맛에서 상당히 차이가 난다. 그것은 실제적인 통치(행정) 행위와 관계없는 백과사전적 지식을 나타냈다. (왕상 4:29-34 참조) 사전식 분류의 원칙은 사실과 차이점에 대한 지식을 포함하고 있다. 앞의 두 가지는 모두 사실에 대한 실제적 경험으로 익숙해진 것인데 이런 지혜는 하나님의 선물인 것이다, 마치 재산과 부가 하나님의 선물이듯이.

iii) 히브리말 카캄에는 현명하다(weise = wise)는 뜻과 함께 실생활에서 수완(술수)을 부리는 데에 민첩하다 (klug = astute), 더 나아가 간교하다(sly)는 뜻도 있다. 이런 경우 지혜는 자신의 뜻을 관철시키기 위한 실천적 방편이자 도리에 어긋난 수단을 가리켰다. 8절과 9절에 말하는 지혜는 이 가운데 어디에 속할까?

10절은 다윗의 죽음과 그의 간단한 약력을 알리는 말씀이다.

10 다윗이 그의 조상들과 함께 누워 다윗 성에 장사되니 11 다윗이 이스라엘 왕

이 된 지 사십 년이라 헤브론에서 칠 년 동안 다스렸고 예루살렘에서 삼십삼 년 동안 다스렸더라 12 솔로몬이 그의 아버지 다윗의 왕위에 앉으니 그의 나라가 심히 견고하니라 (왕상 2:10-12)

이렇듯 다윗은 모든 사람이 가는 마지막 길을 갔다.

묵상 : 죽음과 관련된 몇 가지 단상

소크라테스: '크리톤, 내가 아스클레피오스에게 수탉을 한 마리 빚졌는데 대신 갚아주시오.' (유언)

루드비히 뷔트겐슈타인: '좋습니다. 나는 멋지게 한 세상을 살고 간다고 나의 친구들에게 전해주십시오' (의사에게 곧 죽는다는 말을 들은 후)

천상병: '…나 하늘로 돌아가리라. 아름다운 이 세상 소풍 끝내는 날, 가서, 아름다웠더라고 말하리라.' (귀천)

무 명: 1977년 영화감독 하워드 혹스 장례식에서 배우 존 웨인이 낭독한 이래 자주 인용되고 노래로 불려지는 작자 미상의 시. (천의 바람이 되어)

내 무덤 앞에서 울지 마세요
나는 거기에 없습니다. 나는 잠들지 않습니다.

나는 천(千)의 바람, 천의 숨결로 흩날립니다

나는 눈 위에 반짝이는 다이아몬드입니다.

나는 무르익은 곡식 비추는 햇빛이며

나는 부드러운 가을비입니다.

당신이 아침 소리에 깨어날 때

나는 하늘을 고요히 맴돌고 있습니다.

나는 밤하늘에 비치는 따스한 별입니다.

내 무덤 앞에 서서 울지 마세요

나는 거기 없습니다. 나는 죽지 않습니다.

우리(나)는 우리 자신의 죽음 앞에서 어떤 말(유서)을 남길까?

참고문헌

Anderson, A. A., 2 Samuel(WBC), Texas, 1989.

Arnold B. T., 1 & 2 Samuel(NIVAC), Zondervan, 2003.

Arther Pink, The Life of David, Bottom of the Hill Publishing, 1971(김
광남 옮김, 다윗의 생애 1~3, 뉴 라이프, 2009)

Auld, A. G., 1 & 2 Samuel. A commentary(OTL), Luisville, 2011.

Bright, J., A History of Israel, Philadelphia, 1981^3.

Brueggemann, W., In Man We Trust. The Neglected Side of Biblical
Faith, Philadelphia, 1973.

Brueggemann, W., First and Second Samuel(Int), Philadelphia, 1990.

Brueggemann, W., David's Truth in Israel's Imagination and Memory,
Luisville, 1985.

Brueggemann, W., 1 & 2 Kings, Macon, 2000.

Cartledge, T. W., 1 & 2 Samuel, Macon, 2001.

De Bries, S. J., 1 Kings(WBC), Texas, 2003.

Dietrich, W., David. Der Herrscher mit der Harfe, Leipzig, 2006.

Dietrich, W., Samuel (1-12) 1-2(BK), Neukirchen-Vluyn, 2011.

Gray, J., I Kings(OTL), London, 1977^3.

Gunneweg, A., Geschichte Israels bis Bar Kochba, Stuttgart, 1984^5.

Hamilton, V., Handbook on the Historical Books, Michigan, 2001.

Herrmann, S., Geschichte Israels in alttestamentlischer Zeit,
Muenchen, 1980^2.

Hertzberg, W., Die Samuelbücher(ATD 10), Göttingen: Vandenhoeck & Ruprecht, 1965[3].

Klein, R., 1 Samuel(WBC), Texas, 1983.

McCathter Jr., P. K., I Samuel(AB), New York, 1980.

McCathter Jr., P. K., II Samuel(AB), New York, 1984.

Nelson, R., First and Second Kings(Int), Philadelphia, 1987.

Noth, M., Geschichte Israels, Göttingen, 1963[5].

Noth, M., Koenige I (1-16 BK), Neukirchen-Vluyn, 2003[3].

Schoors, A., Die Königreiche Israel und Juda im 8. und 7. Jh. v. Chr., Stuttgart: W. Kohlhammmer GmbH, 1998.

Stolz, F., Das erste und zweite Buch Samuel(ZBK), Zürich, 1981.

Zenger, E. u.a., Einleitung in das Alte Testament, Stuttgart, 2012[8].

강사문, 사무엘상, 서울, 2008.

김구원, 사무엘상- 그리스도인을 위한 통독 주석 시리즈, 서울, 2014.

김지찬, 요단강에서 바빌론 물가까지, 서울, 1999.

노희원, 사무엘하, 서울: 대한기독교서회, 2006.

박종구, 다윗: 야누스의 얼굴 - 욕망의 성취와 인간의 실패, 서강대학교출판부, 2015

이형원, 열왕기상, 서울: 대한기독교서회, 2005.

임태수, 이스라엘 왕들의 이야기, 서울: 대한기독교서회, 1999.

장일선, 다윗왕가의 역사 이야기: 대한기독교서회, 서울, 1997.

다윗도 사무엘도 몰랐다

초판 1쇄 발행 _ 2016년 7월 13일
개정증보판 1쇄 발행 _ 2020년 2월 10일

지은이 _ 정현진
펴낸곳 _ 바이북스
펴낸이 _ 윤옥초
책임 편집 _ 김태윤
책임 디자인 _ 이민영

ISBN _ 979-11-5877-152-2 03230

등록 _ 2005. 7. 12 | 제 313-2005-000148호

서울시 영등포구 선유로49길 23 아이에스비즈타워2차 1005호
편집 02)333-0812 | 마케팅 02)333-9918 | 팩스 02)333-9960
이메일 postmaster@bybooks.co.kr
홈페이지 www.bybooks.co.kr

책값은 뒤표지에 있습니다.

책으로 아름다운 세상을 만듭니다. ─바이북스

* 바이북스 플러스는 기독교 신앙의 본질을 담아내려는 글을 선별하여 출판하는 브랜드입니다.